东北财经大学国家级一流本科专业建设系列教材 · 会计学专业

国家级线上线下混合式一流本科课程

Management Accounting

管理会计

◎ 耿云江 甄红线 主编

东北财经大学出版社
Dongbei University of Finance & Economics Press
大连

图书在版编目（CIP）数据

管理会计 / 耿云江，甄红线主编．—大连：东北财经大学出版社，2023.8
（东北财经大学国家级一流本科专业建设系列教材·会计学专业）
ISBN 978-7-5654-4907-9

Ⅰ．管…　Ⅱ．①耿…②甄…　Ⅲ．管理会计-高等学校-教材　Ⅳ．F234.3

中国国家版本馆CIP数据核字（2023）第134270号

东北财经大学出版社出版
（大连市黑石礁尖山街217号　邮政编码　116025）
网　　址：http：//www.dufep.cn
读者信箱：dufep@dufe.edu.cn

大连雪莲彩印有限公司印刷　　东北财经大学出版社发行

幅面尺寸：185mm×260mm　字数：468千字　印张：19.75　插页：1

2023年8月第1版　　2023年8月第1次印刷

责任编辑：王　丽　　责任校对：王芃南

封面设计：原　皓　　版式设计：原　皓

定价：48.00元

教学支持　售后服务　联系电话：（0411）84710309

如有印装质量问题，请联系营销部：（0411）84710711

东北财经大学国家级一流本科专业建设系列教材编审委员会

总 序

当前，世界正处于百年未有之大变局。从纷繁复杂的国际政治经济局势，到大数据、人工智能、物联网和云计算等创新技术与经济社会生活各领域的全面深度融合，不仅催生出前所未有的新产业、新业态和新模式，也对会计学专业人才的培养提出了全新的挑战。习近平总书记在全国高校思想政治工作会议上明确指出，要坚持把立德树人作为中心环节，把思想政治工作贯穿教育教学全过程，实现全程育人、全方位育人，并着重指出了“培养什么样的人、如何培养人以及为谁培养人”的问题。面对变革的时代与培养人才的更高要求，东北财经大学第六套“会计学系列教材”应运而生。

20世纪90年代初，我们编写了东北财经大学第一套会计学系列教材，其奉行的理念是：积数十年教材编写之经验，融十几位教授之心血，编系列精品教材。在随后的30多年间，我们在此理念的指引下，前后共出版过5套系列教材，每一套系列教材都经过多次修订和再版，总销量过千万册，得到了广大读者的厚爱和专家学者的肯定，为许多高等院校所广泛选用，并多次入选国家级规划教材。本套全新的系列教材，既是30余年来对教材精益求精、不断自我革新的优良传统的继承和发扬，也是我们为新时代如何培养优秀会计人才交出的答卷。

基于此，本套会计学专业系列教材在第五套基础上进行了全面升级，以崭新的形式呈现在读者面前。新的教材适于会计学普会方向、注会方向、国际会计方向以及财务管理、审计、资产评估、管理学等相关专业方向教学选用。本套教材包括《会计学》《基础会计》《中级财务会计》《高级财务会计》《成本与管理会计》《成本会计》《管理会计》《审计学》《财务管理》《税务会计与纳税筹划》《会计信息系统》《会计职业道德》《大数据与智能会计》等13部。与第五套会计学专业系列教材相比，本套教材呈现以下五大主要特点：

1. 坚定立德树人的根本要务，强化课程思政对于人才培养的引领。全面贯彻党的二十大精神，落实立德树人根本任务，“坚定学生理想信念，教育学生爱党、爱国、爱社会主义、爱人民、爱集体”是本套教材编写的指导精神，体现思政有关职业伦理道德内容，根据每章内容做“盐溶于水”的自然融入，注重价值塑造、知识传授与能力培养相统一，通过教材内容引导学生建立核心价值取向，培养文化自信的情怀，建立正确的职业操守，树立正确的世界观、人生观、价值观。

2. 结合新技术变革的趋势，体现新技术对会计学教学的影响。科技变化对专业人才培养具有促进作用。为了适应这一变革，本套教材在内容上注重增加技术变革对专业内容的革新，同时通过“二维码”等技术手段丰富教材资源，从而拓展教材的应用场景。利用新技术能够摆脱传统的课堂教学对于教学空间和教学条件的约束，在更为广阔的空间内开展教学活动。同时，新技术的引入也提升了教材资源体系的更新速度和更新频率，通过及时更新配套的网络教学资源，避免教材内容与实务的脱节，实现教学与实践更为紧密的结合。

3. 体现业财融合的特点，更加突出会计实践的中国特色。会计学专业的实践性较强，相关专业的大部分本科生均走向社会从事实务工作。本套教材的目标就是为会计学、财务管理、资产评估、审计学、工商管理等专业的学生以及实务人员（不同单位、不同岗位）而编写，培养既懂会计又懂管理、既懂专业知识又有正确价值观的管理人才。本套教材加大本土案例的比重，增强读者对于中国国情和实践的了解，从而更为有效地利用专业技能解决中国问题。通过对现实企业案例的分析，使学生能够发现会计的潜在价值，深入分析发生的每一项经济业务特点以及对企业未来经营和发展战略所产生的重要影响，更好地体现“如何运用会计”的理念。

4. 教材结构体例新颖，知识体系更加合理。每一部教材不仅列出了本章学习目标、学习要点和主要概念，归纳和总结了主要知识点之间的相互联系，而且大幅度地更新习题与案例，供教师教学和学生自学使用。本套教材没有沿袭一般会计学教材过分注重程序和规则的编写体例，而是从不同信息使用者的视角，从培养和提高他们在管理实践中使用会计信息的能力的角度来阐述，构建了一整套完整的会计学专业课程用书。同时，更新了专业知识体系，使得知识体系更加合理，符合当前社会对于会计学专业人才的最新要求。

5. 教材资源结构立体化，体现简明、易懂、有趣、有料的特点。本套教材资源力争丰富和立体化。同时，引用大家耳熟能详的企业的经济业务，从企业案例、社会现象入手，使学生更容易理解，且学习兴趣盎然。同时，教材配套丰富翔实的习题与案例、视频资源和音频资源等，使得学习途径更加多元、学习资料更加丰富、学习趣味更加浓厚。

东北财经大学会计学专业系列教材是东北财经大学会计学院全体教师的共同劳动结晶，依托会计学国家级一流本科专业建设点，以财务管理、资产评估和审计学科作为支撑，集合了学院内众多优秀师资和一线教师共同讨论、编撰、修订、完善，尤其凝聚了众多资深教授和专家多年的经验和心血。新系列教材的建设工作才刚刚起步，本套初版教材仅仅是一个新的起点，我们将秉承编写精品教材的理念和初心，致力于教材资源和内容的不断修订、更新和完善，将时代特色、技术变革与学科发展前沿持续融入教材之中，使东北财经大学会计学专业系列教材与时代保持同频，为广大读者提供丰富、多元的系列化专业学习资源。

由于我们的经验与能力有限，教材中难免存在不足乃至疏漏，恳请广大读者批评指正！

东北财经大学国家级一流本科专业建设系列教材编审委员会

前　言

当今世界瞬息万变。经济全球化进程不断加快，大数据、人工智能、区块链等新兴技术快速发展。世界经济发展也充满着易变性、不确定性和复杂性。面对日益复杂的内外部环境，企业要想获取竞争优势、实现可持续的高质量发展，必须重视内部管理。管理会计是企业管理的重要组成部分，其发展水平直接影响企业内部管理的水平，进而影响企业高质量发展目标的实现。因此，深刻理解管理会计的理论、方法并加以应用，有助于提高企业的内部管理水平和价值创造能力，助力企业实现高质量发展。

"管理会计"是高校财会类专业课程体系中一门重要的主干专业课。基于当前高等教育的发展特征，结合多年的教学实践，我们编写了本教材。在编写过程中，我们着重突出中国管理会计特色，系统设计章节内容；在注重知识技能讲授的同时融入思政元素，对管理会计理论与方法进行拓展与延伸；注重与时俱进，合理安排教学内容，在保证本教材体系的实用性、完整性和时效性的同时，切实以学生为中心，落实立德树人的根本任务。具体来说，本教材具有以下特点：

1. 简明实用。本教材将读者定位为普通高等院校财会类及相关专业的学生，以及企事业单位实际从事管理会计工作的财会人员。在具体表述上力求简单明了，避免冗长的理论描述和复杂的公式推导，以提高教材的实用性。

2. 体系完整。本教材基于对国内外管理会计教材的比较分析，借鉴《管理会计基本指引》与《管理会计应用指引》，结合我国管理会计发展的特色，精心设计了一个涵盖11章内容的框架体系，以提高教材的完整性。

3. 与时俱进。本教材引入并结合党的二十大报告等党和国家发布的公告、制度、规章等，对有关概念、方法、原理等进行阐述，以与时俱进，增强教材内容的时效性。

4. 融入思政。将思政元素有机地融入教材，帮助学生在学习管理会计理论与方法的同时，得到思想上的教育与启迪，切实落实立德树人。

5. 配套丰富。本教材在讲授管理会计理论与方法之外，还配有丰富的二维码资源（自测题、计算业务题、案例分析题、拓展知识、视频展示、引导案例分析要点）和教师资源（教学课件、计算业务题与案例分析题参考答案）等，使得学习资料更加丰富、学习趣味更加浓厚。

本教材共设11章。第一章主要介绍了管理会计的商业环境，阐述了管理会计的概念、内容、特点、职能，以及管理会计与财务会计的关系；第二章在介绍成本主要分类的基础上，阐述了成本性态分析所涉及的各类成本及其特性，以及成本性态分析的方法；第三章系统阐述了变动成本法的含义、优缺点及其与完全成本法的区别；第四章介绍了作业成本法的产生背景，阐述了作业、资源、成本动因等作业成本法的关键概念，以及作业成本法的核算程序；第五章在介绍战略管理与经营预测的内涵以及预测分析方法的基础上，重点介绍了如何开展销售预测、利润预测、成本与资金需要量预测；第六章在介绍决策分析的程序、概念与分类后，重点阐述了决策分析中的成本概念，以及生产决策、定价决策的基本方法；第七章阐述了长期投资决策的相关概念、类型和决策程序，介绍了现金流入量、现金流出量和净现金流量的估算方法，以及单一方案和多方案的决策方法；第八章主要阐述全面预算的内容和编制流程；第九章在介绍成本控制的对象与种类的基础上，阐述了标准成本控制和存货成本控制；第十章介绍了责任中心的含义、各类责任中心的业绩评价指标与方法，阐述了内部转移价格的确定以及企业业绩评价方法；第十一章在介绍不确定性分析的含义与方法的基础上，重点阐述了利润敏感性分析和长期投资决策中的不确定性分析。

本教材既可以作为高等院校会计学专业、财务管理专业、审计学专业、资产评估专业以及管理类其他专业学生学习管理会计和其他后续课程的入门教材，也可以作为实务工作者学习和了解现代管理会计的基本理论、工具、方法的辅助参考用书。

本教材由耿云江、甄红线担任主编，负责制定写作大纲，并对全书进行修改、总纂。各章编写分工如下：第一、二、八章由甄红线编写；第三、六、十章由耿云江编写；第四章由崔发婧编写；第五、九章由刘博编写；第七、十一章由金韵韵编写。

在本书撰写过程中，我们参阅了国内外众多专家学者的研究成果，得到了东北财经大学出版社的大力支持和帮助，借本教材出版之机，一并向他们表示感谢。

由于编者水平有限，书中难免有不当和疏漏之处，恳请广大读者不吝赐教。

编　者

2023年5月

目 录

第一章

管理会计概述

【学习目标】

本章主要阐述管理会计的基本理论，通过对本章内容的学习，学生需要达到以下目标：

1. 了解管理会计的形成与发展过程。
2. 熟悉管理会计的概念框架。
3. 认识管理会计与财务会计的联系和区别。
4. 了解管理会计的作用。
5. 了解管理会计师的道德执行准则。

【本章主要内容导图】

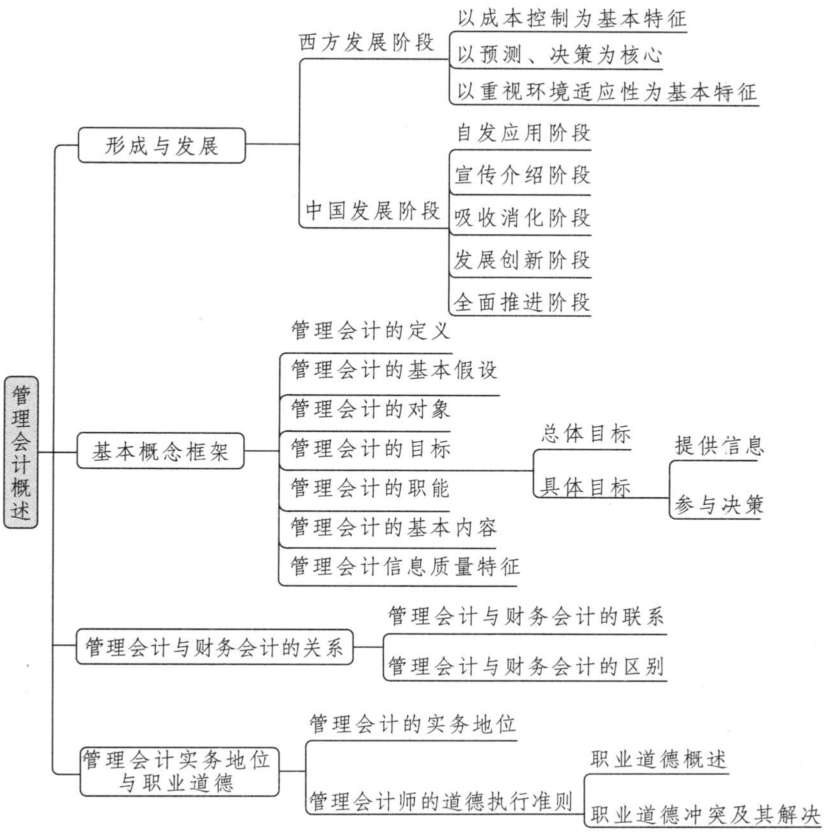

【引导案例】

中核集团的管理会计应用①

作为国家核科技工业的主体，中国核工业集团有限公司（以下简称“中核集团或集团公司”）拥有完整的核科技工业体系和核产业链，是国家核能发展与核电建设的主力军。近年来，全国电力市场产能相对过剩，在新一轮电力体制改革的催化下，集团公司在电量消纳和电价争取与维护方面面临较大挑战。同时，我国核技术应用市场的深化对外开放和国际化经营步伐的加快，使得集团公司面对的竞争环境日趋激烈。为应对市场竞争和复杂多变的经济形势，中核集团提出将财务工作深度融入企业的战略、生产经营、项目投资等业务工作，实施精益化管理，控制好经营风险，提升管理水平。集团公司基于业务方向、商业模式等价值分析维度，识别出高价值的业务发展领域。为使集团战略落地，集团公司深化全面预算管理，建立“计划—预算—考核（JYK）”管理体系，积极研究国家政策、汇率变化、电量电价等重大不确定事项，编制弹性预算和滚动预算，推进预算目标与规划目标衔接，提高预算精确度，并通过成本性态分析、作业成本法等方式归集与分配成本，强化成本管控，助力提质增效。同时利用全产业链上下游管控优势，形成总部、专业公司和成员单位“三级联动”机制，做到职责清晰、分工明确、责任到人，提高了绩效评价质量。经过持续开展成本管控工作，集团公司成本费用占营业收入比重呈下降趋势，主要核心产品成本持续下降，天然铀成本、铀浓缩成本、核电单位售电成本均呈下降趋势。2015—2019年，天然铀生产成本累计下降9.8%，分离功成本累计下降16.8%，核电单位售电成本累计下降14.6%。经过多年的探索和不断完善，中核集团综合运用战略管理、预算管理、成本管理、营运管理、绩效管理、风险管理等管理会计工具方法，并结合产业链和企业生命周期理论，基于中核集团产业组织和运营模式特点，在实践中不断完善管理会计工具，为实现其成为全球最具竞争力企业的战略目标提供了有力支持。

问题：

（1）你知道管理会计在企业组织中的作用吗？

（2）从上述案例中，你可以看出管理会计包括哪些内容吗？

相信通过对本章内容的学习，这些问题都会有所解答。

第一节　管理会计的形成与发展

管理会计（management accounting）是从传统会计中逐渐派生出来的一门新兴学科，是一门汲取了多种学科理论与方法的综合交叉科学，它与财务会计并存，是现代企业会计的重要组成部分。

任何事物的产生与发展都要经历一个从简单到复杂的过程，管理会计也不例外。管理

① 资料来源：赵强，吴祥.以中核集团为例浅谈管理会计在大型企业集团的推广与应用［J］.中国总会计师，2020（4）：32-35.

会计萌芽于19世纪末20世纪初，在社会经济发展和古典管理理论的影响下，形成以提高企业生产效率和工作效率为主要目的管理会计雏形；20世纪50年代后，经营环境的变化和现代管理理论的进步，促使管理会计朝着提高经济效益方向发展，现代管理会计逐渐形成；20世纪80年代后，经济全球化导致企业竞争愈演愈烈，顾客需求多样化要求企业准确把握市场定位与用户需求，管理会计站在战略的角度把控全局，关注企业的长期发展，新的方法不断涌现，管理会计进入成熟阶段。

一、以成本控制为基本特征的管理会计阶段

早期的资本主义社会，经济发展水平较低、企业规模与业务范围较小，经营者仅凭借经验和直觉就可以管理好企业。随着社会经济的发展与科学技术的进步，生产工艺日益复杂，竞争日益激烈，企业逐渐意识到传统的经验管理方式难以适应当前的经营环境。企业要想在竞争中生存与发展，必须加强内部管理，提高生产效率，以降低成本、费用，获取最大限度的利润。

20世纪初，以泰勒的科学管理理论和法约尔的一般管理理论为代表的古典管理理论的广泛流传和实际运用，对提高企业的劳动生产率产生了积极作用。泰勒在他的主要著作《科学管理原理》（1911）中提出了科学管理理论。科学管理理论从基层工人的角度出发，倡导按科学而非经验办事，强调运用科学的管理方法以实现资源的有效配置，提高生产效率和工作效率，关注的是微观、具体的操作过程，主要目的是提高人的劳动效能。法约尔1925年出版的《工业管理和一般管理》标志着一般管理理论的形成，其主要内容是从高层管理者的角度出发，强调通过科学的管理原理与原则的建立和运用，以达到提高企业整体管理效率的目的。具体地，法约尔从企业经营活动中提炼出管理活动，将管理活动分为计划、组织、指挥、协调和控制等五大管理职能，并提出一般管理的十四项管理原则：劳动分工原则、权责相当原则、纪律严明原则、统一指挥原则（运转过程）、统一领导原则（机构设置）、个人利益服从整体利益原则、报酬原则、集权原则、等级链原则、秩序原则、公平原则、人员稳定原则、主动性原则、团体精神原则。这些原则是组织理性精神的体现，是组织实现制度化管理的重要依据和基石。从中可以看出，泰勒和法约尔倡导的管理思想均基于“理性人”假设，从根本意义上都是解决效率的问题。

为实现科学管理与提高企业生产效率，会计领域突破单一事后核算的格局，采用事前规划、事中控制、事后分析相结合的方式，先后应用“标准成本”“预算控制”“差异分析”等方法，以更好地促进经营目标的实现。这一阶段，管理会计职能在规划和控制方面取得进展，更多体现了执行性管理控制的特征，协助企业提高生产效率和改善生产经济效果，标志着管理会计的原始雏形已经形成。

二、以预测、决策为核心的管理会计阶段

管理会计的发展一方面源于市场经济的发展，另一方面得益于现代管理理论的推动。第二次世界大战后，世界经济进入战后发展的新时期，主要表现为：新兴产业技术应用于生产领域，致使产品生产得到迅猛发展，市场竞争激烈，买方市场形成；资本进一步集中，企业规模越来越大，跨国公司大量涌现；生产经营的社会化程度空前提高，企业内部各部门乃至职工个人之间的联系普遍增强。

然而，以泰勒的科学管理理论和法约尔的一般管理理论为代表的古典管理理论较多地强调科学性、精密性、纪律性，而忽视了对“人”这个关键因素的研究。其中，泰勒的科学管理理论重视内部生产过程的标准化，把人当作机器的附属品，认为只有严格管理才能提高生产效率。然而，这种管理方式没有考虑企业管理的全局且无法调动员工的生产积极性，已不适应战后经济发展的新形势和新要求。这一时期，科学管理理论进一步发展，以运筹学和行为科学为支柱的现代管理理论取代了古典管理理论，进入“管理理论丛林”时代（Koontz，1961），为管理会计的形成与发展奠定了理论与实践基础。

在现代管理理论的指导下，管理会计吸收了运筹学派运用量化模型定量分析的方法，借鉴了行为科学学派以人为本的思想，逐步充实自身内容，完善了标准成本与全面预算体系，建立了经营决策与投资决策分析体系，构建了本量利分析方法与责任会计，展现了预测、决策、规划、控制、考核评价等职能。这一时期，管理会计进入管理控制与决策性管理会计阶段，希望通过契约安排等方式缓解代理问题，为管理决策提供有用信息，即决策会计，现代管理会计及其基本内容体系大致形成。

三、以重视环境适应性为基本特征的战略管理会计阶段

20世纪80年代后，企业面临的内外部环境进一步发生变化，传统的大批量、标准化生产向小批量、个性化生产发展，消费者需求的多元化使得企业竞争更加激烈，经济全球化明显加快，宏观环境呈现国际化、金融化态势。一方面，企业必须以顾客为中心，动态掌握市场定位和顾客需求，并在短时间内对需求做出反应，且需要密切关注竞争对手。另一方面，企业需要站在全球高度，选择以战略管理为导向的管理模式，不断根据环境变化做出适当调整，获取竞争优势。

传统管理会计一直承担为内部管理服务的角色，以有效地实施计划、决策和控制。随着全球经济的迅猛发展，现代管理会计只顾内部而忽略环境变化的影响，已难以满足企业的战略管理和要求。著名管理学家西蒙于1981年首次提出了“战略管理会计”一词，认为战略管理会计应该侧重于本企业与竞争对手的对比，收集竞争对手关于市场份额、定价、成本、产量等方面的信息。战略管理会计研究的主要内容应包括：战略管理会计信息系统；战略人力资源管理；战略成本管理；战略风险管理；战略业绩评价等。

在战略管理思想的影响下，众多学者提出管理会计应该分析、判断企业的外部环境，从战略的高度审视企业各个方面，从而提供有助于企业进行竞争战略调整的信息，战略管理会计、价值链会计应运而生，经济增加值（economic value added，EVA）、平衡计分卡（balanced score card，BSC）、作业成本法（activity-based costing，ABC）与战略成本动因分析法等一系列新的方法涌现。进入21世纪，新兴信息技术和应用模式的蓬勃兴起，推动社会经济进入大数据时代，面对爆发式增长的数据量、繁复冗杂的数据类型，管理会计的发展迎来了新的机遇和挑战。战略管理会计以其长期性、全局性、外向性和综合性的特点，从战略的高度出发，能够满足企业发展的需要，是对现代管理会计的一次开拓性发展，并将对现代财务会计产生深远的影响。

四、管理会计在中国的发展阶段

20世纪70年代末80年代初，我国从西方引进正式的管理会计，但在此之前我国存在类似管理会计的活动。基于此，管理会计在我国大致经历了以下发展阶段：

1.自发应用阶段

管理会计引进我国之前，为加强生产的内部管理，20世纪50年代，鞍山钢铁集团有限公司采取以生产班组为单位的班组经济核算，将班组的责任与效益相结合，调动员工的生产积极性；60年代，又出现了资金归口分级管理方式；70年代后期，为与经济责任制配套，许多企业开始实施厂内银行核算。

上述方法虽然没有从理论上统一规范，但都是以成本为核心的内部责任会计，类似于管理会计中的责任会计，对于企业明确责任、控制成本与支出起到良好的作用。

2.宣传介绍阶段

20世纪70年代末至80年代中期，我国管理会计处于宣传介绍期，大致经过3～5年。

1979年，机械工业部组织翻译出版了第一部《管理会计》，标志着我国开始向西方学习管理会计。此后，余绪缨、李天民两位教授编写的管理会计教材被广泛应用，有关管理会计的普及性读物接踵而来。

3.吸收消化阶段

管理会计是应实践的需要产生的，脱离实践的管理会计将毫无价值。

大约从1983年起，我国企业会计人员通过各种形式积极参与“洋为中用，吸收消化管理会计”的活动，学习相关知识。有些单位运用管理会计的方法确实解决了一些实际问题，国有企业也在政府的推动下积极探索变动成本法与责任会计的结合。

但是，由于当时我国经济体制改革尚未到位，加之对管理会计的了解仍停留在传统管理会计上，部分学者将研究西方问题的假设直接用于研究我国问题，没有以我国具体问题为导向，在实务界的应用成效总体并不显著，甚至出现了对管理会计在中国是否行得通的怀疑，管理会计的发展出现滑坡。

4.发展创新阶段

进入20世纪90年代中期，我国财务会计管理体制开始与国际惯例接轨，为适应市场经济的发展，企业会计人员需要迅速掌握相应的经济知识。得益于科学技术的发展，国际交流和信息传递方便快捷，实务工作者通过借鉴发达国家管理会计的成功经验来指导新形势下的会计工作。同时，在理论研究方面，受到西方管理会计研究热潮的影响，国内专家、学者紧跟国际潮流，大量介绍并不断引入国外最新的管理会计研究成果，这些新方法逐渐得到我国理论界的推崇，并重新掀起研究管理会计的热潮。与之前不同的是，许多有识之士不再侧重于探讨西方管理会计体系、嫁接西方的理论，而是试图结合我国文化背景，与战略管理、企业文化、公司治理、企业内控等相结合，通过具体案例分析等方式，积极探索一条在实践中行之有效的中国式管理会计之路，以便切实加强企业内部管理机制，提高经济效益。从此，我国进入了管理会计改革创新和良性循环的新发展阶段。

5.全面推进阶段

2013年，《企业产品成本核算制度（试行）》的发布，拉开了管理会计体系建设的序幕。2014年10月，财政部正式印发《关于全面推进管理会计体系建设的指导意见》；2016

年6月，发布了《管理会计基本指引》；2017年9月，印发《管理会计应用指引第100号——战略管理》等22项管理会计应用指引；2018年2月，印发《管理会计应用指引第202号——零基预算》等7项管理会计应用指引；2018年12月，印发关于作业预算、内部转移定价等5项管理会计应用指引。我国致力于建立以管理会计基本指引为统领、以管理会计应用指引为具体指导、以管理会计案例示范为补充的管理会计指引体系。党的二十大报告提出“高质量发展是全面建设社会主义现代化国家的首要任务”。“我们要坚持以推动高质量发展为主题，把实施扩大内需战略同深化供给侧结构性改革有机结合起来，增强国内大循环内生动力和可靠性，提升国际循环质量和水平，加快建设现代化经济体系，着力提高全要素生产率，着力提升产业链供应链韧性和安全水平，着力推进城乡融合和区域协调发展，推动经济实现质的有效提升和量的合理增长。”企业高质量发展是中国经济高质量发展的微观基础。推进管理会计应用能够通过提高决策质量、优化资源配置、改善绩效管理与优化成本管理等方式推动企业提质增效，助力经济高质量发展。

自测题 1-1

【学思践悟】推进管理会计应用助力企业高质量发展[①]

管理会计是能为企业创造价值的会计。全面深化管理会计应用，是增强企业价值创造力，推动企业高质量发展的内在需要；是推进行政事业单位预算绩效管理、建立事业单位法人治理结构的基本要求；是建立现代财政制度、推进国家治理体系和治理能力现代化的重要举措。为落实相关举措，需要发挥政府、社会、企业协同机制。具体而言：

一是政府部门需要做好顶层设计，研究出台进一步深化管理会计应用的指导意见，针对具体行业、重点领域、常用工具，适时组织编写应用指南，在管理会计指引与企事业单位管理会计实务之间架设桥梁，加强管理会计指引的可操作性和应用落地，促进管理会计工作的实践推广。

二是社会各界积极联动，搭建产学研联盟平台，推动管理会计专家入企服务，将具有中国特色的管理会计创新理论与实际相联系，探索管理会计方法与企业管理结合的最佳做法，助力企业突破经济困局，实现企业高质量发展。

三是企业要深刻认识到管理会计的重要性，主动适应数字化变革的时代趋势，完善业财融合的信息系统架构，拓宽会计信息化服务领域，提升管理效率和水平，进一步提升面向管理会计的信息系统建设水平，推进财务信息系统与业务信息系统的深度融合，推动管理会计功能的发挥，切实提升单位价值创造能力。

第二节　管理会计的概念框架

明确管理会计的概念框架，是构建管理会计学科体系的基础。管理会计的概念框架，

①财政部会计司.全面深化管理会计应用 积极推动会计职能拓展——《会计改革与发展“十四五”规划纲要》系列解读之九［J］.财务与会计，2022（9）：4-8.

由管理会计的定义、基本假设、对象、目标、职能、基本内容、信息质量特征等相关概念组成，其目的是正确界定管理会计的边界，分析、解决管理会计问题。

一、管理会计的定义

管理会计的理论与实践最先起源于西方社会。1922年，美国会计学者奎因坦斯在《管理的会计：财务管理入门》一书中提出“管理的会计”，“管理会计”术语第一次出现。1952年，会计学术界在伦敦举行的会计师国际代表大会上正式提出“管理会计”这一术语。管理会计自问世以来，已经过一个多世纪的发展变化，迄今为止尚未形成一个统一的管理会计定义。有人将管理会计描述为“向企业管理者提供信息以帮助其进行经营管理的会计分支”；也有人认为“管理会计就是会计与管理的直接融合”。

美国会计学会（American Accounting Association，AAA）管理会计委员会于1958年对管理会计提出了如下定义：管理会计是指运用适当的技巧和概念，处理企业历史和未来的信息，以帮助经营管理人员制定合理的、能够实现经营目标的计划并达到各项目标所进行的决策。显然，他们将管理会计的活动领域限定于“微观”，即企业环境。

从20世纪70年代起，西方许多人将管理会计描述为“现代企业会计信息系统中区别于财务会计的另一个信息子系统”。

1981年，美国全国会计师协会（National Association of Accountants，NAA）下设的管理会计实务委员会指出：管理会计是向管理当局提供用于企业内部计划、评价、控制，以及确保企业资源的合理使用和经营责任的履行所需的财务信息，是一个确认、计量、归集、分析、编报、解释和传递的过程，并指出管理会计同样适用于非营利的机关团体。这一定义扩大了管理会计的活动领域，指明管理会计的活动领域不应仅限于“微观”，还应扩展到“宏观”。

1982年，英国成本与管理会计师协会（Institute of Cost and Management Accountants，ICMA）认为：除了外部审计以外的所有会计分支（包括簿记系统、资金筹措、编制财务计划与预算、实施财务控制、财务会计和成本会计等）均属于管理会计的范畴。

1988年，国际会计师联合会（International Federation of Accountants，IFAC）下设的财务和管理会计师委员会发表的《论管理会计概念（征求意见稿）》一文中明确表示，“管理会计可定义为：在企业内部将管理层用于规划、评价和控制的经济信息进行确认、计量、归集、分析、编报、解释和传输的过程，以确保其资源的合理使用并对它们承担经济管理责任”。

我国学者也给出了一些管理会计的概念，但由于探索理论的角度不同和管理会计实践本身的不断发展变化，不同学者对管理会计的理解存在一定差异，目前尚未形成统一的结论。

汪家佑教授（1987）认为，管理会计是西方企业为了加强内部经营管理、实现最大利润，灵活运用多种方式方法，对管理层实施计划、控制过程所需要的信息进行收集、储存、加工和阐明的一个会计分支。管理会计围绕成本、利润和资本三个中心，能够分析过去、控制现在、规划未来。

李天民教授（1995）认为，管理会计主要是通过一系列专门方法，利用财务会计提供的资料进行整理、计算、对比、分析，使企业各级管理人员能据以对日常发生的一切经济活动进行规划和控制，并帮助企业管理当局做出最优决策，是一套完整的信息处理系统。

余绪缨教授（1999）突破了“管理会计是企业管理的一个子系统”的认知范畴，提出管理会计由微观管理会计、宏观管理会计和国际管理会计三部分组成，超出了传统管理会计的企业边界，将管理会计拓展到宏观经济管理的领域。

财政部于2016年印发的《管理会计基本指引》指出：管理会计活动是单位利用管理会计信息，运用管理会计工具，在规划、决策、控制、评价等方面服务于单位管理需要的相关活动。

本书仅指微观管理会计，认为管理会计是指在当代市场经济条件下，以强化企业内部经营管理、实现最佳经济效益为最终目的，以现代企业经营活动及其价值表现为对象，采用科学的方法对信息加工利用，实现对经济过程的预测、决策、规划、控制、责任考核评价等职能的一个会计分支。

二、管理会计的基本假设

假设是对现实具体问题的简化和抽象，以便能够进行精确的量化处理。管理会计的基本假设是管理会计人员基于特定的现实条件、对客观事实和依据做出的合乎情理的判断和解释。

管理会计的基本假设如下：

1.主体分层假设

管理会计的主体分层假设是对管理会计对象运行空间范围的限定，管理会计的主体可分为多个层次，既可以是整个企业，也可以是企业内部各个组织层次的责任单位。因为管理会计的主体遵从企业内部的管理需要，服务于管理会计的目标，任何为实现企业最佳经济效益而进行管理活动的单位都可以作为其服务对象，因此每个责任中心都是管理会计的主体。

2.持续经营假设

管理会计的持续经营假设是指企业及其各责任单位的生产经营活动都将按既定的目标无限延续下去，从而使管理会计的预测、决策、控制等各项工作所使用的方法能够保持稳定、有效地运用。

3.面向未来假设

现代管理会计以提高企业经济效益为目的，关注企业的长期发展，不仅需要分析过去、控制现在，还需要关注战略规划和未来的价值创造等拓展领域。战略是面向未来的，因此，从可以预见的发展趋势看，管理会计更看重未来的时间属性。

4.灵活分期假设

分期是指将持续不断的企业经营活动按照需要划分为一定期间，以方便及时提供信息满足利益相关者的需要。灵活分期假设是指管理会计可以按照管理的具体需要灵活分期，不必像财务会计严格按年度、月度、季度等分期，在时态上可以跨越过去、现在和未来。

5.多种计量单位假设

多种计量单位假设是指管理会计信息的衡量，既可以用财务指标，也可以用非财务指标；既可以用确定性信息，也可以用不确定性信息。因为管理会计涉及战略规划、短期经营决策和长期投资决策、全面预算、标准成本制度等多种任务，相关信息复杂多样，既有财务信息又有非财务信息，势必无法用单一的计量单位衡量，因此提出多种计量单位假设。

6.货币时间价值假设

货币时间价值假设是指不同时点的货币具有不同价值。在管理会计中，许多决策都暗含一个原则：今天的钱比明天的钱更值钱。与财务会计币值稳定假设不同，管理会计在进行长期决策时必须考虑货币时间价值，因为企业如果不投资该项目，可以用这笔资金投资其他项目赚取收益，而且投资项目存在无法收回的风险。只有将各个时点的现金流量换算到同一时点，才能进行准确的预测、决策、分析和控制。考虑货币的时间价值使得不同期间的价值量具有可比性。

7.充分占有数据假设

充分占有数据假设是指管理会计能够在总量和质量上取得预测、决策、规划、控制、考评所需要的各种数据。从现代管理会计的内容来看，决策模型所需的数据都作为已知条件处理，未考虑数据能否经济、准确取得。

8.理性行为假设

理性行为假设是指在提出目标和选择方法时，出于理性考虑而采取的理性行为。这一假设包含两层含义：第一，管理会计师始终按照科学合理的方法执行程序，采取理性的行为，以确保管理会计总体目标的实现；第二，管理会计的每一项具体目标都是从客观实际出发，出于理性或可操作性的考虑而提出的，保证目标合理、明确、可以操作。这个假设是对管理会计的实践者提出的要求，目的是避免在实践过程中仅凭主观意志确定目标、乱用方法或程序，导致管理会计目标无法实现。

三、管理会计的对象

关于管理会计的对象，我国学术界存在较大争议，比较有代表性的观点主要有以下几种：

1.现金流动论

现金流动论认为，现金流动贯穿于管理会计的始终，很大程度上决定着企业的生存与发展，在预测、决策、预算、控制、考核、评价等各个环节具有重要作用，管理会计的对象应该是现金流动。现金流动包括现金流入和现金流出两个方面，在一定期间内现金流入与现金流出不等于这段时间企业的收入与成本，二者在数量上存在差异，收入与成本的差额反映企业对经济利益的索取权，而现金流动反映企业实际可以支配的资金。此外，现金流入和流出在时间上存在差异，这能够清楚地表明企业资金占用水平，直观地表明生产经营周转是否顺畅。通过对现金流动的动态分析，可以对企业生产经营中的资金、成本、利润等各个方面进行综合评价，为改善生产经营、提高经济效益提供重要的、综合性的信息。

2.价值差量论

现代管理会计的基本内容包括成本性态分析与变动成本计算、盈亏临界点与本量利分析、经营决策与资本支出决策的分析与评价、标准成本系统、责任会计等方面，价值差量论认为，现金流动仅在经营决策和资本支出决策的分析与评价中涉及，并不能在现代管理会计中贯穿始终。相反，管理会计主要研究“差量”问题，价值差量是研究管理会计每项内容的基本方法，贯穿始终，因此管理会计的对象应为价值差量。

3.资金总运动论

资金总运动论认为，管理会计的对象是企业及所属各级机构过去、现在和将来的资金总运动。因为管理会计与财务会计是会计实践范畴下并列的分支，应当有着共同的对象——资金运动。不同的是，管理会计的对象涵盖了过去、现在、未来所有时空的资金运动，而财务会计仅以过去的资金运动为对象。另外，把资金总运动作为管理会计的对象，与管理会计的实践及历史发展进程相吻合。

4.以使用价值管理为基础的价值管理

有学者认为，管理会计的对象是以使用价值管理为基础的价值管理。从实质上讲，管理会计的对象是企业的生产经营活动，具体而言，是企业生产经营活动中的价值运动。在市场经济条件下，企业的生产经营活动表现为两个方面：一是使用价值的生产和交换过程，二是价值形成和增值过程。管理会计以生产经营活动中的价值形成和增值过程为对象，通过加强作业管理，优化使用价值的生产和交换过程，提供信息并参与决策，以实现价值最大化的目的。

本书认为，管理会计是企业管理的一部分，是用会计的信息、技术、工具和方法进行管理，从而创造经济条件或改变经济条件。管理会计的对象是企业的经营活动及其价值表现。

四、管理会计的目标

管理会计目标包括总体目标和具体目标。管理会计是企业加强内部经营管理、提高企业竞争力的工具，因此其总体目标是通过运用管理会计工具方法，参与单位规划、决策、控制、评价活动并为之提供有用信息，为企业进行最优决策，改善经营管理，提高经济效益服务。为实现总体目标，管理会计应实现以下两个具体目标：一是向各级管理人员提供经过选择和加工的、与企业经营活动有关的各类财务与非财务信息，以帮助企业管理者做出科学合理的决策；二是积极参与企业的经营管理过程，帮助制定各种战略、战术及经营决策等，不断改善经营管理，促进企业整体效益的提高。

五、管理会计的职能

管理会计的职能是指管理会计实践在企业管理中承担的职责，是由其存在的必然性决定的，具体可概括为以下五个方面：预测经济前景、参与经济决策、规划经营目标、控制经营过程、考评经营业绩。

1.预测经济前景

预测是指基于历史和现在的信息，考虑事物发展的客观规律，运用科学合理的方法，预计和推测事物未来发展趋势的行为。管理会计执行预测经济前景的职能，就是按照企业未来的总目标和经营方针，充分考虑经济规律的作用和经济条件的约束，采用适当的预测方法，有目的地预测未来企业销售、利润、成本及资金的变动趋势和水平，为企业经营决策提供第一手信息。

2.参与经济决策

决策是在充分考虑各种可能的前提下，按照客观规律的要求，选择和决定未来活动方案的过程。决策既是企业经营管理的核心，也是各级管理人员的主要工作。管理会计要发挥作用，必须融入企业的各项业务中，参与企业的经营决策过程。管理会计参与经济决策主要体现在根据企业的决策目标搜集、整理有关信息资料，选择科学的方法计算有关长短期决策方案的评价指标，并做出正确的财务评价，最终筛选出最优的行动方案。

3.规划经营目标

规划是对企业未来的生产经营活动进行科学的安排和筹划。管理会计的规划职能是以经营决策为基础，通过编制各种计划和预算实现的。它通过一定的步骤和方法，把企业的“供、产、销”以及“人、财、物”等所有关键的职能活动纳入预算管理，并将事先确定的目标指标层层分解落实到各责任单位的预算中，全面系统地对企业未来期间的生产、销售等各项经营活动进行计划安排。预算既是企业运作控制的依据，又是经营业绩考核与评价的标准。

4.控制经营过程

控制是对企业经营过程按照预先规划要求执行的监督与调整。管理会计的控制经营过程职能体现在经营活动过程中的事前控制与事中控制的有机结合中，要求企业通过科学的方法计量计划的执行情况，将执行过程中的实际情况与预期数据相比较，确定经营活动是否按照计划的要求进行，以及计划或行动本身对未来影响经济变动各因素的估计是否充分、准确，分析出现偏差的原因并进行调整和改进，以确保经营活动的正常进行。

5.考评经营业绩

考评是对经营活动的实际结果对照既定的目标或标准进行考核和评价的过程。现代管理会计强调人的主观能动性，为了充分调动员工的积极性，必须对其责任履行情况进行考核与评价。管理目标以指标分解的形式将责任落实到组织内部的各个单位和工作环节，建立健全责任会计制度，逐级考核责任指标的执行情况，可以为奖惩制度的实施和未来工作改进措施的形成提供必要的依据。

【学思践悟】上海铁路局疫情下稳定发展①

2020年初，新冠肺炎疫情的突然暴发不仅使人民的健康受到了威胁，也使大量企业停工停产。上海铁路局客运量占全国铁路总客运量的1/5，此次疫情给上海铁路局带来的冲击巨大。2020年2月，铁路客运量同比下滑87.2%；2月13日更是创下了历史新低，单日旅客发送量只有12.3万人次；而1月23日至4月22日防疫成本支出近6 000万元。在疫情常态化防控背景下，预期客流量与收入回升缓慢，防疫成本支出不断增加，基础设施建设与运输设备购买、折旧、工资等刚性支出难以压缩，给上海铁路局造成很大压力。

面对压力，上海铁路局积极发挥管理会计的作用，充分应用管理会计工具维护疫情下铁路局的正常运营。战略方面，采取“外贸转内贸”“以货补客”等柔性战略，从而提升了货运量和铁路网络资源利用率；预算方面，第一时间将预算管理与企业业务相融合，根据疫情进展随时调整预算，增强了预算的预见性和可靠性；成本管理方面，通过加强成本管理挖掘内部潜力，降低了人工、运输以及列车维护保养等成本；风险控制方面，充分利

①资料来源：中华人民共和国财政部会计司.管理会计行业调研报告及案例（第一辑）[EB/OL].（2020-07-08）.http：//kjs.mof.gov.cn/diaochayanjiu/202007/t20200708_3546029.htm.

用客票系统、大数据分析技术等降低了人群聚集风险，并利用外包、市场化等手段降低了现金流风险；运营管理方面，通过“统筹列车投放”“调整经营业务”等措施提高企业运营效率，极大地降低了运营成本；管理会计信息系统应用方面，通过大数据分析精准预测客流量、精准开车，从而有效地降低了成本。

通过灵活有效运用管理会计工具，上海铁路局不仅实现了降低企业成本、分散风险、稳定现金流、提升核心竞争力等目标，也推动了我国经济的发展。此外，上海铁路局在运用管理会计工具积极自救的同时，还积极承担社会责任，克服困难紧急运输防疫物资，输送医护人员，为复工复产开设专列，为疫情下我国经济平稳运行贡献了力量。

六、管理会计的基本内容

管理会计的目标与职能决定了管理会计的基本内容，包括预测分析、决策分析、全面预算、成本控制和责任会计等方面。在实际工作中，管理会计的基本内容是运用灵活多样的分析方法，包括成本性态分析、本量利分析、变动成本法、作业成本法、战略管理与经营预测、长短期经营决策、全面预算、标准成本制度、划分责任中心、不确定性分析等内容，使企业从动态上掌握其生产经营全过程。上述管理会计的基本职能和工作内容可以具体总结为预测决策会计、规划控制会计和责任会计三大部分，这三个部分既相对独立，又相辅相成，共同构成了现代管理会计的基本内容。

1.预测决策会计

预测决策会计处于现代管理会计的核心地位，是现代管理会计形成的关键标志之一。预测决策会计是为企业管理中的预测经济前景和实施经营决策服务的，是管理会计中最具有能动作用的会计子系统，由预测分析和决策分析构成。预测是指收集和利用生产过程中形成的财务信息、统计资料以及其他信息数据，运用特定的管理会计方法，对企业经营活动进行预测，从而为企业制定发展决策提供数据参考。决策分为短期经营决策和长期投资决策。短期经营决策是企业运用专门的会计方法，从两个或两个以上备选方案中选出最优方案，以实现企业预期目标的决策分析过程。长期投资决策是在考虑货币时间价值、投资风险的基础上，计算投资项目的现金流量，并运用净现值、内含报酬率等方法对项目的可行性做出评价，为决策者提供决策依据的过程。

2.规划控制会计

规划控制会计是指在决策目标和经营方针已经明确的前提下，为选定的最优方案进行有效的、具体化的分工落实，利用数字和表格形式将企业经济活动计划量化，形成企业的全面预算，以便各部门明确自己的目标与任务，并通过分析事先制定的标准成本与实际成本之间差异的原因、按作业动因分配间接费用等方式加强成本控制，对实际经营活动施加影响，以确保预期奋斗目标顺利实现的管理会计子系统。

3.责任会计

责任会计是指在组织企业经营时，根据预算和控制资料，按照责权利原则将企业划分为责任单位，以预算方式配置财务资源，将预算确定的各项目标在责任单位之间层层分解，在此基础上，考核评价各有关方面履行责任的情况，反映其真实业绩，从而调动企业全体员工积极性的管理会计子系统。

七、管理会计信息质量特征

管理会计职能的实现依赖于管理会计提供信息的有用性，因此明确管理会计信息的质量特征对于发挥管理会计职能至关重要。

管理会计信息的质量特征包括：最优性、决策有用性、效益性、及时性、灵活性等。

1.最优性

最优性要求管理会计必须根据企业不同管理目标的特殊性，按照优化设计的要求，认真组织数据的搜集、筛选、加工和处理，以提供满足科学决策需要的最优信息。

2.决策有用性

决策有用是指管理会计信息在质量上必须符合相关性和可信性的要求。其中，相关性要求管理会计提供的信息应当与特定的决策内容或方案直接联系，对决策有影响或者对预期有用。可信性包括可靠性和可理解性两个方面：可靠性是指所提供的信息在相关范围内正确反映客观事实，即未来信息估计误差需要控制在决策者可接受的区间内，规范的是信息内在质量的可信性；可理解性是指传递的信息应当清晰明了、易于理解，规范的是信息外在形式上的可信性。

3.效益性

效益性包括两层含义。第一，管理会计提供的信息必须能够体现管理会计为提高企业总体经济效益服务的要求；第二，坚持成本–效益原则，信息的取得需要付出代价，企业需要对取得信息所耗费的成本与其利用信息所获得的收益进行对比分析，确定如何以较小的代价取得较好的效果。

4.及时性

信息具有时效性，与决策相关的信息超过一定时限可能就不再具有相关性，变成无用信息。因此管理会计应当在尽可能短的时间内，迅速完成数据收集、处理和信息传递，确保有用的信息得以及时利用。

5.灵活性

灵活性要求管理会计根据不同管理目的的需要，采取灵活多变的方法将数据转化为几种不同类型的信息，减少收集数据的数量，同时满足企业内部各方面管理的需要。例如，成本既可以按性态分为固定成本和变动成本，满足预测与决策的需要，又可以按可控性分为可控成本和不可控成本，满足控制和考核的需要。

明确管理会计的概念框架，是构建管理会计学科体系的基础。管理会计的概念框架，由管理会计的定义、基本假设、对象、目标、职能、基本内容、信息质量特征等相关概念组成，具体包括成本归集与分配、预测分析、决策分析、全面预算、成本控制和责任会计等基本内容。管理会计框架图如图 1–1 所示。

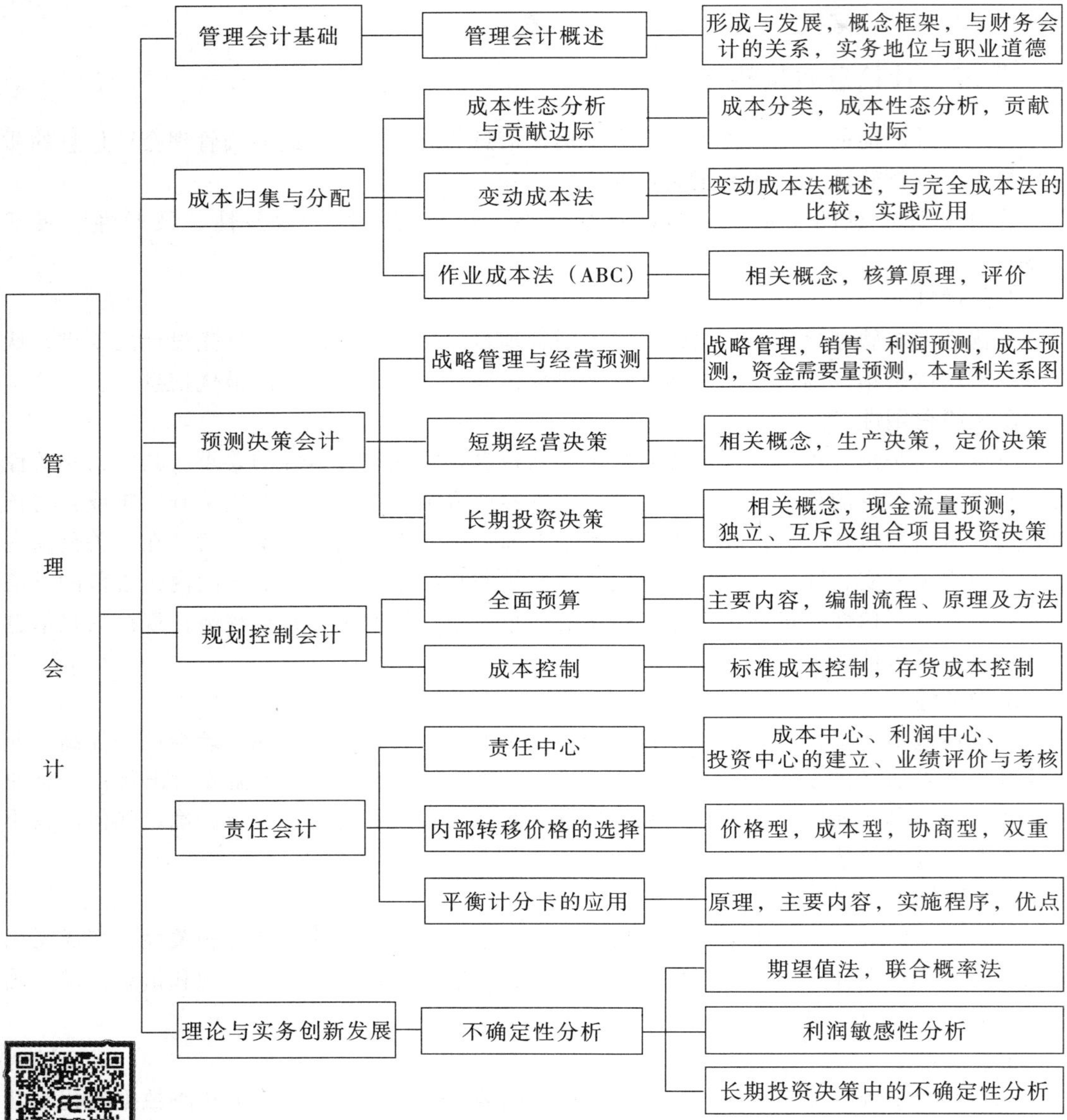

图 1-1　管理会计框架图

自测题 1-2

第三节　管理会计与财务会计的关系

管理会计与财务会计之间并不是完全对立的关系，二者既有联系又有区别。根据西方会计学的解释，管理会计和财务会计分属现代会计的两个子系统，企业会计中组织日常会计核算和期末对外报告的那部分内容就被称为财务会计（financial accounting），成为与管理会计相对应的概念。也有人将财务会计解释为“面向财务报告的会计”，相应地将管理会计解释为“面向财务管理的会计”。通过分析管理会计与财务会计之间的联系及区别，可以帮助我们深刻、准确地理解管理会计的特点。

一、管理会计与财务会计的联系

管理会计与财务会计之间存在以下四点联系：

1.管理会计与财务会计起源相同

管理会计与财务会计都是在传统会计的基础上形成和发展起来的，有着相同的“血缘”。从逻辑上看，在管理会计产生之前，财务会计也无从谈起。从结构关系看，管理会计与财务会计两者源于同一母体，都属于现代企业会计，共同构成了现代企业会计系统的有机整体。两者相互依存、相互制约、相互补充。

2.管理会计与财务会计的原始数据基本相同

财务会计和管理会计是现代企业会计的两个分支，属于会计信息系统。财务会计和管理会计的原始数据基本相同，都是来源于经营管理活动中发生的业务。财务会计的数据来源于企业发生的各类交易和事项，通过确认、计量、记录以及相应的核算从而编制财务报表进行报告。在实务中，管理会计的数据大多是对财务会计资料的直接和间接使用，具体表现为将财务会计的凭证、账簿以及会计报表等资料进行有选择的加工处理，从而编制对内报表。财务会计的另一个作用是将企业管理活动中决策与控制的成果加以反映，所以在实际工作中也会用到管理会计的信息。

3.管理会计与财务会计的最终目标相同

会计目标是要求会计工作完成的任务或达到的标准。财务会计的目标是在一定环境下，通过实施财务活动所期望达到的效果。具体而言，是通过提供能真实反映企业财务状况、经营成果以及现金流量的财务信息，强化经济管理，进而提高企业经济效益。管理会计的目标是通过运用管理会计工具方法，参与单位规划、决策、控制、评价活动并为之提供有用信息，为企业做出最优决策、改善经营管理、提高经济效益服务。综上，虽然二者目标的侧重点存在差异，但是总的来说，二者的根本目标是一致的，都是采用专业的方法与技术，为利益相关者提供财务信息以及非财务信息，使得公司的各方面情况得到真实反映，为企业的经营管理和经营决策服务，提高企业的经济效益。

4.管理会计扩展了财务会计的职能

财务会计的职能包括核算与监督。核算职能是指根据企业发生的各项交易和事项进行确认、记录、计算、报告，并以货币为计量单位对其进行反映来为各方需求者提供财务会计信息。监督职能是指监督财务会计信息反映企业状况的真实性，从而抵制虚假的经济环境。而管理会计是随着传统会计的发展延伸出来的，它扩展了财务会计的职能。如今，管理会计的职能主要有：预测经济前景、参与经济决策、规划经营目标、控制经营过程、考评经营业绩。可以看出，管理会计的职能比传统的财务会计更加全面。

二、管理会计与财务会计的区别

管理会计与财务会计之间存在以下区别：

1.管理会计与财务会计工作的侧重点不同

财务会计和管理会计的工作侧重点不同，导致二者的核算内容也有较大的差异。财务会计关注的是企业的财务状况、经营成果和现金流量有没有被真实反映，即列示的资产是否为企业所有、是否被高估，所列示的负债是否为本企业应履行的义务、是否被低估，收入确认是否合理等，而不关注企业的资产配置是否为最合理状态。与财务会计相比，管理会计则更关注企业的资源配置是否为最优配置，以使得企业在一定条件下满足收益最大化。

2.管理会计与财务会计遵循的依据和原则不同

财务会计受到会计准则以及会计制度的约束，需要及时跟踪会计动态，当会计准则与会计制度发生变动时，需要更改会计程序以适应新准则和制度的要求。另外，原始凭证必须具有真实性；凭证、账簿和报表的保存期限等都要严格遵守企业会计准则和企业会计制度，必须满足规定。因此，财务会计的工作程序有框架限制，较为固定。与财务会计相比，管理会计的依据比较灵活，约束性较弱。管理会计遵循的原则含有经济学、控制论等理论。如决策过程中，企业根据差量分析法、贡献边际分析法等方法来对经营目标做出决策；预算过程中，企业可运用全面预算、弹性预算、零基预算和概率预算等方法。

3.管理会计与财务会计的信息来源不同

财务会计的信息来源于企业日常经营活动中的交易和事项的记录，管理会计的信息来源于加工延伸而成的财务会计信息和对未来企业发展的一些预测。不同之处在于，财务会计注重信息的可靠性，管理会计则注重信息的有用性。财务会计的信息主要提供给外部利益相关者，例如投资者、债权人和政府。管理会计信息的需求者主要是内部人员，尤其是内部管理人员。它们所服务的对象不同，所需信息的来源也不同。

4.管理会计与财务会计的信息质量特征不同

财务会计的信息大部分是反映过去的经营活动；而管理会计的信息不仅仅反映过去的经营活动，还通过加工处理的财务会计数据来反映现在的发展状况并进行预测、决策。财务会计的报表有格式、日期以及编制方式的要求，必须符合企业会计制度和准则的要求；而管理会计的报表没有固定的格式和严格的编制方式，不受企业会计制度的约束，相对于财务会计而言，管理会计比较灵活多变，有时只针对特定的服务对象。财务会计有严格的信息质量要求，包括可靠性、相关性、可理解性、可比性、实质重于形式、重要性、谨慎性和及时性等特征；而管理会计主要向内部管理者提供信息，不向社会公开，不具有法律效力，而且不需要计算精确的数据。

5.管理会计与财务会计的工作主体不同

财务会计核算的对象往往是企业整体，以整个企业为会计主体对其发生的交易或者事项进行会计确认、计量和报告。管理会计的服务对象视管理决策主体确定，可以是单位整体，为整个企业的决策、预算、规划、控制和评价提供财务数据，也可以是单位内部的责任中心，解决企业内部各级部门与环节的局部问题和特定问题。

6.管理会计与财务会计的核算方法不同

财务会计的核算方法比较传统，有固定的工作程序与严格的依据和标准。从凭证制作、登记入账到财务报表的编制都必须严格按照企业会计制度及企业会计准则的规定进行，受法律的约束，在操作过程中也只需利用简单的计算方法。而管理会计可选择灵活多样的方法对不同的问题进行分析处理，即使针对相同的问题，也可能根据需要而采用不同的方法进行处理，并且在处理信息过程中大量运用现代数学方法。

7.管理会计与财务会计对工作人员的要求不同

由于财务会计有着较固定的操作框架，要求会计工作人员按照企业会计制度和企业会计准则的程序进行核算，因此，需要会计基础知识扎实，操作实践能力较强、工作细致，态度认真，思想职业道德素质较高的人才。相比之下，管理会计没有统一的框架可以遵循，具有较强的可操作性，十分依赖个人的分析能力、知识体系和应变能力，因此，要求管理会计工作人员必须具备较宽的知识面和果断的应变能力，具有较强的分析问题、解决问题的能力。由此可看出，对管理会计工作人员的要求比较严格和广泛。

自测题1-3

第四节　管理会计实务地位与职业道德

在现代企业的发展过程中，管理会计扮演着非常重要的角色，在企业成长中占据不可或缺的重要地位。管理会计师职业道德的优劣更是与企业的持续健康发展有直接利害关系。本节将重点介绍管理会计在实务中的地位与管理会计师的职业道德执行准则。

一、现代管理会计在企业组织中的地位

尽管现代会计从20世纪50年代起就分为管理会计和财务会计两大领域，但在西方企业的会计管理实践中，它们是在同一会计机构内，在总会计师（controller，亦译为会计长或主计长）的统一领导下分别开展会计工作的。企业会计组织结构图如图1-2所示。

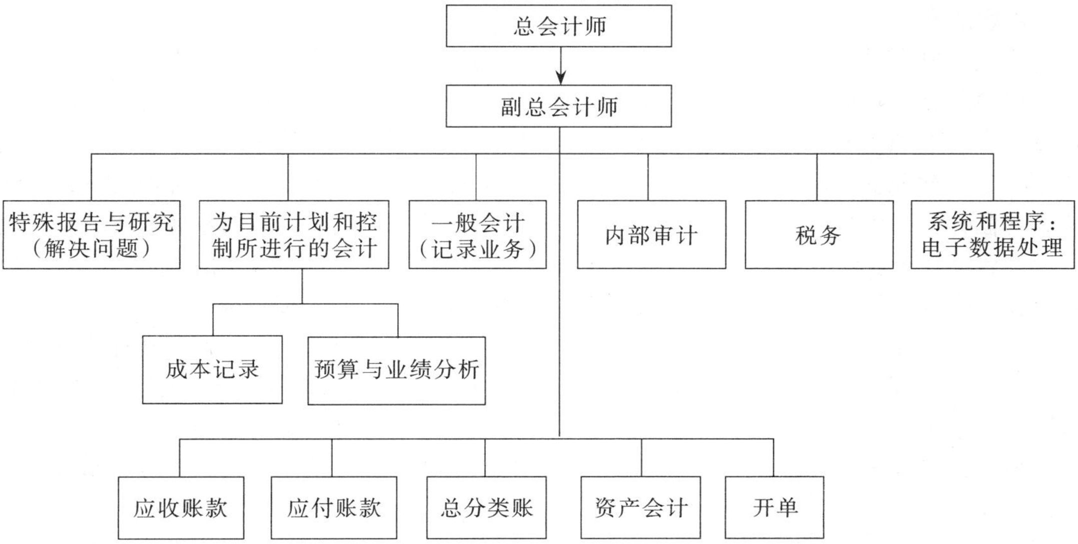

图1-2　企业会计组织结构图

由图1-2可以看出，管理会计是执行总会计师前三项职能的主要手段。管理会计师的主要工作是根据企业的现有资源和经济实力及其未来的发展方向，对其经营目标和生产经营活动进行预测、决策和规划，编制预算，组织成本核算管理，考核和评价各责任单位的

工作业绩，对整个经营活动过程进行全方位和全过程的价值控制。因此，在实务上管理会计工作已经渗透到企业的各个业务环节和各个方面，它在整个企业管理系统中居于价值管理的核心地位。

值得注意的是，中西方有关总会计师的定位是不一样的。近年来，在我国企业的高级财务管理职位中，首席财务官（chief financial officer，CFO）、总会计师与财务总监这三种制度并存，经常有人混同对待，但实际上这三者并不等同，其历史渊源、职责定位与在公司治理中的地位等方面存在差别。具体地，CFO、总会计师和财务总监之间的区别如下：

1.历史渊源不同

（1）CFO源自美国等一些西方国家的企业，在公司治理中扮演着重要角色，其职责就是通过资源配置实现企业的战略目标和长期发展，因此，CFO应该是企业战略的管理者。对我国来说，较早采用CFO这一称谓的主要是一些网络公司和高新技术企业，但目前越来越多的国内公司采用CFO这一称谓。

（2）总会计师的提法源自苏联的计划经济体制，在当时是一个既对国家负责，又对厂长（经理）负责的职位。进入市场经济之后，我国企业一般都是在“对总经理负责”这一含义上定位总会计师的职责。

（3）财务总监制度起源于西方国家，第二次世界大战后，西方国家对国有企业的管理一般是授权总经理组成经理层，负责管理生产经营，由于所有权与经营权的分离，为避免所有者的利益受到损害，国家通过建立财务总监制，监督总经理及经理层，以有效避免“内部人控制”，满足所有者对企业经营监控的要求。在我国，财务总监的提法是在“总会计师”之后出现的，它吸收和集中了总会计师和内部审计中的部分财务管理与监督职能，弥补了总会计师在企业组织中地位和职责权限上的不足。

2.职能不同

（1）一般来说，CFO的主要职能包括：①制定公司财务目标、政策及操作程序，并根据授权向总经理、董事会报告；②参与投资项目的分析、论证和决策，制定有效的融资策略及计划，为决策项目实施提供资金支持；③利用会计资料实行财务监督，保障资金安全；④建立健全该公司财务系统的组织结构，建立健全内部财务管理、审计制度并组织实施；⑤监督会计系统的整体运行，审核财务报表等。可以看出，CFO的重要职责就是通过资源配置实现企业的战略目标和长期发展。因此，CFO应该是企业战略的管理者，代表出资方实施企业外部资本控制，为经营管理决策提供依据，并向股东和董事会负责。

（2）总会计师作为单位财务会计的主要负责人，全面负责本单位的财务会计管理和经济核算，参与本单位的重大经营决策活动，是单位负责人的参谋和助手。根据1990年12月国务院颁布的《总会计师条例》的规定，总会计师的职责是负责企业的日常管理与内部管理控制，侧重于财务管理和会计核算。其主要职能包括：①编制和执行预算、财务收支计划、信贷计划，拟订资金筹措方案，开辟财源，有效使用资金；②进行成本费用预测、计划、控制、核算、分析和考核，督促本单位有关部门降低消耗、节约费用、提高经济效益；③建立、健全经济核算制度，利用财务会计资料进行经济活动分析；④对本单位会计机构设置和会计人员配备、会计人员的岗位设置、职务聘任、业务培训和考核等负责，协助单位主要行政领导人对企业长远战略和业务发展有关的重大问题做出决策。

（3）财务总监的职能是在企业的经营管理活动中，结合本企业实际，制定必要的财务管理规章制度，并负责组织实施，保证公司的财务及经营活动依法进行。财务总监的职责界定在监督，监督企业的营运、重大财务决策和审查财务报告，对重大财务收支与经营活动实行与总经理联签制。

3.在公司治理中的地位不同

（1）国外CFO的地位。在西方企业里，CFO一般由首席执行官（CEO）提名，董事会聘任，对董事会负责，在企业的行政体系中起到至关重要的作用。由于CFO对公司财务报表的质量和财务控制负有委托责任，通常在董事会中占据一席之地，与CEO、首席运营官（COO）一起成为董事会中不可或缺的三个内部人，即使在较小的公司，也能列席董事会会议，提供决策有用的财务信息。在一个集团公司结构中，母公司所有的财务部门主管均对CFO负责，并向CFO汇报工作。尽管不同企业的组织结构千差万别，但子公司层次的财务负责人均直接或间接地接受母公司CFO的领导。

（2）我国总会计师在企业中的地位。《中华人民共和国会计法》（以下简称《会计法》）明确规定：国有的和国有资产占控股地位或者主导地位的大中型企业必须设总会计师，总会计师的任职资格、任免程序、职责权限由国务院规定。《总会计师条例》对总会计师的定位是："总会计师是单位行政领导成员，协助单位主要行政领导人工作，直接对单位主要行政领导人负责。""凡设置总会计师的单位，在单位行政领导成员中，不设与总会计师职权重叠的副职。"根据《总会计师条例》，企业的总会计师由本单位主要行政领导人提名，由政府主管部门任命或者聘任。也就是说，总会计师代表企业管理当局，是经理级财务管理人员。然而，目前我国总会计师制度存在着一些弊端，部分企业未按照《会计法》设置总会计师职位，还有一些设置总会计师职位的企业，不是把总会计师设在董事决策层，而是设在经理执行层，只对总经理负责，不对董事会负责，总会计师地位有待提升。

（3）在我国，财务总监的地位在各个企业中的差异较大。部分企业中，财务总监相当于国有企业对总经理负责的总会计师，而部分企业的财务总监则是指"财务部门负责人"，也有个别企业的财务总监相当于CFO。

二、管理会计人员的作用

财务会计人员工作的重点是反映、监督。管理会计人员工作的重点是依据财务会计对经济业务处理所形成的资料和信息对企业的重要经济业务活动进行规划决策、控制和评价等。在实际中，不论企业规模大小，均有相当部分管理会计人员的工作跨越会计部门与生产经营部门，成为多功能团队的重要成员。管理会计人员由管理系统中的专业信息支持人员转变为决策者与合作伙伴，新的职责与角色要求他们更多地了解企业各个方面，具体包括制造过程、核心技术、研究开发、市场营销、竞争对手以及供应链等，以制订正确的战略计划，为内部管理者提供有关他们应该做什么和如何做的决策信息，而不能只反映是什么或过去怎样。

随着企业内外部环境的不断变化，会计人员特别是管理会计人员必须具备很强的分析问题、解决问题的能力，能够有效地解读相关的执业指南及环境信息，准确地对此加以理解和运用。例如，评价各项资源（人力、财力、物资、环境等）的配置状况，协助并参与对企业各项资源的高效管理；根据财务部门掌握的财务会计信息，综合分析研究企业经营管理中存在的问题，找出薄弱环节，提出改进措施，供管理层参考等。

三、管理会计师的道德执行准则

（一）管理会计师及其职业道德概述

由于管理会计师在企业或其他的经济组织中发挥着不可或缺的重要作用，因此，管理会计师对其所服务的组织、公众，或就其职业本身而言，就有一种义务，即要严格遵循职业道德。美国最大的管理会计机构——美国管理会计师协会（IMA）专门颁布了《管理会计师与财务管理师道德执行准则》，强调管理会计师不得有违反准则的行为，也不得听任其他人员违反这些准则。该项准则的具体内容为：

1.能力（competence）

管理会计师有义务：

（1）通过不断提高自身的知识和技能，以保持适当的专业技术水平；

（2）依据有关法律、规章及技术标准，履行其专业责任；

（3）在对相关性和可靠性资料进行适当分析后，编制完整而清晰的报告和建议。

2.保密（confidentiality）

管理会计师与财务管理人员有义务：

（1）除法律规定外，非经核准，不得泄露工作过程中所获得的机密信息；

（2）适当告知部属注意工作中所获信息的机密性，并监督其行为，以确保严守机密；

（3）禁止将工作中所获取的机密信息，经由个人或第三人用于非法的利益途径。

3.正直（integrity）

管理会计师与财务管理人员有义务：

（1）避免实际或明显的利害冲突，并向任何可能冲突的关系人提出忠告；

（2）不得从事道德上有害于其履行职责的活动；

（3）拒绝接受影响或拟将影响其行动的任何馈赠、好处或招待；

（4）不得主动或被动地破坏组织的合法及道德目标的实现；

（5）对妨碍判断或活动绩效的专业限制或其他约束条件予以了解和沟通；

（6）沟通不利和有利的信息及专业判断或意见；

（7）不能从事或支持任何有害于专业团体的活动。

4.客观（objectivity）

管理会计师与财务管理人员有义务：

（1）公平而客观地沟通信息；

（2）充分反映信息，帮助信息使用者对各项报告、评论和建议获得正确的理解。

（二）职业道德冲突及其解决

一般来说，管理会计人员是为企业内部经营管理服务的，追求的是企业价值的最大化。但是在实际工作中，由于个人和组织存在不同的利益追求，这些利益追求有时会产生冲突。例如：管理会计职业组织道德要求与管理会计师所服务的组织的利益要求产生冲突；管理会计人员的个人利益与其所服务组织的整体利益产生冲突；自己所在部门的利益与组织的整体利益产生冲突等。管理会计人员会经常面对这些道德冲突，下面通过两个例子来说明。

【例1-1】

某公司的管理会计师知道该公司的软件部门已经将研发费用资本化了，而且知道如果不允许这些费用资本化，软件部门将会因此出现亏损（内部报告），并可能导致裁员。虽然软件部门的经理一直想证明研发的新产品会在市场上取得成功，却拿不出充分的证据来支持自己的观点，而且曾经的新产品市场销售情况并不好，因此他对部门的前景非常担忧。管理会计师有很多朋友在软件部门工作，希望避免与软件部门经理发生个人冲突。请问：这位管理会计师应该将研发费用资本化还是费用化呢？

因为资本化可以减少软件部门费用支出，改善软件部门业绩，所以软件部门经理倾向资本化。但管理会计师应公正、客观判断，在无充分理由显示达到资本化条件时，这位管理会计师应该将研发费用费用化。

【例1-2】

康美药业（现为“ST康美”）是一家集药品、中药饮片、中药材和医疗器械等供销一体化的大型医药民营企业，于2001年在上海证券交易所挂牌上市。2018年12月28日，康美药业收到证监会《调查通知书》。2019年4月30日，康美药业发布了近300亿元的会计差错，同日在《关于前期会计差错更正的公告》中，阐述了具体的会计差错更正原因及财务影响。同年5月17日证监会通报了康美药业财务报告造假及涉嫌虚假陈述等违法违规行为。据证监会初步调查，康美药业披露的2016年至2018年财务报告存在重大虚假，涉嫌违反《中华人民共和国证券法》相关规定，包括使用虚假银行单据虚增存款、通过伪造业务凭证进行收入造假及部分资金转入关联方账户买卖本公司股票。

2021年11月12日广州市中级人民法院对康美药业（600518）证券集体诉讼案做出一审判决：康美药业承担24.59亿元的赔偿责任；公司实际控制人马某曰夫妇及邱某伟等4名原高管人员组织策划实施财务造假，属故意行为，承担100%的连带赔偿责任，财务总监庄某清被判承担100%（24.59亿元）民事赔偿连带责任。

上述例子中，两位会计师都面临职业道德的挑战。在应用职业道德行为规范时，管理会计和财务管理人员可能会遇到如何确定不道德的行为或者如何解决道德冲突的问题。当遇到关键性的道德问题时，管理会计师必须遵守权威机构制定的规则。如果这些规则不能解决问题，管理会计师可以考虑下列办法①：

（1）与直接上级讨论这些问题，前提是这位上级没有卷入冲突，否则应上报给更高级的领导。如果问题出现以后仍然没有找到满意的解决办法，也可以把问题上报给更高一级的领导。但是，如果直属上级并不牵涉其中，在向更高级的管理层汇报时应该获得直属上级的首肯。除非违反法律规定，否则将这类问题告知未被雇用或未涉及的管理当局或个人是不恰当的。

（2）如果直接上级是首席执行官或者同级别的领导，可以接受的检查机构包括审计委员会、执行委员会、董事会、信托委员会或股东大会。

①资料来源：Institute of Management Accountants，formerly National Association of Accountants，Statements on Management Accounting：Objectives of Management Accounting，Statement No.1B，New York，1982.

（3）与一位客观公正的建议者（例如IMA道德建议委员会）秘密讨论，以获得对各种可能出现的情况的更好理解。

（4）向自己的律师询问有关道德冲突的法律责任与义务。

（5）如果经过各种尝试，道德冲突依旧存在，且道德冲突发生在关键事项上，管理会计师应该提出辞职并给公司合适的领导提交一份详细的备忘录。辞职以后，该备忘录可以适时地提醒有关冲突的各方。

【本章小结】

管理会计是从传统会计中逐渐派生出来的一门新兴学科，是一门汲取了多种学科理论与方法的综合交叉科学，与财务会计并存，是现代企业会计的重要组成部分。管理会计是指在当代市场经济条件下，以强化企业内部经营管理、实现最佳经济效益为最终目的，以现代企业经营活动及其价值表现为对象，采用科学的方法对信息进行加工利用，实现对经济过程的预测、决策、规划、控制、责任考核与评价等职能的一个会计分支。

明确管理会计的概念框架，是构建管理会计学科体系的基础。管理会计的概念框架，由管理会计的定义、基本假设、对象、目标、职能、基本内容、信息质量特征等相关概念组成，其目的是正确界定管理会计的边界，解决、分析管理会计问题。

管理会计和财务会计分属现代会计的两个子系统，二者既有区别又有联系。管理会计和财务会计的主要区别在于工作的侧重点不同。财务会计关注的是企业的财务状况、经营成果和现金流量有没有被真实反映；管理会计则更关注企业的资源配置是否为最优配置，以使得企业在一定条件下满足收益最大化。

【复习思考】

1. 管理会计的基本假设有哪些？
2. 管理会计的职能有哪些？
3. 管理会计与财务会计的区别有哪些？
4. 管理会计与财务会计的联系有哪些？
5. 为什么说管理会计比财务会计更能满足公司治理的需求？管理会计又是如何发挥其在公司治理中的作用的？
6. 为了提高我国管理会计师职业道德建设水平，我们应该从哪些角度切入？具体又应该采取什么样的策略？

【主要参考文献】

1.冯巧根.管理会计应用与发展的典型案例研究［M］.北京：经济科学出版社，2002.
2.潘飞.管理会计［M］.4版.上海：上海财经大学出版社，2019.
3.孙茂竹，支晓强，戴璐.管理会计学［M］.9版.北京：中国人民大学出版社，2020.
4.吴大军.管理会计［M］.6版.大连：东北财经大学出版社，2021.
5.张德红.管理会计学［M］.北京：经济科学出版社，2017.
6.周航，徐晶.管理会计［M］.3版.北京：科学出版社，2018.

7.贺颖奇．管理会计概念框架研究［J］．会计研究，2020（8）：115-127.
8.谢志华．会计的未来发展［J］．会计研究，2021（11）：3-19.
9.余恕莲，吴革．管理会计的本质、边界及发展［J］．经济管理，2006（6）：68-74.

引导案例分析要点

第二章

成本性态分析与贡献边际

【学习目标】

本章主要阐述成本性态分析的概念和方法，通过对本章内容的学习，学生需要达到以下目标：

1. 了解成本的主要分类。
2. 熟悉成本性态分析所涉及的各种成本及其特性。
3. 掌握成本性态分析的方法。

【本章主要内容导图】

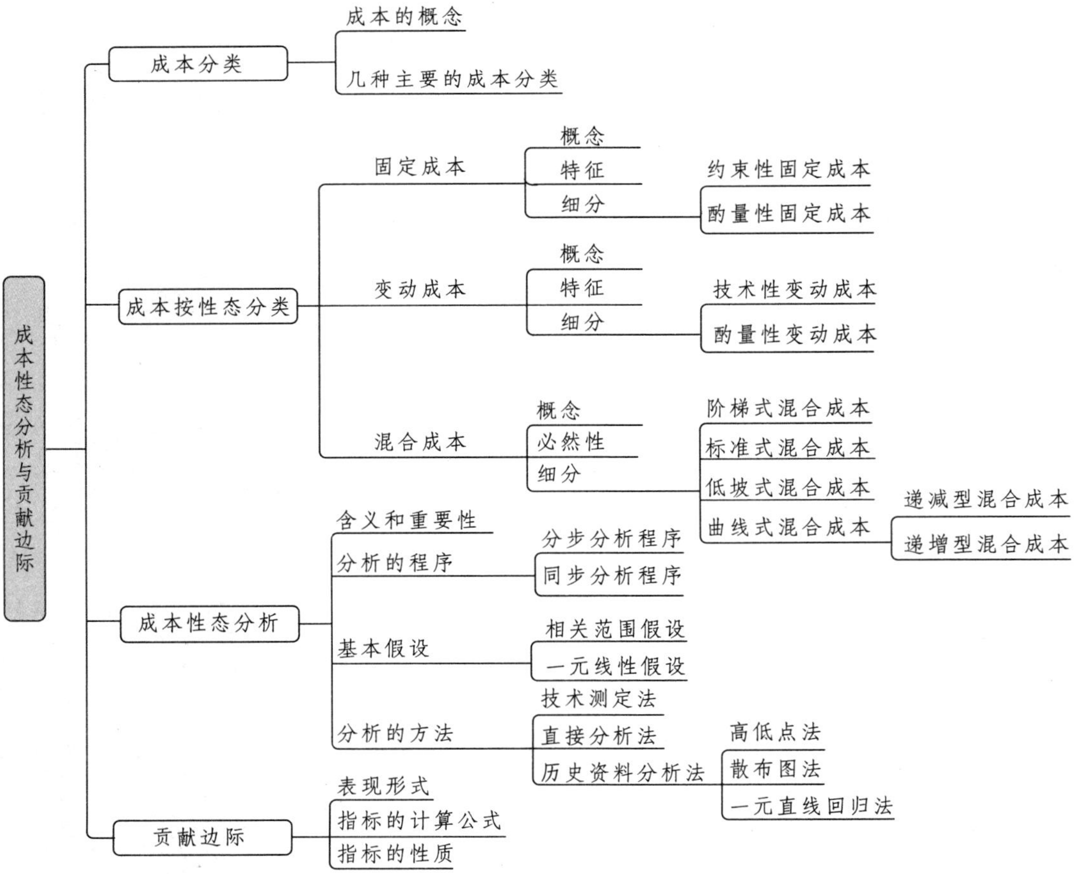

【引导案例】

成本性态分析的运用

D公司为一家生产企业，主要产品是牛仔裤。公司的会计主管想计算工厂用电的固定成本和变动成本，本年度1—8月份的用电数据见表2-1。

表2-1　　D公司成本资料表

月份	电力成本（元）	机器工时（小时）
1月	3 255	460
2月	3 485	500
3月	4 100	600
4月	3 300	470
5月	3 312	470
6月	2 575	350
7月	3 910	570
8月	4 200	590

回归分析得出的系数见表2-2。

表2-2　　回归结果

截距	321
斜率	6.38

问题：

（1）你能计算电力固定成本和机器工时的变动成本吗？

（2）你能建立总电力成本的成本公式吗？

（3）假设下月的机器工时为550小时，你能计算出下月的预算总成本吗？

相信通过对本章内容的学习，这些问题都会有所解答。

第一节　成本分类

一、成本的概念

党的二十大报告强调，要加快构建新发展格局，着力推动高质量发展。我国经济发展已从高速增长阶段转向高质量发展阶段，在此过程中，企业作为微观经济的重要组成部分，需要不断进行技术和产品创新，持续增强其经济竞争力。这个过程需要巨大的成本，而合理的管理成本能够帮助企业了解成本与效益之间的关系，使其充分地掌握自身的运营情况，有助于促进企业高质量发展。

成本是指一个组织在生产经营过程中，为了实现现在或者未来经济利益目标而应当或可能发生的各种经济资源的价值牺牲或代价。

也就是说，成本是指为了达到组织的某一特定目的而失去或放弃的一项资源，这里的“资源”不仅包括天然资源，还包括经过加工的物质资源以及人力资源。

定义中特别强调了成本发生的原因（目的性）和必要性，而对成本发生的时态没有做严格的规定。因此在管理会计中，成本的时态可以是过去时、现在完成时或将来时。

二、几种主要的成本分类

为了某一特定目的而以特定方法分类和记录的成本数据，可能对于另一种用途并不适用，为了满足不同目的的不同需求，可以按照不同的标准对成本进行分类，从而满足企业经营管理的不同要求。

下面简要介绍本书以后几章将要涉及的几种主要成本分类。

（一）制造成本与非制造成本

在制造业企业中，成本按其经济用途可以分为制造成本和非制造成本。

制造成本又称为生产成本，主要包括直接材料、燃料和动力、直接人工、制造费用。直接材料是指能够直接追溯到每个产品，并构成产品实体的主要材料和辅助材料成本；燃料和动力是指直接用于产品生产的燃料和动力的成本；直接人工是指能够直接追溯到每个产品的人工成本，即直接从事产品生产的工人的职工薪酬；制造费用是指除直接材料、燃料和动力、直接人工以外的所有制造成本，包括间接材料成本、间接人工成本和其他制造成本，如企业生产车间发生的水电费、固定资产折旧、无形资产摊销、管理人员的职工薪酬、季节性和修理期间的停工损失等。

在生产成本中，直接材料与直接人工之和称为主要成本；直接人工与制造费用之和称为加工成本。

非制造成本又称为非生产成本，是指除制造成本以外的成本，主要包括销售成本和管理成本。

销售成本包括取得顾客订单并将产品送至顾客手中所必需的所有成本，这些成本经常被称为订单获取和供应成本，包括销售佣金、销售人员工资和销售部门房屋占用的成本等；管理成本包括与组织管理而非生产、营销或销售相关的所有行政、组织和文职成本，包括行政文职人员工资、法律和会计服务成本、管理人员办公场所成本等。

（二）历史成本与未来成本

成本按其实际发生的时态分类，可以分为历史成本和未来成本。

历史成本是指根据以前期间或本期实际发生的耗费情况所计算的实际成本，也称为原始成本；未来成本是历史成本的对称，是根据一定资料预先测算获得的尚未实际发生的成本，又称为预计成本。

历史成本通常是根据会计凭证和账面记录计算的，是一种传统的成本计算方法；而未来成本在现代企业经营决策中有重要意义，它使成本管理从事后走向事先，这是提高成本管理水平的重要步骤。

（三）相关成本与无关成本

根据成本的发生与企业决策是否有关，成本可以划分为相关成本和无关成本。

相关成本是指对企业经营管理有影响或在经营决策时必须加以考虑的各种成本。相关成本主要包括机会成本、付现成本等；无关成本是指在经营决策时无须加以考虑的成本，如沉没成本、历史成本、不可避免成本、不可延缓成本、共同成本等。

（四）可控成本与不可控成本

根据成本的可控性，成本可以划分为可控成本和不可控成本。

成本的可控性是指成本项目的发生在一定期间内是否可以为管理者所控制。可控成本是指责任单位对其成本的发生可以在事先预计并落实责任、在事中施加影响以及在事后进行考核的成本；不可控成本是与可控成本相对立的概念。

这种分类有利于区分各部门的责任，确定其责任成本，从而对其工作业绩进行考核。

（五）直接成本与间接成本

根据成本的可辨认性，成本可以划分为直接成本与间接成本。

成本的可辨认性是指成本的发生同特定对象（产品、加工步骤或部门）之间是否具有直接的联系。

直接成本是指成本的发生同某一特定对象之间具有直接的联系，可通过特定的标志把它们直接归属于有关的产品、加工步骤或部门，又称为可追溯成本；间接成本的发生同某一特定对象之间则没有直接的联系，它们无法按照特定的标志归属于有关产品、加工步骤或部门，又称为不可追溯成本。

（六）产品成本与期间成本

根据成本的可盘存性，成本可以划分为产品成本与期间成本。

成本的可盘存性是指一定期间内发生的成本是否有可能构成资产价值，是否应该计入期末资产结转至下期的性质，据此一定期间内发生的成本可分为产品成本和期间成本。

产品成本，又称为可盘存成本，是指同产品的生产有着直接联系的成本，它们汇集于产品，随产品实体的流动而流动。这里的“产品”是指广义的产品，包括期末在产品、产成品和本期已经销售的商品。“随产品实体的流动而流动”是指构成产品成本的价值要素最终要在广义产品的各种实物形态中得到体现，表现为销售产品成本或存货成本（存货成本包括期末在产品成本和本期未销售的库存产品成本）。由于生产产品所发生的成本不一定在发生的当期全部转化为费用，只有在产品销售时才能实现这种转化。因此，产品成本的归属期有两种可能：第一，随已经销售的商品以销售成本的形式列入当期利润表，与当期收入匹配；第二，随存货以期末存货成本的形式列入当期资产负债表，作为资产价值递延到下期。如果这些存货在下期实现销售，则以下期销售成本的形式列入下期利润表，否则继续以资产价值递延。

期间成本，又称为不可盘存成本，是指那些不随产品实体的流动而流动，基本上和企业生产经营活动持续期的长短成比例的成本，其效益会随着时间的推移而消逝，不应结转至下期，也不应计入存货成本，而应在其发生的当期，全额列入利润表，作为该期销售收入的一个扣减项目。

成本按可盘存性分类有利于指导企业准确地对存货进行估价，正确计算损益。

（七）业务成本、责任成本与质量成本

现代成本核算有三个主要目标：一是反映业务活动本身的耗费情况，以便确定成本的

补偿尺度；二是落实责任，以便控制成本，从而明确有关单位的经营业绩；三是确保产品质量。成本按核算目标不同，可分为业务成本、责任成本和质量成本三大类。

业务成本是为达到第一个目标而核算的成本。这种成本的核算组织称为成本单位，在一般情况下，某成本单位的业务成本就是该单位为生产加工或完成一定业务量而发生的全部成本。从这个意义上，可以把业务成本看成以产品为中心、以其开支范围为半径的所有成本的集合。可见，业务成本与广义产品成本的口径一致，只是分类的角度不同。责任成本是为达到第二个目标而核算的成本。质量成本是为达到第三个目标而核算的成本。

区分业务成本、责任成本和质量成本有助于做好成本核算工作、加强成本的责任管理和提高产品质量。

自测题2-1

【学思践悟】生态文明建设与环境成本管理

党的二十大报告指出，我们坚持绿水青山就是金山银山的理念，坚持山水林田湖草沙一体化保护和系统治理，全方位、全地域、全过程加强生态环境保护，生态文明制度体系更加健全，污染防治攻坚向纵深推进，绿色、循环、低碳发展迈出坚实步伐，生态环境保护发生历史性、转折性、全局性变化，我们的祖国天更蓝、山更绿、水更清。

环境会计是以环境资产、环境费用、环境效益等会计要素为核算内容的一门专业会计。在中国特色社会主义建设和生态文明建设的时代背景下，环境会计所发挥的作用也日益重要。其中，环境成本在环境会计中是个非常重要的概念。环境会计是对环境负外部性的管理，其实质是基于环境成本的价值管理，实际应用工具是环境成本管理会计方法。显然，基于环境成本的环境价值管理是为决策服务的，其决策的本质是收益与成本的差额，即为创造价值，因而环境管理会计的最终目的是环境收益。环境收益包含两方面内容：其一，在宏观方面是生态自然直接价值与潜在价值的增加，在微观方面是企业因环境保护和环境治理而带来的直接价值（利润），如政府奖励、税收减免和社会形象提升以及商品附加值增加等。不仅如此，基于生态文明的考量，环境成本管理绩效成为环境资源使用者用以评级和衡量环境资源节约、环境财务改善和公司综合绩效提升的最重要内容。其二，对潜在环境风险进行管理就是对环境成本的管理，其管理的目标是减少隐性环境成本的发生概率，间接提高环境收益。所以，环境成本不仅是环境财务会计的内容，也是环境管理会计的核心要件。

第二节　固定成本、变动成本及混合成本

一、成本按其性态分类

成本性态又称成本习性，是指在一定条件下成本总额与特定业务量之间在数量方面的依存关系。这里的“业务量”是指企业在某一生产经营期内投入或完成的经营工作量的统

称。业务量可以用绝对量和相对量来表示。绝对量可以划分为实物量、价值量和时间量三种形式；相对量可以用百分比或比率等形式反映。我们通常假定业务量是唯一的，大多指生产量或销售量。这里的“成本总额”是指一定时期内为取得营业收入而发生的各种营业成本费用，包括全部生产成本和非生产成本。

成本性态是存在于成本总额与业务量之间的规律性联系，了解这种规律在管理会计中具有特别重要的意义。通过成本性态分析可以从定性和定量两个方面把握成本的各组成部分与业务量之间的变化规律。这不仅有利于寻找降低成本的有效途径，还有助于进行科学的预测、规划、决策和控制。

二、固定成本

（一）固定成本的概念及内容

固定成本是指在一定范围内，其总额不随业务量发生任何数额变化的成本。

固定成本的内容一般包括：房屋设备租赁费、保险费、广告费、不动产税、管理人员薪酬和按直线法计提的固定资产折旧费等。在我国工业企业中，固定成本一般包括：制造费用中不随产量变动的办公费、差旅费、折旧费、劳动保护费、管理人员薪酬和租赁费等；销售费用中不受销量影响的销售人员工资、广告费和折旧费等；管理费用中不受产量或销量影响的管理人员工资、折旧费、租赁费、保险费等；财务费用中不受产量或销量影响、各期稳定发生的利息费用等。

（二）固定成本的特征

固定成本具有以下两个特征：

（1）在一定范围内，固定成本总额保持不变，不受业务量增减变动的影响。在平面直角坐标系上，固定成本线是一条平行于x轴的直线，其总成本性态模型为y=a。

（2）从单位产品所分摊的固定成本来看，由于固定成本总额保持不变，必然导致单位产品负担的固定成本随着业务量的变动成反比例变动，其单位成本性态模型为$y=\frac{a}{x}$。

【例2-1】

甲企业只生产一种A产品，原来一个月的最大生产能力是500件。为满足市场需求，企业决定从20×1年上半年起将每月最大生产能力提高到1 000件。这需要向某租赁公司租入两台设备。每月付租金20 000元，租期两年。20×1年上半年各月产量与租赁费用资料见表2-3。

表2-3 A产品产量与租赁费用资料

月份	产量（件）	租赁费用（元）	单位A产品负担的租金（元/件）
1	500	20 000	40.00
2	600	20 000	33.33
3	700	20 000	28.57
4	850	20 000	23.53

续表

月份	产量（件）	租赁费用（元）	单位A产品负担的租金（元/件）
5	1 000	20 000	20.00
6	950	20 000	21.05

要求：分析甲企业租赁费用成本性态。

解：根据上述资料，可将20×1年上半年各月甲企业生产A产品的产量与设备租金总额及单位A产品负担租金的关系分别用图2-1和图2-2来表示。

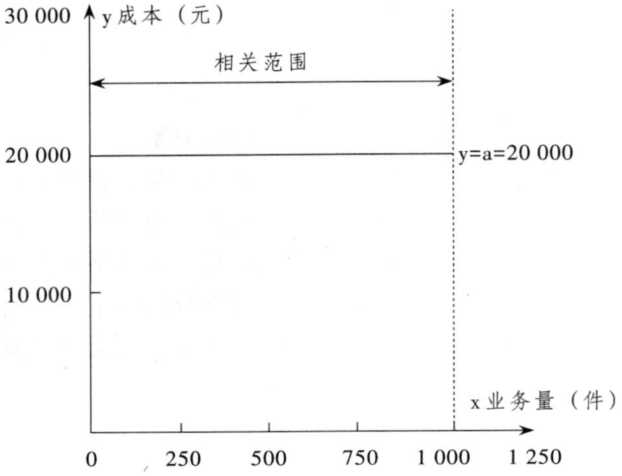

图2-1 固定成本总额性态模型

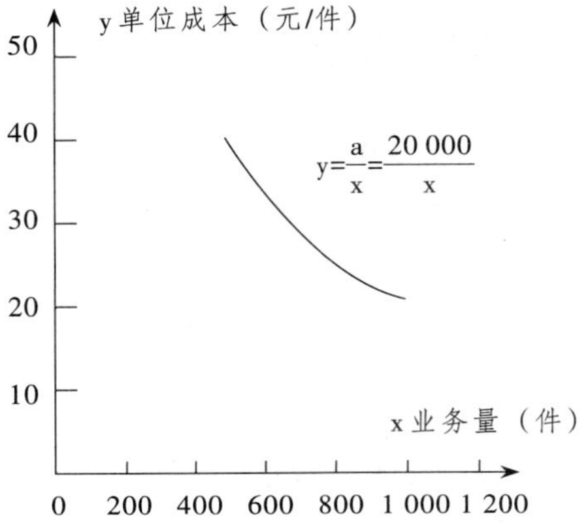

图2-2 单位固定成本性态模型

由此可见，该企业每月发生的租金总额与A产品的产量并无关系，但单位A产品负担的租金却随产量的不断增长而呈现下降的趋势。

（三）固定成本的细分

为了寻求降低固定成本的正确途径，可将固定成本按其是否受管理当局短期决策行为的影响进一步细分为约束性固定成本和酌量性固定成本两类。

1. 约束性固定成本

约束性固定成本，又称拘束性固定成本，是指不受管理当局短期决策行为影响的那部分固定成本。这类成本反映的是形成和维持企业最基本生产经营能力的成本，也是企业经营业务必须负担的最低成本，又称经营能力成本。这类成本包括厂房机器设备的折旧费、不动产税、保险费和管理人员薪酬等内容。这类成本具有很强的约束性，即随着企业经营能力的形成，这类成本在短时间内不能轻易改变，如果硬性追求约束性固定成本的降低，就意味着削减企业的经营能力，有可能影响企业长远目标的实现或导致盈利能力降低。因此，在不改变企业经营方向的前提下，降低此类固定成本通常不宜采取降低其总额的措施，而应从经济合理地利用企业的生产能力、提高产品产量、降低单位成本入手。

2. 酌量性固定成本

酌量性固定成本，又称抉择性固定成本，是指受管理当局短期决策行为影响，可以在不同时期改变其数额的那部分固定成本，包括广告费、新产品研究开发费和职工培训费等内容。这类成本的发生可以增强企业的竞争能力，扩大产品的销路，但其发生额服从于企业的经营方针，一般由企业的管理当局在会计年度开始前，对这类成本的各个项目是否需要继续支出、是否需要增减做出决定。所以，降低此类固定成本的有效途径就是降低其总额的支出，这就要求在预算时精打细算、厉行节约、避免浪费，在不影响生产经营的前提下，尽量减少其绝对支出额。

（四）固定成本水平的表现形式

在管理会计中，固定成本的水平通常是以其绝对额表现的，因为它不会受到业务量因素变动的影响。

应当注意的是，固定成本总是与某一计算期间相联系，某一个月的固定成本与某一年的固定成本的水平肯定不同；而且某些成本项目对某一特定业务量来说属于固定成本，对其他业务量来说可能不属于固定成本。所以，在研究固定成本问题时，必须明确时间范围和业务量的具体形式。

三、变动成本

（一）变动成本的概念及内容

变动成本是指在一定范围内，成本总额随业务量的变动成正比例变动的那部分成本。

在西方会计实务中，变动成本的内容一般包括：生产成本中单耗稳定的直接材料成本、工资率稳定的直接人工成本和制造费用中随业务量变动而成正比例变动的物料用品费、燃料费、动力费等，以及按销售量支付的销售佣金、装运费、包装费等。在我国工业企业中，则将那些直接用于产品制造且消耗定额相对稳定的原材料、燃料和动力、外部加工费、外购半成品，计件工资形式下的生产工人工资，按生产数量法计提的折旧费，管理费用、销售费用和财务费用中与销售量成正比例的费用等列入变动成本。

（二）变动成本的特征

变动成本具有以下两个特征：

（1）在一定时期和一定业务量的相关范围内，变动成本总额（用 bx 表示）随产量的增减成正比例增减。如果用 $y=bx$ 代表变动成本总额模型，在平面直角坐标系上，变动成本总额就是一条通过原点的直线。

（2）单位变动成本（用常数 b 表示）不受业务量变动的影响，其数额始终保持在某一特定的水平不变，此特点称为单位变动成本的不变性。由于变动成本具有总额随业务量正比例变动的特征，就决定了在业务量不为零时，单位变动成本不受业务量增减变动的影响，始终保持不变。因此在平面直角坐标系上，单位变动成本是一条平行于 x 轴的直线。它的性态模型为 $y=b$。

【例 2-2】

仍按例 2-1 的资料，甲企业每生产一件 A 产品需要消耗一个 B 配件。B 配件的外购单价为 12 元，20×1 年上半年各月 A 产品产量与 B 配件外购总成本以及单位 A 产品消耗 B 配件成本的有关资料见表 2-4。

表 2-4　　A产品产量与B配件外购成本资料

月份	产量（件）	B配件外购总成本（元）	单位A产品消耗的B配件成本（元/件）
1	500	6 000	12
2	600	7 200	12
3	700	8 400	12
4	850	10 200	12
5	1 000	12 000	12
6	950	11 400	12

要求：分析甲企业B配件成本性态。

解：根据上述资料，可将20×1年上半年各月甲企业生产A产品的产量与为生产A产品发生的B配件外购总成本及单位A产品消耗B配件成本的关系分别用图2-3和图2-4来表示。

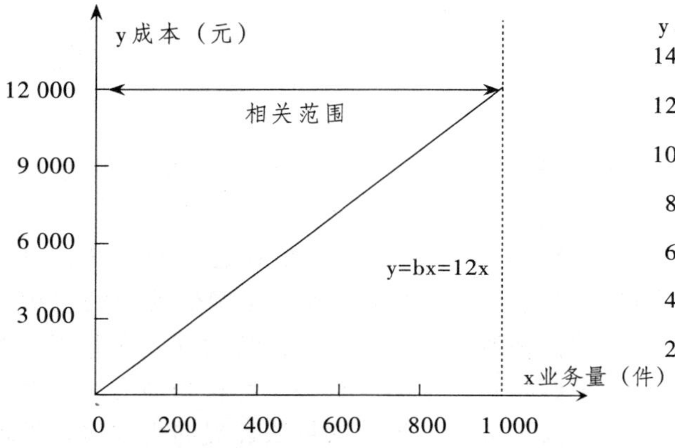

图2-3　变动成本总额性态模型

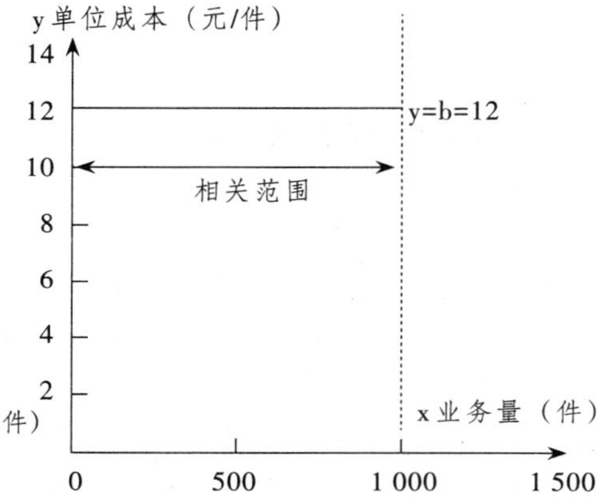

图2-4　单位变动成本性态模型

由此可见，该企业每月发生的B配件外购总成本与A产品产量成正比例变动，但单位A产品消耗的B配件成本却与产量没有关系。

（三）变动成本的细分

为了寻求变动成本的降低途径，可将变动成本按其发生的原因进一步细分为技术性变动成本和酌量性变动成本两类。

1.技术性变动成本

技术性变动成本是指其单位成本受客观因素决定，消耗量由技术因素决定的那部分变动成本。如生产成本中主要受到设计方案影响、单耗相对稳定的外购零部件成本，流水作业的生产工人工资等，都属于这类成本。若打算降低此类变动成本，必须通过改进设计、改进工艺技术、提高材料综合利用率、提高劳动生产率，以及避免浪费、降低单耗等手段来实现。

2.酌量性变动成本

酌量性变动成本是指其单耗受客观因素决定，其单位成本主要受企业管理部门决策影响的那部分变动成本。如在保证质量符合要求的前提下，企业可以从不同供货渠道购买到不同价格的某种材料，消耗该材料的成本就属于酌量性变动成本。在分散作业的计件工资制下，由于计件单价受到管理部门决策的制约，相关工资成本也属于酌量性变动成本。若要降低此类成本，需要通过科学决策、降低材料采购成本或优化劳动组合，以及严格控制开支等手段来实现。

（四）变动成本水平的表现形式

在管理会计中，变动成本的水平通常是以其单位额来表现的，因为在一定范围内它不会受到业务量变动的影响，并且能直接反映主要材料、人工成本和变动性制造费用的消耗水平。

同样，某些成本项目对某一特定业务量来说属于变动成本，对其他业务量来说可能不属于变动成本。所以，在研究变动成本问题时，必须明确业务量的具体形式。

四、混合成本

（一）混合成本的概念及其存在的必然性

混合成本是指介于固定成本和变动成本之间，其总额既随业务量变动又不成正比例变动的那部分成本。企业的电话费、机器设备的维护保养费等都属于混合成本。

实际工作中，很多成本的明细项目都属于混合成本。因为全部成本按其性态分类，采用了“是否变动”和“是否成正比例变动”的双重分类标志，其结果必然导致出现游离于固定成本和变动成本之间的混合成本。这说明混合成本的存在具有其客观必然性。

（二）混合成本的细分

混合成本与业务量之间的关系比较复杂，根据混合成本变动趋势的不同，可将其细分为阶梯式混合成本、标准式混合成本、低坡式混合成本和曲线式混合成本四种类型。

1.阶梯式混合成本

阶梯式混合成本，又称为半固定成本。这类混合成本在一定业务量范围内其发生额是固定的，当业务量超过一定限额时，其发生额就突然跳跃到一个新的水平，然后在业务量增长的一定限度内，其发生额保持不变，直到实现另一个新的跳跃为止。例如企业中检验员、化验员的工资，以及受班次影响的动力费、整车运输费等项目都属于阶梯式混合成本。

阶梯式混合成本的数学模型可以写成以下分段函数的形式：

$$y=f(x)=\begin{cases}a_1(0\leqslant x\leqslant x_1)\\a_2(x_1\leqslant x\leqslant x_2)\\a_3(x_2\leqslant x\leqslant x_3)\end{cases}\qquad(2.2.1式)$$

【例2-3】

仍按例2-1的资料，当甲企业每月生产的A产品产量在600件以内时，需要2名化验员，每人月工资为600元，工资成本为1 200元。以后产量每增加400件，就需在原有基础上增加1名化验员。

要求：分析甲企业化验员工资成本性态。

解：根据上述资料，可将20×1年上半年各月甲企业生产A产品的产量与化验员工资成本的关系用以下公式表示：

$$y=f(x)=\begin{cases}1\,200 & (0 \leqslant x \leqslant 600)\\ 1\,800 & (600 < x \leqslant 1\,000)\\ 2\,400 & (1\,000 < x \leqslant 1\,400)\end{cases}$$

将该企业化验员工资成本的性态模型绘制在平面直角坐标系上，就会发现该种成本呈阶梯状上升，如图2-5所示。

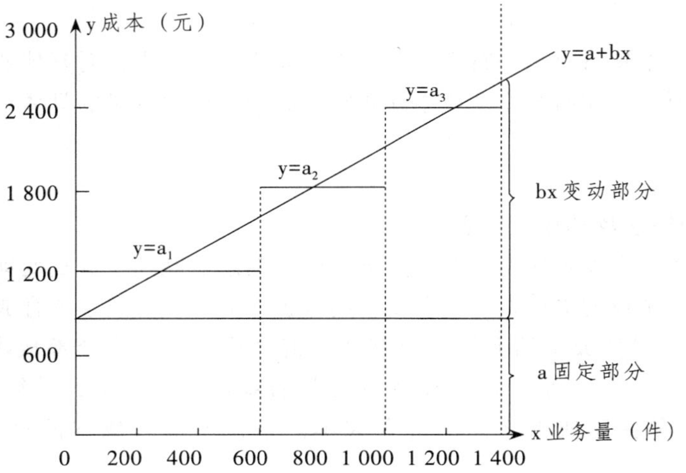

图2-5　阶梯式混合成本总额性态模型

由于2.2.1式在进行数学处理时比较麻烦，可以设法用一个直线方程y=a+bx来模拟它。

2.标准式混合成本

标准式混合成本，又称为半变动成本，是指在一定初始基数的基础上随产量变动而成正比例变动的成本。这类成本通常有一个初始量（即基数），一般保持不变，类似于固定成本；在此基础上，成本随着产量的增加成正比例增加，这一部分又类似于变动成本。

这种类型的混合成本较为普遍。机器设备的维护、修理费，公用事业费（如水费、电费等）及销售人员的薪金大多属于这类成本。企业的电话费用也属于标准式混合成本，由按固定数额计收的月租费和按通话时间及计费标准计算的通话费用两部分组成。

【例2-4】

仍按例2-1的资料，甲企业电费成本采用两部电价制计价，即不论当月是否生产，必须按月支付3 000元固定电费，在此基础上，每生产1件A产品，需要再支付电费10元。

要求：分析甲企业电费成本性态。

解：根据上述资料，可将20×1年上半年各月甲企业生产A产品的产量与电费成本的关系用图2-6来表示。

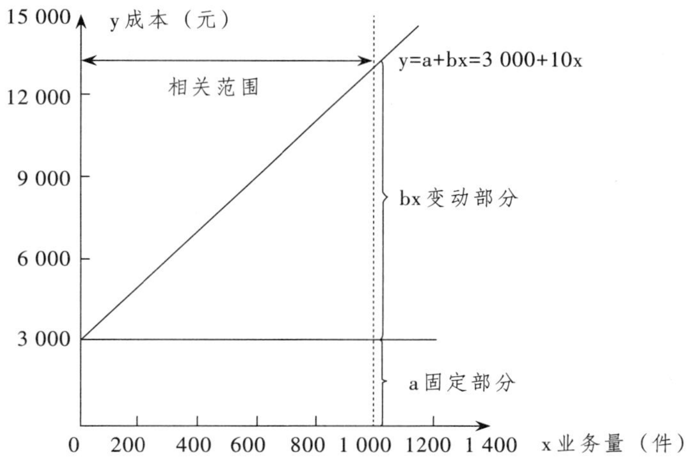

图2-6　标准式混合成本总额性态模型

标准式混合成本的成本函数可以写成：y=a+bx。

3.低坡式混合成本

这类成本在一定的业务量范围内其总额保持不变，一旦超过这个业务量限度，超额部分的成本就相当于变动成本。

在固定工资超定额计奖的工资制度下，职工在完成规定的工作额度之前，无论业务量完成多少，都只能取得基础工资；超过规定额度的职工除了可取得基础工资外，还会得到按超定额部分和计件单价计算的超额工资。这种工资就属于低坡式混合成本。此外，加班工资也属于低坡式混合成本。

低坡式混合成本的数学模型可写成以下分段函数的形式：

$$y=f(x)=\begin{cases} a_0 \quad (0 \leqslant x \leqslant x_0) \\ a_0+b_0(x-x_0) \quad (x>x_0) \end{cases} \tag{2.2.2式}$$

【例2-5】

仍按例2-1的资料，甲企业的装配工人执行固定工资超定额计奖的工资制度。当每月生产A产品的定额产量在400件以下时，支付50 000元基础工资；在此基础上，每增产1件A产品，再奖励变动性工资200元。

要求：分析甲企业装配工人工资成本性态。

解：根据上述资料，可将20×1年上半年各月甲企业生产A产品的产量与装配工人工资成本的关系用以下公式表示：

$$y=f(x)=\begin{cases} 50\,000 \quad (0 \leqslant x \leqslant 400) \\ 50\,000+200(x-400) \quad (x>400) \end{cases} \tag{2.2.3式}$$

将该企业装配工人工资成本的性态模型绘制在平面直角坐标系上，就会发现该种成本呈低坡状，如图2-7所示。

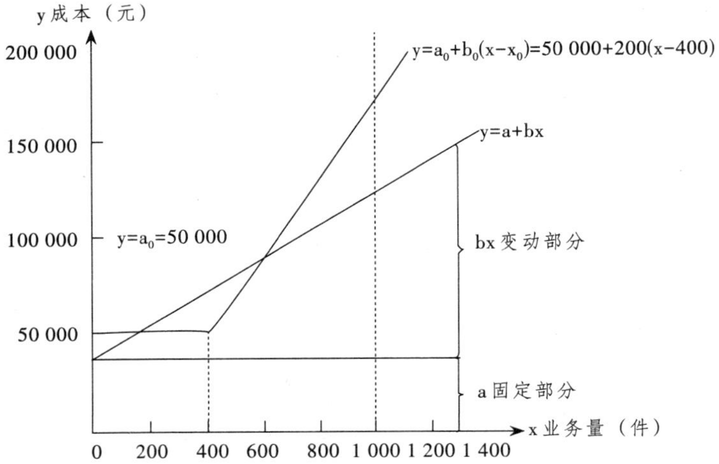

图2-7　低坡式混合成本总额性态模型

同样，2.2.2式也可以用直线方程y=a+bx来模拟它。

4.曲线式混合成本

这类成本通常有一个初始量，一般保持不变，相当于固定成本。在这个初始量的基础上，成本随业务量变动但并不呈现线性关系，在坐标系上表现为一条抛物线。按照曲线斜率变动趋势的不同，这类成本又可区分为递减型混合成本和递增型混合成本。

（1）递减型混合成本

递减型混合成本的特点是：成本的增长幅度小于业务量的增长幅度，成本的斜率随业务量的增多而递减，反映在平面直角坐标系上是一条凸形曲线。

【例2-6】

仍按例2-1的资料，甲企业生产的A产品需要进行热处理。所使用的电炉设备每班都需要预热，因预热而耗用的成本（初始量）属于固定成本性质，而预热后对A产品进行热处理的耗电单位成本，随着A产品的热处理量增加而逐步下降（具体数据略）。

要求：分析甲企业热处理成本的性态。

解：据此关系，可将20×1年上半年各月甲企业生产A产品的产量与热处理成本的关系用图2-8来表示。

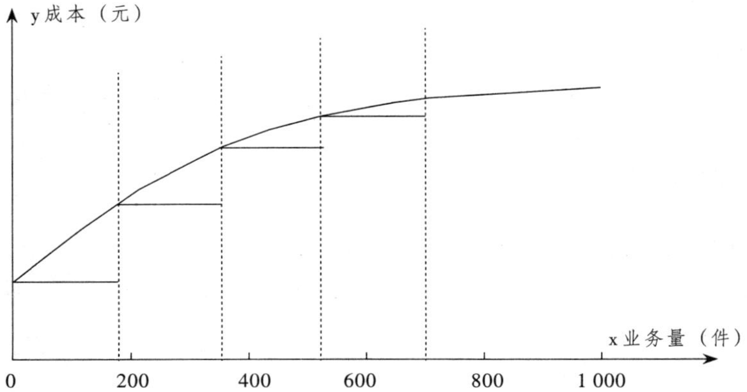

图2-8　递减型混合成本总额性态模型

从图2-8可以看出，该企业每月的热处理成本表现为一条凸形抛物线，属于递减型混合成本。

（2）递增型混合成本

递增型混合成本的特点是：成本的增长幅度大于业务量的增长幅度，成本的斜率随业务量的增多而递增，在平面直角坐标系上表现为一条凹形曲线。例如，各种违约金和罚金，以及累进计件工资等，都属于这类成本。

递增型混合成本性态模型如图2-9所示。

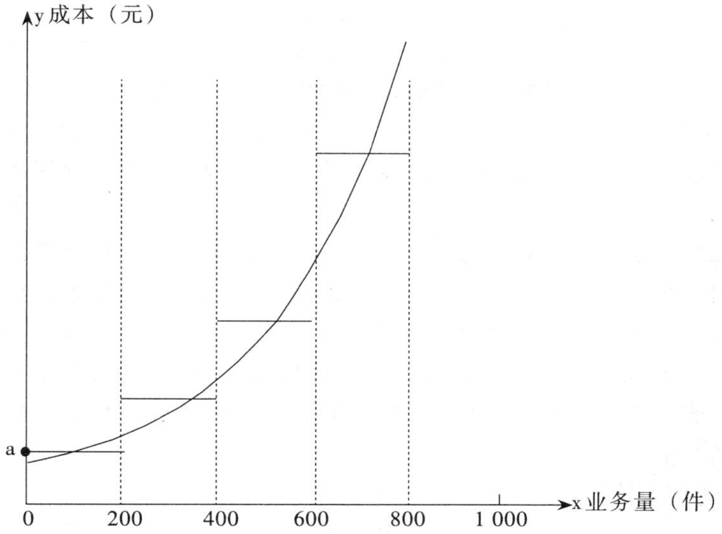

图2-9 递增型混合成本总额性态模型

上述两种曲线式混合成本都可以用直线方程y=a+bx进行模拟。

（三）混合成本分解的数学依据

混合成本分解是指利用一定方法将混合成本划分为固定部分和变动部分的过程。每种类型的混合成本都可以直接或间接地用直线方程y=a+bx进行模拟，这为混合成本分解提供了数学依据。

用来模拟各种混合成本的直线方程y=a+bx中：y表示混合成本；x表示业务量；a表示混合成本中的固定部分；bx表示混合成本中的变动部分；b表示混合成本中变动部分的单位成本。与前面的固定成本的性态模型y=a和变动成本的性态模型y=bx中字母所代表的经济含义完全不同，要注意区分。

五、成本性态分类示意图

成本按性态分类及每种成本的细分结果可用图2-10表示。

六、相关范围对成本性态的影响

（一）相关范围的定义

研究成本性态必须充分考虑相关范围的影响。前面在介绍固定成本和变动成本的定义时，总是在强调“在一定范围内”这个状语。这里的“一定范围”就是指“相关范围”。

- 总成本
  - 固定成本
    - 约束性固定成本
    - 酌量性固定成本
  - 变动成本
    - 技术性变动成本
    - 酌量性变动成本
  - 混合成本
    - 阶梯式混合成本
    - 标准式混合成本
    - 低坡式混合成本
    - 曲线式混合成本

图2-10 成本按其性态分类结果示意图

在管理会计中，把固定成本和变动成本性态保持不变的有关期间、业务量的特定变动范围称为广义的相关范围，把业务量因素的特定变动范围称为狭义的相关范围。

研究固定成本、变动成本必须与一定时期和一定的业务量范围相联系。只要在相关范围内，不管时间多久、业务量如何增减变动，固定成本总额的不变性和变动成本总额的正比例变动性都将存在。但如果超出这一范围，情况就会发生变化。因为从较长时期看，或者从业务量的无限变动看，没有成本绝对不改变数额，也没有成本存在绝对正比例变动。不仅固定成本和变动成本都只能存在于一定的相关范围内，每一类成本中的明细项目都可能具有不同的相关范围。

（二）固定成本的相关范围

在例2-1中，我们已经明确甲企业因租入两台设备而每月发生的租赁费用20 000元是固定成本。它是以0 ~ 1 000件的业务量变动范围和两年的租期为相关范围。只有在此前提下，月设备租金才保持不变。如果由于业务量或时间的变化超出了相关范围，设备租金就可能不再是固定成本了。

【例2-7】

仍按例2-1的资料，假定A产品为紧俏商品，甲企业决定从20×1年下半年起到20×1年年底（租期内）使月产量达到1 500件。在设备加工能力不变的条件下必须追加租入两台设备，这样就需追加15 000元设备租赁费用的支出。

要求：分析甲企业租赁费用是否属于固定成本。

解：在这种情况下，甲企业20×1年上半年每月的最大生产能力为1 000件，设备租赁费用为20 000元；下半年每月的最大生产能力达到1 500件，设备租赁费用达到35 000元。从20×1年全年看，设备租赁费用不再是固定成本，变成了阶梯式混合成本。

20×1年甲企业设备租赁费用与A产品产量之间的关系如图2-11所示。

从表面上看，20×1年全年甲企业设备租赁费用有两个相关范围。相关范围Ⅰ是每月产量0~ 1 000件，每月租赁费用为20 000元；相关范围Ⅱ是每月产量1 000~1 500件，每月租赁费用为35 000元。

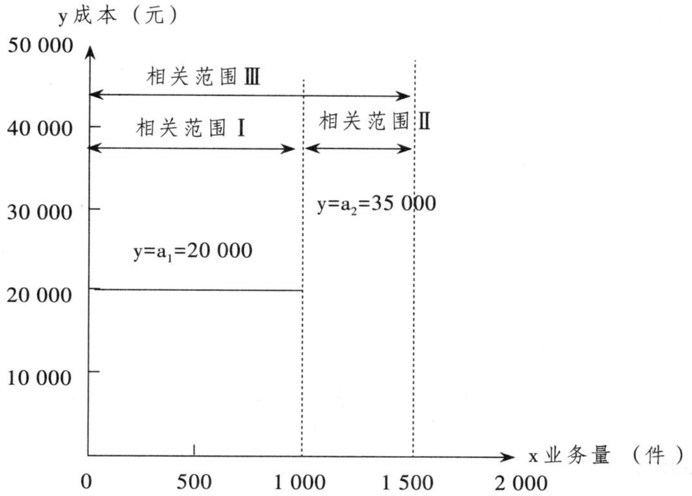

图2-11 固定成本与业务量相关范围

其实，这样看问题是不全面的。因为没有考虑20×1年上半年和下半年两个时间相关范围因素。在20×1年上半年，甲企业A产品的月产量不可能突破1 000件的相关范围；而到了20×1年下半年，甲企业增租了两台设备，使A产品的月最大产量达到1 500件。在这种情况下，即使该企业实际生产产量小于1 000件，甚至一件也没有生产出来，每月的租赁费用仍为35 000元。因此，从20×1年下半年起，甲企业的业务量相关范围是0 ~1 500件，而不是1 000 ~1 500件，称为相关范围Ⅲ。在这个相关范围内，甲企业的设备租赁费用仍然属于固定成本。

【例2-8】

仍按例2-1的资料，如果两年租期期满后，甲企业有两个生产方案可供选择：

方案一：转产其他产品，不再安排A产品的生产，决定不再续租设备，则从20×3年起每月就不会发生20 000元租赁费用。

方案二：两年租期期满后，甲企业继续安排A产品的生产，需要续租设备，届时可能会由于技术进步的原因使租金变得更便宜，每月租金为15 000元。

要求：分析甲企业租赁费用是否属于固定成本。

解：无论甲企业选择哪个方案，由于突破了时间的相关范围，从20×1—20×3+1年整个期间看，甲企业的设备租金成本都不再表现为固定成本。在续租设备的情况下，设备租金成本与时间的关系可用图2-12表示。

注意：如果某企业在一年内，每个月的固定成本均不随业务量变动，则该年的固定成本等于每个月的固定成本与12的乘积。这并不意味着固定成本突破了相关范围。同理，如果固定成本始终处于相关范围内，那么当年某个月中，平均每日的固定成本应当等于该月的固定成本除以30，而不是该项成本发生日的实际发生额。

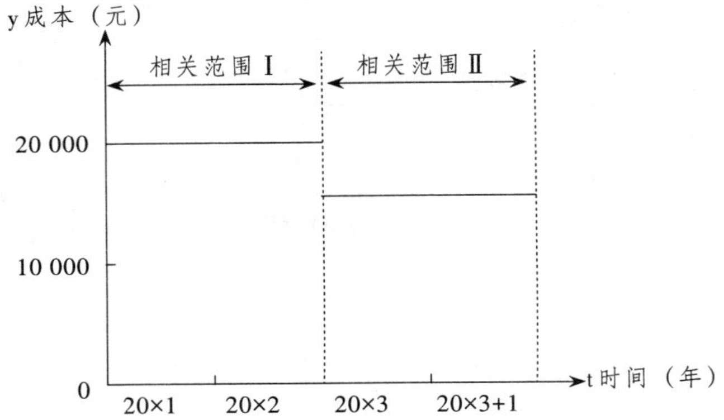

图2-12 固定成本与时间相关范围

（三）变动成本的相关范围

变动成本也存在相关范围的问题。超出相关范围，变动成本不再表现为线性关系，而是非线性关系。如某些行业在投产初期或投产批量较小时，由于工人缺乏经验，劳动熟练程度较低，企业的劳动生产率较低，材料消耗和产生的废品也较多。随着工人经验的积累和业务量的增长，这种局面会逐渐得到改善，单位产品中所消耗的直接材料和人工成本逐渐下降，这时成本总额表现为一条凸形曲线。当业务量继续增加到一定程度后，各项消耗及人工效率在某一水平保持相对稳定，在一定范围内有关单位成本不再随业务量的变动而变动，有关成本总额表现为一个正比例方程，成为真正意义上的变动成本。我们将这一业务量变动范围称为变动成本的相关范围。当业务量超出相关范围继续增长时，则可能出现新的不经济因素，如加班加点、轮班生产、废品率上升等，使单位成本又逐渐上升，此时这些成本总额表现为一条凹形曲线。另外，在相关范围内外，这些成本单位额的变化趋势也有所不同。这种成本随着业务量的变化而变化的情形可用图2-13表示。

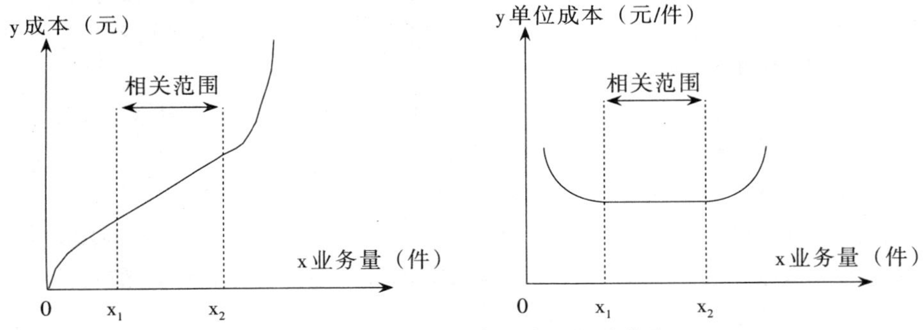

图2-13 变动成本与业务量相关范围

同样，变动成本在时间上也存在相关范围，即使业务量没有超出相关范围，在不同时期其单位成本也会随着物价水平的变动而发生改变。

（四）相关范围的意义

相关范围的存在，使得各类成本的性态具有相对性、暂时性和可转化性的特点，而不应该对成本性态作绝对的理解。

成本性态的相对性，是指同一成本项目在同一时期、不同企业之间可能具有不同的性态。考虑到这一特点，企业不应当照抄照搬其他企业成本性态分析的结论。

成本性态的暂时性，是指在同一企业的不同时期，同一成本项目可能有不同的性态。考虑到这一特点，就某一具体企业而言，应当经常进行成本性态分析，而不是将某次成本性态分析结果当作一成不变的结论。

成本性态的可转化性，是指在同一时空条件下，某些成本项目可以在固定成本和变动成本之间实现相互转化。考虑到这一特点，任何企业在进行成本性态分析时，都必须从实际出发，具体问题具体分析。

自测题2-2　　计算业务题

第三节　成本性态分析

在明确了固定成本、变动成本和混合成本三大类成本的基础上，接下来我们学习成本性态分析。

一、成本性态分析的含义和重要性

成本性态分析（analysis of cost behavior）是指在明确了各种成本性态之后，按照一定的程序和方法，将全部成本区分为固定成本和变动成本两大类，并建立相应的成本函数模型 $y=a+bx$ 的过程。

成本性态分析在管理会计中是一项最基本的工作。成本性态分析从定性和定量两个角度进行剖析，有助于理解和把握成本的各个组成部分与业务量之间的依存关系及变动规律，从而为应用变动成本法，开展本量利分析，进行短期决策、预测分析、全面预算、标准成本法的操作以及落实责任会计奠定基础。

企业在生产阶段进行成本性态分析具有重要的意义：（1）企业通过成本性态分析的方法对生产成本进行分析，能够了解自身成本与效益之间的线性关系，从而对自身运营情况进行充分的掌握；（2）企业通过成本性态分析，能够充分明确成本与经济效益之间的具体关系，从而能够发现自身在成本控制方面的问题，实现成本的有效控制；（3）企业通过成本性态分析，能够得知生产成本与经济效益之间的线性关系，从而能够发现在成本控制中还有哪些方面需要改进和完善，进而采取相应的措施对该问题进行解决和改善，继而实现企业经济效益的稳定增长。

【拓展知识】成本性态分析与成本按性态分类的关系

二、成本性态分析的程序

成本性态分析的程序是指完成成本性态分析任务所需经过的步骤。具体包括以下两种程序：

（一）分步分析程序

分步分析程序也叫作多步骤分析程序，该程序先定性分析后定量分析。在这一程序下，首先要将全部成本按成本性态进行分类，即按定义分为单纯的固定成本（假定为a_1）、单纯的变动成本（假定为b_1x）和混合成本三大类；然后再对混合成本进行分解，并将混合成本的固定部分（假定为a_2）与单纯的固定成本合并，求出固定成本总额（假定为a，$a=a_1+a_2$），将混合成本的变动部分（假定为b_2x）与单纯的变动成本合并，求出变动成本总额（假定为bx，$bx=b_1x+b_2x$），最后建立有关成本模型$y=a+bx$。

（二）同步分析程序

同步分析程序也叫作单步骤分析程序，在该程序下，定性分析与定量分析同步进行。此时，不需要分别进行成本按性态分类和混合成本分解，而是按一定方法将全部成本直接一次性地区分为固定成本总额（假定为a）和变动成本总额（假定为bx）两部分，并建立有关成本模型$y=a+bx$。

在该程序下可以不考虑混合成本，其依据是：首先，根据一元线性假定，不论是总成本还是混合成本都是同一个业务量x的函数，因此按分步分析程序与同步分析程序进行成本性态分析的结果应该是相同的。其次，当混合成本本身的数额较小，前后期变动幅度较小，对企业影响十分有限时，可以将其视为固定成本，以便简化分析过程。

【学思践悟】太钢不锈钢全流程成本管理模式的探索与创新

近年来，山西太钢不锈钢股份有限公司先后对降成本工作做了一系列的部署安排，进一步提出“深化系统降本、技术降本和管理降本”的战略理念。在深入分析钢铁企业成本管理变革发展趋势的基础上，山西太钢不锈钢股份有限公司结合公司发展目标对成本管理提出了新要求，采用目标成本法、标准成本法、变动成本法、作业成本法等成本管理理论和基本工具，创新地提出全流程成本管理模式，并开发实施成本管理信息系统，经过不断调整优化，在提升公司成本管理的价值创造能力与水平、满足公司生产经营决策和管控方面发挥了重要作用。具体成效如下：

将原有的采购、生产、销售、分析系统统一到成本管理信息系统，实现了全流程的基础数据大融合，形成了公司的“成本大数据”库，为快速、全面、深度挖掘和分析处理成本大数据奠定了基础；将工艺参数与产品成本自动关联和匹配，分工序建立工艺参数与成本之间的转换模型，产品成本可以追溯到工艺参数，成本构成更加明晰化，更有利于成本管理和分析；整合包括价格资料、产品盈亏预算管理、成本核算、成本分析、利润考评、绩效考核等多种管理报表，满足公司成本管理不同角度的需求；建立了统一的基础数据平台，消除“数据孤岛”，实现大量数据的集中存储、信息统一，同时开发了根据使用者需求自行对数据进行进一步加工处理的端口，定制各种口径的报表，并共享给其他用户使用；对成本大数据进行全流程、全方位、多角度、多层次的查询、处理、统计及分析，自动生成大量有价值的分析结果。

资料来源：世界金属导报.太钢不锈钢全流程成本管理模式的探索与创新［EB/OL］.（2019-04-10）.https：//www.sohu.com/a/307166147_313737？_trans_=000019_wzwza 2019.4.26.

三、成本性态分析的基本假设

下列基本假设是进行成本性态分析的前提条件：

（一）相关范围假设

由于存在相关范围，成本性态具有暂时性，因此在进行成本性态分析时，必须假定固定成本和变动成本总是处在相关范围内，即假定时间和业务量因素总是在不改变成本性态的范围内变动。

（二）一元线性假设

进行成本性态分析的关键是怎样建立反映成本与业务量关系的数学模型。成本可能会受到多个业务量的影响，若按实际情况进行分析，需要投入很多的时间和精力，不符合成本-效益原则。另外，建立的模型也会因为过分复杂而失去实用价值。一个简便易行的办法是假定总成本只是一种业务量的函数。同时，为简化分析，假定总成本可以近似地用一元线性方程 $y=a+bx$ 来描述（其中，a 代表固定成本总额，即固定成本与混合成本中的固定部分之和；bx 代表变动成本总额，即变动成本与混合成本中的变动部分之和）。

四、成本性态分析的方法

成本性态分析的方法是指完成成本性态分析任务必须采取的技术手段。常用的成本性态分析方法包括技术测定法（technical method）、直接分析法（direct method）和历史资料分析法（analysis of historical data）。在管理会计实践中，这些方法不仅能用于分步分析程序中的混合成本分解，也能用于同步分析程序中对总成本所做的直接定量处理。

（一）技术测定法

技术测定法也叫作工程技术法（project method），是指利用经济工程项目中的财务评价技术方法测定企业在正常生产过程中的投入与产出关系，分析确定在实际业务量基础上其固定成本和变动成本水平，并揭示其变动规律的一种方法。

企业在建设投产之前，必须对项目的可行性进行研究，可行性研究报告中必须提供有关的工程设计说明书和成本费用估算表，并规定一定生产量条件下应消耗的材料、燃料、动力、人工小时（工时）及机器小时（台时）等消耗标准，这些数据通常能够较为准确地反映在一定生产技术和管理水平条件下的投入产出规律。企业投产初期，可以参照这一规律进行成本性态分析，通常能获得较为准确的结果。

但是，这种方法的依据是建设前期的设计资料，因此只适用于投入量与产出量关系比较稳定的新企业及其主要成本的测算，而不适用于已发生较大技术变革或生产能力有重大变动的老企业；同时，新企业的很多间接成本往往缺乏有关标准，因此需要结合其他方法进行成本性态分析。另外，该方法较为复杂，应用时需要花费较多的时间和费用。

（二）直接分析法

直接分析法又称个别确认法（special identification method），是指事先已掌握有关项目的成本性态，并在成本发生的当时对每项成本的具体性态进行直接分析，将其归类为变动成本或固定成本的一种方法。

该方法需要逐一对成本明细项目加以鉴定，分别确认，因此在很大程度上属于定性分析。此法的关键是掌握所有项目的成本性态，这就要求事先已经了解决定成本性态构成的成本开支标准（例如：已知水电费等项目的收费标准）或已经进行了本企业的成本性态分析（例如：已经据此编制了成本费用预算手册）以及可以借鉴其他同类企业成本性态分析的结论。

此方法简便易行，具备一定会计知识和业务能力的人都能掌握，属于典型的同步分析程序，适用于管理会计基础工作开展较好的企业。但这一方法要求掌握大量第一手资料，实际分析的工作量太大，不适用于规模较大的企业开展成本性态分析。

（三）历史资料分析法

历史资料分析法是指在拥有若干期相关成本（y）和业务量（x）历史资料的基础上，运用一定的数学方法对其进行数据处理，从而确定常数a和b的数值，以完成成本性态分析任务的一种定量分析方法。

此处的成本y是分析对象，既可以代表总成本，又可以代表某项混合成本（这主要取决于选择哪种成本性态分析程序）。根据分析对象y的不同，a可以分别代表固定成本总额或混合成本中的固定部分，b则可分别代表单位变动成本或混合成本中变动部分的单位额。

这一方法要求企业资料齐全，成本与业务量的资料同期配套，具备相关性，且其前提是企业的历史成本与未来成本具有相似性。因此，此法适用于生产条件比较稳定、成本水平波动较小以及有关历史资料较为完备的老企业。

历史资料分析法的一般程序包括搜集资料、整理资料、处理资料和调整分析结果。

（1）搜集资料。该程序是历史资料分析法的基础环节。为确保相关性，在搜集资料时应当注意：既要保证提供足够的信息，又要防止将多年以前的无关数据掺和进来；既要保证成本与业务量的同期配套，又要考虑时间的连续性。

（2）整理资料。整理资料要求对所有资料进行审查，并将其分组排序，删除受偶然因素干扰的有关资料，避免假账真算。

（3）处理资料。这是历史资料分析法的关键程序。进行数据处理时，应遵守定性分析和定量分析相结合的原则。这需要选择具体方法、明确各项假定条件、科学计算数据并输出分析结果。

（4）调整分析结果。建立能够揭示未来成本变动规律的模型是成本性态分析的目的，因此，应当充分考虑未来因素的变动情况，并对完全按照历史资料处理得到的结果进行必要的调整，修正那些超出相关范围的项目。

历史资料分析法包括高低点法（high-low points method）、散布图法（scattered chart method）和一元直线回归法（linear regression method）三种具体应用形式。

1.高低点法

高低点法也叫作两点法，是指通过观察一定相关范围内的各期业务量与相关成本所构成的所有坐标点，从中选出高低两点坐标，并据此来推算固定成本总额（或混合成本中的固定部分）a和单位变动成本（或混合成本中变动部分的单位额）b的一种成本性态分析方法。

该方法所依据的基本原理是解析几何中的两点法。

高低点法的具体步骤是：

（1）确定高低点坐标。

从由各期业务量与相关成本构成的所有坐标点中，找出由最高业务量（假设为x_1[①]）

---

① x_1必须满足下列关系式：$x_1=\max\limits_{1\leqslant i\leqslant n}\{x_i\}$

及同期成本（假设为y_1）组成的高点坐标（x_1，y_1）和由最低业务量（假设为x_2[①]）及同期成本（假设为y_2）组成的低点坐标（x_2，y_2）。

（2）计算b值。

根据高低点坐标值计算单位变动成本（或混合成本中变动部分的单位额）b。

b的计算公式为：$b=\frac{y_1-y_2}{x_1-x_2}=\frac{\text{高低点成本之差}}{\text{高低点业务量之差}}$　（2.3.1式）

（3）计算a值。

将低点或高点的坐标值以及b值代入下式，计算固定成本（或混合成本中的固定部分）a。

$a=y_i-bx_i$（i=1或2）

$=$低点成本$-b\times$低点业务量$=y_2-bx_2$　（2.3.2式）

或　$=$高点成本$-b\times$高点业务量$=y_1-bx_1$　（2.3.3式）

（4）建立成本性态模型。

将a和b的值代入$y=a+bx$。

以上就是采用高低点法完成成本性态分析所需要经过的步骤。

若成本性态分析的对象是总成本，在应用高低点法时，需要先计算出单位变动成本指标，然后将混合成本列为固定成本总额处理。

【例2-9】

甲企业20×1年各月的A产品产量、总成本及其成本构成的历史资料见表2-3。

表2-3　A产品产量与成本资料　金额单位：元

月份	产量（x件）	总成本（y）	固定成本（a_1）	变动成本（100x）	混合成本（a_2+b_2x）
（甲）	①	②	③	④	⑤=②-③-④
1	100	72 000	50 000	10 000	12 000
2	200	84 000	50 000	20 000	14 000
3	300	93 500	50 000	30 000	13 500
4	400	128 000	50 000	40 000	38 000
5	500	121 990	50 000	50 000	21 990
6	700	154 000	50 000	70 000	34 000
7	600	115 750	50 000	60 000	5 750
8	850	160 500	50 000	85 000	25 500
9	900	168 000	50 000	90 000	28 000
10	1 200	204 000	50 000	120 000	34 000
11	1 100	210 000	50 000	110 000	50 000
12	1 000	180 000	50 000	100 000	30 000

① x_2必须满足下列关系式：$x_2=\min_{1\le i\le n}\{x_i\}$

要求：(1) 按照分步分析程序，用高低点法进行混合成本分解，并建立总成本性态模型。

(2) 按照同步分析程序，用高低点法对总成本进行性态分析。

(3) 比较两种程序的计算结果，并评价两种成本性态分析的程序。

解：(1) 根据表2-3，按产量与混合成本所确定的高点坐标为（1 200，34 000），低点坐标为（100，12 000）。

$b_2=\frac{34\ 000-1\ 2000}{1\ 200-100}=20$（元/件）

$a_2=12\ 000-20\times100=10\ 000$（元）

固定成本总额 $a=50\ 000+10\ 000=60\ 000$（元）

单位变动成本 $b=100+20=120$（元/件）

据此建立的总成本性态分析模型为：$y=60\ 000+120x$

(2) 按产量与总成本所确定的高点坐标为（1 200，204 000），低点坐标为（100，72 000）。

单位变动成本 $b=\frac{204\ 000-72\ 000}{1\ 200-100}=120$（元/件）

固定成本总额 $a=72\ 000-120\times100=60\ 000$（元）

据此建立的总成本性态分析模型为：$y=60\ 000+120x$

(3) 通过以上分析结果可以断定：按两种程序确定的总成本性态模型完全一致；相比较而言，同步分析程序更为简单。

【视频展示】例2-9在Excel中的实现

值得注意的是，选择高低点坐标应以自变量（业务量）的高低为标准，而不是按因变量（成本）的高低来选择。因此，本例中11月的总成本虽然最高，但不能以该期数据作为最高点坐标。

高低点法的优点是简便易行，易于理解。其缺点是只从诸多历史资料中选择了两组数据作为计算依据，这导致在此法下建立的成本性态模型很可能不具有代表性，从而导致较大的计算误差。因此，该法只适用于成本变化趋势比较稳定的企业。

利用Excel电子表格，在各月产量和成本数据的基础上，按产量排序（升序），利用MAX、MIN和VLOOKUP函数，可自动确定高点和低点的坐标。以这两点的系数数据为基础，添加趋势线，在选项中选择显示公式，即可十分方便地读出a和b的值。

2.散布图法

散布图法又称布点图法或目测画线法，是指将若干期业务量和成本的历史数据标注在坐标纸上，通过目测的方法画一条接近所有坐标点的直线，并据此来推算固定成本（或混合成本中的固定部分）a和单位变动成本（或混合成本中变动部分的单位额）b的一种成本性态分析方法。

散布图法的具体步骤为：

(1) 标出散布点。

将各期业务量及相应成本的历史资料作为点的坐标，并标注在平面直角坐标图上。

(2) 画线。

通过目测的方法画一条直线，使其尽可能通过或者接近所有坐标点。

(3) 读出a值。

上述直线的截距值能够在纵轴上读出，这一截距值即为固定成本总额（或混合成本中的固定部分）a。

（4）任选一点。

在上述直线上任取一点P，并假设其坐标值为（x_p，y_p）。

（5）求出b的值。

计算单位变动成本（或混合成本中变动部分的单位额）b，将x_p和y_p的值代入下式：

$$b=\frac{y_p-a}{x_p} \tag{2.3.4式}$$

（6）建立成本性态模型。

将a和b的值代入y=a+bx。

以上就是采用散步图法完成成本性态分析所需要经过的步骤。

如果成本性态分析的对象是总成本，那么在应用散布图法时，就需要先计算出固定成本总额指标，然后将混合成本列为变动成本总额处理，进而计算出单位变动成本指标。

【例2-10】

仍按例2-9中的资料。

要求：用散布图法按照同步分析程序对总成本进行成本性态分析。

解：将表2-3中12个月各月产量和总成本的坐标分别标在平面直角坐标图上，形成散布图，如图2-14所示。

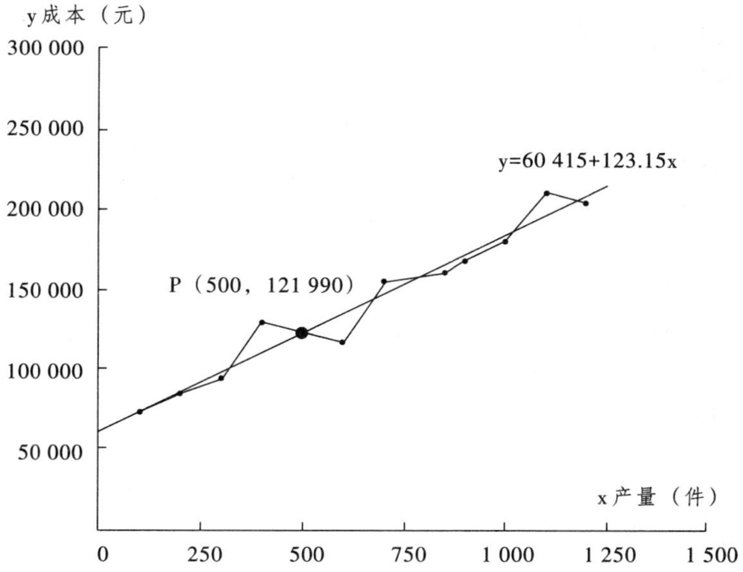

图2-14　散布图法示意图

图2-14所画直线截距a的读数值为60 415；任取直线上的一点P，测出其坐标为（500，121 990），则有：

$$b=\frac{121\,990-60\,415}{500}=123.15\text{（元/件）}$$

据此建立的总成本性态模型为：y=60 415+123.15x

【视频展示】例2–10在Excel中的实现

如果按分步分析程序进行操作，依表2–3中12个月产量和混合成本的坐标绘制散布图，并绘制一条直线，假设截距的数值为10 415，选取直线所经过的P点坐标为（500，121 990），据此计算的混合成本变动部分的单位额约为23.15，则据此建立的总成本性态模型为：

y=（50 000+10 415）+（100+23.15）x=60 415+123.15x

与按同步分析程序得出的结果一致（感兴趣的读者可以自行计算检验）。

散布图法的优点是能够考虑所获得的全部历史资料，且其图像能够反映成本的变动趋势，形象，直观，易于理解，与高低点法相比更加科学，计算结果也更加精确。其缺点是由于绘制直线有一定的主观性，可能出现人为的误差，从而对分析结果的客观性产生影响。

利用Excel电子表格，添加产量和成本坐标数据的系列，能够自动生成散布图；根据该系列数据添加趋势线，并显示该趋势线的公式，即可十分方便地读出a值和b值。

3.一元直线回归法

一元直线回归法也称为最小二乘法或最小平方法，是指利用微分极值原理对若干期业务量与成本的历史资料进行处理，并据此推算固定成本（或混合成本中的固定部分）a和单位变动成本（或混合成本中变动部分的单位额）b的一种成本性态分析方法。

这一方法的原理是从散布图中能够找到一条与全部观测值误差的平方和最小的直线，数学上称这条直线为回归直线或回归方程：y=a+bx，根据数理统计的回归分析法能够直接套用公式计算出回归系数a和b的值。

一元直线回归法的具体步骤是：

（1）列表求值。

根据历史资料列表，求n、$\sum x$、$\sum y$、$\sum xy$、$\sum x^2$和$\sum y^2$的值。

（2）计算相关系数r，并判断y与x之间是否存在必要的内在联系。

相关系数（coefficient of correlation，记作r）是用于揭示两组数据（自变量x与因变量y）之间关联程度的数学指标。

r的取值范围一般在0和±1之间。当r = −1时，说明x与y之间完全负相关；当r = 0时，说明x与y之间不存在任何联系，为零相关，即y ≠ a+bx；当r = +1时，说明x与y之间完全正相关，即y = a+bx；当r→+1时，说明x与y基本正相关，可以近似地写成y ≈ a+bx的形式。

一元直线回归法要求业务量x与成本y之间基本上保持线性关系，否则研究没有意义。

相关系数r的计算公式如下：

$$r=\frac{n\sum xy-\sum x\sum y}{\sqrt{\left[n\sum x^2-\left(\sum x\right)^2\right]\left[n\sum y^2-\left(\sum y\right)^2\right]}} \qquad \text{（2.3.5式）}$$

（3）计算回归系数a和b的值。

a和b的计算公式如下：

$$b=\frac{n\sum xy-\sum x\sum y}{n\sum x^2-\left(\sum x\right)^2}$$ （2.3.6式）

$$a=\frac{\sum y-b\sum x}{n}$$ （2.3.7式）

$$=\frac{\sum x^2\sum y-\sum x\sum xy}{n\sum x^2-\left(\sum x\right)^2}$$ （2.3.8式）

（4）建立成本性态模型。

将a和b的值代入 $y=a+bx$。

以上就是采用一元直线回归法完成成本性态分析所需要经过的步骤。

回归系数a和b的计算公式需要对误差的平方和函数求偏导数进行推导，较为烦琐，本书暂不介绍。这里我们介绍一种更简便的方法来推导回归系数a和b。

根据已知成本y和业务量x的历史资料（这里又称观测值），建立一组联立方程式：

$y_i=a+bx_i$　（i=1，2，…，n） （2.3.9式）

再对其求和，得：

$\sum y=na+b\sum x$ （2.3.10式）

用2.3.9式乘以业务量 x_i，得：

$x_iy_i=ax_i+bx_i^2$

再求其和，得：

$\sum xy=a\sum x+b\sum x^2$ （2.3.11式）

对由2.3.10式和2.3.11式组成的联立方程式求解，可同时求出a和b的计算公式如下：

$$b=\frac{n\sum xy-\sum x\sum y}{n\sum x^2-\left(\sum x\right)^2}$$

$$a=\frac{\sum x^2\sum y-\sum x\sum xy}{n\sum x^2-\left(\sum x\right)^2}$$

在已知b的基础上，可利用2.3.10式直接推导出a的计算公式：

$$a=\frac{\sum y-b\sum x}{n}$$

【例2-11】

一元直线回归法在成本性态分析中的应用。仍按例2-9中的资料。

要求：按照同步分析程序，用一元直线回归法进行成本性态分析。

解：根据表2-3的资料加工整理，求得有关数据见表2-4。

表2-4　**计算表**

月份	产量x（件）	总成本y（元）	xy	x^2	y^2
1	100	72 000	7 200 000	10 000	5 184 000 000

续表

月份	产量x（件）	总成本y（元）	xy	x^2	y^2
2	200	84 000	16 800 000	40 000	7 056 000 000
3	300	93 500	28 050 000	90 000	8 742 250 000
4	400	128 000	51 200 000	160 000	16 384 000 000
5	500	121 990	60 995 000	250 000	14 881 560 100
6	700	154 000	107 800 000	490 000	23 716 000 000
7	600	115 750	69 450 000	360 000	13 398 062 500
8	850	160 500	136 425 000	722 500	25 760 250 000
9	900	168 000	151 200 000	810 000	28 224 000 000
10	1 200	204 000	244 800 000	1 440 000	41 616 000 000
11	1 100	210 000	231 000 000	1 210 000	44 100 000 000
12	1 000	180 000	180 000 000	1 000 000	32 400 000 000
合计	$\sum x=7\,850$	$\sum y=1\,691\,740$	$\sum xy=1\,284\,920\,000$	$\sum x^2=6\,582\,500$	$\sum y^2=261\,462\,122\,600$

$$\because r=\frac{12\times 1\,284\,920\,000-7\,850\times 1\,691\,740}{\sqrt{(12\times 6\,582\,500-7\,850^2)(12\times 261\,462\,122\,600-1\,691\,740^2)}}\approx 0.9777\to +1$$

∴x与y基本正相关。

$$b=\frac{12\times 1\,284\,920\,000-7\,850\times 1\,691\,740}{12\times 6\,582\,500-7\,850^2}=123.15\text{（元/件）}$$

$$a=\frac{1\,691\,740-123.15\times 7\,850}{12}=60\,417.71\text{（元）}$$

据此建立的总成本性态模型为：

$y=60\,417.71+123.15x$

如果按分步分析程序进行操作，用一元直线回归法对混合成本进行分解，所建立的混合成本性态模型为：

$y=10\,417.71+23.15x$

据此建立的总成本性态模型为：

$y=（50\,000+10\,417.71）+（100+23.15）x=60\,417.71+123.15x$

与按同步分析程序的结果一致（感兴趣的读者可自行计算验证）。

【视频展示】例2-11在Excel中的实现

一元直线回归法利用了微分极值原理，因此这一方法的计算结果比前两种方法更加准确，但该法计算工作量较大，较为烦琐。在使用电子计算机的情况下，这种方法能够被广泛应用。在Excel环境下，根据已知的x_i和y_i的历史数据，利用统计函数CORREL（或PEARSON）、INTERCEPT和SLOPE，能够很方便地计算出相关系数r、回归系数a和b。

更简单的方法是，在Excel电子表格，先根据产量和成本系列数据，自动生成坐标点（与散布图法相同），在添加趋势线的选项中，只选择显示公式和R^2，不设置截距a值，即可读出a、b以及r的数值。其中，相关系数可按下式求得：$r=\sqrt{R^2}$。

自测题2-3　　计算业务题　　案例分析题

第四节　贡献边际

一、贡献边际的表现形式

贡献边际是一个十分重要的概念，是指产品的销售收入与相应的变动成本之间的差额（记作Tcm），也称为边际贡献、贡献毛益、边际利润。贡献边际除了可以用总量指标表示外，还有单位贡献边际（记作cm）和贡献边际率（记作cmR）两种表现形式。其中，单位贡献边际是指产品的销售单价与单位变动成本的差额；贡献边际率是指贡献边际占销售收入的百分比。

二、贡献边际指标的计算公式

本部分的相关要素主要包括：固定成本（用a表示）、单位变动成本（用b表示）、产量或销售量（用x表示）、单价（用p表示）、销售收入（用px表示）和营业利润（用P表示）等。

贡献边际三种表现形式的公式如下：

$$\text{贡献边际（Tcm）}=\text{销售收入}-\text{变动成本}=px-bx \quad \text{(2.4.1式)}$$

$$=\text{单位贡献边际}\times\text{销售量}=cm\cdot x \quad \text{(2.4.2式)}$$

$$=\text{销售收入}\times\text{贡献边际率}=px\cdot cmR \quad \text{(2.4.3式)}$$

$$\text{单位贡献边际（cm）}=\text{单价}-\text{单位变动成本}=p-b \quad \text{(2.4.4式)}$$

$$=\frac{\text{贡献边际}}{\text{销售量}}=\frac{Tcm}{x} \quad \text{(2.4.5式)}$$

$$=\text{销售单价}\times\text{贡献边际率}=p\cdot cmR \quad \text{(2.4.6式)}$$

$$\text{贡献边际率（cmR）}=\frac{\text{贡献边际}}{\text{销售收入}}\times100\%=\frac{Tcm}{px}\times100\% \quad \text{(2.4.7式)}$$

$$=\frac{\text{单位贡献边际}}{\text{单价}}\times100\%=\frac{cm}{p}\times100\% \quad \text{(2.4.8式)}$$

营业利润可用下式表示：

营业利润（P）=贡献边际−固定成本=Tcm−a （2.4.9式）

在2.4.9式的基础上，还可以推导出如下变形公式：

贡献边际（Tcm）=固定成本+营业利润=a+P （2.4.10式）

固定成本（a）=贡献边际−营业利润=Tcm−P （2.4.11式）

与贡献边际率密切关联的指标是变动成本率。变动成本率（用bR表示），是指变动成本占销售收入的百分比，计算公式为：

$$\text{变动成本率（bR）}=\frac{\text{变动成本}}{\text{销售收入}}\times 100\%=\frac{bx}{px}\times 100\% \quad \text{（2.4.12式）}$$

$$=\frac{\text{单位变动成本}}{\text{单价}}\times 100\%=\frac{b}{p}\times 100\% \quad \text{（2.4.13式）}$$

将贡献边际率与变动成本率联系起来，可以得出以下关系式：

贡献边际率（cmR）+变动成本率（bR）=1 （2.4.14式）

可以看出，贡献边际率与变动成本率为互补性质，变动成本率高的企业贡献边际率低，盈利能力小；相反，变动成本率低的企业贡献边际率高，盈利能力强。

三、贡献边际指标的性质

从2.4.9式可以看出，贡献边际虽然不是企业的营业利润，但它与企业营业利润的形成有着密切的关系。因为贡献边际首先用于补偿企业的固定成本，只有当贡献边际补偿固定成本还有剩余时，企业才会实现盈利，否则就可能出现亏损。所以贡献边际是一个反映盈利能力的指标，抑或是一个反映能为营业利润做多大贡献的指标。

【例2−12】

某企业20×1年只生产A产品，单价为12元/件，单位变动成本为8元/件，全年固定成本为20 000元，当年生产量为10 000件。

要求：（1）计算贡献边际指标；（2）计算变动成本率；（3）计算营业利润。

解：依题意，

（1）单位贡献边际=p−b=12−8=4（元/件）

贡献边际=cm·x=4×10 000=40 000（元）

$$\text{贡献边际率}=\frac{Tcm}{px}\times 100\%=\frac{40\,000}{12\times 10\,000}\times 100\%=33.33\%$$

$$\text{（2）变动成本率}=\frac{b}{p}\times 100\%=\frac{8}{12}\times 100\%=66.67\%$$

（3）营业利润=Tcm−a=40 000−20 000=20 000（元）

自测题2-4

计算业务题

【本章小结】

成本性态分析利用特定的办法，对成本和业务量之间的关系进行分析，采用高低点法、散布图法和回归直线法等技术方法，将所有成本划分为固定成本与变动成本两大类，但由于相关范围的存在，成本性态分析通常具有相对性、暂时性和可转化性等特点。成本按其性态分类，可分为固定成本、变动成本与混合成本三大类。

成本性态分析可以帮助企业了解不同性质的成本在企业经营中所占比重，从而更好地了解企业成本结构，为企业管理决策提供依据；按性态分类可以让企业更好地掌握不同性质的成本，从而更有针对性地进行成本控制，提高企业效益；按性态分类可以让企业更好地进行成本分析，比如分析不同性质的成本在不同产品或业务中的分布情况，从而更好地了解产品或业务的盈利情况，为企业管理决策提供依据；按性态分类可以让企业更好地进行成本核算，比如将不同性质的成本分别计入不同的成本中心或成本对象，从而更准确地计算成本，为企业管理决策提供依据。

在实际应用中，使用成本性态分析还存在一定的局限性，比如没有全面考虑成本变动的主要因素、不能完全满足决策者的要求、成本与产量之间完全线性相关的假设不尽切合实际等。

【复习思考】

1. 管理会计中是如何定义成本的？成本的关键属性是什么？

2. 如何理解支出、费用与成本之间的关系？管理会计是否需要严格区分成本与费用？为什么？

3. 有哪几种主要的成本分类？各种分类的意义何在？

4. 成本按其性态分类的结果究竟是两大类，还是三大类？

5. 在成本按其性态进行分类时，为什么混合成本的存在具有客观必然性？

6. 固定成本与变动成本水平的高低通常以什么形式来反映？

7. 结合各种成本的细分情况说明降低固定成本和变动成本的正确途径是什么？

8. 相关范围对成本性态有什么影响？怎样理解成本的相对性、暂时性和可转化性？

9. 成本性态分析与成本按性态分类有什么异同？

10. 成本性态分析有哪几种程序？其特点分别是什么？

11. 在成本性态分析中，是否一定要先按成本性态进行分类，然后再对混合成本进行分解？

12. 成本性态分析的方法有哪些？各种方法的特点与适用范围分别是什么？

13. 应用一元直线回归法时，如果利用插入计算机函数的方法计算相关系数和回归系数，其计算结果是否与手工计算结果一致？

【主要参考文献】

1.吴大军．管理会计［M］.6版．大连：东北财经大学出版社，2022.

2.孙茂竹，支晓强，戴璐．管理会计学［M］.9版．北京：中国人民大学出版社，2020.

3.李守武.管理会计工具与案例——成本管理［M］.北京：中国财政经济出版社，2018.

4.余恕莲，李相志，吴革.管理会计［M］.北京：对外经济贸易大学出版社，2019.

5.袁广达.资源环境成本管理功能：基于环境会计使命、任务与属性的认知［J］.财会月刊，2020（1）：3-9.

引导案例分析要点

第三章

变动成本法

【学习目标】

本章主要阐述了变动成本法的含义、优缺点，以及变动成本法与完全成本法的区别。通过对本章内容的学习，学生需要达到以下目标：

1. 熟悉变动成本法的含义及理论前提。
2. 掌握变动成本法与完全成本法的区别。
3. 掌握变动成本法与完全成本法下分期营业利润差额的含义及简算法。
4. 熟悉变动成本法的优点和局限性。
5. 了解变动成本法的应用。

【本章主要内容导图】

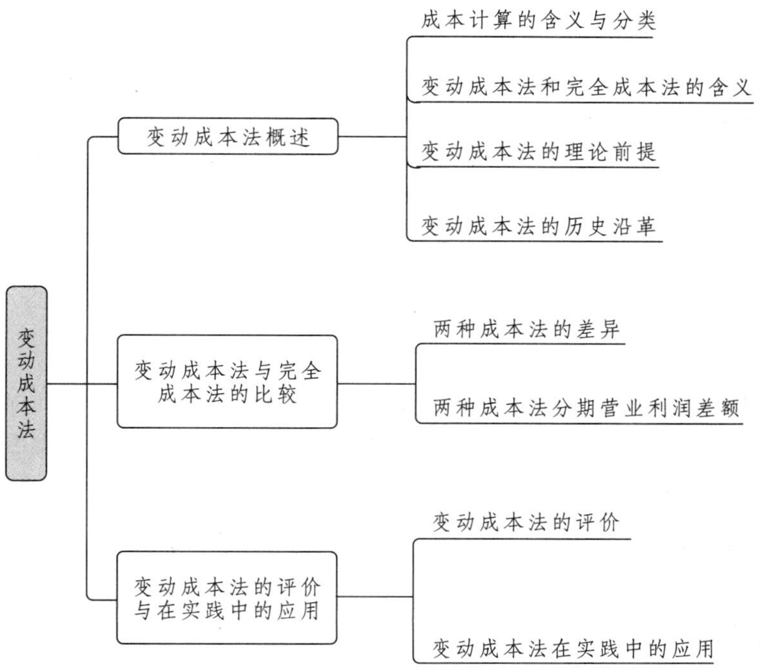

【引导案例】

张总的困惑

张总是星海集团东北区子公司——甲公司——的总经理，全面负责集团旗下A产品在东北区的生产与销售。该集团另有西南区子公司——乙公司，承担A产品在西南区的生产、销售与运营。近年来，为提高经济效益，星海集团对甲、乙公司实施独立的财务核算和统一的业绩考评。20×2年，为改变上年本公司A产品大量积压、利润下滑的不利局面，甲公司上下齐心协力，在A产品的生产数量和质量保持稳定的同时，以加大宣传推广力度为突破口，着力提升A产品的销售规模。功夫不负有心人，截至20×2年年底，甲公司A产品的销售数量和销售收入大幅增加。A产品不仅不再积压，而且开始出现供不应求的局面。看到如此喜人的销售状况，张总对本公司能够在20×2年扭转上年营业利润下滑局面、实现营业利润大幅增长充满信心。

让张总始料不及的是，星海集团公布的20×2年业绩考核报告显示，甲公司20×2年的利润不仅没有增加，反而比上年减少80万元，而负责西南区A产品运营的乙公司的利润则较上年增加30万元。面对如此意外的考核结果，张总深感困惑。他深知，与上年相比，乙公司最大的变化就是产量增加了5%，但销售量无多大起色，与上年持平。截至20×2年年底，乙公司依然有大量的A产品积压在仓库中。显然，乙公司A产品的销售状况明显逊于甲公司，但即便如此，为什么核算出来的该公司的营业利润会多于本公司呢？张总不由得陷入了沉思。

问题：

你能从成本计算方法的角度帮助张总解决上述困惑吗？

相信通过对本章内容的学习，能够找到解开张总困惑的钥匙。

第一节 变动成本法概述

党的二十大报告中明确要求：要深化国资国企改革，推动国有资本和国有企业做强做优做大，提升企业核心竞争力；优化民营企业发展环境，促进民营经济发展壮大。无论是国有企业做强优做大，还是民营经济的发展壮大，都离不开企业对成本的科学计算。

一、成本计算的含义与分类

在现代会计学术语中，“成本计算”具有丰富的含义。在它前面加上不同的限定词，就会得到多个会计专有名词。下面重点介绍成本计算的含义，以及几种主要的成本计算分类。

（一）成本计算的含义

在现代会计学中，成本计算具有广义和狭义之分。狭义的成本计算是指一般意义上的成本核算，即归集和分配实际成本费用的过程。广义的成本计算是指现代意义上的成本管理系统，它远远超出了传统的成本费用的记录、分类、归集和分配的范畴，不仅包括成本核算子系统，而且包括成本计划子系统、成本控制子系统及成本考核子系统，形成了科学、系统的现代成本计算方法体系。本书使用的是广义成本计算的概念。

（二）成本计算的主要分类

为了满足管理的不同需要，广义成本计算可以按照不同的标准进行多种不同的分类。

1.按成本计算的演化进程分类

随着生产方式的不断发展，成本计算依次经历了四个阶段，分别是原始成本计算（original costing）、主要成本计算（prime costing）、加工转换成本计算（conversion costing）和传统成本计算（traditional costing）。

在早期手工业的背景下，原始成本计算只核算原材料的成本。随着作坊经济的发展，雇佣劳动力规模不断扩大，成本计算进入了主要成本计算阶段，成本核算的主要内容在原材料成本的基础上增加了人工成本核算。随着加工业的日渐繁荣，产品品种不断增加，间接费用越来越多，成本计算不仅要核算原材料成本，而且要专门核算人工成本和制造费用等加工转换成本，从而形成了加工转换成本计算。随着企业规模的进一步扩大、市场形势的变化和资本市场的完善，最终形成了传统成本计算。此成本计算模式不仅要计算原材料成本、人工成本、制造费用成本等生产类成本，而且会计算销售费用、管理费用、财务费用等非生产类成本。

此种按成本计算的历史演进进程分类是广义成本计算最基本的分类。

2.按成本计算的流程分类

成本计算的流程是指成本计算的时空特征，主要取决于企业生产组织和工艺技术的特点，具体表现为不同的成本归集对象及期末存货计价方法。以此为标志，可以将成本计算分为按产品或服务提供批次不定期进行的分批成本计算（job costing）和按加工步骤定期进行的分步成本计算（process costing），分别简称分批法和分步法。这两种方法也是产品实际成本核算的两种常用方法。

此种分类有助于合理设计成本核算的流程。

3.按成本计算的规范性分类

按成本计算规范性的不同，可以将成本计算分为常规成本计算（conventional costing）和特殊成本计算（special costing）。

常规成本计算是指程序相对稳定、规范性较强，可纳入日常核算体系的成本计算，它主要可用来提供满足一般管理的成本信息，如产品成本计算就属于这种类型。特殊成本计算则指程序比较灵活、缺乏规范性、主要为满足管理的特殊需要而进行的成本计算，如决策成本计算、设计成本计算等，也有人称其为专项成本计算。

4.按成本计算的手段分类

按成本计算手段的不同，可以将成本计算分为手工操作式成本计算（manual-operation costing）和电算化式成本计算（computerized costing）。

在手工操作式成本计算下，每一个环节成本计算工作的完成，包括成本数据的获取、处理、传递和报告等，都完全依靠手工完成。相应地，此成本计算模式的效率不高、精度较差，而且难以满足现代管理对成本信息的新的更高需求。随着电子计算机在企业会计工作中的广泛应用，尤其是复杂的成本计算被纳入电算化会计系统中，成本计算手段发生了质的飞跃，电算化式成本计算得以日益普遍的应用。

此种分类是区分传统成本计算和现代成本计算的一个重要标志。

此外，按照产品成本、期间成本的构成内容以及损益确定程序的不同，可以将常规成本计算进一步细分为变动成本计算（简称变动成本法）和完全成本计算（简称完全成本法）。

【拓展知识】按成本计算时态的不同分类

二、变动成本法和完全成本法的含义

任何一种成本计算方法的产生都与特定的经济环境相联系。在产业革命的推动下，为适应生产程序的复杂化，产生了传统会计系统中的成本计算。随着市场竞争的加剧，企业的经营决策与管理需求不断提高。为适应此变化，管理会计对财务会计的传统成本计算模式进行了改革，重新明确了产品成本、期间成本的范畴，以及企业损益的确定程序，进而产生了变动成本法这一新的成本计算模式。

（一）变动成本法

变动成本法（variable costing）是变动成本计算法的简称，是指企业以成本性态分析为前提条件，仅将生产过程中消耗的变动生产成本作为产品成本的构成内容，而将固定生产成本和非生产成本作为期间成本，直接由当期收益予以补偿，并按照贡献式损益确定程序确定利润的一种成本计算方法，也称直接成本法。其中，变动生产成本包括直接材料、直接人工和变动性制造费用；固定生产成本即为固定性制造费用；非生产成本包括销售费用、管理费用等。

变动成本法是管理会计特有的成本计算方法，也是管理会计各项职能展开的基础。

（二）完全成本法

为了和变动成本法相区别，管理会计将传统的财务会计中用于计算成本的方法称为完全成本计算法，简称完全成本法（absorption costing）。完全成本法以成本按其经济用途分类为前提条件，将全部生产成本（包括直接材料、直接人工、变动性制造费用、固定性制造费用）作为产品成本的构成内容，将全部非生产成本作为期间成本，并按照财务会计中已经形成并使用的传统式损益确定程序确定利润的一种成本计算方法，也称全部成本法、吸收成本法、制造成本法等。

三、变动成本法的理论前提

管理会计理论认为，在进行成本计算时，必须摆脱财务会计传统思维定式的束缚，重新认识产品成本和期间成本的本质。其中，产品成本是指那些在生产过程中发生的，随着产品实体的流动而流动，随着产量的变动而变动，只有当产品实现销售收入时才能与相关收入实现配比得到补偿的成本。期间成本则是那些不随产品实体的流动而流动，而是随着产品生产经营持续期间的长短而增减，其效益随着时间的推移而消逝，不能递延到下期，只能于发生的当期计入利润表由当期的销售收入补偿的费用。这也构成了变动成本法的理论前提。

完全成本法认为，固定性制造费用虽然与企业生产能力的形成和维护而不是产品生产直接相关，但它却是产品的最终形成所不可缺少的，因此，应该与生产过程中发生的直接材料、直接人工和变动性制造费用一样，成为产品成本的组成部分，并随产品实体的流动而流动，在产品销售之前计入产品存货，作为流动资产的一部分，在期末时结转到下期；产品销售后，已售产品的产品成本则计入产品销货成本，从销售收入中扣减。完全成本法的核算流程如图3-1所示。

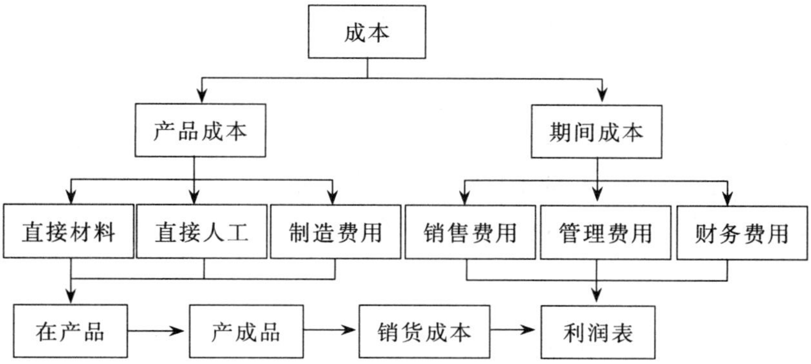

图3-1　完全成本法的核算流程

变动成本法则认为，直接材料、直接人工和变动性制造费用是因产品生产而发生的耗费，而且这些费用是产量的函数，会随产品实物体的流动而流动、随产品产量的增减而增减。固定性制造费用虽然能够为企业定期创造可供利用的生产能力，提供一定的生产经营条件，但这些条件一旦形成，不管其实际使用程度如何，有关耗费会照常发生。也就是说，固定性制造费用与产品的实际产量没有直接的关联，而是更多与会计期间相联系，随会计期间的增加而增加，其效用也会随时间的推移而逐渐丧失，且不会递延到下一会计期间。因此，在变动成本法中，产品成本只包括直接材料、直接人工、变动性制造费用等变动生产成本。在产品销售之前，这些产品成本首先以"存货"的形式进入资产负债表，并可以结转到下期。产品销售后，从"存货"结转至销货成本，进而从相应的销售收入中扣减。而固定性制造费用（即固定生产成本）以及销售费用、管理费用等非生产成本则属于期间成本，应当在发生的当期作为收入的扣减项目计入损益。显然，这比完全成本法仅从生产过程与产品之间的因果关系出发，得出"凡是在生产领域发生的成本都应列作产品成本"的结论更为合理。变动成本法的核算流程如图3-2所示。

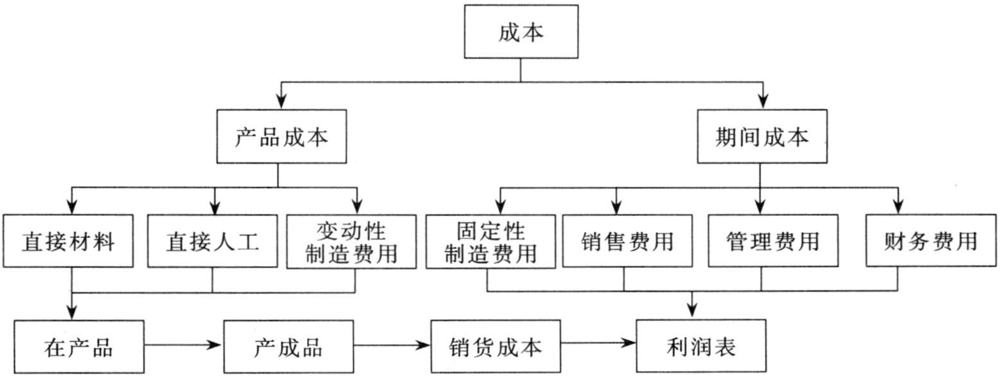

图3-2　变动成本法的核算流程

【学思践悟】《管理会计应用指引第303号——变动成本法》发布

【拓展知识】《管理会计应用指引第303号——变动成本法》

2018年8月17日，财政部为促进企业加强管理会计工作，提升内部管理水平，促进经济转型升级，根据《管理会计基本指引》，制定并发布了《管理会计应用指引第303号——变动成本法》。该指引在对变动成本法的含义、适用范围等进行介绍的基础上，阐述了变动成本法的应用环境特点与应用程序，并对变动成本法的优缺点进行了评述。

《管理会计应用指引第303号——变动成本法》的发布，不仅有助于深化企事业单位对变动成本法含义、流程与特点的了解，而且为有关单位应用变动成本法提供了指引和参考，有助于提升企事业单位通过应用变动成本法、加强成本管理的决心与信心，也有助于改善企业的成本管理水平，帮助企业实现降本增效、释放经济新活力。

四、变动成本法的历史沿革

变动成本法最初被称作“直接成本法（direct costing，也称直接成本计算法）”，因为当时的产品成本只包括与业务量直接相关的直接材料和直接人工。后来人们逐渐发现，有些间接的制造费用虽然不是直接成本，但其增减变动同样与业务量成正比，具有变动成本的属性；有的直接成本虽然可以直接计入特定对象，但却并不随业务量的变动而变动，具有的是固定成本的属性，如固定性制造费用。也就是说，实践中，直接成本与变动成本、间接成本与固定成本并非两对完全对等的概念。因此，有人主张将直接成本法改称为“变动成本法”。虽然直到目前，仍有一些国外管理会计的文献使用“直接成本法”的术语。但严格地讲，这种说法已经过时了。在英国，由于变动成本法能够提供贡献边际，该方法也被称为边际成本法（marginal costing）或边际成本计算法。

对于变动成本法的起源，国外会计专著的论述没有统一的结论。有人考证发现，早在1836年，英国曼彻斯特的工厂就出现了变动成本法的雏形，尤其在损益计算程序方面。1876年，法国的斯特劳斯·别尔格曾宣布过直接成本法（变动成本法）的初步设想。1904年，在英国出版的《会计百科全书》中已经记载了与变动成本法有关的内容。1906年2月，美国《制度》杂志曾刊登过这样一段话：“在生产经营活动的抉择中，为估计其所期望的净损益，第一步就要找出适合衡量一定的生产经营活动效果的单位费用，单位直接收入减去单位直接费用等于单位净收入或单位净贡献，然后以它来抵偿不影响生产经营活动的费用——这些不影响生产经营活动的费用是指不管选择什么生产经营活动方式都一样固定或不变。单位净收入（贡献）乘以产品数量就可以用来比较由于选择各种不同的生产经营活动而产生的不同损益”，其与变动成本法的基本思想有很多相似之处。

据美国权威的《柯勒会计辞典》（Kohler’s Dictionary for Accountants）的记载，第一篇专门论述直接成本法的论文由美籍英国会计学家哈里斯（Jonathan N. Harris）撰写，并于1936年1月15日刊载于《成本会计学会会刊》。该文追溯了1934年哈里斯在杜威·阿尔末化学公司设计“直接标准成本制造计划”时所发现的问题。当时哈里斯发现，该公司的销售量上升，收益反而下降。这一矛盾引起了哈里斯的疑问。后来他发现，此矛盾的根源在于企业采用的是传统的完全成本法。进一步地，哈里斯对比分析了直接成本法与完全成本法这新旧两种成本计算方法对营业利润的不同影响，揭示了直接成本法的优点。自哈里斯的这篇文章公开发表之后，直接成本法的观念才得以迅速传播。

20世纪50年代，随着企业环境的改变、市场竞争的加剧、经营决策意识的增强，人们在实践中也逐渐认识到传统的完全成本法所提供的会计信息越来越不能满足企业内部管理的需要，必须重新认识变动成本法，充分发挥其积极作用。美国的一些会计师和经理也重新研究并开始试行变动成本法，并将变动成本法中的贡献边际这一概念应用于本量利分析及其他方面。经过切身实践，人们越来越深刻地认识到，变动成本法不仅有利于企业加强成本管理，而且对组织科学的经营决策、编制高效可行的利润计划也十分有用。从此，变动成本法开始受到人们的普遍重视。到20世纪60年代，变动成本法已风靡欧美。

在中国，企业长期执行国家统一的会计制度和成本计算模式，从正式发布的会计规章制度看，迄今尚未公开强制企事业单位使用变动成本法。但从20世纪80年代开始，经当地财政部门批准，国内的个别城市或地区曾在部分大型国有企业进行变动成本法的应用尝试。进入21世纪后，随着新形势下管理会计作用的日益凸显和财政部等政府部门以及学术界、实务界对管理会计宣传推广力度的增强，变动成本法作为科学有效的辅助企业经营管理的成本核算方法越来越得到企事业单位的重视，也在实践中得到越来越多的关注和应用。

自测题3-1

第二节　变动成本法与完全成本法的比较

为进一步理解变动成本法的特点，有必要对这两种方法进行比较。概括而言，变动成本法与完全成本法主要存在应用的前提条件不同、产品成本与期间成本的构成内容不同、销货成本及存货成本的水平不同、销货成本的计算公式不完全相同、损益确定程序不同、所提供信息的用途不同等差异。

一、变动成本法与完全成本的差异

（一）应用的前提条件不同

完全成本法的应用前提是成本按其经济用途分类。在运用完全成本法进行核算时，需要将成本按其经济用途划分为生产成本和非生产成本两大类。

变动成本法的应用前提是成本性态分析。在运用变动成本法时，需要将成本按照其性态划分为变动成本和固定成本两大类。其中，属于混合成本的制造费用要按其与业务量的关系划分为变动性制造费用和固定性制造费用两部分。

（二）产品成本与期间成本的构成内容不同

完全成本法将生产成本全部计入产品成本，将非生产成本全部计入期间成本，列入利润表作为营业收入的减项。

变动成本法仅将变动生产成本即生产成本中的变动部分，包括直接材料、直接人工、变动性制造费用等，计入产品成本；将生产成本中的固定部分——固定性制造费用和全部非生产成本，一并计入期间成本，在发生的当期全部从收入中扣减。其中，从管理决策的需要考虑，非生产成本又可进一步区分为固定和变动两大类。

两种方法下产品成本和期间成本的比较见表3-1。

表3-1 **两种成本法下产品成本和期间成本的比较**

成本类型	变动成本法	完全成本法
产品成本	直接材料 直接人工 变动性制造费用	直接材料 直接人工 制造费用 变动性制造费用 固定性制造费用
期间成本	固定性制造费用 销售费用 固定性销售费用 变动性销售费用 管理费用 固定性管理费用 变动性管理费用 财务费用* 固定性财务费用	销售费用 固定性销售费用 变动性销售费用 管理费用 固定性管理费用 变动性管理费用 财务费用 固定性财务费用

注：*由企业投融资活动引发的财务费用往往与产量、销售量等业务量不存在正比例关系，因此，实践中一般不考虑变动性财务费用的存在。

【例3-1】

甲公司只经营一种产品，其20×2年4月的成本及产量见表3-2。

表3-2 **甲公司生产经营资料**

项目	数量	成本项目	变动性成本（万元）	固定性成本（万元）	合计（万元）
期初存货量（件）	0	直接材料	15 000		15 000
本期投产完工量（件）	2 500	直接人工	7 500		7 500
本期销售量（件）	2 000	制造费用	2 500	5 000	7 500
期末存货量（件）	500	销售费用	500	1 400	1 900
销售单价（万元/件）	20	管理费用	300	1 000	1 300
		财务费用	0	600	600
		合计	25 800	8 000	33 800

要求：分别计算变动成本法、完全成本法下甲公司的产品成本和期间成本。

解：甲公司本期完全成本法下的产品成本和期间成本计算见表3-3。

表 3-3　　　　完全成本法下的产品成本和期间成本计算表　　　　单位：万元

成本类型	成本项目	变动性成本	固定性成本	合计	总成本
产品成本	直接材料	15 000		30 000	33 800
	直接人工	7 500			
	制造费用	2 500	5 000		
期间成本	销售费用	500	1 400	3 800	
	管理费用	300	1 000		
	财务费用	0	600		

甲公司本期变动成本法下的产品成本和期间成本计算见表3-4。

表 3-4　　　　变动成本法下的产品成本和期间成本计算表　　　　单位：万元

成本类型	成本项目	变动性成本	固定性成本	合计	总成本
产品成本	直接材料	15 000		25 000	33 800
	直接人工	7 500			
	变动性制造费用	2 500			
期间成本	固定性制造费用		5 000	8 800	
	销售费用	500	1 400		
	管理费用	300	1 000		
	财务费用	0	600		

【视频展示】表3-3在Excel中的实现

【视频展示】表3-4在Excel中的实现

比较两种方法下产品成本和期间成本的差异可以发现，变动成本法下的产品成本比完全成本法下的产品成本少5 000元，而期间成本多5 000元。这是因为完全成本法把固定性制造费用计入产品成本，变动成本法则将其计入期间成本。由于变动成本法下的产品成本比完全成本法下的产品成本少计算了固定性制造费用，通过变动成本法计算确定的产品总成本、单位产品成本均小于完全成本法下的对应金额。

（三）销货成本及存货成本的水平不同

由于变动成本法和完全成本法具有不同的产品成本构成，这两种方法下已销产品和未销产品的成本构成内容也各不相同。其中，已销产品又称为本期销货，未销产品又称为期末存货，包括在产品和库存产成品等。因此，本期生产产品的产品成本最终表现为销货成本和存货成本。

进一步地，变动成本法下的产品成本只包括变动生产成本，固定性制造费用作为期间成本转入当期利润表，从当期收入中扣减，而不计入产品成本。因此，变动成本法下存货与销货的成本中都只包括变动生产成本。而完全成本法下的产品成本除了变动生产成本以外，还包括固定生产成本，即固定性制造费用。期末，当期发生的固定生产成本需要全部分摊至当期新生产的产品成本中，并视其实际销售情况，分别形成期末的销货成本和存货成本。前者结转进入当期利润表，后者作为资产项目递延到下期。

【例 3-2】

接例 3-1 的资料。

要求：分别计算两种方法下的存货成本和销货成本。

解：存货成本和销货成本都属于产品成本，所以本题不考虑期间成本。首先根据本期投产完工量计算得出单位变动成本，见表 3-5。

表 3-5 **成本及产量信息**

项目	数量	成本项目	变动性成本（万元）	单位变动成本（万元）	固定性成本（万元）
期初存货量（件）	0	直接材料	15 000	6	
本期投产完工量（件）	2 500	直接人工	7 500	3	
本期销售量（件）	2 000	制造费用	2 500	1	5 000
期末存货量（件）	500	合计	25 000	10	5 000

（1）变动成本法下：

销货成本=2 000×10=20 000（万元）

存货成本=500×10=5 000（万元）

（2）完全成本法下：

销货成本=2 000×10+5 000×2 000÷2 500=24 000（万元）

存货成本=500×10+5 000×500÷2 500=6 000（万元）

或者：

本期单位固定生产成本=5 000÷2 500=2（万元/件）

销货成本=2 000×10+2 000×2=24 000（万元）

存货成本=500×10+500×2=6 000（万元）

不难看出，在本例中，变动成本法下的销货成本、存货成本均低于完全成本法下的对应项目，二者合计相差5 000万元。这是因为在期初存货量为0时，在完全成本法下，固定性制造费用5 000万元作为生产成本，进入产品成本。期末，在按照本期完工产品数量进行分配后，最终由已销产品承担4 000万元，从产品成本转入销货成本；由未销产品承担1 000万元，进入期末存货成本。而变动成本法下，这5 000万元则作为期间成本全部一次性计入当期损益，不影响销货成本或存货成本。

（四）销货成本的计算公式不完全相同

1.通用公式

从理论上看，无论是完全成本法还是变动成本法，都可以按照以下公式计算销货成本，当然，运用此公式的前提是要先计算出期末存货成本。

本期销货成本=期初存货成本+本期发生的产品生产成本-期末存货成本　　（3.2.1式）

2.变动成本法公式

变动成本法下的产品成本全部由变动生产成本构成，因此，变动成本法下的销货成本还可以按照下面的简单公式进行计算：

本期销货成本=单位变动生产成本×本期销售量　　（3.2.2式）

需要注意的是，使用该公式是有条件的。要求期初存货的单位变动生产成本和本期新生产产品的单位变动生产成本相同，此时无论销货是来自期初存货还是本期新生产产品，其单位变动生产成本都是相同的，单位期末存货的成本也与此相同。此外，当期初存货为零时，销货全部来自本期生产的产品，不用考虑期初存货的单位变动生产成本问题，也自然适用该公式。

3.完全成本法公式

在完全成本法下，产品成本由变动生产成本和固定生产成本构成，类比3.2.2式，可按照如下公式计算完全成本法下的销货成本。

本期销货成本=单位生产成本×本期销售量　　（3.2.3式）

3.2.3式的使用也是有条件的，要求期初存货的单位生产成本和本期新生产产品的单位生产成本相同，进一步说就是在固定生产成本在其相关范围保持不变的情况下，前后期产品的产量相同才可使用3.2.3式。这是因为在完全成本法下，单位生产成本是单位变动生产成本与单位固定生产成本的合计数。在成本相关范围内，各期生产产品的单位变动生产成本金额不变，但单位固定生产成本由各期固定生产成本除以对应期间的产量得到。如果前后期的产量不同，得到的单位固定成本就不能维持不变。因此，在单位变动生产成本和固定生产成本都保持不变的情况下，要保持上期和本期的单位生产成本相同，就需要保证两期新生产产品的产量也相同，这样由上期结转过来的本期期初存货的单位生产成本才能等于本期新生产产品的单位生产成本。也就是说，在完全成本法下，当前后期产量以及成本水平都不变时，才可以使用3.2.3式计算本期销货成本。当然，在期初存货为零时，无须考虑上述问题，可以直接使用该公式。其他情况则需要使用3.2.1式计算销货成本。

（五）损益确定程序不同

1.营业利润的计算方法不同

变动成本法和完全成本法基于不同的应用前提条件，对成本进行了不同分类。变动成本法注重贡献边际信息的获取，以满足企业内部管理当局规划与控制经济活动的需要。完全成本法注重生产、销售、管理等经济职能的区分，以满足外部报表使用者的需要，由此也产生了不同的营业利润计算方法。

（1）完全成本法下，营业利润按照下列步骤和公式计算：

营业收入-营业成本=营业毛利　（3.2.4式）

营业毛利-营业费用=营业利润　（3.2.5式）

其中，营业成本=期初存货成本+本期发生的生产成本-期末存货成本

=本期销货的全部生产成本　（3.2.6式）

营业费用=非生产成本=销售费用+管理费用+财务费用　（3.2.7式）

（2）变动成本法下，营业利润按照下列步骤和公式计算：

营业收入-变动成本=贡献边际　（3.2.8式）

贡献边际-固定成本=营业利润　（3.2.9式）

其中，变动成本=本期销货成本+变动非生产成本　（3.2.10式）

固定成本=固定生产成本+固定非生产成本　（3.2.11式）

需要注意的是，变动成本中的销货成本只将属于已售产品变动生产成本的成本计入，而变动非生产成本以当期销售量为相关业务量计算得到，并作为期间费用在发生的当期从利润中一次性全部扣减，不需要在已售产品和未售产品之间进行分配。

【例3-3】

接例3-1的资料。

要求：分别计算两种方法下的营业利润。

解：（1）完全成本法下

营业收入=2 000×20=40 000（万元）

单位生产成本=10+2=12（万元/件）

营业成本=2 000×12=24 000（万元）

营业毛利=40 000-24 000=16 000（万元）

营业费用=1 900+1 300+600=3 800（万元）

营业利润=16 000-3 800=12 200（万元）

（2）变动成本法下

营业收入=20×2 000=40 000（万元）

变动成本=20 000+500+300=20 800（万元）

贡献边际=40 000-20 800=19 200（万元）

固定成本=5 000+1 400+1 000+600=8 000（万元）

营业利润=19 200-8 000=11 200（万元）

由此可见，变动成本法和完全成本法计算出的营业利润相差1 000万元。这是因为变动成本法下的固定性制造费用5 000万元直接作为期间费用抵扣，而完全成本法下固定性制造费用中的4 000万元（2 000×2）作为本期销货成本从收入中扣减，并最终影响利润；固定性制造费用中剩余的1 000万元则计入期末存货成本，而不是从本期收入中扣减，并直接导致本例中完全成本法下的利润比变动成本法下的利润多1 000万元。

2.利润表的格式及提供的中间指标不同

由于两种方法下营业利润的计算方法不同，即损益确定程序不同，两种方法下利润表

的格式也不相同。完全成本法使用传统式利润表，变动成本法使用贡献式利润表。结合例3-1，编制的两种方法下甲公司20×2年4月份的利润表，见表3-6。

表3-6 **贡献式利润表及传统式利润表** 单位：万元

贡献式利润表（变动成本法）		传统式利润表（完全成本法）	
营业收入	40 000	营业收入	40 000
减：变动成本		减：营业成本	
变动生产成本	20 000	期初存货成本	0
变动性销售费用	500	本期生产成本	30 000
变动性管理费用	300	可供销售的产品生产成本	30 000
变动成本合计	20 800	期末存货成本	6 000
贡献边际	19 200	营业成本合计	24 000
减：固定成本		营业毛利	16 000
固定生产成本	5 000	减：营业费用	
固定性销售费用	1 400	销售费用	1 900
固定性管理费用	1 000	管理费用	1 300
固定性财务费用	600	财务费用	600
固定成本合计	8 000	营业费用合计	3 800
营业利润	11 200	营业利润	12 200

不难看出，贡献式利润表的中间指标是贡献边际，传统式利润表的中间指标是营业毛利。这两个指标提供不同的信息，满足不同报表使用者的需要。其中，贡献边际是在营业收入的基础上减去与产量有关的一切生产成本和非生产成本，排除由于不同产量下单位产品所分摊到的固定成本不同而导致的产品成本变动，避免固定成本分摊对企业产品结构及产量决策的影响，有利于企业进行本量利分析、对未来的生产运营过程进行预测、决策和控制，也是衡量产品盈利能力的重要指标。而营业毛利则是在营业收入中减去营业成本，避免企业为维持日常生产所需而发生的期间费用的分摊对产品成本产生的影响，正确反映产品生产成本的水平，有利于对产品生产成本的分析和控制以及产品定价决策的制定。

（六）所提供信息的用途不同

变动成本法主要用于编制内部报表，能够提供有关成本与产量、利润和销售量之间变化规律的信息，可以促进企业以销定产，减少因盲目生产带来的损失。其计算得出的贡献边际等指标作为重要的管理会计数据，能够为公司经营预测、决策、计划、控制和业绩考核等提供支撑，便于管理层做出正确决策，也有助于强化成本管理、开展业绩考核，调动有关单位降低成本的积极性。

完全成本法所提供的信息能够反映企业为生产产品所发生的全部资金耗费，确定产品的实际成本和损益，满足企业对外提供报表的需要。同时，该方法提供的信息能够揭示外界公认的成本与产品在质的方面的归属关系，有助于促进企业扩大生产，刺激企业增产的积极性。因为在完全成本法下，只要增加产量就可以降低单位固定生产成本，进而降低单位产品成本。与此相反，减产则会引起单位产品成本上升。

【例3-4】

接例3-1。假设甲公司3—5月份各期单价和成本水平没有变动，产销量情况见表3-7，各期投产完工量相同。

表3-7 产销量资料 单位：件

项目	3月	4月	5月
期初存货量	0	0	500
本期投产完工量	2 500	2 500	2 500
本期销售量	2 500	2 000	3 000
期末存货量	0	500	0

要求：分别编制两种方法下3—5月份的利润表。

解：变动成本法下各期的贡献式利润表见表3-8。

表3-8 变动成本法下的贡献式利润表 单位：万元

项目	3月	4月	5月
营业收入	50 000	40 000	60 000
减：变动成本			
变动生产成本	25 000	20 000	30 000
变动性销售费用	500	500	500
变动性管理费用	300	300	300
变动成本合计	25 800	20 800	30 800
贡献边际	24 200	19 200	29 200
减：固定成本			
固定生产成本	5 000	5 000	5 000
固定性销售费用	1 400	1 400	1 400
固定性管理费用	1 000	1 000	1 000
固定性财务费用	600	600	600
固定成本合计	8 000	8 000	8 000
营业利润	16 200	11 200	21 200

完全成本法下各期的传统式利润表见表3-9。

表 3-9　　**完全成本法下的传统式利润表**　　单位：万元

项目	3月	4月	5月
营业收入	50 000	40 000	60 000
减：营业成本			
期初存货成本	0	0	6 000
本期生产成本	30 000	30 000	30 000
可供销售的产品生产成本	30 000	30 000	36 000
期末存货成本	0	6 000	0
营业成本合计	30 000	24 000	36 000
营业毛利	20 000	16 000	24 000
减：营业费用			
销售费用	1 900	1 900	1 900
管理费用	1 300	1 300	1 300
财务费用	600	600	600
营业费用合计	3 800	3 800	3 800
营业利润	16 200	12 200	20 200

【例 3-5】

接例 3-1。假设甲公司 3—6 月份各期单价和成本水平没有变动，产销量情况见表 3-10，各期销售量相同。

表 3-10　　**产销量资料**　　单位：件

项目	3月	4月	5月	6月
期初存货量	0	0	500	500
本期投产完工量	2 000	2 500	2 000	1 500
本期销售量	2 000	2 000	2 000	2 000
期末存货量	0	500	500	0

要求：分别编制两种方法下 3—6 月份的利润表。

解：变动成本法下各期的贡献式利润表见表 3-11。

表 3-11　　变动成本法下的贡献式利润表　　单位：万元

项目	3月	4月	5月	6月
营业收入	40 000	40 000	40 000	40 000
减：变动成本				
变动生产成本	20 000	20 000	20 000	20 000
变动性销售费用	500	500	500	500
变动性管理费用	300	300	300	300
变动成本合计	20 800	20 800	20 800	20 800
贡献边际	19 200	19 200	19 200	19 200
减：固定成本				
固定生产成本	5 000	5 000	5 000	5 000
固定性销售费用	1 400	1 400	1 400	1 400
固定性管理费用	1 000	1 000	1 000	1 000
固定性财务费用	600	600	600	600
固定成本合计	8 000	8 000	8 000	8 000
营业利润	11 200	11 200	11 200	11 200

编制完全成本法下各期的传统式利润表首先要计算各期产品的单位产品成本，计算方法简单灵活，表 3-12 提供了其中的一种方法。

表 3-12　　产品成本计算分析表

序号	项目	计算方法	3月	4月	5月	6月
①	本期投产完工量（件）	—	2 000	2 500	2 000	1 500
②	本期产品变动成本（万元）	①×10	20 000	25 000	20 000	15 000
③	本期产品成本（万元）	②+5 000	25 000	30 000	25 000	20 000
④	单位产品成本（万元/件）	③÷①	12.5	12	12.5	13.33
⑤	单位产品固定生产成本（万元/件）	④-10 或 5 000÷①	2.5	2	2.5	3.33

完全成本法下的传统式利润表见表 3-13。

表 3-13 完全成本法下的传统式利润表 单位：万元

项目	3月	4月	5月	6月
营业收入	40 000	40 000	40 000	40 000
减：营业成本				
期初存货成本	0	0	6 000	6 250
本期生产成本	25 000	30 000	25 000	20 000
可供销售的产品生产成本	25 000	30 000	31 000	26 250
期末存货成本	0	6 000	6 250	0
营业成本合计	25 000	24 000	24 750	26 250
营业毛利	15 000	16 000	15 250	13 750
减：营业费用				
销售费用	1 900	1 900	1 900	1 900
管理费用	1 300	1 300	1 300	1 300
财务费用	600	600	600	600
营业费用合计	3 800	3 800	3 800	3 800
营业利润	11 200	12 200	11 450	9 950

下面均在控制相关成本、价格不变的情形下，探讨营业利润和产销量之间的关系。

由表 3-11 可以发现，在变动成本法下，当各期的销售量相同、产量不同时，计算出的营业利润依然相同，说明产量的变动不会引起各期营业利润的波动。结合表 3-8 可以发现，各期的产量相同、销售量不同时，从收入中扣减的变动成本与销量成正比、随着销量的增减变动而变动，其他各项固定性成本保持不变。因此，变动成本法下的营业利润直接和销售量挂钩，且只与销售量有关，与产品的产量无关。

由此可知，在相关成本、价格不变时，变动成本法下的营业利润和销售量有相同的变动趋势。也就是说，营业利润会随销售量的增加而增加、随销售量的减少而减少，销售量相同时营业利润也相等。销售量最大时，营业利润最高；销售量最小时，营业利润也最低。营业利润的大小直接反映销售量的多少，这不仅有助于促使企业重视市场销售，以销定产，而且可以大大简化营业利润的计算，也便于企业开展业绩考核评价，调动各有关单位降低成本的积极性。

由表 3-13 可以发现，在完全成本法下，各期产量不同时，即使销售量相同，营业利润也不相等。这就说明完全成本法下的营业利润不仅和产品的销售量有关，而且受产量的影响。当产量上升时，单位产品所承担的固定生产成本下降，从而导致单件产品的成本下降，营业利润上升。这可能产生的一个后果就是，企业可以通过提高产量，降低产品成本，进而增加利润。

由此可知，在完全成本法下产销量和营业利润之间没有什么规律性的联系。尤其当前后期产量与销量都不变时，按完全成本法确定的营业利润完全可能因为期初、期末产品所包含的固定生产成本水平不同而发生变化，这种结果往往难于被管理者理解，不便于进行决策。但由于西方企业在第三次工业革命中迅速增加固定资产投资规模，使固定生产成本在产品成本中的比重大大提高，而产量越高，单位产品负担的固定成本就越低，这种局面就决定了在西方会计领域，完全成本法是应用十分广泛的成本计算模式。目前，完全成本法依然是国际上通用的对外提供财务信息所使用的成本计算方法。

二、两种成本法的分期营业利润差额

（一）两种成本法分期营业利润差额的含义

对同一会计期间的同一家企业而言，使用完全成本法和变动成本法计算出的营业利润往往并不总是相等的。我们将某期两种方法下的营业利润的差额简称为该期两种成本法的分期营业利润差额。此差额可能大于零，也可能小于零，还可能等于零。其中，前两种不等于零的情况称作营业利润狭义差额，大于零、小于零和等于零三种情况称作营业利润广义差额。

（二）导致营业利润狭义差额出现的原因

营业利润是收入和费用配比的结果，无论采用变动成本法还是完全成本法，计入当期的营业收入、变动生产成本、非生产成本都是相等的，不会引起两种成本计算方法存在非零的营业利润差额。因此，两种成本法分期营业利润狭义差额只与固定生产成本有关。进一步地，此差额出现的根本原因是计入当期的固定生产成本水平出现了差异。

具体而言，在变动成本法下，固定生产成本作为期间成本在当期销售收入中一次性全部扣除，由当期销售的产品全部承担。而在完全成本法下，固定生产成本需首先分摊到每件受益产品的成本中，然后当产品售出后才会构成销货成本从销售收入中扣减，未售出产品中所包含的固定生产成本则作为产品成本的一部分被吸收到期末存货（资产）价值中，结转到下期，而不是从当期收入中扣减。待到下期，期初存货的固定生产成本才会随着这些产品的售出而作为销货成本的一部分释放到利润表中，从营业收入中减掉。如果下期期初存货释放的固定生产成本等于该期期末存货吸收的固定生产成本，那么二者对下期完全成本法下营业利润的影响就可以抵消，下期就不存在狭义差额了。所以两种成本法分期营业利润狭义差额产生的具体原因就是完全成本法下期末存货吸收的固定生产成本与期初存货释放的固定生产成本产生了差异。用公式表示如下：

$$\text{两种成本法当期营业利润的差额}=\text{完全成本法的营业利润}-\text{变动成本法的营业利润}$$

$$=\text{完全成本法下期末存货吸收的固定生产成本}-\text{完全成本法下期初存货释放的固定生产成本}$$

（3.2.12式）

通过3.2.12式可以发现，两种方法下营业利润相同与否取决于期末存货吸收固定生产成本与期初存货释放固定生产成本的金额是否相等，具体而言：

当期末存货所吸收固定生产成本等于期初存货所释放固定生产成本时，两种方法下营业利润相同。

当期末存货所吸收固定生产成本大于期初存货所释放固定生产成本时，完全成本法的营业利润较大。

当期末存货所吸收固定生产成本小于期初存货所释放固定生产成本时，完全成本法的营业利润较小。

不存在期初存货或期末存货，是上述三种情况的特例，但也自然满足上述条件。也就是说，只有期末存货而没有期初存货时，期初存货所释放固定生产成本为0，营业利润差额大于0，完全成本法下的营业利润大。只有期初存货而没有期末存货时，期末存货所吸收固定生产成本为0，营业利润差额小于0，变动成本法下的营业利润大。没有期初存货也没有期末存货时，期末存货所吸收固定生产成本、期初存货所释放固定生产成本均为0，营业利润差额也等于0，两种方法下的营业利润一样多。

在例3-5中，各期产量不同，导致完全成本法下各期产品的单位生产成本不同。以下是甲公司各期营业利润差额的具体分析：

3月，由于既无期初存货，也无期末存货，企业不存在期初存货释放和期末存货吸收固定成本的问题。两种方法下计入当期利润表的固定生产成本的金额相同，所以该月两种方法下的营业利润相等。

4月，不存在期初存货，但有期末存货。完全成本法下期末存货吸收的固定生产成本为1 000万元（500×2或500÷2 500×5 000），计入当期利润表的固定生产成本则为4 000万元（2 000×2）；而变动成本法计入当期利润表的固定生产成本是全部的5 000万元，比完全成本法下从收入中扣减的固定生产成本多1 000万元，利润自然会比完全成本法下的营业利润少1 000万元（5 000−4 000），因为在完全成本法下这部分成本被期末存货吸收，成为了期末存货资产的成本构成项目。

5月，既存在期初存货，又存在期末存货，且二者的数量相等。完全成本法下期初存货释放的固定生产成本是1 000万元（500×2），期末存货吸收的固定生产成本是1 250万元（500×2.5），所以计入当期损益的固定生产成本是4 750万元（1 000+5 000−1 250）；而变动成本法下计入当期损益的固定生产成本是5 000万元。因此，完全成本法的营业利润会较变动成本法的营业利润多250万元（5 000−4 750），这一金额也正是期末存货吸收的固定生产成本1 250万元减去期初存货释放的固定生产成本1 000万元后的余额。

4月和5月产品的产量不同。与之相适应，每期5 000万元的固定生产成本在4月由2 500件产品承担，产品的单位固定生产成本是2万元；在5月则由2 000件产品承担，单位产品的固定生产成本是2.5万元。所以，出现了期末存货的数量相同，但这些产品中所包含的固定生产成本却不同的现象。

6月，只存在期初存货，无期末存货。完全成本法下的期初存货释放的固定生产成本是1 250万元（等于上月期末存货吸收的固定生产成本），计入当期的固定生产成本是6 250万元（5 000+1 250）；而变动成本法下计入当期的固定生产成本是5 000万元。所以，完全成本法的营业利润较变动成本法的营业利润少1 250万元（6 250−5 000），这正是完全成本法下期初存货所释放的固定生产成本1 250万元。

在例3-4中，各期的产量都相同，完全成本法下各期产品的单位生产成本便相等，期初存货和期末存货所包含的固定生产成本与存货的数量成正比。相应的，在各期产量相同的情况下，可以通过期初存货和期末存货的数量直接判断和计算两种方法下营业利润的差额。也就是说，在相关成本、价格都不变的情况下，如果产量相同，会存在如下规律：

【拓展知识】例3-4各期营业利润差额的具体分析

当期期末存货量等于期初存货量（产销平衡）时，两种方法的营业利润是相同的。

当期期末存货量大于期初存货量（产大于销）时，完全成本法的营业利润较大。

当期期末存货量小于期初存货量（产小于销）时，变动成本法的营业利润较大。

（三）营业利润广义差额简算法及其应用

在上面的学习中，我们已经分析和了解了变动成本法与完全成本法营业利润差额产生的具体原因。相应的，两种方法下当期营业利润的差额也可以在无须分别计算两种方法各自的营业利润的情况下直接得出，这一两种方法下营业利润差额的简便算法简称为营业利润广义差额简算法。用公式表示如下：

两种成本法下当期营业利润的差额 = 完全成本法下期末存货的单位固定生产成本 × 期末存货量 − 完全成本法下期初存货释放的固定生产成本

（3.2.13式）

其中，完全成本法下当期期初存货释放的固定生产成本就等于上一期期末存货吸收的固定生产成本，一般是已知指标，不需要再单独计算。所以，计算营业利润广义差额的关键是计算完全成本法下当期期末存货吸收的固定生产成本。

在先进先出法下，当期末存货全部来自于本期生产的产品时，即本期生产量大于或等于期末存货量，可按下式计算完全成本法下期末存货吸收的固定生产成本：

完全成本法下期末存货吸收的固定生产成本 =本期固定生产成本×期末存货量÷本期产量

=本期单位固定生产成本×期末存货量　（3.2.14式）

当期末存货不仅包含本期生产的产品，还包含部分期初存货时，即本期产量小于期末存货量，则应按下式计算完全成本法下期末存货成本吸收的固定生产成本：

完全成本法下期末存货吸收的固定生产成本 = 本期固定生产成本 + 单位期初存货中的固定生产成本 ×（期末存货量 − 本期产量）　（3.2.15式）

【例3-6】

接例3-5，已知3月初的存货量为零，各期产销量见表3-14。

表3-14　**产销量资料**　单位：件

项目	3月	4月	5月	6月
本期投产完工量	2 000	2 500	2 000	1 500
本期销售量	2 000	2 000	2 000	2 000

要求：计算各期的期初、期末存货量，期初存货释放的固定生产成本和期末存货吸收

的固定生产成本，以及用简算法直接计算两种成本法当期营业利润的差额。

解：计算过程见表3-15。

表3-15　计算分析表

序号	计算方法	项目	3月	4月	5月	6月
①	上期⑧	期初存货量（件）	0	0	500	500
②		投产完工量（件）	2 000	2 500	2 000	1 500
③	②×10	产品变动成本（万元）	20 000	25 000	20 000	15 000
④		产品固定成本（万元）	5 000	5 000	5 000	5 000
⑤	④÷②	单位产品固定生产成本（万元）	2.5	2	2.5	3.33
⑥	③+④	本期产品成本（万元）	25 000	30 000	25 000	20 000
⑦		本期销售量（件）	2 000	2 000	2 000	2 000
⑧	①+②-⑦	期末存货量（件）	0	500	500	0
⑨	①×上期⑤	期初存货释放的固定生产成本	0	0	1 000	1 250
⑩	⑧×⑤	期末存货吸收的固定生产成本	0	1 000	1 250	0
⑪	⑩-⑨	两种成本法当期营业利润的差额	0	1 000	250	-1 250

自测题3-2　　计算业务题　　案例分析题

第三节　变动成本法的评价与在实践中的应用

一、变动成本法的评价

（一）变动成本法的优点

1.促使公司注重销售，促进以销定产

在单位变动成本、销售单价和固定成本均不改变的前提下，变动成本法能够有效反映公司营业利润与销售量之间的内在关系，即利润与销售量的变化呈正向相关，从而能够引导和促使公司管理层注重销售环节，重视对市场动态变化的研究，在此基础上做好生产计划，使产品的生产、销售与市场需求紧密相连，促进以销定产，进而有效避免盲目生产。

2.有利于进行科学的成本分析与利润预测

一方面，在计算企业的营业利润时，变动成本法下的利润只与销量有关，会随着销量的增减而同方向增减；而完全成本法下，企业的利润除与销量有关外，还与产量有关，产量越大，单位产品分摊到的固定生产成本越小，单位产品的销售利润就越高，从而容易误导管理者产生只要加大生产量就可以提高利润的错觉。

另一方面，期末存货也会影响营业利润。变动成本法下，当期的固定生产成本从当期损益中一次性全额扣除，不会随期末存货结转到下期；而在完全成本法下，在其他条件不变时，期末存货如果较上年增加，其分摊到的固定生产成本就会随之更多地结转到下期成为资产，而不是从当期利润中扣减，从而出现营业利润较上年增加的假象，进而导致企业虚增利润。因此，企业在进行利润预测时，适于采用变动成本法。

3.有利于进行成本控制和业绩评价，分清经济责任

一般来说，变动生产成本属于各个生产部门自身负责控制的可控成本，可以通过其高低来评价各生产部门成本管理的工作成绩；而固定生产成本往往属于各生产部门无法左右的不可控成本，应由企业总部的其他职能部门负责。如果将固定生产成本计入产品成本，会混淆产量变动引起的成本升降和成本控制下的超支或节约所引起的成本升降，难以分清经济责任，进而损害各部门降低成本的积极性。同时，将两个因素混淆在一起，也会给决策规划控制和考核评价增加困难。而变动成本法下将固定生产成本从产品成本中剔除，会很好地解决上述问题。

4.有利于进行短期经营决策

在应用变动成本法计算营业利润时，可先计算出产品的贡献边际，再从贡献边际中扣除固定成本进而得到营业利润。其中，贡献边际是企业进行短期决策分析的一个非常重要的指标，能够充分反映产品的盈利能力，也是某产品为公司创造利润所作贡献大小的标志。比如在企业的短期决策中，常常会遇到亏损产品是否应当停产的问题，此时就可以用贡献边际指标来确定是否停产。如果亏损产品能为企业创造正的贡献边际就不应停产，否则只能导致企业遭受更大的亏损。这是因为该产品之所以亏损，是因为它承担了一部分固定成本，也减轻了盈利产品的成本负担。如果停产该产品，只会导致该部分固定成本由企业的盈利产品承担，进而降低其盈利水平，甚至导致该产品乃至整个企业亏损。

5.便于简化成本核算，加强日常管理

在变动成本法中，固定性制造费用作为期间费用直接从贡献边际中扣除，比完全成本法省去许多对间接费用的分配工作。这不仅可以大大简化产品成本的核算工作，避免间接费用分摊中的主观随意性，而且可以帮助会计人员从繁重的事后核算工作中解脱出来，将工作重点向事前预测、事中控制方面转移，进而帮助企业改善日常管理。

（二）变动成本法的局限性

1.成本按其性态分类具有局限性

变动成本法的成本按其性态分为固定成本和变动成本两大类。但在实务中，准确地划分固定成本和变动成本并非易事。企业经营活动中发生的耗费的成本性态大多属于混合成本，虽然按照一定的成本性态分析方法可以将其最终分解为固定成本和变动成本两大类，但分解的结果很难十分精确，从而不可避免地会影响成本信息的准确性。同时，成本的性

态并不是一成不变的，在一定条件下可能发生变化。因此，在实际划分成本性态时，需要遵循重要性和成本–效益两大原则，权衡决定对企业影响不大的成本细项是否值得投入很多的时间和精力去分析其与产量之间的依存关系。

2.产品成本不符合传统的成本概念

传统的观点认为，成本是“为了达到一个特定的目的而已经发生或可能发生的以货币计量的牺牲”。按照这种传统的观点，产品成本中就应当既包括变动生产成本，又包括固定生产成本。长期以来，这一观念已经在世界范围内得到广泛的支持和认可，并被吸收进企业财务会计基本准则中，作为对外财务报告的标准。在我国，按照企业会计准则的有关规定，固定生产成本（制造费用中的固定部分）属于生产成本的范畴，应计入产品成本。而变动成本法却只把变动生产成本计入产品成本，而将固定生产成本计入期间成本。显然，这一做法与我国企业会计准则的规定并不一致。此外，变动成本法计算出来的产品成本偏低，容易导致产品的定价偏低，没有充分考虑成本计价的完整性，其提供的信息也不适于作为以成本为依据的定价决策参考。

3.难以适应长期决策的需要

变动成本法所提供的成本资料可以对一年或一个营业周期内可以实现的短期经营决策提供依据。但从长期来看，企业的生产经营能力、技术等都会发生变化，固定成本和单位变动成本也不可能恒定不变。而长期决策的实现往往需要一年以上的时间，期间企业的生产经营能力、技术、规模等都会发生变化，变动成本法所要求的固定成本、单位变动成本不变的条件将难以满足。因此，变动成本法难以适应长期决策的需要。

4.影响所得税和投资收益

当企业在某一会计期间由完全成本法改为变动成本法时，往往会由于对固定成本的不同处理导致期末存货的估价降低，本期销货成本提高、营业利润降低，进而引发所得税的暂时性差异，降低征税机关的所得税收入和投资者所能获取的投资收益。这也是妨碍变动成本法在实践中应用的一个现实原因。

【学思践悟】尺有所短、寸有所长——辩证看待变动成本法的优缺点

尽管本章学习的重点是变动成本法，但从前文的学习中，我们也清楚地看到，变动成本法并不是十全十美、没有缺点的。与之形成鲜明对照的完全成本法也不是一无是处、毫无理论与实践应用价值。

实际上，尺有所短，寸有所长。任何事物或方法都是相互参照而存在的，都会有其适用或擅长的方面，也有其不适用或不擅长的方面。所以，我们要做的，既不是因为一点不足就全盘否定，也不是因为一点优势就盲目崇拜，而是全面而辩证地予以分析、应用或应对。

相较于传统的成本计算方法即完全成本法，变动成本法有很多的优点，如促使企业重视销售、便于企业进行成本预测、短期经营决策、成本控制与考核评价等，但它也存在产品成本不符合传统的成本概念、不适于进行长期投资决策等不足。在实际应用过程中，我们需要将变动成本法与完全成本法结合使用，以扬其所长，避其所短，实现两种成本计算方法的优势互补，切实帮助企业提升成本计算与成本管理水平。

二、变动成本法在实践中的应用

（一）变动成本法应用的不同观点

从以上的分析中可以看到，完全成本法和变动成本法各有其适用性和局限性。比如完全成本法适用于编制对外财务报表，变动成本法却适用于对内加强经营管理；完全成本法能够提供企业经营管理所需的各类核算信息，但不利于短期决策，变动成本法则正好可以提供有利于短期决策的有用信息，但不适于编制对外报表。因此，这两种成本计算方法既不是完全排斥，也不可能相互取代。

会计的职能既包括为企业内部的经营管理提供决策、规划、控制等诸多方面有用的信息，又包括为企业外部的投资人、债权人、其他报表使用者等定期提供财务报表。为了兼顾这两方面的需要，实践中既不宜用变动成本法取代完全成本法（单轨制），也不适合同时设立变动成本法、完全成本法两套平行的成本计算体系（双轨制），而可以建立以变动成本法为基础的统一成本核算体系，即采用结合制。

所谓“结合制”，就是将变动成本法和完全成本法结合使用，日常核算以变动成本法为基础以满足企业内部经营管理的需要，期末时对需要按完全成本法反映的有关项目进行调整，以满足对外报告的需要。这样不仅有助于充分发挥变动成本法的优点，也有助于兼顾现行会计准则与制度的有关要求。下面具体介绍结合制的应用程序。

（二）结合制的应用程序

1.将日常核算建立在变动成本法的基础上

首先，以成本性态分析为基础，将发生的制造费用项目划分为固定性和变动性两类，为在不同账户中分别核算固定成本和变动成本奠定基础。

其次，对生产成本和产品成本均按变动成本核算，同时取消“制造费用”账户，并另设“变动性制造费用”和“固定性制造费用”两个账户，以便分别核算生产过程中发生的各种变动性制造费用和固定性制造费用。其他账户按会计准则的要求进行设置，同时按照变动成本法计算营业利润。

2.期末调整

自测题 3-3

期末将“固定性制造费用”科目的本期发生额按本期在产品、已销产品和期末库存产品的数量比例进行分配和结转，使生产成本、销货成本和期末库存产品成本都按完全成本法反映，以满足期末编制会计报表的需要。最后，利用营业利润差额的简算法确定两种成本计算方法的营业利润差额，将变动成本法营业利润调整为完全成本法营业利润。调整公式如下：

某期完全成本法下的营业利润 = 该期变动成本法营业利润 + 该期两种成本法营业利润的广义差额　（3.3.1 式）

某期完全成本法期末存货成本 = 该期变动成本法期末存货成本 + 完全成本法期末存货应吸收的固定生产成本　（3.3.2 式）

【本章小结】

变动成本法是建立在成本按性态分类基础上的一种成本核算方法，与传统的完全成本法相对应。变动成本法和完全成本法的主要区别在于对固定生产成本的处理不同，完全成本法下固定生产成本计入产品成本，而变动成本法下固定生产成本不计入产品成本，而是作为期间费用直接从当期损益中扣除。

变动成本法能够促使公司注重销售，促进以销定产；有利于企业进行科学的成本分析、利润预测、成本控制和业绩评价，分清经济责任，也有利于进行短期经营决策，便于简化成本核算，加强日常管理。但该方法也存在成本按其性态分类具有局限性、产品成本不符合传统的成本概念、难以适应长期决策的需要、影响所得税和投资收益等缺点。

在实际应用中，既不适于用变动成本法取代完全成本法（单轨制），也不适于同时设立变动成本法、完全成本法两套平行的成本计算体系（双轨制），而是可以采用结合制，将日常核算建立在变动成本法的基础之上，期末时再对需要按完全成本法反映的有关项目进行调整。

【复习思考】

1. 什么是变动成本法？什么是完全成本法？
2. 为什么变动成本法下的产品成本只包括变动生产成本？
3. 变动成本法和完全成本法的区别有哪些？
4. 两种成本法对营业利润的计算有何不同？
5. 造成两种成本法营业利润差额的根本原因是什么？
6. 变动成本法的优势和局限有哪些？

【主要参考文献】

1.简燕玲.试论变动成本法和制造成本法的结合［J］.山西财经大学学报，1998（1）：59-61.

2.李梅芳，杨晓杰，岳桂云.变动成本法特点及应用可行性分析［J］.财会月刊，2010（5）：60-61.

3.刘智英，崔仙玉.变动成本法与完全成本法损益差异及规律分析——基于四种情境的横向、纵向对比分析［J］.会计之友，2017（11）：16-24.

4.王天黎.基于变动成本法的企业成本管理研究［J］.财政监督，2011（29）：45-46.

5.李守武.管理会计工具与案例——成本管理［M］.北京：中国财政经济出版社，2018.

6.刘运国.管理会计学［M］.4版.北京：中国人民大学出版社，2021.

7.吴大军.管理会计［M］.6版.大连：东北财经大学出版社，2022.

引导案例分析要点

第四章

作业成本法

【学习目标】

本章主要介绍作业成本法产生的背景，阐述作业、资源、成本动因等作业成本法的关键概念，介绍作业成本法的核算程序等。通过对本章内容的学习，学生需要达到以下目标：

1. 了解作业成本法产生的背景，体会作业成本法与决策有用性的支撑。
2. 掌握作业、资源、成本动因等关键概念。
3. 了解作业成本法的核算准备工作，掌握作业成本法的核算程序。
4. 对比分析作业成本法与传统成本法的区别。
5. 掌握作业成本法的优点与局限性。

【本章主要内容导图】

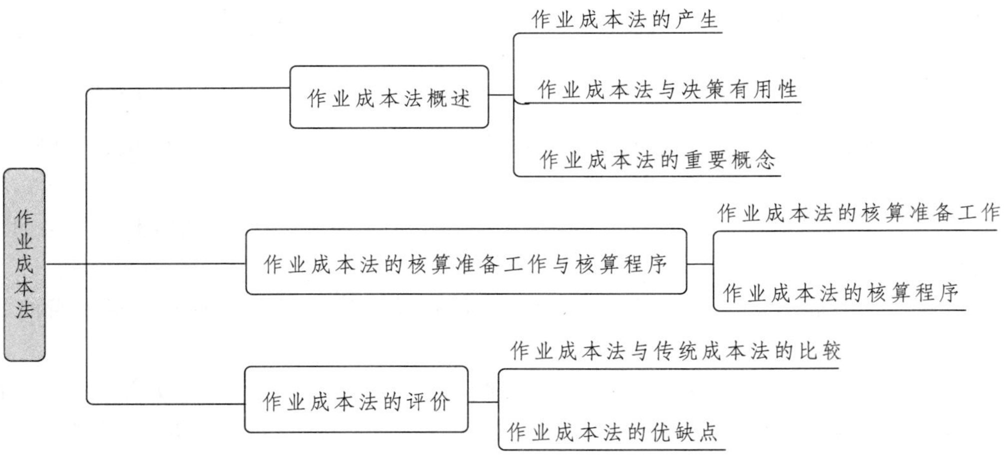

【引导案例】

令人吃惊的“利润”

甲公司有A、B、C三种主打产品，其中B产品是公司产量最高的产品。让CEO王总纳闷的是，竞争对手生产的B产品的市场销售价格总能比自己公司的低，这让王总百思不得其解。在王总看来，因为公司刚上了一套CIMS（计算机集成制造系统），可以更合理地安排和组织生产，大幅度提高了生产效率，按理说应该达到了“降本增效”的效果。但是竞争对手的产品价格让他们很被动。与此同时，经过产品盈利能力分析发现，C产品才是该公司最重要的获利来源。但从市场反应来看，该公司已经连续多次提高了C产品的销售价格，但是C产品的销售量并没有因此而大幅降低，并且利润在持续上升。可是，竞争对手并没有紧跟他们的C产品销售调整，而是不动声色。当前的市场情况，让王总深感困惑，他想不明白：为什么B产品销量很大，但价格却无法提高？C产品虽然连续提价，但好像还有提价的空间？

王总是做生产管理出身，他决定找财务总监来谈谈，了解其中的“奥秘”。新上任的CFO张总推测道：“我们核算时对于间接成本的分配一直采用单一、简单的均摊方式。但是，因为我们采用了新的信息系统和大量的新设备，现在间接费用占比非常大，这可能会引起产品成本核算结果的偏误。”王总接着问道：“这么说，咱们计算出的利润可能存在问题？”张总回答道：“王总，这还不能直接肯定地回答您，让我们具体测算一下才能做出进一步的判断”。于是，王总请张总回去后用新的核算方法对产品成本进行重新测算。

在张总的带领下，财务部人员采用作业成本法重新进行产品成本核算。经过数周的努力，终于给出了答案：原来该公司一直都高估了产量高但工艺相对简单的B产品的成本，却大大低估了产量低但工艺相对复杂的C产品的成本。造成这一偏差的原因正是间接费用在B、C产品之间的分配一直采用传统的费用分摊方式。所以，产品在按照成本进行定价时，错误的成本信息导致了失误的定价，进而导致了销售策略的偏差。听了张总的汇报，王总大感意外，心想：原来均摊间接费用的后果竟然这么严重！看来，现在必须改革原有的成本核算方法了！

问题：

（1）在本案例中，传统成本法主要引发了怎样的问题？

（2）在激烈的市场竞争中，产品成本信息发挥着怎样的作用？

第一节　作业成本法概述

党的二十大报告着眼全面建设社会主义现代化国家的历史任务，做出“构建高水平社会主义市场经济体制”的战略部署，明确了新举措和新要求。党的二十大报告指出：“构建高水平社会主义市场经济体制，必须紧紧围绕实现高质量发展的主题，精准贯彻新发展理念，善于运用改革思维和改革办法，加快推进有利于提高资源配置效率的改革、有利于提高发展质量和效益的改革、有利于调动各方面积极性的改革，加快形成新发展格局的制度框架和政策体系。”而提高资源配置效率和全要素生产率，需要以成本核算为前提。因此，能否在新经济和新技术背景下，提供更有决策支持价值的成本和价值管理信息至关重要。

作业成本法（Activity-Based Costing，ABC）是适应现代制造环境与市场环境变化的一种成本计算方法，是对传统成本核算制度的创新，不仅能够从资源耗费动因的角度提供成本核算信息，而且能够分析作业对于价值创造的贡献，对于提高资源配置效率和全要素生产率具有重要意义。作业成本法不仅在工业企业产品成本核算中得到广泛应用，在非生产领域也得到广泛应用。

一、作业成本法的产生

任何一种会计方法的产生都不是偶然的，都有它们产生的适宜的条件。随着科学技术的进步、市场需求的多样化、管理理论与实践的创新发展，传统成本核算和管理方法的弊端逐渐显露，作业成本法作为一种新型成本计算方法适时而生，并展现出广阔的应用前景。

（一）科学技术的进步

20世纪下半叶起，随着科学技术的进步，生产环境与之前相比发生了大幅改变。计算机在企业生产环境中越来越广泛地被应用：计算机辅助制造、计算机辅助设计、企业资源计划、计算机辅助核算等迅速取代传统的生产模式和管理模式。这种高度信息化的制造环境大大改变了传统产品制造过程中资源的消耗方式和特质，即改变了产品成本的结构。随着制造环境的变化，在生产资源耗费过程中，设备投入更多地取代直接人工投入，导致间接费用在产品总成本中的占比逐渐增加。但是，产品成本核算仍然沿用传统成本法，对间接费用仍然简单地按照产量或工时等进行粗略分摊，导致产品成本失真。这与企业经营管理过程中日益增长的成本信息需求之间形成了越来越大的差距。

（二）市场需求的多样化

随着技术和经济的发展，人们对于产品和服务的需求也在不断地提升。随着市场需求的多样化，企业提供的产品和服务也随之多样化，这必将引发生产制造环节和服务提供环节的工艺复杂化。一方面，造成间接费用占比的提升；另一方面，导致对经营决策所需的真实成本信息的需求增加。

（三）管理理论与实践的创新发展

伴随着科学技术的进步与市场需求的多样化，随之而来的是管理理论与实践创新的发展。企业资源计划、准时制生产、供应链管理、全面质量管理、战略成本管理、企业价值创造等都是管理理论与实践创新的典型代表。这些新的管理方法为成本管理的发展提供了新的、丰富的理论基础，同时，也对成本信息提出了更高的需求。传统的成本会计制度无法满足这些管理决策的新需求。

【学思践悟】基于中国智能制造2025的新制造业成本核算

十九届五中全会提出，坚持创新在我国现代化建设全局中的核心地位①。时至今日，“中国制造”、“智能制造2025”、“大国工匠”和“科技创新”已经是当今大家耳熟能详的热门词汇，“创新”成为民族发展的必经之路。实践中多行业的“无人工厂”展示了我国科技创新的力量。不仅是在制造技术方面，在企业经营管理方面也顺应时代发展的变化在发生着日新月异的变革。总之，在“智能制造2025”的时代背景下，企业经营发展的需求对产品成本核算与成本管理也提出了新的要求，促进了企业产品成本核算和间接费用分配方法的重大变革，这也是创新给会计制度与企业管理方面带来的重大改变。

---

① 引自《环球网》“学习贯彻党的十九届五中全会精神，坚持创新在我国现代化建设全局中的核心地位”，2020年12月26日发布。

二、作业成本法与决策有用性

随着前述三个方面的发展，人们对支持决策需求的成本信息有着越来越殷切的期望。正如本章引导案例所述，在企业中，成本信息与企业决策息息相关。如果企业成本信息失真，必将引发决策的偏误。因此，成本信息与当代企业决策之间的关系十分紧密，特别体现在对决策有用性的支撑方面。

其实，成本信息的决策有用性问题早已被关注。早在1953年美国会计学者乔治·斯托布斯（George J. Staubus）教授就发表了题为《收益的会计概念》的论文，揭开了全面研究“决策有用性目标”的序幕，并以此作为其理论研究的基点，最终在1971年出版了《作业成本计算和投入产出会计》一书，被后人视为初探作业成本思想的第一人。随后，广大会计学者开始关注这一话题。1988年，美国哈佛大学学者罗宾·库珀（Robin Cooper）教授和罗伯特·卡普兰（Robert Kaplan）教授发表了大量的这方面的论文和著作，并正式命名这种核算方法为“作业成本法”。也正是在讨论成本信息决策有用性的大背景下，作业成本法被正式提出了。

作业成本法的重点在于强调成本信息的决策有用性。这种决策有用性，正如本章引导案例中成本信息对定价决策的有用性一样，即成本信息能够满足生产经营决策对信息的需求。从传统制造环境到现代先进制造环境的变化过程中，作业成本法成功地实现了区分资源消耗的不同动因，并以此作为费用分摊的依据，使得成本核算变得更加科学合理，核算结果能够更加贴近真实成本情况，从而使得基于成本信息的决策更加科学合理。

三、作业成本法的重要概念

（一）作业成本法

作业成本法是指以“作业消耗资源、产出消耗作业”为原则，按照资源动因将资源费用追溯或分配至各项作业，计算出作业成本，然后再根据作业动因，将作业成本追溯或分配至各成本对象，最终完成成本计算的成本管理方法。

在作业成本法下，企业全部的经营活动是由一系列相互关联的作业组成的，而企业每发生一项作业都会耗用一定的资源，产品和服务等也通过一系列的作业被生产出来。产品成本是企业为生产产品而发生的全部作业所消耗的资源的总和。从概念中可见，在计算产品成本时，作业成本法是首先对经营活动所耗费的各项资源按照消耗它们的作业进行归集，计算作业成本，然后再按各项作业与产品之间的对应关系将作业成本分配到具体的成本对象中去，最终形成了产品成本。

（二）作业

作业是指企业基于特定目的重复执行的任务或活动，是连接资源和成本对象的桥梁。一项作业既可以是一项非常具体的任务或活动，也可以泛指一类任务或活动。例如，车工作业、钳工作业就是一项具体任务或活动的作业，产品设计作业、质量检验作业和包装作业就是一类任务或活动的作业。企业为执行每一种作业所消耗的资源费用的总和，构成该种作业的总成本。在作业成本法下，成本对象可以是零部件、产品、服务，也可以是作业、作业链、分销渠道、客户等。

作业是作业成本法中的一个最基本的概念，理解好作业的概念，有助于理解作业成本法的原理。以制造企业为例，在一个企业中，生产技术要求和工艺流程通常较为复杂，因此作业往往也是复杂的，少则几十种，多则成百上千甚至数万种。对于复杂的作业，按照管理学的思想可以对其按照不同的标准进行分类。而分类的标准，则取决于不同的管理目的。

企业可以按消耗对象的不同，将作业分为主要作业和次要作业。其中，主要作业是被产品、服务或客户等最终成本对象消耗的作业。次要作业是被原材料、主要作业等介于中间地位的成本对象消耗的作业。分清主要作业和次要作业可以清晰地识别作业的消耗关系。

企业可以按照价值链管理的思想，将作业划分为增值作业和非增值作业等。在企业价值链管理过程中，通过对作业的分析帮助企业更好地梳理和构建价值创造流程。分清增值作业和非增值作业是从价值创造的视角对资源耗费关系的梳理。

企业还可以按照资源消耗的受益对象、层次和重要性，将作业分为不同的作业层级，有利于更深层次的作业分析和核算。一般而言，作业主要可以划分为五个层级：

1.产量级作业

产量级作业（unit-level activity），亦称为单位级作业，是指明确地为个别产品（或服务）实施的、使单个产品（或服务）受益的作业。该类作业的数量与产品（或服务）的数量成正比例变动。产量级作业主要包括产品加工、检验等。

2.批别级作业

批别级作业（batch-level activity），亦称为批次级作业，是指为一组（或一批）产品（或服务）实施的、使该组（或批）产品（或服务）受益的作业。该类作业的产生是由生产的批量数而不是单个产品（或服务）引起的，其数量与产品（或服务）的批量数成正比变动。批别级作业主要包括设备调试、生产准备等。

3.品种级作业

品种级作业（product-level activity），亦称为产品级作业，是指为生产和销售某种产品（或服务）实施的、使该种产品（或服务）的每个单位都受益的作业。该类作业用于产品（或服务）的生产或销售，但独立于实际产量或批量，其数量与品种的多少成正比例变动。品种级作业包括新产品设计、现有产品质量与功能改进、生产流程监控、工艺变换需要的流程设计、产品广告等。

4.客户级作业

客户级作业（customer-level activity），亦称为顾客级作业，是指为服务特定客户所实施的作业。该类作业保证企业将产品（或服务）销售给个别客户，但作业本身与产品（或服务）数量独立。客户级作业包括向个别客户提供的技术支持活动、咨询活动、独特包装等。

5.设施级作业

设施级作业（supporting-level activity），亦称为支持级作业，是指为提供生产产品（或服务）的基本能力而实施的作业。该类作业是开展业务的基本条件，其使所有产品（或服务）都受益，但与产量或销量无关。设施级作业包括管理作业、针对企业整体的广告活动等。

（三）资源和资源费用

资源是指企业为了提供产品或服务而消耗的人力、物力和财力等投入。如果把整个企业看作一个大的作业中心，进入这个作业中心的人力、物力和财力等资源未必都能够对最终产出有积极的贡献和意义。作业成本法把资源作为成本计算的对象，在价值形成的过程中能够反映资源被消耗的价值和意义。换言之，作业成本法要在核算中处理两个方面的问题：一是区分有价值的消耗和无价值的消耗；二是区分消耗资源的作业情况，分析资源是如何被消耗的，找到消耗资源的动因，并把资源按照动因分解计入消耗这些资源的不同作业，并最终计入成本对象。

资源费用，是指企业在一定期间内开展经济活动所发生的各项资源耗费。资源费用既包括房屋及建筑物、设备、材料、商品等有形资源的耗费，也包括信息、知识产权、土地使用权等各种无形资源的耗费，还包括人力资源耗费以及其他各种税费支出等。

为便于将资源费用直接追溯或分配至各作业中心，企业还可以按照资源与不同层次作业的关系，将资源分为以下五类：

1.产量级资源

产量级资源（unit-level resource），亦称为单位级资源，包括为单个产品（或服务）所取得的原材料、零部件、人工和能源等。

2.批别级资源

批别级资源（batch-level resource），亦称为批次级资源，包括用于生产准备、机器调试的人工等。

3.品种级资源

品种级资源（product-level resource），亦称为产品级资源，包括为生产某一种产品（或服务）所需要的专用化设备、软件或人力等。

4.顾客级资源

顾客级资源（customer-level resource），亦称为客户级资源，包括为服务特定客户所需要的专门化设备、软件和人力等。

5.设施级资源

设施级资源（supporting-level resource），亦称为支持级资源，包括土地使用权、房屋及建筑物，以及所保持的不受产量、批别、产品、服务和客户变化影响的人力资源等。对产量级资源费用，应直接追溯至各作业中心的产品等成本对象。对于其他级别的资源费用，应选择合理的资源动因，按照各作业中心的资源动因量比例，分配至各作业中心。

（四）成本动因

成本动因（cost driver），亦称为成本驱动因素，是指诱导成本发生的原因，是成本对象与其直接关联的作业和最终关联的资源之间的中介。成本动因是成本发生额与作业消耗量，或是资源消耗量与作业之间存在数量关系的决定性因素。例如，如果直接材料成本的增加是因为产量增加，那么产量就是直接材料成本的成本动因；如果质量检验成本的增加是因为检验次数增加，那么检验次数就是质量检验成本的成本动因。按成本动因在资源流动中所处的位置和作用，或者说按成本动因在成本核算程序中所处的位置，可将成本动因分为资源动因和作业动因两种不同类型。随着计算机集成制造系统在生产中的大量使用，资源消耗与资源跟踪技术和水平大幅提升，使得生产过程中的资源消耗、作业、质量等业务信息比过去更全面地被记录下来。这些信息都将成为确定成本动因的依据，并为成本动因的衡量提供了广泛的可行性。

1.资源动因

资源动因是引起资源耗用的成本动因，它反映了资源耗用与作业量之间的因果关系。成本的基本存在形式是资源，没有资源就无所谓耗费、无所谓成本。而资源动因正是资源被消耗背后的原因，是资源被消耗的驱动因素，也是资源被作业消耗多少的衡量依据。

资源动因的选择与计量为将各项资源费用归集到作业中心提供了依据。企业应识别当期发生的每一项资源消耗，分析资源耗用与作业中心作业量之间的因果关系，选择并计量资源动因。企业一般应选择那些与资源费用总额成正比例关系变动的资源动因作为资源费用分配的依据。

2.作业动因

作业动因是最终成本对象引起作业耗用的方式与原因，反映了作业耗用与最终产出之间的因果关系，是表示成本对象或者其他作业对于作业需求的强度和频率的最恰当的单一数量度量标准。在作业成本法下，我们以作业动因作为将作业成本分配到流程、产品、分销渠道、客户等成本对象的依据。

可通过分析作业动因与最终产出的联系，来判断作业的增值性：为生产最终产品所需的且不可替代的作业或为最终产品提供独特价值的作业为增值作业；反之，则为非增值作业。一般企业的购货加工、装配等均为增值作业，而大部分的仓储、搬运、检验，以及供、产、销环节的等待与延误等，由于并未增加产出价值，属于非增值作业，应减少直至消除，以使产品成本在保证产出价值的前提下得以降低。对于选择的作业动因，企业应采用相应的方法和手段进行计量，以取得作业动因量的可靠数据。

自测题4-1

【学思践悟】《管理会计应用指引第304号——作业成本法》发布

2016年12月23日，财政部印发了《〈管理会计应用指引第100号——战略管理〉等22项管理会计应用指引征求意见稿》，内容包括战略管理、预算管理、成本管理、营运管理、投融资管理、绩效管理和企业管理会计报告应用、管理会计信息模块等共6项概括性指引和16项工具方法指引。2017年10月19日，为贯彻落实财政部《关于全面推进管理会计体系建设的指导意见》，财政部官网发布了《财政部关于印发〈管理会计应用指引第100号——战略管理〉等22项管理会计应用指引的通知》，标志着管理会计从国家顶层政策设计走向具体实际操作，从理论宏观指导走向企业落地实践，将对企业提高管理效率、加速转型升级起到实质性的助推作用，管理会计的建设和运用已被提升至国家战略层面的高度。

管理会计应用指引中的第304号文件，推介的就是作业成本法，依次介绍了作业成本法的总则、应用环境、应用程序和方法评价。本着科学发展观，以推进作业成本法在我国市场经济体制下企业成本核算水平、经营决策水平的提升。

第二节 作业成本法的核算准备工作与核算程序

一、作业成本法的核算准备工作

企业在应用作业成本法进行产品成本核算之前，应该做好充分的建设和准备工作。因为作业成本法需要满足一定的应用环境条件，才能取得预期的应用效果。这些准备工作包括：

（一）外部环境验证

企业应用作业成本法，首先要进行外部环境验证。在考虑外部环境是否适宜时，一般主要考虑企业是否具有以下两种外部环境特征：一是客户个性化需求较高，市场竞争激烈；二是产品的需求弹性较大，价格敏感度高。当具备这样的外部环境时，说明产品成本核算的真实性将极大地影响产品的销量，乃至企业的市场地位。

（二）内部环境准备

1.企业应建立科学的作业观

企业应用作业成本法应基于作业观，即企业应作为一个为最终满足客户需要而设计的一系列作业的集合体，进行业务组织和管理。

2.企业应成立专门的设计和实施工作小组

企业应成立由生产、技术、销售、财务、信息等部门的相关人员构成的设计和实施工作小组，负责作业成本系统的开发设计与组织实施工作。

3.企业应能够清晰地识别作业、作业链、资源动因和成本动因

企业需要根据实际情况识别作业、作业链、资源动因和成本动因，为资源费用以及作业成本的追溯或分配提供合理的依据。

4.企业应拥有先进的计算机及网络技术，配备完善的信息系统

作业成本法的实施需要强有力的信息系统作为支撑，手工核算实现作业成本法是不现实的，特别是在复杂的企业工况下。因此，需要先进的计算机及网络技术，并配备完善的信息系统作为支撑，才能够及时、准确提供各项资源、作业、成本动因等方面的信息。

二、作业成本法的核算程序

企业应用作业成本法，一般按照资源识别及资源费用的确认与计量、成本对象选择、作业认定、作业中心设计、资源动因选择与计量、作业成本汇集、作业动因选择与计量、作业成本分配、作业成本信息报告等程序进行。

（一）资源识别及资源费用的确认与计量

资源识别及资源费用的确认与计量，是指识别出由企业拥有或控制的所有资源，遵循国家统一的会计制度，合理选择会计政策，确认和计量全部资源费用，编制资源费用清单，为资源费用的追溯或分配奠定基础。

资源费用清单一般应分部门列示当期发生的所有资源费用，其内容要素一般包括发生部门、费用性质、所属类别、受益对象等。

资源识别及资源费用的确认与计量应由企业的财务部门负责，在基础设施管理、人力资源管理、研究与开发、采购、生产、技术、营销、服务、信息等部门的配合下完成。

（二）成本对象选择

在作业成本法下，企业应将当期所有的资源费用，遵循因果关系和受益原则，根据资源动因和作业动因，分项目经由作业追溯或分配至相关的成本对象，确定成本对象的成本。

企业应根据国家统一的会计制度，并考虑预算控制、成本管理、营运管理、业绩评价以及经济决策等方面的要求确定成本对象。

（三）作业认定

作业认定是指企业识别由间接或辅助资源执行的作业集，确认每一项作业完成的工作以及执行该作业所耗费的资源费用，并据以编制作业清单的过程。作业认定的内容主要包括对企业每项消耗资源的作业进行识别、定义和划分，确定每项作业在生产经营活动中的作用、同其他作业的区别以及每项作业与耗用资源之间的关系。作业认定的过程还需要划分次要作业和主要作业。

作业认定一般包括自上而下和自下而上两种方式。其中，自上而下的方式是根据企业生产流程，自上而下进行分解；自下而上的方式是通过与企业每一部门负责人和一般员工进行交流，自下而上确定他们所做的工作，并逐一认定各项作业。两种方式并不冲突，一般在企业中可根据实际情况选用，或者将两种方式相结合，以保证全面、准确认定作业。

作业认定的具体方法一般包括调查表法和座谈法。调查表法，是指通过向企业全体员工发放调查表，并通过分析调查表来认定作业的方法。座谈法，是指通过与企业员工的面对面交谈，来认定作业的方法。不同方法可以相互结合，在企业中应用，以保证全面、准确认定全部作业。

企业对认定的作业应加以分析和归类，按顺序列出作业清单或编制作业字典。作业清单或作业字典一般应当包括作业ID、作业名称、作业内容、作业类别、所属作业中心等内容。

（四）作业中心设计

作业中心设计，是指企业将认定的所有作业按照一定的标准进行分类，形成不同的作业中心，作为资源费用追溯或分配对象的过程。作业中心可以是某一项具体的作业，也可以是由若干个相互联系的能够实现某种特定功能的作业的集合。企业一般会根据自身的情况建立适合本企业的作业字典。作业认定和作业中心设计可以完整地呈现在作业字典中。

【例4-1】

A企业是一家机加工企业，属于传统的制造业。企业原来采用分步法进行成本核算，核算对象为零部件等产品，间接费用依据工时进行平均分配。现欲实施作业成本法，针对企业特点进行作业中心设计。该企业采用自上而下的方式确定作业及作业中心，由财务部联合生产制造部、产品研发和工艺设计部通过座谈法进行细致分析，建立的作业字典与作业中心的对照关系见表4-1。

表 4-1　　作业字典与作业中心

作业 ID	作业名称	作业内容	作业类别	所属作业中心
100001	生产准备作业	设备热启动	次要作业	生产准备作业中心
200001	材料搬运作业	搬运材料到指定工位	次要作业	生产准备作业中心
300006	能源消耗作业	消耗燃气加热方坯	主要作业	生产过程作业中心
400009	机加工作业	机床加工部件	主要作业	生产过程作业中心
900019	客户服务作业	客户电话处理	次要作业	售后服务作业中心

其中，能源消耗作业和机加工作业作为生产工艺的主要环节，在作业分析中被确认为主要作业；生产准备作业、材料搬运作业和客户服务作业作为生产工艺和资源消耗的次要环节，被认定为次要作业。所属作业中心是按照作业对应的管理部门进行认定的。

（五）资源动因选择与计量

企业应识别当期发生的每一项资源消耗，分析资源耗用与作业中心作业量之间的因果关系，选择并计量资源动因。企业一般应选择那些与资源费用总额成正比例关系变动的资源动因作为资源费用分配的依据。

【例 4-2】

仍沿用例 4-1 中的已知资料，继续对 A 企业作业及资源动因进行分析。表 4-2 反映了 A 企业分析的结果，表中说明了作业与资源之间的消耗动因对应关系。这一分析过程，是按照资源耗费的因果关系来进行的。

表 4-2　　作业及其资源动因举例

作业	资源动因
生产准备作业	生产准备次数
材料搬运作业	搬运次数、搬运距离或搬运重量
能源消耗作业	流量、功率或运行时间
机加工作业	加工时间
客户服务作业	客服电话次数或通话沟通时长

（六）作业成本汇集

作业成本汇集，是指企业根据资源耗用与作业之间的因果关系，将所有的资源成本直接追溯或按资源动因分配至各作业中心，计算各作业总成本的过程。

作业成本汇集应遵循以下两项基本原则：

（1）对于为执行某种作业直接消耗的资源，应直接追溯至该作业中心；

（2）对于为执行两种或两种以上作业共同消耗的资源，应按照各作业中心的资源动因量比例分配至各作业中心。

将资源按照资源与不同层次作业的关系分为产量级资源、批别级资源、品种级资源、顾客级资源和设施级资源五类就是为了便于将资源费用清晰追溯或分配至各作业中心。

（七）作业动因选择与计量

作业动因反映了产品消耗对应作业的因果关系，是衡量产品消耗作业资源的标尺。耗用与最终产出的因果关系，在作业中心仅包含一种作业的情况下，所选择的作业动因应该是引起该作业耗用的成本动因；在作业中心由若干个作业集合而成的情况下，企业可采用回归分析法或分析判断法，分析比较各具体作业动因与该作业中心成本之间的相关关系，选择相关性最大的作业动因，即代表性作业动因，作为作业成本分配的基础。

作业动因需要在交易动因、持续时间动因和强度动因间进行选择。其中，交易动因是指用执行频率或次数计量的成本动因，包括接受或发出订单数、处理收据数等；持续时间动因是指用执行时间计量的成本动因，包括产品安装时间、检查小时等；强度动因是指不易按照频率、次数或执行时间进行分配而需要直接衡量每次执行所需资源的成本动因，包括特别复杂产品的安装、质量检验等。

企业如果每次执行所需要的资源数量相同或接近，应选择交易动因；如果每次执行所需要的时间存在显著的不同，应选择持续时间动因；如果作业的执行比较特殊或复杂，应选择强度动因。对于选择的作业动因，企业应采用相应的方法和手段进行计量，以取得作业动因量的可靠数据。

（八）作业成本分配

作业成本分配，是指企业将各作业中心的作业成本按作业动因分配至产品等成本对象，并结合直接追溯的资源费用，计算出各成本对象的总成本和单位成本的过程。

作业成本分配一般按照以下两个程序进行：

1.分配次要作业成本至主要作业，计算主要作业的总成本和单位成本

企业应按照各主要作业耗用每一次要作业的作业动因量，将次要作业的总成本分配至各主要作业，并结合直接追溯至主要作业的资源费用，计算各主要作业的总成本和单位成本。

有关计算公式如下：

次要作业成本分配率=次要作业总成本÷该作业动因总量 （4.2.1式）

$$\text{某主要作业分配的次要作业成本}=\text{该主要作业耗用的次要作业动因量}\times\text{该次要作业成本分配率} \quad (4.2.2式)$$

$$\text{主要作业总成本}=\text{直接追溯至该作业的资源费用}+\text{分配至该主要作业的次要作业成本之和} \quad (4.2.3式)$$

主要作业单位成本=主要作业总成本÷该主要作业动因总量 （4.2.4式）

2.分配主要作业成本至成本对象，计算各成本对象的总成本和单位成本

企业应按照各成本对象耗用每一主要作业的作业动因量，将主要作业成本分配至各成本对象，并结合直接追溯至成本对象的资源费用，计算各成本对象的总成本和单位成本。

有关计算公式如下：

$$\text{某成本对象分配的主要作业成本}=\text{该成本对象耗用的主要作业成本动因量}\times\text{主要作业单位成本} \quad (4.2.5式)$$

$$某成本对象总成本=\frac{直接追溯至该成本}{对象的资源费用}+\frac{分配至该成本对象的}{主要作业成本之和} \quad (4.2.6式)$$

$$某成本对象单位成本=该成本对象总成本÷该成本对象的产出量 \quad (4.2.7式)$$

【例4-3】

仍沿用例4-2中的已知资料，又已知A企业经过机加工生产出甲、乙两种产品，有关业务量和成本信息等相关资料分别见表4-3和表4-4。

表4-3　业务量资料

项目	甲产品	乙产品
产量（件）	200 000	40 000
生产准备次数（次）	4	10
搬运次数（次）	6	12
机器台时（小时）	2 000	4 000
机加工作业台时（小时）	40 000	16 000
客服通话沟通时长（小时）	800	1 000

表4-4　直接成本、制造费用及成本动因资料　单位：元

项目	金额	间接费用分配的成本动因
直接材料成本	甲产品：240 000	—
	乙产品：200 000	
直接人工成本	甲产品：300 000	—
	乙产品：220 000	
生产准备成本	28 000	生产准备次数
材料搬运成本	54 000	搬运次数
能源设备折旧	240 000	机器台时
机加工设备折旧	560 000	机加工作业台时
客户服务费用	3 600	客服通话沟通时长

要求：按照作业成本法对其进行成本核算。

解：

（1）首先，按照表4-3和表4-4所述资料，采用作业成本法分配制造费用，见表4-5。

表4-5　作业成本法制造费用计算表

项目	待分配金额（元）	成本动因量	分配率	甲产品（元）	乙产品（元）
生产准备成本	28 000	14	2 000	8 000	20 000
材料搬运成本	54 000	18	3 000	18 000	36 000

续表

项目	待分配金额（元）	成本动因量	分配率	甲产品（元）	乙产品（元）
能源设备折旧	240 000	6 000	40	80 000	160 000
机加工设备折旧	560 000	56 000	10	400 000	160 000
客户服务费用	3 600	1 800	2	1 600	2 000
合计	885 600	—	—	507 600	378 000

（2）其次，根据表4-5的计算结果，加上甲、乙产品的直接成本，计算得出甲、乙产品成本如下：

甲产品：240 000 + 300 000 + 507 600 = 1 047 600（元）

乙产品：200 000 + 220 000 + 378 000 = 798 000（元）

【视频展示】表4-5在Excel中的实现

（九）作业成本信息报告

作业成本信息报告的目的是通过设计、编制和报送具有特定内容和格式要求的作业成本报表，向企业内部各有关部门和人员提供其所需要的作业成本及其他相关信息。作业成本报表的内容和格式应根据企业内部管理需要确定。

作业成本报表提供的信息一般应包括以下内容：

（1）企业拥有的资源及其分布以及当期发生的资源费用总额及其具体构成的信息；

（2）每一成本对象总成本、单位成本的信息，其消耗的作业类型、数量、单位作业成本的信息，以及产品盈利性分析的信息；

（3）每一作业或作业中心的资源消耗及其数量、成本，以及作业总成本与单位成本的信息；

（4）与资源成本分配所依据的资源动因以及作业成本分配所依据的作业动因相关的信息；

（5）资源费用、作业成本以及成本对象成本预算完成情况及其原因分析的信息；

（6）有助于作业、流程、作业链（或价值链）持续优化的作业效率、时间和质量等方面的非财务信息；

（7）有助于促进客户价值创造的有关增值作业与非增值作业的成本信息及其他信息；

（8）有助于业绩评价与考核的作业成本信息及其他相关信息；

（9）上述各类信息的历史或同行业比较信息。

自测题4-2　　计算业务题

第三节　作业成本法的评价

一、作业成本法与传统成本法的比较

作业成本法与传统成本法有以下几个方面的主要区别：

（一）适用条件不同

传统成本法适用于产品结构单一、制造费用数额相对较小的企业。作业成本法一般适用于间接费用所占比重较大、产品品种繁多、产品生产工艺复杂多变、生产经营活动十分复杂的企业，并且这类企业还应已经较好地实施了计算机集成制造系统和全面质量管理体系，并且管理当局对传统成本计算体系所提供的成本信息的准确度并不满意。

（二）成本计算对象不同

传统成本法的成本计算对象主要局限于“产品”层次，而且往往是最终产品。作业成本法更关注产品形成过程和成本动因，成本计算对象具有多层次性的特点，资源、作业、最终产品等都可以作为成本计算对象。作业既可以是成本形成载体，又可以是成本计算的对象。企业每完成一项作业，就会有一定量的资源被消耗，同时又有一定价值量的产出转移到下一项作业，照此逐步结转下去直到最终把产品提供给顾客。作业成本法可以对资源、作业、产品、原材料、客户、销售市场、销售渠道等不同层次的成本对象提供相应的成本信息，提供的信息量更加丰富。

（三）产品成本的经济实质和内容不同

传统成本法认为成本的经济实质是生产经营过程中所耗费的生产资料转移的价值和劳动者为自己所创造的价值的货币表现，主要是指制造成本，只包括制造产品过程中与生产产品直接相关的直接材料、直接人工、燃料动力和制造费用等，并按照费用的经济用途划分成本项目。而作业成本法认为产品成本表现为价值在企业内部顾客的逐步积累和转移，最后形成转移给外部顾客的总值。因此，产品成本是完全成本。制造过程中的所有费用，只要是合理的和有效的，都是对最终产出有益的支出，因此都应计入产品成本。也就是说，作业成本法强调费用支出的合理性、有效性，而不论其是否与产出直接有关。

（四）间接费用分配程序不同

在传统成本法下，间接费用分配的路径一般是由资源到部门、由部门到产品，即把不同性质的各种间接费用按照部门进行归集，然后以产量或工时为基础将间接费用分配到产品。而在作业成本法下，间接费用分配的路径是由资源到作业、再由作业到产品，即首先将各项间接费用分配到有关的作业，然后按照作业消耗与产品之间的不同因果关系，将作业成本分配到产品。

（五）间接费用分配基础不同

传统成本法一般采用数量或工时作为间接费用的分配基础。而作业成本法采用成本动因作为间接费用的分配基础。成本动因是丰富多样的，不局限于单一的数量或者工时，这能够真实地反映作业消耗资源、或产品消耗作业的因果关系，因此更加科学、合理。

【学思践悟】深入学习党的二十大精神 多措并举降低物流成本

党的二十大报告明确指出："加快发展物联网，建设高效顺畅的流通体系，降低物流成本。"①物流是经济发展的先行官，也是产业链、供应链稳定运行的基础。当今社会，成本核算信息和成本管理是物流企业经营管理的生命线。传统成本法无法识别作业的增值性，对生产经营决策和市场决策无法提供足够有效信息。因此，可将作业成本法应用于物流企业成本核算工作，这将提升物流企业间接费用分配的合理性，进而提升物流企业成本核算的真实性。同时，基于作业成本法还将帮助物流企业进行增值作业与非增值作业的分析，帮助企业提升管理水平和效果，为物流业的发展做出重要的贡献。

二、作业成本法的优缺点

（一）作业成本法的优点

与传统成本法相比较，作业成本法的优点主要体现在：

（1）能够提供更加真实的产品成本信息。

作业成本法采用成本动因代替传统计算方法的单一的工时或产量分配基础，因此能够真实地反映各种间接费用与成本对象之间的因果关系，使得反映的产品成本信息更加真实。

（2）能够提供成本信息的维度更加丰富和全面。

由于作业成本法的成本对象是多维度的，因此可以提供多维度的成本信息，这有助于为企业提供产品定价、作业与流程改进、客户服务等决策相关的多维度的成本相关信息。

（3）能够改善和强化成本控制，促进绩效管理的改进和完善。

作业成本法所提供的信息不仅仅能够反映产品成本这一结果，而且能够提供非常丰富的过程业务信息和成本相关信息，这对改善和强化成本控制，促进绩效管理的改进和完善都有非常重要的促进作用。

（4）能够提高作业、流程、作业链（或价值链）管理的能力。

基于作业的核算方式，能够在核算的同时提供作业的增值能力的具体分析，这对于流程优化、作业链优化、企业价值创造等当今重要的管理工作来说都是非常有益的支撑。

（二）作业成本法的局限性

作业成本法也有一定的局限性，并非所有的企业都能得到很好的应用效果。其局限性主要体现在以下几个方面：

①引自新华社《高举中国特色社会主义伟大旗帜 为全面建设社会主义现代化国家而团结奋斗——在中国共产党第二十次全国代表大会上的报告》，2022年10月25日发布。

（1）作业的识别和成本动因的确定仍然具有一定的主观性。

部分作业的识别、划分、合并与认定，成本动因的选择以及成本动因计量方法的选择等都存在一定的主观性。

（2）作业的识别和成本动因的确定具有一定的困难性。

作业成本法的关键在于作业的识别和成本动因的确定，但是这项工作较为复杂和困难，这成为应用作业成本法的重点和难点所在。

（3）操作较为复杂，开发和维护费用较高。

作业成本法的两阶段分配原理和具体的核算步骤，与传统成本法相比较更为复杂，往往需要信息系统作为作业成本法实施的平台和基础，因此其开发和维护费用较高。

（4）作业成本法有其适用的条件，并非所有企业都适用。

作业成本法适用于间接费用占产品成本比例较高，且具备较好管理水平和信息系统基础的企业。其他企业则很难得到良好的实施效果。因此其应用是具有一定的前提条件的，并非适用于所有企业。

自测题4-3

【本章小结】

作业成本法是适应现代制造环境与市场环境变化的一种成本计算方法，是对传统成本核算制度的创新。作业成本法与传统成本法的不同，主要在于强调成本信息的决策有用性，以“作业消耗资源、产出消耗作业”为原则，按照资源动因将资源费用追溯或分配至各项作业，计算出作业成本，然后再根据作业动因，将作业成本追溯或分配至各成本对象，更真实、更多维度地反映产品成本信息，为管理决策提供有效支持。

作业成本法不仅能够从资源耗费动因的角度提供成本核算信息，同时能够分析作业对于价值创造的贡献，对于提高资源配置效率和全要素生产率具有重要意义，在降本增效等创造企业价值的过程中可以发挥重要的作用。但是该方法在应用过程中，存在作业和动因识别困难、核算过程较为复杂、开发和维护费用高等局限性。

在实际工作中，作业成本法的应用是需要具备一定的前提条件的，并非适用于所有的企业。作业成本法适用于间接费用占产品成本比例较高且具备较好管理水平和信息系统基础的企业。暂时不具备适用条件的企业，则很难得到良好的实施效果。

【复习思考】

1. 作业成本法是在什么背景下产生的？
2. 实施作业成本法，企业需要做哪些方面的环境建设和准备？
3. 什么是成本动因？成本动因可以具体分为什么类型？
4. 作业和资源分别有哪些类型？
5. 作业成本法下，分配间接费用的原则是什么？
6. 作业成本法核算的一般程序是怎样的？
7. 作业成本法与传统成本法最大的区别体现在哪些方面？
8. 作业成本法的优缺点是什么？

【主要参考文献】

1.吴大军.管理会计［M］.6版.大连：东北财经大学出版社，2022.

2.刘俊勇.管理会计［M］.北京：高等教育出版社，2020.

3.余绪缨.以ABM为核心的新管理体系的基本框架［J］.当代财经，1994（4）：54-56.

4.王平心，汪方军，王鹏.成本动因量的同质性研究［J］.数量经济技术经济研究，1999（5）：44-46.

5.欧佩玉，王平心.作业分析法及其在我国先进制造企业的应用［J］.会计研究，2000（2）：46-51.

6.刘运国.作业成本法在我国铁路运输企业应用的案例研究［J］.会计研究，2001（2）：31-39.

7.邱妘.作业成本法与剩余生产能力管理［J］.会计研究，2004（5）：67-70.

8.杨继良.国外作业成本法推行情况的调查综述［J］.会计研究，2005（7）：81-85.

9.张蕊，饶斌，吴炜.作业成本法在卷烟制造业成本核算中的应用研究［J］.会计研究，2006（7）：59-65.

10.吴正杰.我国作业成本法应用研究综述及展望［J］.会计之友，2013（30）：84-86.

引导案例分析要点

第五章

战略管理与经营预测

【学习目标】

本章主要阐述战略管理与经营预测，通过对本章内容的学习，学生需要达到以下目标：

1. 了解战略管理的内涵，理解经营预测的内涵及战略管理与经营预测的关系，了解预测分析的基本方法。

2. 掌握销售预测的判断分析法、趋势外推分析法与产品寿命周期分析法，了解因果预测分析法。

3. 掌握本量利分析、目标利润预测，熟悉安全边际、经营杠杆及两者在利润预测中的应用。

4. 了解成本预测、资金需求量预测。

5. 理解各类本量利关系图。

【本章主要内容导图】

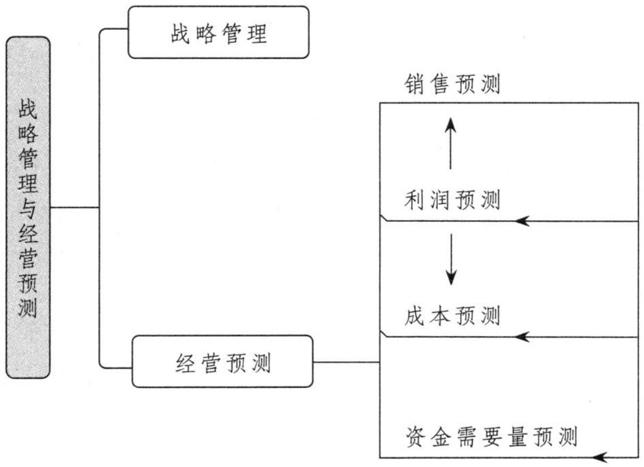

【引导案例】

职业陪诊，你怎么看？

对多数人而言，职业陪诊还是一个陌生的职业。但在很多医疗资源紧张的大城市，已经出现大量三甲医院护士跳槽从事专业陪诊员的现象。陪诊员专门陪同那些子女不在身边的老人、父母没空照顾的孩子或单身独居的年轻人看病，帮助他们跑流程，提高就诊效率，向他们普及医疗常识或提供适当的专业照顾。事实上，一些嗅觉敏感的资本已经开始布局这一行业。

问题：

你认为职业陪诊仅仅是昙花一现，还是下一个风口呢？你会为那些跃跃欲试的资本提出哪些建议呢？为了做出判断，你需要搜集哪些信息？

相信通过对本章内容的学习，这些问题自然都会有所解答。

第一节　战略管理与经营预测概述

一、战略管理过程与经营预测

战略（strategy），是指企业从全局考虑做出的全局性和长远性的谋划。战略管理（strategic management），是指对企业全局的、长远的发展方向、目标、任务和政策，以及资源配置做出决策和管理的过程。

企业的战略通常分为整体战略（即选择可竞争的经营领域的总体战略）、经营单位战略（即某个经营领域具体竞争策略的业务单位战略，也称为竞争战略）和职能战略（即涉及各职能部门的职能战略）。当然，经营单位战略、职能战略必须服从整体战略。

企业应用战略管理工具、方法的程序，一般包括战略分析、战略制定、战略落地、战略评价和战略调整等。战略分析是分析企业的环境发展机会和竞争力，分析企业各业务流程在价值创造中的优势和劣势，并对每一业务流程按照其优势强弱划分等级，为战略目标确定奠定基础。战略制定，是企业应根据战略分析结果，合理界定企业的使命和愿景，并将使命和愿景转化为战略目标。战略落地也称战略实施，是将企业的战略规划蓝图变成现实的管理过程。战略评价，是指企业通过检测战略实施进展，评价战略执行效果，审视战略的科学性和有效性，不断修正战略举措，以期达到预期目标。战略调整，是指根据企业情况的发展变化和战略评价结果，对制定的战略及时进行调整，以保证战略对企业管理活动的有效指导。

战略管理领域应用的管理会计工具通常包括战略地图、价值链管理和经营预测等。

经营预测，是指结合企业的战略目标，充分考虑经济规律及相关约束，采用一系列科学的分析方法，有目的地预计和推测企业未来销售、利润、成本及资金等变化趋势和水平。管理会计中的预测分析，是指运用专门的方法进行经营预测的过程。

【拓展知识】预测与预算的关系

通过以上关于战略管理过程的论述不难看出，战略分析是战略管理的基础，对战略管理成败具有重要影响。经营预测提供了有关经营前景的一手信息，是判断公司竞争优势，进行战略分析的基础。这要求企业的经营预测需要具有战略导向性，紧紧围绕企业战略目标和业务计划有序开展，聚焦战略目标，专注可执行性。

【学思践悟】生态文明与环境绩效、社会绩效

党的二十大描绘了以中国式现代化全面推进中华民族伟大复兴的宏伟蓝图，将“生态环境保护发生历史性、转折性、全局性变化”作为新时代十年伟大变革之一，将“促进人与自然和谐共生”作为中国式现代化本质要求的重要内容，对推动绿色发展、促进人与自然和谐共生做出重大部署，为推进生态文明、建设美丽中国指明了前进方向，提供了根本遵循。现代企业多数致力于可持续发展，越来越重视环境绩效及社会绩效，并开始将两类绩效纳入战略地图，设置行动的优先级、指导决策和行为、激起战略和商业模式讨论以提高业绩。

二、预测分析的基本方法

预测分析的具体方法众多，大体可概括为定量分析与定性分析两类。

（一）定量分析法

定量分析法，又称数量分析法，是指在掌握与预测对象有关的各种要素定量资料的基础上，运用数理方法进行分析，据以建立能够反映相关要素之间规律的各类预测模型的方法体系。定量分析法可分为趋势外推分析法和因果预测分析法。

1.趋势外推分析法

趋势外推分析法，是指将时间作为制约预测对象变化的因素，把未来作为历史的自然延续，属于按事物自身发展趋势进行预测的一类预测方法。这类方法的基本原理是：企业过去和现在存在的某种发展趋势将会延续下去，而且过去和现在发展的条件同样适用于未来，可以将未来视为历史的自然延续。因此，该方法又称“时间序列分析法”。属于这类方法的有算术平均法、移动平均法、加权平均法和平滑指数法等。

2.因果预测分析法

因果预测分析法，是指根据变量之间的因果关系，以预测因素（即非时间自变量）的变动趋势推测预测对象（即因变量）的一类预测方法。这类方法的基本原理是：预测对象受到诸多因素影响，它们之间存在着复杂的关系，通过对这些因素内在规律性的研究建立数量模型，在已知预测因素的条件下，利用模型推测预测对象水平。属于这类方法的有本量利分析法、投入产出法、回归分析法和经济计量法等。

（二）定性分析法

定性分析法又称非数量分析法，是指由有关方面的专业人员根据个人经验和知识，结合预测对象的特点进行综合分析，对预测对象做出推测的一类预测方法。这种方法通常不需要复杂的定量分析，适用于缺乏完备的历史资料或有关因素间缺乏明确的数量关系等条件下的预测。

（三）两类方法的关系

定性分析法与定量分析法在实际应用中并非相互排斥，而是相互补充、相辅相成的。一般来讲，定量分析法的准确性较高，但该方法难以考察无法量化因素的影响，如国家的方针政策变动、消费者心理改变等。相反地，定性分析法不会受到因素能否量化的约束，但预测的准确性依赖于预测专家的经验、能力等。因此，实际工作中常常将两者结合应

用，取长补短，以提高预测分析的准确性和预测结论的可靠性。销售预测的产品寿命周期分析法就是典型的定量分析法与定性分析法相结合的预测分析方法。

自测题5-1

第二节　销售预测

销售预测，是指综合考虑外部因素和内部因素，并选择适当预测方法，对企业未来一定时期内可能达到的销售量和销售额所进行的科学预计及推测。本书主要介绍销售量预测。

对于大部分企业，产品的市场需求是稳定的，企业可以采取的策略主要是以需定销、以销定产。因此，销售预测通常是预测系统的基础和起点，对利润预测、成本预测及资金预测等具有指导作用。

销售预测的方法主要包括判断分析法、趋势外推分析法、因果预测分析法及产品寿命周期分析法。

一、判断分析法

判断分析法是由从业人员或外部专家对企业一定期间特定产品销售量做出判断和预计的一种方法。具体包括以下三种方法：

（一）推销员判断法

推销员判断法又称意见汇集法，是由推销人员搜集顾客的需求信息，判断特定产品的销售量，并由销售经理进行综合分析进而完成销量预测的一种方法。这种方法具有耗时短、费用低、简单直接等优点。然而，推销员并不总是如实反映所掌握的顾客需求信息。如果推销员的业绩评价与销售预测相关，则推销员有动机扭曲预测值。此外，推销员所掌握的产品信息有限，也可能干扰预测结论。为了避免此类问题，企业可向推销员提供历史预测与实际销量、企业规划及经济发展趋势等信息，或组织多个推销员进行预测判断等，以降低预测偏差。

（二）综合判断法

综合判断法，是指企业召集相关经营管理人员，特别是那些最熟悉销售业务的销售主管人员，以及各地经销商负责人集中开会，由他们根据多年的实践经验和判断能力对特定产品销量进行预测的一种方法。这种方法能够集思广益，且快速实用，但预测结果也会受到相关人员主观判断的影响。因此，应事先向预测人员提供近期政治、经济形势及市场情况等资料，并在预测的基础上进行充分的讨论、分析及综合，最终得出结论。

（三）专家判断法

专家判断法是由专家根据个人经验和判断对特定产品的未来销量进行判断和预测的一种方法。这里的“专家”包括本企业或同行企业的高级管理者、销售部门经理及其他外界专家等，但不包括推销员和顾客。具体有以下三种形式：

1.专家个人意见集合法

专家个人意见集合法，是指首先向每位专家征求意见，要求他们对本企业产品的未来销售趋势做出独立判断，再由企业加以综合并确定预测值。这种方法结合了各方面专家从不同角度做出的判断，准确性较高；但由于每位专家所掌握的信息有限，不可避免地带有片面性。

2.专家小组法

专家小组法，是指由若干位专家组成几个预测小组，以小组为单位进行预测，再进行综合论证的一种方法。这种方法有利于专家之间相互启发，弥补个人意见的片面性，但小组的预测结论往往会受到组内权威人士意见的左右。

3.德尔菲法

德尔菲法，是指通过函询方式向若干相关专家分别征求意见，每位专家独立进行预测，企业汇总各位专家的判断，并通过不记名的形式再次反馈给各位专家，请专家们参考他人的意见并修正自己的预测，如此反复，最终确定预测结果。德尔菲法可在一定程度上克服专家个人意见集合法和专家小组法的局限性，但德尔菲法的实施成本较高，需要参与专家的高度配合。

二、趋势外推分析法

趋势外推分析法在销售预测中应用得较为普遍，其具体应用形式包括平均法和修正的时间序列回归法。本节主要介绍平均法。

平均法，是指根据特定预测对象若干时期的历史销量资料，按照一定方法计算其平均值，以预测销量的一类方法。具体包括算术平均法、移动平均法、加权平均法和平滑指数法等。

（一）算术平均法

算术平均法又称简单平均法，是将n期销量的算术平均值作为销量预测值的一种方法。其计算公式为：

$$\overline{Q}_{n+1}=\frac{\sum_{t=1}^{n}Q_t}{n} \qquad (5.2.1式)$$

其中，$\overline{Q}_{n+1}$为第n+1期的预测销量；Q_t为第t期销量，t=1，…，n。

算术平均法计算简单，但并未考虑不同时期销量对预测期销量影响程度的差异。一般而言，与远期销量相比，近期销量对预测期销量的影响更加显著。因此，算术平均法主要适用于销量稳定的产品。

【例5-1】

华联实业股份有限公司生产一种产品，20×1年1—12月销量资料见表5-1。

表5-1　　　　销量资料　　　　单位：吨

月份	1	2	3	4	5	6	7	8	9	10	11	12
销量（Q_t）	25	23	26	29	24	28	30	27	25	29	32	33

要求：按算术平均法预测20×2年1月销量（计算结果保留两位小数，下同）。

解：依题意，

20×2年1月预测销量=（25+23+26+29+24+28+30+27+25+29+32+33）÷12=27.58（吨）

（二）移动平均法

移动平均法，是指以最近m期销量的算术平均值作为销量预测值的一种方法。其计算公式为：

$$\overline{Q}_{n+1}=\frac{\sum_{t=n-m+1}^{n}Q_t}{m} \qquad (5.2.2式)$$

其中，$\overline{Q}_{n+1}$为第n+1期的预测销量；Q_t为第t期销量，t=n−m+1，…，n。

移动平均法假设预测销量主要受最近m期销量的影响，可以克服算术平均法忽略不同时期销量对预测期销量影响程度存在差异的问题。但是，这种方法忽略了销量的变化趋势。

【例5-2】

仍按例5-1的资料。

要求：按移动平均法预测20×2年1月销量（假定m=5）。

解：依题意，

20×2年1月预测销量=（27+25+29+32+33）÷5=29.20（吨）

修正移动平均法，是指在移动平均法的基础上考虑销量变化趋势的影响。其计算公式为：

$$\overline{Q}_{n+1}=\frac{\sum_{t=n-m+1}^{n}Q_t}{m}+b_{n+1} \qquad (5.2.3式)$$

其中，$\overline{Q}_{n+1}$为第n+1期的预测销量；Q_t为第t期销量，t=n−m+1，…，n；b_{n+1}为第n+1期趋势值，$b_{n+1}=\frac{\sum_{t=n-m+1}^{n}Q_t}{m}-\frac{\sum_{t=n-m}^{n-1}Q_t}{m}$。

【例5-3】

仍按例5-1的资料。

要求：按修正的移动平均法预测20×2年1月销量（假定m=5）。

解：依题意，

20×2年1月趋势值=29.20−（30+27+25+29+32）÷5=0.60（吨）

20×2年1月预测销量=29.20+0.60=29.80（吨）

（三）加权平均法

加权平均法，是指以近大远小原则确定各期权数，以加权平均销量作为销量预测值的一种方法。其计算公式为：

$$\overline{Q}_{n+1}=\sum_{t=1}^{n}\left(w_t\times Q_t\right) \qquad (5.2.4式)$$

其中，$\overline{Q}_{n+1}$为第n+1期的预测销量；Q_t为第t期销量；w_t为第t期权重，t=1，…，n，$\sum_{t=1}^{n}w_t=1$。

加权平均法既利用全部历史数据，又充分考虑不同时期销量数据对预测期销量影响的差异。但是，权重的选择易受主观影响。

【例 5-4】

仍按例 5-1 的资料。令各期权重分别为 0.01、0.02、0.03、0.05、0.06、0.07、0.09、0.11、0.12、0.13、0.15、0.16。

要求：按加权平均法预测 20×2 年 1 月销量。

解：依题意，

20×2 年 1 月预测销量=0.01×25+0.02×23+0.03×26+0.05×29+0.06×24+0.07×28+0.09×30+0.11×27+0.12×25+0.13×29+0.15×32+0.16×33

=28.86（吨）

（四）平滑指数法

平滑指数法，是指在综合考虑有关前期预测销量和实际销量信息的基础上，利用事先确定的平滑指数预测未来销量的一种方法，其计算公式为：

$$\overline{Q}_{n+1} = \alpha \times Q_n + (1-\alpha) \times \overline{Q}_n \quad (5.2.5式)$$

其中，α表示平滑指数，这是一个经验值，通常在 0.3~0.7 之间；$\overline{Q}_{n+1}$为第 n+1 期的预测销量；Q_n、$\overline{Q}_n$分别为第 n 期实际销量及预测销量。

平滑指数具有修正近期实际销量所包含的偶然因素对预测销量影响的作用。α越大，则近期实际销量对预测销量的影响越大；α越小，则近期实际销量对预测销量的影响越小。因此，如果销量数据波动较大，应采用较大的α；反之，应采用较小的α。

平滑指数法的实质是在已知前期预测销量和实际销量基础上，分别以平滑指数α及其补数 $1-\alpha$ 为权数的一种特殊加权平均法。该方法比较灵活，适用范围较广。但是，平滑指数的选择同样易受主观影响。

【例 5-5】

仍按例 5-1 的资料。

要求：按平滑指数法预测 20×1 年 1—12 月及 20×2 年 1 月销量。

解：依题意，编制平滑指数法计算表见表 5-2。

表 5-2 平滑指数法计算表 单位：吨

时间 t	实际销量 Q_t	平滑指数 α	前期实际销量 Q_{t-1}	$1-\alpha$	前期预测销量 $\overline{Q}_{t-1}$	预测销量 $\overline{Q}_t$
20×1 年 1 月	25	—	—	—	—	25.00[①]
20×1 年 2 月	23	0.3	25	0.7	25.00	25.00
20×1 年 3 月	26	0.3	23	0.7	25.00	24.40
20×1 年 4 月	29	0.3	26	0.7	24.40	24.88

① 本例中，假定该企业 20×0 年没有任何销量资料，设 20×1 年 1 月份的预测销量等于当月的实际销量。

续表

时间 t	实际销量 Q_t	平滑指数 α	前期实际销量 Q_{t-1}	$1-\alpha$	前期预测销量 $\overline{Q}_{t-1}$	预测销量 $\overline{Q}_t$
20×1 年 5 月	24	0.3	29	0.7	24.88	26.12
20×1 年 6 月	28	0.3	24	0.7	26.12	25.48
20×1 年 7 月	30	0.3	28	0.7	25.48	26.24
20×1 年 8 月	27	0.3	30	0.7	26.24	27.37
20×1 年 9 月	25	0.3	27	0.7	27.37	27.26
20×1 年 10 月	29	0.3	25	0.7	27.26	26.58
20×1 年 11 月	32	0.3	29	0.7	26.58	27.31
20×1 年 12 月	33	0.3	32	0.7	27.31	28.72
20×2 年 1 月	—	0.3	33	0.7	28.72	30.00

【视频展示】例 5-5 在 Excel 中的实现

三、因果预测分析法

因果预测分析法是常用的预测分析方法。例如，某建材厂根据某地区基建工程计划和企业市场占有率，预测若干年后某种标号水泥在该地区的销量；某配件厂根据客户生产计划、库存配件量以及消耗量，预测若干年后某配件的销售量等。因果预测分析法的具体程序如下：

1.确定影响销量的主要因素

影响销量的因素要以客观事实为依据，根据事物之间的内在规律、以往经验或历史资料进行相关判断。影响销售的因素包括外部和内部两类。外部因素主要包括当前市场环境、企业的市场占有率、经济发展趋势、竞争对手情况等。影响销售的内部因素包括产品价格、产品功能和质量、企业提供的配套服务、企业的生产能力、各种广告手段的应用、推销的方法等。

2.根据有关资料确定销量与影响因素之间的数量关系，建立因果预测模型

销量与相关重要因素之间存在着直接或间接的经济联系。直接联系，是指因素变动与销量变动存在特定数量关系，如汽车销量增加与汽车轮胎销量增加、家具销量增加与把手销量增加等；间接联系，是指因素变动与销量变动不存在特定数量关系，如打火机销量增加与火柴销量下降、塑料制品销量增加与陶瓷制品销量减少等。在明确数量关系后，可以适当调整原有经验模型，或利用历史资料建立新的预测模型。

3.根据影响因素的未来变动情况预测销量

因果预测模型中影响因素的未来定量信息要具有可量化性及可得性，如国家公开发表的统计资料、国民经济发展计划及其他相关资料、企业自行安排或委托第三方进行市场调查而取得的信息等。

因果预测分析法的具体应用主要有两种方式：一是指标建立法。指标建立法所使用的预测模型，既可以是企业以前建立的，也可以是其他企业或行业所建立的。预测者只需要掌握模型中的各项相关指标数据，代入公式就可以计算出预测值。二是回归分析法。回归分析法是利用相关分析技术自行建立预测模型，然后进行预测。具体地，基于企业历史数据，利用统计分析方法，建立关于业务量与销售收入的模型，进而基于该模型进行销售预测。

四、产品寿命周期分析法

产品寿命周期分析法，是指利用产品销量在不同寿命周期阶段上的变化趋势进行销售预测的一种分析方法。

产品寿命周期是产品投入市场到被市场淘汰的发展过程，一般会经历萌芽期、成长期、成熟期和衰退期。各阶段的产品销量一般具有如下规律：

萌芽期：产品尚未被市场接受，小批试制试销，销量较小，且增长率不稳定。

成长期：产品逐渐被市场接受，成批生产销售，销量迅速增加。

成熟期：产品完全被市场接受，大批生产且畅销，销量趋于稳定。

衰退期：产品趋于被市场淘汰，销量急剧下降。

产品寿命周期分析法首先要结合销售量增长率判断产品所处阶段。一般地，萌芽期销量增长率不稳定；成长期增长率最高，通常会高于10%；成熟期增长率稳定，通常不高于10%；衰退期增长率为负。

进一步地，结合产品所处阶段选择正确的预测方法。一般地，萌芽期可采用判断分析法进行预测；成长期可采用因果预测分析法或修正的时间序列回归法等进行预测；成熟期可采用趋势外推分析法进行预测。

需要注意的是，在选择合适的预测方法前，除了判断产品所处的阶段，还需要对所处阶段的长短做出一定的判断。

第三节　利润预测

利润预测，是指基于企业战略规划目标，结合市场情况、宏观经济背景、行业发展规划以及企业的战略发展规划等，对企业未来一定时期内可能达到的利润水平和变化趋势进行科学预计及推测。利润预测不能脱离现实，同时必须能够反映企业可能实现的最佳利润水平。

本节主要讨论本量利分析、目标利润预测及安全边际与经营杠杆在利润预测中的应用。

一、本量利分析

（一）本量利分析概述

本量利分析（cost-volume-profit analysis，CVP分析），是指以成本性态分析和变动成本法为基础，运用数学模型和图示，对成本、利润、业务量与单价等因素之间的依存关系进行分析，发现变动的规律性，为企业进行预测、决策、计划和控制等活动提供支持的一种方法。

本量利分析所考虑的相关因素包括：产销量（x）、单价（p）、单位变动成本（b）、固定成本（a）和营业利润（P）等。这些变量之间的关系可以用以下公式表示：

营业利润（P）=（单价-单位变动成本）×产销量-固定成本=（p-b）x-a （5.3.1式）

由于本量利分析的模型是在上述公式基础上建立起来的，所以该式被称为本量利分析的基本公式。需要注意的是，该式的成立是建立在以下假设基础上的：

（1）企业所发生的全部成本均可以按其性态划分为变动成本和固定成本。

（2）产销量总是在相关范围内变动，固定成本总额不变，单位变动成本及单价也保持不变。因此，收入、总成本仅与产销量相关，且线性相关。

（3）总能实现产销平衡。

（4）单一产品，或各产品产销额占比已知且保持不变。

（5）不考虑货币的时间价值。

（二）保本分析

保本分析又称盈亏平衡分析，其核心是分析预测企业利润为零时的业务量，即保本点。所谓保本点（breakeven point，BEP），是指在其他因素既定的条件下，为使企业达到盈亏平衡状态，产销量应达到的水平。单一品种的保本点有保本点销售量（简称保本量，记为 x_0）和保本点销售额（简称保本额，记为 y_0）两种表现形式，基本公式为：

保本量（x_0）=固定成本÷（单价-单位变动成本）=a÷（p-b） （5.3.2式）

保本额（y_0）=单价×保本量=px_0 （5.3.3式）

除了上述公式法外，还可以通过图解法确定保本点。典型的保本图（breakeven chart）是绘制在平面直角坐标系上的。将xoy平面直角坐标系的横轴ox作为业务量轴，纵轴oy作为销售收入和总成本轴，如图5-1所示，销售收入线与总成本线相交的交点为保本点。

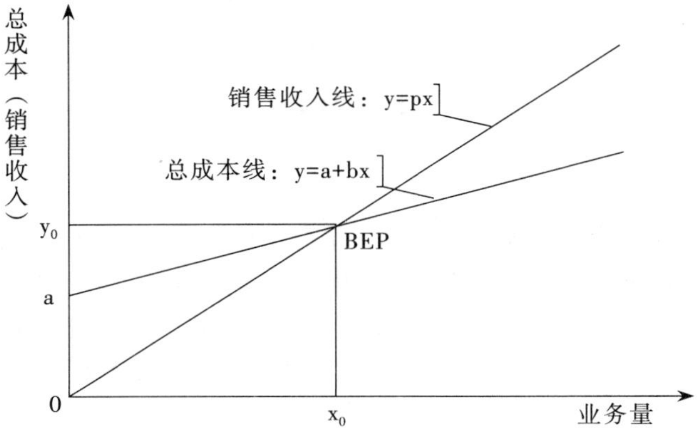

图5-1 保本图

【例5-6】

华联实业股份有限公司只经营一种产品，单价为100万元/件，单位变动成本为60万元/件，固定成本为300 000万元。20×1年实现销售10 000件，获得利润100 000万元。假定20×2年成本性态不变，20×2年的生产能力为12 500件。

要求：计算该企业20×2年的保本量及保本额。

解：依题意，

保本量=300 000÷（100-60）=7 500（件）

保本额=100×7 500=750 000（万元）

二、目标利润预测

（一）目标利润预测概述

目标利润（target profit，TP），是指企业在未来一段时间内，经过努力应该达到的最优化利润控制目标。目标利润预测不是预计业务量、成本、价格的消极结果。相反地，目标利润应该对上述因素的未来发展起指导作用。也就是说，企业应当通过目标利润预测估计业务量、成本、价格等方面必须达到的水平及采取的相关措施，并作为编制全面预算的基础。总之，目标利润应当具有可行性、客观性、严肃性、指导性等特点。

目标利润预测的具体程序如下：

1.调查研究，确定利润率标准

确定利润率标准要综合考虑以下三个方面：第一，从计算口径上看，利润率主要包括销售利润率、产值利润率和资金利润率等；第二，从时间特征上看，利润率主要包括近期平均利润率、历史最高利润率和上级指令性利润率等；第三，从空间特征上看，利润率主要包括国际、全国、本地区、同行业和本企业利润率等。

2.计算目标利润基数

将选定的利润率标准乘以企业预期应达到的有关业务量及资金指标，以测算出目标利润基数。基本公式是：

目标利润基数=有关利润率标准×相关预计指标　　（5.3.4式）

如果按销售利润率计算，则5.3.4式应写为：

目标利润基数=预定的销售利润率×预计产品销售额　　（5.3.5式）

如果按产值利润率计算，则5.3.4式应写为：

目标利润基数=预定的产值利润率×预计总产值　　（5.3.6式）

如果按资金利润率计算，则5.3.4式应写为：

目标利润基数=预定的资金利润率×预计资金平均占用额　　（5.3.7式）

3.确定目标利润修正值

在确定目标利润基数后，按本量利分析原理分项测算为实现该基数应采取的各项措施（包括单项措施和综合措施），即分别计算各因素的期望值，并分析其可能性。

通过上述分析测算，企业可以明确实现目标利润基数的单项措施。在此基础上，企业应当进一步考虑实现目标利润的综合措施。例如，根据市场情况的变化对销售价格进行调整，降价通常可能促进销售量的增加，提价通常可能使销售量下降；在市场需求极为旺盛的情况下，可以通过增加固定成本支出（如广告费、租赁设备等）、扩大生产能力来扩大销售量等。

在充分分析单项措施及综合措施的基础上，企业需要确定目标利润基数实现的可能性。若实现的可能性较低，则需要适当调整目标利润，确定目标利润修正值。这个过程需要反复多次，直至找到一个具备可行性的目标利润。

4.确定目标利润、分解落实纳入预算体系

最终确定的目标利润应该为目标利润基数与修正值的代数和，它应与预算期企业可望实现的生产经营能力、技术质量保证、物资供应、人力配备、资金流转水平及市场环境等约束条件相匹配。目标利润一经确定就应立即纳入预算执行体系，层层分解落实，以此作为采取相应措施的依据。

（二）本量利分析在目标利润预测中的应用

目标利润分析是在本量利分析方法的基础上，计算为达到目标利润所需达到的业务量、收入和成本的一种利润规划方法，该方法应反映市场的变化趋势、企业战略规划目标以及管理层需求等。

保利分析是研究企业处于盈利状态时本量利关系的一种定量分析方法，实质是逐一描述盈利条件下利润与产销量、单价、成本等因素相对关系的过程。

保利点，是指在其他因素既定的条件下，为使企业实现目标利润，产销量应达到的水平，具体有保利点销售量（简称保利量，记为 x'）和保利点销售额（简称保利额，记为 y'）两种表现形式，基本公式为：

保利量（x'）=（固定成本+目标利润）÷（单价-单位变动成本）= $(a+TP)\div(p-b)$ （5.3.8式）

保利额（y'）=单价×保利量=px' （5.3.9式）

保利成本，是指在其他因素既定的条件下，为使企业实现目标利润，成本应达到的水平，包括保利单位变动成本（记为 b'）和保利固定成本（记为 a'）两项指标，基本公式为：

保利单位变动成本（b'）=单价-（固定成本+目标利润）÷产销量=$p-(a+TP)\div x_1$ （5.3.10式）

保利固定成本（a'）=（单价-单位变动成本）×产销量-目标利润=$(p-b)x_1-TP$ （5.3.11式）

保利单价，是指在其他因素既定的条件下，为使企业实现目标利润，单价应达到的水平，基本公式为：

保利单价（p'）=单位变动成本+（固定成本+目标利润）÷产销量=$b+(a+TP)\div x_1$ （5.3.12式）

【例5-7】

仍按例5-6的资料。该企业按同行业先进的资金利润率（20%）预测20×2年企业的目标利润基数，预计20×2年企业资金占用额为800 000万元。

要求：计算该企业为实现目标利润应采取的单项措施。

解：依题意，

20×2年目标利润基数=20%×800 000=160 000（万元）

保利量=（300 000+160 000）÷（100-60）=11 500（件）

销量变动量=11 500-10 000=1 500（件）

销量变动率=1 500÷10 000×100%=15%

保利单位变动成本=100-（300 000+160 000）÷10 000=54（万元/件）

保利单位变动成本变动量=54-60=-6（万元/件）

保利单位变动成本变动率=-6÷60×100%=-10%

保利固定成本=（100-60）×10 000-160 000=240 000（万元）

保利固定成本变动量=240 000-300 000=-60 000（万元）

保利固定成本变动率=-60 000÷300 000×100%=-20%

保利单价=（300 000+160 000）÷10 000+60=106（万元/件）

保利单价变动量=106-100=6（万元/件）

保利单价变动率=6÷100×100%=6%

可见，企业可以采取的单项措施包括：增加销量1 500件，增长率达到15%；降低单位变动成本6万元/件，降低率达到10%；降低固定成本60 000万元，降低率达到20%；增加单价6万元/件，增长率达到6%。

如上述任意单项措施都无法实现，企业可以考虑采取综合措施，例如：

（1）提高产品质量，追加2%的单位变动成本投入，可使售价提高3%，则此时实现目标利润的销售量期望值为11 005件。

（2）假定该产品价格弹性较大，降低价格10%，可使市场容量增长16%，则此时实现目标利润的销售量期望值为15 334件。

（3）在市场容量不变的条件下，追加5 000万元约束性固定成本投入，可以提高自动化水平，提高人工效率，降低材料消耗，则此时实现目标利润的单位变动成本期望值达到53.5万元/件。

如企业已穷尽可采取的综合措施且均无法实现，则企业需要向下调整目标利润。进一步地，根据新的目标利润测算可采取的单项措施及综合措施。如此反复，直至确定可实现的目标利润及相应的措施，并纳入预算体系。

三、安全边际及利润预测

（一）安全边际分析

企业在计算保本点的基础上，同时考虑企业经营的安全程度，确定安全边际（margin of safety，MS）。

安全边际分析，是指通过分析正常业务量超过保本点业务量的差额，衡量企业在保本的前提下，能够承受因业务量下降带来的不利影响的程度和企业抵御营运风险的能力。安全边际分析主要包括安全边际销售量（简称安全边际量，记为MS量）、安全边际销售额（简称安全边际额，记为MS额）和安全边际率（记为MSR）三个指标，基本公式为：

安全边际量（MS量）=实际或预测产销量-保本量=x_1-x_0 （5.3.13式）

安全边际额（MS额）=实际或预测销售额-保本额=y_1-y_0 （5.3.14式）

安全边际率（MSR）=安全边际量÷实际或预测产销量=MS量÷x_1

=安全边际额÷实际或预测销售额=MS额÷y_1 （5.3.15式）

（二）安全边际用于利润预测

安全边际指标同样可以用于预测利润，在已知安全边际及贡献边际的条件下，可按下列公式预测利润额：

预测利润额=安全边际量×单位贡献边际=MS量×cm　（5.3.16式）

预测利润额=安全边际额×贡献边际率=MS额×cmR　（5.3.17式）

预测利润额=安全边际率×总贡献边际=MSR×Tcm　（5.3.18式）

【例5-8】

仍按例5-6的资料及计算结果。

要求：计算20×2年该企业充分利用生产经营能力条件下的安全边际指标，并预测利润额。

解：依题意，

安全边际量（MS量）=10 000−7 500=2 500（件）

安全边际额（MS额）=100×2 500=250 000（万元）

安全边际率（MSR）= 2 500÷10 000×100%=250 000÷1 000 000×100%=25%

单位贡献边际（cm）=100−60=40（万元/件）

贡献边际率（cmR）=40÷100×100%=40%

总贡献边际（Tcm）=10 000×40=400 000（万元）

预测利润额=2 500×40=250 000×40%=25%×400 000=100 000（万元）

四、经营杠杆及利润预测

（一）经营杠杆效应

在会计实践中，由于固定成本的存在，利润变动率（后果）可能会大于导致其变动的产销量变动率（前因）。这种后果大于前因的现象类似于杠杆，因此，这一效应被称为经营杠杆效应。

1.经营杠杆系数

经营杠杆系数可以衡量经营杠杆效应。所谓经营杠杆系数（degree of operating leverage，DOL），是指息税前利润变动率相对于同期产销量变动率的比率。

基于本量利分析的基本假定，在仅产销量发生变动的情况下，经营杠杆系数的计算公式为：

$$\text{经营杠杆系数(DOL)}=\text{息税前利润变动率}\left(\frac{P_1-P_0}{P_0}\right)\div\text{产销量变动率}\left(\frac{x_1-x_0}{x_0}\right)$$

$$=\text{息税前利润变动率}\left(\frac{P_1-P_0}{P_0}\right)\div\text{总贡献边际变动率}\left(\frac{Tcm_1-Tcm_0}{Tcm_0}\right)$$

$$=\text{息税前利润变动率}\left(\frac{P_1-P_0}{P_0}\right)\div\text{销售收入变动率}\left(\frac{p\cdot x_1-p\cdot x_0}{p\cdot x_0}\right)$$

$$=\text{息税前利润变动率}\left(\frac{P_1-P_0}{P_0}\right)\div\text{变动成本变动率}\left(\frac{b\cdot x_1-b\cdot x_0}{b\cdot x_0}\right)$$

=基期总贡献边际（Tcm_0）÷基期息税前利润（P_0）

=（基期息税前利润（P_0）+固定成本（a_0））÷基期息税前利润（P_0）　（5.3.19式）

【例5-9】

仍按例5-6的资料。

要求：计算20×2年该企业充分利用生产经营能力条件下的经营杠杆系数。

解：依题意，

20×2年利润=（100-60）×12 500-300 000=200 000（万元）

$$\text{经营杠杆系数}=\left(\frac{200\ 000-100\ 000}{100\ 000}\right)\div\left(\frac{12\ 500-10\ 000}{10\ 000}\right)=(100\ 000+300\ 000)\div 100\ 000=4$$

2.经营杠杆系数的一般性规律

通过分析经营杠杆系数公式可以发现，经营杠杆系数存在如下变动规律：

（1）只要固定成本大于零，经营杠杆系数一定大于1。

（2）固定成本越高，经营杠杆系数越大。

3.利用经营杠杆系数与经营风险

在产销量变动率一定的情况下，经营杠杆系数越大，则利润变动率越大，表明经营风险越高。公司可以通过适当的措施缓解或避免由高经营杠杆带来的经营风险。例如，在经营杠杆较高的条件下，采取适当措施降低公司其他方面面临的风险，如降低财务杠杆等；适当降低固定成本以降低经营杠杆系数，如劳务外包等。

（二）经营杠杆与利润预测

利用报告期经营杠杆系数，可预测产销量变动对利润的影响，预测为实现目标利润变动率的产销量变动率。

1.预测产销量变动对利润的影响

如果企业只生产一种产品且产销平衡，在已知经营杠杆系数、基期利润和产销量变动率的情况下，可按下列公式预测利润变动率和利润额：

预测利润变动率=产销量变动率×经营杠杆系数　（5.3.20式）

预测利润额=基期利润×（1+产销量变动率×经营杠杆系数）　（5.3.21式）

【例5-10】

仍按例5-6的资料和例5-9的计算结果，假设20×2年产销量增长率为10%。

要求：预测20×2年利润变动率及利润额。

解：依题意，

20×2年预测利润变动率=10%×4=40%

20×2年预测利润额=100 000×（1+10%×4）=140 000（万元）

2.预测为实现目标利润应采取的调整产销量措施

在单一品种条件下，在已知报告期经营杠杆系数、基期利润和目标利润或目标利润变动率的情况下，可按下列公式预测报告期产销量变动率：

产销量变动率=（目标利润-基期利润）÷（基期利润×经营杠杆系数）

=目标利润变动率÷经营杠杆系数　（5.3.22式）

【例 5-11】

仍按例 5-6 的资料和例 5-9 的计算结果，假设 20×2 年目标利润为 180 000 万元，利润变动率为 80%。

要求：预测为确保 20×2 年目标利润实现的产销量增长率。

解：依题意，

20×2 年产销量增长率 =（180 000-100 000）÷（100 000×4）=80%÷4=20%

第四节　成本预测

成本预测是根据企业未来的发展目标和现实条件，参考其他资料，利用专门方法对企业未来成本水平及其发展趋势所进行的推测与估算。提出目标成本仅仅是成本预测的开始，并非最终目的，成本预测是要综合考虑企业盈利、销售、供应、生产、运输、储备等方面的情况，动员企业各个方面力量挖掘内部潜力，提出降低消耗、完成目标成本的方案，为成本决策和实施成本控制提供信息。成本预测既可围绕企业成本总规划开展，又可按阶段、品种的成本管理进行。

一、成本预测的程序

成本预测通常按以下步骤进行：

（一）提出目标成本草案

目标成本，是指企业在成本方面应达到的目标，需经过反复测算才能完成对它的预测。目标成本可以明确企业未来降低成本的努力方向，要具备效益性、可控性、先进性及目的性。一般可采用两种方法进行预测。

1.基于目标利润预测目标成本

这种方法以实现目标利润为前提，结合销售预测等，以预计销售额扣除目标利润作为企业需要达到的目标成本。其公式为：

目标成本=预测单价×预测销量-目标利润=预测销售额-目标利润　　（5.4.1 式）

这种方法可以将目标成本与目标利润相结合，但无法直接预测目标固定成本和目标单位变动成本，还需进一步分析才能指导成本管理。

2.基于先进成本水平预测目标成本

这种方法是基于同类企业的先进成本、本企业的历史最优成本或前一期成本水平的调整额为标准制定目标成本。这种方法可以直接确定目标单位变动成本、目标固定成本，但无法与目标利润相联系。

基于目标利润预测目标成本与基于先进成本水平预测目标成本的方法并不冲突，两者应当相互结合。

（二）预测成本的发展趋势

目标成本提出后，企业需要利用相关模型预测成本发展趋势，以检验现有条件下目标成本能否实现。预测成本的发展趋势包括两个方面：一是预测一定时期内各项成本、费用的水平及结构；二是预测与特定产销量相对应的成本水平。具体预测方法请见后文内容。

（三）修订目标成本

经过成本发展趋势测算，企业既可以了解实现目标成本的可能性，又可以明确为实现目标成本可以采取的措施。在此基础上，企业需要反复评估目标成本的可行性。如原定目标成本草案难以达到，则应适当调整目标，最终制定具备可行性的目标成本，并明确与之匹配的成本管理措施。

二、成本发展趋势的预测方法

具体成本发展趋势预测方法包括历史资料分析法、因素预测法、定额测算法和预计成本测算法等。

（一）历史资料分析法

历史资料分析法，是指基于成本、产销量等历史资料，应用数理方法建立成本模型，并据此预测成本的一种方法。

在历史资料分析法下，只要能够建立总成本模型 $y=a+bx$，就可以利用预测的产销量 x 预测未来总成本和单位成本的水平。该方法的关键问题是，如何利用有关历史资料确定总成本模型中的 a 和 b。常用的方法包括高低点法、直线回归分析法和加权平均法等具体方法，其中，前两种方法已经在成本性态分析部分进行介绍，这里主要介绍加权平均法。

成本预测中的加权平均法，是指根据若干期固定成本和单位变动成本的历史资料，按照事先确定的权数进行加权，以计算加权平均的成本水平，从而建立成本预测模型，进而预测未来总成本的一种定量分析方法。具体公式为：

$$y=\bar{a}+\bar{b}x=\sum(a_t\cdot w_t)+\sum(b_t\cdot w_t)\cdot x \qquad (5.4.2式)$$

其中，a_t、b_t、w_t分别为第 t 期的固定成本、单位变动成本及权重，$t=1, \cdots, n$。

可见，高低点法、直线回归分析法利用总成本（y）和产销量（x）的历史资料，与之不同，加权平均法利用固定成本（a）和单位变动成本（b）的历史资料。因此，加权平均法适用于掌握各期详细的固定成本与单位变动成本资料的情况。

（二）因素预测法

因素预测法，是指通过分析与定型产品相关成本有关的技术进步、劳动生产率变动方向、物价变动方向、经济发展前景及预计采取的成本管理措施等对成本指标的相对影响，预测定型产品未来成本的一种定量分析方法。

（三）定额测算法

定额测算法，是指基于定型产品的各种成本的消耗数额及价格水平等资料，预测定型产品生产成本的一种定量分析方法。

（四）预计成本测算法

预计成本测算法一般用于新产品成本预测或改型产品成本预测。对新产品，多是根据设计、工艺和劳动等部门提供的有关新产品资料，考虑多种可能并参考试生产阶段有关参数进行估算，有时也会按系列产品成本资料进行类推；对于改型产品，可在原有成本资料的基础上，只对改变部分设计、工艺或配件方法的产品方案的成本进行预测与估算。

预计成本测算法又可分为费用要素分析法和成本项目分析法。费用要素分析法，是指按照预测期预计产品量、有关要素的消耗量及估计价格，分别测算未来外购材料、外购燃料动力、工资及福利费、固定资产折旧费、无形资产摊销费、利息支出、修理费和其他费用的水平的方法；成本项目分析法，是指按照实际成本计算的程序按品种测算产品的直接材料、直接工资及福利费，按车间测算制造费用，按全厂测算期间费用。

自测题5-2　　计算业务题

第五节　资金需要量预测

资金预测是经营预测的一项重要内容。保证资金供应，合理组织资金运用，提高资金利用效果，既是企业正常经营的前提，又是企业的奋斗目标之一。资金需要量及来源预测、现金流量预测、资金运动状况预测和投资效果预测，是资金预测的重要内容。本节只介绍资金需要量预测。

关于资金需要量预测，本节着重介绍销售百分比预测法。此法是指以未来销售收入变动的百分比为主要参数，考虑随销售收入变动的资产负债项目及其他因素对资金的影响，从而预测未来需要追加的外部资金量的一种定量分析方法。其基本公式是：

$$\Delta F=K\cdot(A-L)-D-R+M \qquad (5.5.1式)$$

其中，ΔF为预计资金需要量；K为预计销售收入增长率；A为随销售收入变动的资产项目基期金额，如周转中的货币资金、正常的应收账款、存货、需追加资金投入的固定资产等；L为随销售收入变动的负债项目基期金额，如应付账款、其他应付款等；D为计划期提取的折旧摊销额与同期用于更新改造的资金的差额；R为计划期扣除股利后的净利润；M为计划期新增的零星资金开支数额。

【例5-12】

某企业20×1年12月31日简略式资产负债表见表5-3。20×1年实现销售额250 000万元，获得净利润10 000万元，并发放了5 000万元股利；20×2年预计销售额将达到400 000万元，假定其他条件不变，仍按基期股利发放率支付股利，按折旧计划提取10 000万元折旧，其中40%用于当年更新改造支出；厂房设备能力已经饱和；有关零星资金需要量为5 000万元。

表 5-3　　资产负债表　　单位：万元

资产		负债及所有者权益	
货币资金	5 000	应付账款	37 500
应收账款	47 500	非流动负债	57 500
存货	50 000	负债合计	95 000
固定资产	75 000	股本	105 000
无形资产	27 500	留存收益	5 000
		所有者权益合计	110 000
资产总计	205 000	负债及所有者权益总计	205 000

要求：用销售百分比预测法预测20×2年需要追加的外部资金量。

解：依题意，

K=（400 000−250 000）÷250 000×100%=60%

A=5 000+47 500+50 000+75 000=177 500（万元）

L=37 500万元

D=10 000×（1−40%）=6 000（万元）

R=400 000×10 000÷250 000×（1−5 000÷10 000）=8 000（万元）

M=5 000万元

ΔF = 60%×（177 500−37 500）−6 000−8 000+5 000=75 000（万元）

所以，企业20×2年需要追加的外部资金为75 000万元。

第六节　本量利关系图

除了用公式法进行本量利分析外，还可以通过绘制形象化的本量利关系图来表达有关因素之间的相关关系。在平面直角坐标系上直观揭示本-量-利的依存关系的图像，统称为本量利关系图。本量利关系图主要包括传统式本量利关系图、贡献式本量利关系图和利润-业务量式本量利关系图三种。

一、传统式本量利关系图及其特点

（一）传统式本量利关系图的含义

传统式本量利关系图是一种较为常见的、能够反映本量利基本关系的图形，在实务中应用最广泛。其特点是，可以清晰地反映固定成本总额不变的特点；同时能揭示安全边际、保本点、利润三角区与亏损三角区的关系。其图形如图5-2所示。

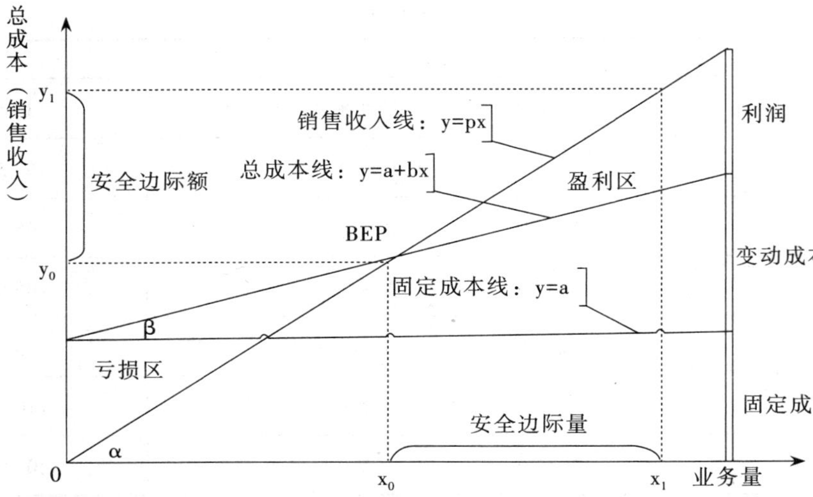

图 5-2 传统式本量利关系图

（二）传统式本量利关系图的特点

（1）在保本点不变的情况下，如产品销售高于保本点一个单位，则获得一个单位贡献边际的盈利。反之，如产品销售低于保本点一个单位，则获得一个单位贡献边际的亏损。

（2）在销量不变的情况下，保本点越低，盈利区的面积越大，亏损区的面积越小，它反映了产品的盈利性越高，可实现的盈利越多或亏损越少。但是，当销量在大于保本点的区间内变动时，只会引起盈利区面积的变化，而不会引起亏损区面积的变化。

尽管此图的应用最为广泛，但其缺点是无法反映贡献边际与其他因素的关系。

二、贡献式本量利关系图及其特点

（一）贡献式本量利关系图的含义

贡献式本量利关系图是一种在变动成本线的基础上叠加固定成本，能直观地反映贡献边际、固定成本及利润之间关系的图形。其图形如图 5-3 所示。

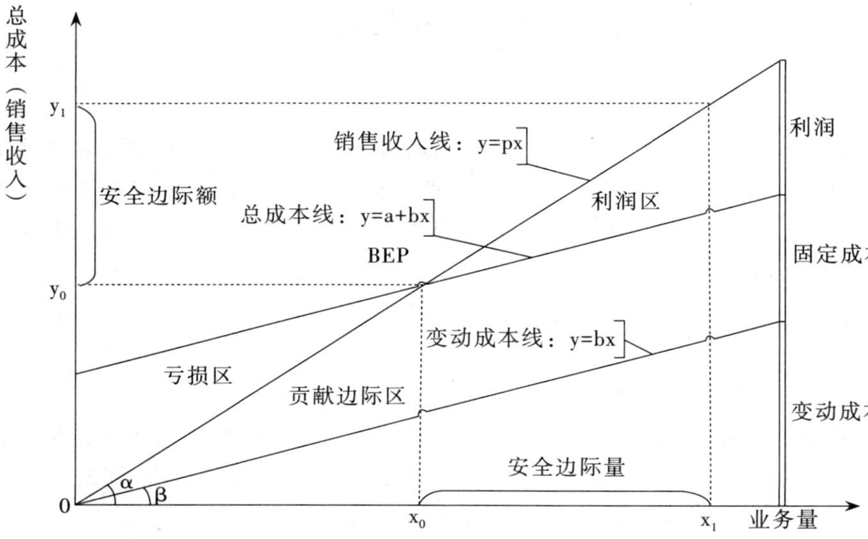

图 5-3 贡献式本量利关系图

（二）贡献式本量利关系图的特点

在贡献式本量利关系图中，销售收入线与变动成本线都是从原点出发，二者均与业务量成正比例变化，两线之间的垂直距离是贡献边际，在贡献边际与固定成本相等处所对应的业务量为保本点。此图的缺点在于无法直接反映固定成本线。

从图5-3中不难发现以下变化规律：

（1）$\angle\alpha - \angle\beta = \angle\theta$，$\angle\theta$ 与贡献边际率正相关，即特定产销量下的利润水平，$\angle\theta$ 越大，利润越大；反之，利润越小。

（2）如单价大于单位变动成本，即 $\angle\alpha > \angle\beta$，则贡献边际大于零，即 $\angle\theta > 0$。

（3）贡献边际需首先补偿固定成本，只有贡献边际区的面积超过固定成本区的面积，企业才会盈利。

三、利润-业务量式本量利关系图及其特点

（一）利润-业务量式本量利关系图的含义

利润-业务量式本量利关系图是一种以横轴代表业务量，纵轴代表利润及贡献边际，能直观反映业务量与贡献边际、固定成本及利润之间关系的图形。其图形如图5-4所示。

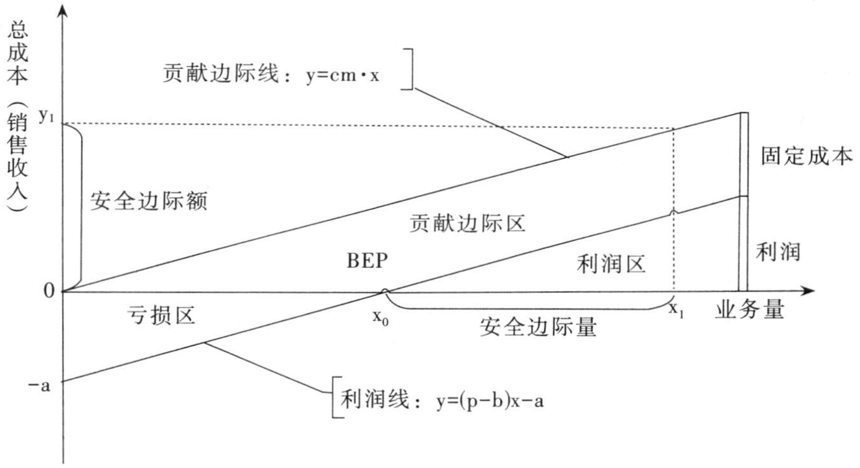

图5-4　利润-业务量式本量利关系图

（二）利润-业务量式本量利关系图的特点

利润-业务量式本量利关系图中业务量既可以用销量表示，也可以用销售收入表示。如果业务量以销量表示，则利润线的斜率等于单位贡献边际；如果业务量以销售额表示，则利润线的斜率等于贡献边际率。此外，在贡献边际指标大于零的条件下，销售业务量为零时企业的亏损最大，其数额等于固定成本。该图的优点是能直观地反映业务量变动对利润的影响，缺点是不能体现业务量变动对成本的影响。

自测题5-3　　计算业务题　　案例分析题

【本章小结】

经营预测以战略规划为指导，有目的地预计和推测企业未来经营情况。经营预测的主要内容包括：销售预测、利润预测、成本预测与资金需要量预测。经营预测方法可概括为定量分析法与定性分析法两类，两类方法并非相互排斥，而是相互补充的。

销售预测通常是预测系统的基础和起点，主要分析方法包括判断分析法、趋势外推分析法、因果预测分析法及产品寿命周期分析法。利润预测的主要分析方法包括本量利分析法、目标利润预测等。目标利润预测应该关注对业务量、成本、价格等因素的指导意义。成本预测可以基于目标利润，也可以基于先进的成本水平，通常两者相结合是更好的。资金预测包含很多内容，本章主要关注的是资金需要量预测，主要的预测方法是销售百分比预测法。

【复习思考】

1. 战略管理与经营预测的关系是什么？

2. 定量分析法与定性分析法分别适用于哪些情况？两者的关系是什么？

3. 销售预测中的平均法主要包括几种方法？各种方法之间的区别与联系是什么？

4. 产品寿命周期大概经历几个阶段？各阶段的产品销量特征是什么？通常应该采取什么预测方法？

5. 预测目标利润时需要考虑哪些因素？经过哪些步骤？如何确定目标利润的修正值？

6. 什么是安全边际？如何利用安全边际进行利润预测？

7. 什么是经营杠杆？如何理解经营杠杆系数与经营风险的关系？如何利用经营杠杆进行利润预测？

8. 成本预测中的加权平均法主要依据哪些历史资料？

9. 资金需要量预测的销售百分比预测法的主要假设是什么？

【主要参考文献】

1. 冯巧根. 管理会计［M］.4版. 北京：中国人民大学出版社，2020.

2. 亨格瑞 C T，达塔尔 S M，拉詹 M V. 成本与管理会计［M］. 王立彦，刘应文，译. 15版. 北京：中国人民大学出版社，2016.

3. 希特 M A，爱尔兰 R D，霍斯基森 R E. 战略管理：概念与案例［M］. 刘刚，张泠然，梁晗，等译. 13版. 北京：中国人民大学出版社，2021.

4. 吴大军. 管理会计［M］.6版. 大连：东北财经大学出版社，2021.

5. 中华人民共和国财政部. 管理会计应用指引（2019年版）［M］. 上海：立信会计出版社，2019.

引导案例分析要点

第六章

短期经营决策

【学习目标】

本章主要介绍决策分析的程序、概念、分类以及决策分析中的成本概念，阐述生产决策、定价决策的基本方法。通过对本章内容的学习，学生需要达到以下目标：

1. 了解决策分析的程序。
2. 掌握决策分析的概念及分类。
3. 掌握决策分析中的成本概念。
4. 掌握生产决策的基本方法。
5. 掌握定价决策的基本方法。

【本章主要内容导图】

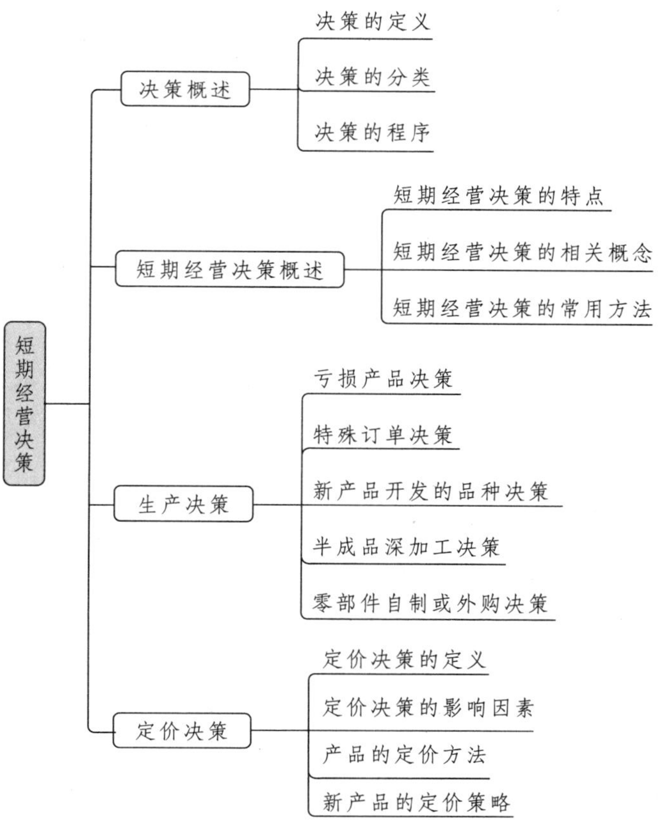

【引导案例】

战略转型助力新东方在线涅槃重生

2022年6月，新东方在线旗下的直播平台“东方甄选”突然爆火，“粉丝”数一夜之间暴涨1 000多万个，单日商品交易总额（GMV）突破2 000万元，一举跻身某直播带货平台的头部。截至2022年12月31日，东方甄选已先后开设6个直播间，全矩阵粉丝量突破3 700万个，累计GMV达59.37亿元。

新东方在线是新东方教育科技集团旗下的上市公司之一，成立于2005年，2019年3月上市。经过多年的深耕，公司在在线培训方面积累了良好的品牌形象和口碑。2021年7月为响应国家“双减”政策，新东方在线积极调整相关业务，确保合规发展。为寻找新的生存空间，公司从在线教育培训转场农产品直播，于2021年12月28日推出了直播新平台“东方甄选”，并于半年后成功“出圈”。

随着东方甄选的爆火和快速发展，新东方在线的业务企稳回升，股价也从2021年7月不足5港元/股一路攀升到2022年12月31日的52.70港元/股。2023年1月5日，新东方在线还发布公告称，董事会建议公司将现在的“新东方教育科技有限公司”更名为“东方甄选控股有限公司”。这也充分说明，新东方在线已经借助“东方甄选”电商平台实现了战略转型，公司也因此涅槃重生。

问题：

新东方在线为何能够借助东方甄选涅槃重生？

相信通过本章的学习，能够帮你找到回答上述问题的一些思路。

第一节 决策概述

党的二十大报告指出，自党的十九大以来，我们党团结带领人民，攻克了许多长期没有解决的难题，办成了许多事关长远的大事要事，推动党和国家事业取得举世瞩目的重大成就。这些重大成就的取得，离不开党和国家的英明决策。企业的发展同样也离不开英明、科学的决策。

一、决策的定义

【拓展知识】行政决策理论

决策是指组织或个人为了实现某一特定目标，在占有一定信息或经验的基础上，根据客观条件，提出各种备选行动方案。借助科学的方法和理论进行决策，决策者能够对影响目标实现的诸多因素进行必要的计算、分析和判断，进而从若干备选方案中选出一个最佳方案。决策职能是管理会计的核心职能之一。

与企业生存息息相关的决策是企业的经营决策。经营决策是指企业为了实现一定的目标，对企业的计划、组织、领导控制及日常操作等方面做出正确选择的过程。

二、决策的分类

（一）按决策影响时间长短分类

按决策影响时间的长短进行分类，决策可以分为短期经营决策和长期投资决策。

1.短期经营决策

短期经营决策，又称短期决策，通常是指合理利用现有资源，其结果影响或决定企业一年或者一个经营周期内的生产经营活动的决策。主要探讨如何在生产经营过程中最有效、最经济、最合理地充分利用现有资源以获得最大的经济效益。通常情况下，短期经营决策不需要投入大量的资金，如亏损产品决策。

2.长期投资决策

长期投资决策又称长期决策，是指在较长时间内，通常指一年以上或者一个经营周期以上才能实现的决策。这种决策一般针对需要投入大量资金的项目，而此类项目通常与企业的发展方向和规模有关，对企业的生存与未来发展往往具有重要的战略意义，决策过程也会受到国家财政与货币政策、国内外政治经济形势、行业发展状况等多种外界因素的影响。它的特点是需要投入的资金量较大，资金回收时间较长，见效慢。

（二）按决策条件的确认程度分类

按决策所依据的环境、条件的状况进行分类，决策可以分为确定性决策、风险性决策和不确定性决策。

1.确定性决策

确定性决策是指与决策相关的各种备选方案的各项条件或自然状态都是已知的，而且每个方案只会出现一种结果，决策者可以根据完全确定的信息和情况，做出最有利的方案，决策过程中不存在不确定性因素。

2.风险性决策

风险性决策是指与决策相关的各种备选方案的各项条件或自然状态虽然是已知的，但不是完全确定的，可能存在多种状况，每一个方案的执行都可能出现两种或两种以上的结果，决策者需要预知未来可能出现的若干种状况，依据有关数据通过预测确定客观概率，依照概率求出每种备选方案的期望值，根据期望值的大小做出决策。这类决策由于其结果不具有唯一性，决策存在一定的风险。

3.不确定性决策

不确定性决策是指与决策相关的各种备选方案的各种条件的未来情况不仅不能完全确定，而且其出现的概率也不清楚，只能以决策者根据经验来进行主观判断确定的主观概率作为决策的依据。这类决策的难度较大，需要决策人员具有较强的理论知识和丰富的实践经验。

【学思践悟】加快实施创新驱动发展战略，塑造企业发展新动能、新优势

当前，世界正面临百年未有之大变局，我国也进入了战略机遇和风险挑战并存的新发展阶段。我国的经济社会发展已经取得了举世瞩目的成就，但依然面临科技创新能力还不

强等困难和问题。

为此，党和国家多次提出，科技是第一生产力、创新是第一动力。要深入实施科教兴国战略，完善科技创新体系，加快实施创新驱动发展战略，开辟发展新领域、新赛道，不断塑造发展新动能、新优势。要坚持教育优先发展、科技自立自强、人才引领驱动，加快建设教育强国、科技强国、人才强国，全面提高人才自主培养质量，着力造就拔尖创新人才，聚天下英才而用之。

企业是加快实施创新驱动发展战略的重要主体，并从中直接受益。以三环电子为例，近年来，公司积极开展技术创新和改造工作，取得了一系列创新成果。其中，研发成功的新产品不仅促进了上下游产业链的发展，而且在电子信息行业起到了示范带头作用。公司还始终坚持原创性创新，完成了多项科学技术成果转化，据网易新闻报道，三环电子已申请专利111项，其中已获授权78项。核心专利已应用于产品的生产，为公司实现产品开发和规模化量产、低成本、快速进入市场提供了技术保障。在各项创新举措的引领和推动下，三环电子的经济效益显著增长，2021年实现销售收入19.14亿元，同比增长111.35%。

资料来源：佚名.南充三环电子：创新驱动引领制造业高质量发展［EB/OL］.（2022-12-23）. https：//m.163.com/dy/article/HP8UBRDT05386KF2.html.

（三）按备选方案之间的关系分类

备选方案是指可以作为决策者用于解决问题、达成预期目标的可供利用的手段、措施或办法。备选方案的形式是多种多样的，依据问题性质的不同，备选方案可以表现为政策、策略或各种行动过程等。按备选方案之间的关系分类，决策可以分为接受或拒绝方案决策、互斥方案决策、组合方案决策和排队方案决策。

1.接受或拒绝方案决策

接受或拒绝方案决策是指只存在一种备选方案，决策者只需要对这一个方案做出接受或拒绝的决定。例如，亏损产品是否停产的决策、是否接受追加订货的决策等。接受或拒绝方案决策属于单一方案决策。

2.互斥方案决策

互斥方案决策是指在两个或两个以上的备选方案中选择一个最优方案的决策。决策者一旦选择某一方案，就需要放弃其他方案。在互斥方案决策中，各备选方案之间是相互排斥的，不同时被采纳。例如，零部件是自制还是外购决策、半成品是否深加工决策、开发新产品的品种决策等。互斥方案决策属于多方案决策。

3.组合方案决策

组合方案决策是指在两个或两个以上的备选方案中，选择一组最优的组合方案，各备选方案可能部分被选中，也可能同时被选中。例如，在集合约束条件下，生产不同产品的最优组合的决策；在资本总额定量的情况下，不同投资项目的最优组合决策等。组合方案决策也属于多方案决策。

4.排队方案决策

排队方案决策是指决策过程中同一项决策任务涉及的所有备选方案之间存在着不同的搭配组合情况，决策者需要从所有备选方案的各种组合中选出最优的方案组合，或根据决策任务的不同约束条件，分别选择不同的最优组合。排队方案决策同样属于多方案决策。

三、决策的程序

决策实际上是一个提出问题、分析问题、解决问题的分析和判断过程，通常包括以下几个步骤：

（一）确定决策分析目标

决策是为了实现某一特定目标，因此决策的第一步就是明确要解决何种问题。确定待解决的问题之后，就需要对决策要达成的目标进行界定，是利润最大化、扩大市场份额，还是成本最小化。决策目标是决策的出发点和归属地，需要具体、明确，且具有现实可能性。

（二）搜集信息，制订备选方案

在确定决策目标后，决策者就可以依据此目标广泛地搜集尽可能多的、与决策目标有关的信息。搜集的信息必须符合决策所需信息的质量要求，同时注意信息的来源要广泛，应从企业内部和企业外部搜集各类与决策目标相关的高质量信息，进而依据搜集到的信息，设计、制订各种备选方案。在制订备选方案时，要集思广益，充分考虑各种可能的情况和因素。各备选方案要尽可能详细，以有利于分析各方案的可行性与优劣。

（三）选择最优方案

选择最优方案是整个决策过程中最重要的环节。对各备选方案进行详尽的定量和定性分析，确定并比较各备选方案的可行性和优劣。将备选方案的成本和收益分为相关和无关两大类，排除无关的成本和收益；将各备选方案的相关成本与相关收益分别进行汇总；比较汇总的相关成本与相关收益的大小，从中选出相关收益扣减相关成本后净收益最高的最优方案。

（四）检查与控制实施过程

自测题6-1

选定最优方案后，要实施方案，把方案落到实处。在方案实施过程中，应对方案的实施情况进行检查监督，并将实施结果与初始的决策目标进行比较，找出实施结果偏离目标的差异及其原因，必要时进行适当的修正，或者修改原方案，以提高决策的合理性与科学性，为企业未来的决策提供参考。

第二节　短期经营决策概述

一、短期经营决策的特点

短期经营决策是指决策结果只会影响或决定企业近期（一年或一个经营周期）运营实践的方向、方法和策略，旨在从资金、成本、利润等方面对如何充分利用企业现有资源和经营环境，以取得尽可能大的经济效益而实施的决策。短期经营决策强调利用现有资源和影响企业近期的经营。相应地，短期经营决策的特点主要有以下两点：

（一）不改变企业现有规模

短期经营决策的主要特点是在既定的规模，即不改变现有的生产经营规模的情况下，决定如何有效地进行资源配置，以获得最大的经济效益。相应地，短期经营决策不需要投入大量资金，一般不涉及固定资产等长期投资，对企业影响的时间往往在一年或一个经营周期内。

（二）不考虑货币时间价值

管理会计人员在进行短期决策分析时，由于决策影响的时间较短，因此不需要考虑货币的时间价值和投资的风险价值，进行短期经营备选方案选择的评选标准主要是哪一个方案或方案组合能够使企业获得最大的经济效益。

二、短期经营决策的相关概念

（一）产能

产能也称生产能力，是指在一定时期（通常为一年）内和一定生产技术、组织条件下，企业内部各个环节直接参与生产过程的生产设备、劳动手段、人力资源和其他服务条件，能够生产的各类产品产量或加工处理一定原材料的能力。产能是企业自身各种条件综合配置和平衡的结果，也是企业技术能力和管理能力的综合。

1.最大产能

最大产能也称理论产能，是企业在不追加资金投入的前提下，百分之百地有效利用现有的工程技术、人力及物力资源而可能实现的产能。最大产能是产能的上限。

2.正常产能

正常产能也称计划产能，即已经纳入企业年度计划，充分考虑现有市场容量、生产技术条件、人力资源状况、管理水平，以及可能实现的各种措施等情况下，企业可以达到的产能。

3.剩余产能

剩余产能又分为绝对剩余产能和相对剩余产能。其中，绝对剩余产能是暂时未被利用的产能，是企业最大产能与正常产能之差，是企业生产经营的潜力。相对剩余产能是由于受市场容量或经济效益等的影响，决策规划的未来生产经营规模小于正常产能而形成的差量，也可以理解为因临时转变经营方向而暂时闲置的那部分产能。

4.追加产能

追加产能是指根据企业生产经营管理的需要通过追加资金投入等而增加的、超过最大产能的那部分产能，具体又包括临时性追加产能和永久性追加产能两种类型。

（1）临时性追加产能，是指通过临时性租赁而新增的企业可以阶段性使用的产能。临时性追加产能对企业产能的影响只在租赁期内存在。租赁期结束后，企业的产能将恢复到租赁之前的水平。

（2）永久性追加产能，是指通过追加固定资产投资而新增的企业可以永久使用的产能。与临时性追加产能相比，永久性追加的产能会对企业的产能产生持续和长远的影响，会永久性地改变企业未来期间的最大产能。

显然，企业产能受到薄弱生产环节的制约，但当其他生产环节，特别是主导生产环节的产能大于薄弱环节的产能时，企业便具备一定的生产经营潜力。这时，若将生产场地、生产设备和劳动力等要素实施优化组合，就能合理地利用并不断提高企业的综合产能。

在短期经营决策中，产能是决定相关业务量和确认机会成本的重要参数。

（二）相关收入和无关收入

相关收入是指与特定备选方案相联系的、能对决策产生重大影响的、在短期经营决策中必须予以充分考虑的收入，又称有关收入。如果某项收入只属于某个经营备选方案，即若有这个方案存在，就会发生，否则就不会发生的收入，属于相关收入。

无关收入是与相关收入相对的概念，又称不相关收入。如果无论是否存在某项备选方案，均会发生某项收入，则可以断定该项收入是该方案的无关收入。显然，在短期经营决策中无关收入是无须考虑的收入，否则就有可能导致决策失误。

相关收入和无关收入的计算都要以特定备选方案的相关业务量为依据。其中，相关业务量是指如果选择该备选方案某业务量就存在，否则就不存在的业务量。

（三）相关成本和无关成本

1.相关成本

相关成本又称有关成本，是指与某些特定备选方案相联系、能对决策产生重大影响、在短期经营决策中必须予以考虑的成本。如果某项成本只属于某个备选方案，即若某种方案存在就会发生该项成本，否则就不会发生，则此类成本就是相关成本。

相关成本具有以下两个特点：（1）相关成本是未来将要发生的成本。决策是面向未来的，只有未来将要发生的成本才可能导致备选方案和决策结果的不同，而过去的成本是已经发生的、既成事实的成本，不会因备选方案的选择和决策结果的不同而发生改变。（2）相关成本是各个备选方案中项目不同，或项目虽然相同但金额不同的成本，因为等额的成本并不会影响决策者对备选方案的选择。

在企业的经营管理实践中，属于相关成本的有：增量成本、机会成本、假计成本、重置成本、付现成本、可避免成本、可延缓成本、专属成本、加工成本等。熟悉并掌握这些成本的概念对于做出正确的企业短期经营决策具有十分重要的意义。

（1）增量成本

增量成本（increment cost）又称狭义的差量成本（differential cost），是指单一备选方案由于产能利用程度的不同而表现在成本方面的差额。在一定条件下，某一备选方案的增量成本就是该方案的相关变动成本，即等于该方案的单位变动成本与相关业务量的乘积。

在短期经营决策的生产决策中，增量成本是较为常见的相关成本。在亏损产品决策、是否转产或增产某种产品的决策、是否接受特殊价格追加订货的短期经营决策中，最基本的相关成本就是增量成本。例如，企业在转产时，需要增加投入100万元，这个100万元就是企业转产时的增量成本。

（2）机会成本

机会成本（opportunity cost）是源于经济学，它以经济资源的稀缺性和多种选择机会的存在为前提，是在经济决策中由于选择最优方案而放弃次优方案所丧失的潜在收益，也是因选择最优方案而付出的一种代价。

现实生活中，每项经济资源都可能存在多个不同的用途，但在一定的时间和空间条件下，资源是相对有限的，用于某一方面就不能用于另一方面。相应地，在决策过程中，因为选择众多备选方案中的某一方案而放弃的另一个方案所可能带来的收益，就构成实施最优方案的机会成本。机会成本的存在要求企业在进行决策时，不仅要考虑特定方案所带来的收益，而且要考虑因放弃其他方案而不能得到的潜在收益。

在短期经营决策中，机会成本是较为常见的一类相关成本，在进行亏损产品是否停产、产品是否转产、半成品或联产品是否深加工、是否接受特殊订单等决策时经常会涉及。需提醒注意的是，机会成本不是实际的支出或耗费，因此不是通常意义上的成本，而是一种放弃的收益，且这种收益不是实际的，而是潜在的。机会成本的存在，在客观上要求企业在做出决策时，应全面考虑各备选方案是否存在机会成本，金额是多少，在资源有限的情况下，选出最为有利的备选方案。

（3）假计成本

在决策分析过程中，有些机会成本很容易计量，有些机会成本则需要估算得出。假计成本（imputed cost）就是机会成本的一种表现形式，又称估算成本（estimated cost），是需要经过假定推断才能确定的成本，也是使用某种经济资源所需要付出的代价。假计成本不是企业的实际支出，不需要记账，但在进行方案选择时需要认真予以考虑。假计成本最典型的例子就是利息。企业在使用货币资金进行投资时，无论这笔资金是企业自有的还是借入的，均存在资本成本，企业可将这部分货币资金存入银行取得的利息视作该笔资金的机会成本，这种假设存在的利息就属于假计成本。

（4）重置成本

重置成本（replacement cost）是指假设以市场价格重新购置或重新建造目前持有的资产所需要支付的现金或现金等价物，又称现时成本或者现时重置成本。重置成本带有现时估值性质，是与账面成本相对应的一个概念。在短期经营决策中，有些备选方案需要动用企业现有资产，在分析评价时不能根据账面成本来估价，而应采用重置成本作为估价依据。重置成本一般用于短期经营决策中的定价决策、长期投资决策中的设备更新决策、资产重组或资产清查等决策。例如，企业在年末财产清查中，发现全新的未入账设备一台，其同类固定资产的市场价格为50万元，则企业对这台设备按重置成本计价为50万元。

（5）付现成本

付现成本（out-of-pocket cost）是指在实施某项决策过程中，需要立即支付现金或需要在短时间内支付现金的成本。在实践中，当企业出现现金短缺、支付能力不足、筹资有困难等情况时，对于那些需要马上执行的方案，必须以付现成本而不是总成本作为备选方案取舍的标准，去选择那个付现成本最小而不是总成本最低的方案。因为在资金供应紧张时，尽管付现成本较低备选方案的总成本相对较高，但企业可以利用少量的付现资金及时取得所需资产、占据盈利的先机，进而在取得令人满意的收益后，弥补总成本较高所带来的损失。相反，总成本较低的方案往往付现成本较高，但企业在资金短缺或筹资有困难时往往不能提供所需资金，结果只能放弃好的获利机会，进而蒙受经济上的损失。例如，企业向银行贷款购买设备，每期支付的利息就是付现成本。

（6）可避免成本

可避免成本（avoidable cost）是指在短期经营决策中可以避免的、并非必须发生的那部分成本。可避免成本的发生，与特定方案的取舍有密切关系。也就是说，如果选择了某方案，该项成本就会发生，否则该项成本就不会发生。也正是因为可避免成本的发生与否取决于方案是否被选择，所以应在决策分析过程中充分考虑可避免成本的影响。一般而言，变动成本都是可避免成本，某些酌量性固定成本，如广告费、培训费、员工的固定工资等均属于可避免成本，因为一旦停止某项经营业务，这些费用就不再发生。在实践中，可避免成本通常存在于某产品是否停产等决策。例如，某企业现在还有一定的剩余生产能力，拟接受某项特殊订货，对方对这批订货有一些特定的要求，为满足这些要求，需要购买一项价值5 000元的专用设备，这5 000元的专用设备款最终是否发生，完全取决于这一批特殊订货的接受与否。如果不接受，就不会发生，所以说这一成本是可避免成本。

（7）可延缓成本

可延缓成本（postponable cost）是指与特定方案相联系、暂缓开支不会对企业未来的生产经营产生重大不利影响的那部分成本。例如，企业原定在计划年度购买价值2亿元的设备，但公司因为暂时性资金紧张决定暂缓购买此设备，而且这一暂缓的决定不会影响公司正常的经营管理，那么这2亿元的购买设备的成本即为可延缓成本。

（8）专属成本

专属成本（specific cost）是指那些能够明确归属于特定备选方案的固定成本或混合成本，如专门生产某种产品的专属设备的折旧费、保险费等。专属成本往往是为了弥补企业的产能不足、增加有关资产而发生的。某项支出是否属于专属成本与取得该资产的方式有关。若采用购买方式取得，则购买该资产的支出就是该方案的专属成本；若采用租入方式，则支付的租金就是该方案的专属成本。专属成本金额的大小与该资产是否专属于某备选方案有关。如果该资产专属于某特定备选方案，即该资产购入或租入后只能由该方案使用，除此之外再无其他的用途或安排，则该资产全部的购入或租入成本都是该方案的专属成本。反之，如果该资产并非专属于某特定备选方案，不仅可用于某方案中产品的生产经营，而且可用于企业其他产品的生产经营，那么，该资产在该方案实施期间提取的折旧费或支付的租赁费才是该方案的专属成本，之后提取的折旧费或支付的租赁费则不属于该方案的专属成本。例如，在进行是否外购材料决策时，到外地采购材料人员的差旅费支出就可确认为去外地采购材料这一方案的专属成本。

（9）加工成本

企业生产出来的半成品往往有两种选择：一是直接对外出售；二是深加工以后再出售，即将半成品进一步深加工成产成品以后作为产成品出售。如果选择深加工以后再出售，半成品在深加工过程中将继续耗费企业原材料、燃料、动力、人工等，引发变动成本性态的成本耗费。这些在半成品深加工过程中新发生的变动成本性态的耗费就是加工成本。

2.无关成本

无关成本（irrelevant cost）也称非相关成本，是与相关成本相对立的概念。它是指不受决策结果影响、与决策本身没有关联，过去已经发生或注定将要发生的各种成本。如果无论是否存在某一备选方案或无论企业选择哪一备选方案，均会发生某项成本，那么就可以断定该项成本就是上述方案的无关成本。无关成本是在决策分析时可予以舍弃、无须加以考虑的成本。常见的无关成本有沉没成本、不可避免成本、不可延缓成本等。

（1）沉没成本

沉没成本（sunk cost）是指过去已经发生，但在目前和未来时期仍然继续发挥作用而不必支付现金的成本，又称旁置成本。沉没成本与特定的经营决策无关，现在或将来的任何决策都不能改变此类成本的发生与否以及发生金额的大小，因此在进行短期经营决策时可以不予考虑。例如，在决策之前企业已经购置的机器设备，已经耗费的原材料、燃料、人工等的成本支出，都属于沉没成本。

（2）不可避免成本

不可避免成本（unavoidsble cost）与可避免成本相对应，是指企业的管理决策不能改变其发生与否及其金额大小的成本耗费。也就是说，不可避免成本的发生与否、发生额的大小不受某一特定备选方案的影响，与该备选方案是否被选定没有直接关联。对于任何备选方案来说，在做出决策之前，企业为购入生产用厂房的成本耗费，都是在做出该决策之前就已经发生的、决策本身无法对其施加任何影响的不可避免成本。例如，甲企业在正常的生产能力范围内接受了某项特殊订货，假定厂房、设备等固定资产的折旧费为20 000元，这部分折旧费与特殊订货的接受与否就不存在相关关系，因为无论该项订货是否接受，折旧费都会照常提取，是一定要发生的不可避免成本。

（3）不可延缓成本

不可延缓成本（unpostponable cost）与可延缓成本相对应，是指对某一特定的备选方案而言，无论该方案是否被采纳，都需要在计划期实施而不能推迟，否则就会对企业未来的生产经营产生不利影响的成本。例如，对已造成环境污染的设备必须安装环保装置，否则可能会遭到环保部门勒令停产的处罚，则安装环保装置的成本就属于不可延缓成本。

三、短期经营决策的常用方法

短期经营决策的实质是比较分析各备选方案对企业经济效益影响的大小，进而从众多方案中选择一个最优方案的过程。而这一选择需要借助专门的分析方法来进行。管理会计中，常见的用于短期经营决策的方法有：贡献边际总额分析法、单位资源贡献边际分析法、相关损益分析法、差别损益分析法、相关成本分析法、成本无差别点法、利润无差别点法等。企业需根据决策问题本身的特点，以及各备选方案的具体内容，选定并使用不同的决策分析方法。

（一）贡献边际总额分析法

贡献边际总额分析法是以贡献边际总额作为评判标准，从各备选方案中选出最优方案的决策方法。其中，贡献边际总额是收入扣减变动成本之后的余额。在贡献边际总额为正的条件下，贡献边际总额最大的方案即为企业可以选择的最优方案。

贡献边际总额分析法主要适用于备选方案中不涉及机会成本、专属成本等固定成本性态的相关成本的单一方案决策或多方案决策中的互斥方案决策，如亏损产品决策、新产品开发的品种决策等。

（二）单位资源贡献边际分析法

单位资源贡献边际分析法是以单位资源贡献边际作为评价备选方案优劣标准的一种决策方法。其中，单位资源贡献边际是单位产品的贡献边际与单位产品资源消耗定额之间的比值，具体计算公式如下：

$$\text{单位资源贡献边际}=\frac{\text{单位贡献边际}}{\text{单位产品资源消耗定额}}$$

在单位资源贡献边际为正的前提下，单位资源贡献边际较大的方案为优选方案。

企业在经营过程中，有时会因为资源供应有限等原因，面临机器工时、原材料等资源受限的情况。此种情况下，企业不仅要考察哪一个备选方案能为企业带来更多的贡献边际，而且要考察各备选方案消耗资源的情况，尽可能做到在最有效地使用该受限资源的条件下，为企业带来最大的经济效益。因此，需要基于资源消耗情况将各备选方案的单位贡献边际标准化，然后再做出比较和选择。

单位资源贡献边际分析法主要适用于企业面临一种而且仅此一种资源（如机器工时、原材料等）供应有限条件下的生产决策，如新产品开发的品种决策等，尤其是不能确定该受限资源的供应总量时的决策。

（三）相关损益分析法

相关损益分析法是指以相关损益作为评价备选方案优劣的标准，进而选出最优方案的一种决策方法。其中，相关损益是相关收入与相关成本之差，相关损益最大的方案即为最优方案。

相关损益分析的适用范围较广，既可用于单一方案决策，又可用于涉及两个或两个以上备选方案的互斥方案决策。在实务中，往往借助相关损益分析表来帮助完成决策，见表6-1。

表6-1　　相关损益分析表

方案	A方案	B方案	…	M方案
相关收入	R_a	R_b	…	R_m
相关成本	C_a	C_b	…	C_m
相关损益	P_a	P_b	…	P_m

（四）差别损益分析法

差别损益分析法就是通过计算并比较两个备选方案差别损益的大小，从中选出最佳方案并做出决策的一种方法。其中，两个方案相关收入之差构成差别收入，相关成本之差构成差别成本，差别收入减去差别成本即为差别损益，是某一备选方案比另一方案给企业多产生（差别损益大于0）或少产生（差别损益小于0）的经济效益。具体分析见表6-2。

表6-2　　差别损益分析表

方案	A方案	B方案	差额（Δ）
相关收入	R_a	R_b	ΔR
相关成本	C_a	C_b	ΔC
差别损益			ΔP

在表6-2中，当差别损益ΔP大于零时，说明A方案优于B方案；当ΔP小于零时，说明B方案优于A方案；当ΔP等于零时，说明两个方案为企业带来的损益相同。

差别损益分析法需要对相关收入、相关成本进行两两比较，然后才能确定差别损益的符号与大小，因此，该方法主要适用于接受或拒绝的单一方案决策，如是否接受低价追加订货决策；或只包括两个备选方案的互斥方案决策，如产品开发的品种决策等。当然，该方法也可用于对涉及两个以上备选方案的互斥方案决策，但需要进行两两比较，较为烦琐。

（五）相关成本分析法

相关成本分析法是指将相关成本作为判断备选方案优劣依据的一种决策方法。当各备选方案相关收入为0或虽不为0但金额相等时，通过比较相关成本的大小，便可选定最佳方案。这种方法实际上是相关损益分析法在备选方案相关收入为0或虽不为0但金额相等时的一种特殊形式。通常可以编制相关成本分析表（见表6-3）来进行决策。其中，相关成本最低的方案即为最优方案。

表6-3　　相关成本分析表

方案	A方案	B方案	…	M方案
变动成本	C_{a1}	C_{b1}	…	C_{m1}
机会成本	C_{a2}	C_{b2}	…	C_{m2}
专属成本	C_{a3}	C_{b3}	…	C_{m3}
⋮	⋮	⋮	⋮	⋮
相关成本合计	$\sum C_a$	$\sum C_b$		$\sum C_m$

此方法的适用范围较广，只要各备选方案不涉及相关收入，或者虽然涉及相关收入但相关收入的金额相等，就可以使用此决策方法，如业务量确定时的零部件外购或自制决策等。

（六）成本无差别点法

当某方案不涉及收入或者收入的金额与其他备选方案相等时，成本耗费的多少成为决定该方案是否被选定的主要依据。尤其在备选方案的业务量水平不能提前确定时，处于不同水平上的实际或预计业务量与成本无差别点业务量之间的大小关系，成为评价方案优劣和做出方案取舍的主要标准。

在明确各种成本的性态的基础上，备选方案的相关成本可以划分为固定成本（a）和变动成本（bx）两部分，用函数表示即为：$y = a + bx$。所谓成本无差别点，就是两种备选方案的相关总成本相等时的产品的需求量、产量或销售量。依据成本无差别点做出方案选择和决策的方法就是成本无差别点法。

具体来说，假定方案1的固定成本为a_1，单位变动成本为b_1，总成本$y_1 = a_1 + b_1x$；方案2的固定成本为a_2，单位变动成本为b_2，总成本为$y_2 = a_2 + b_2x$。且$a_2>a_1$、$b_1 > b_2$。根据成本无差别点法的含义，成本无差别点上两个方案的相关成本相等，即$y_1 = y_2$，$a_1 + b_1x = a_2 + b_2x$，则成本无差别点$x_0 = \dfrac{a_2 - a_1}{b_1 - b_2}$。相应地：

（1）当实际或预计业务量小于成本无差别点业务量时，方案1优于方案2。

（2）当实际或预计业务量大于成本无差别点业务量时，方案2优于方案1。

（3）当实际或预计业务量等于成本无差别点业务量时，两个方案都可以。

需注意的是，成本无差别点法应用的前提条件是，各备选方案相关固定成本的大小与相关变动成本的大小方向相反，即若第一个方案的相关固定成本大于第二个方案的相关固定成本，则第二个方案的相关变动成本必须大于第一个方案的相关变动成本；或者相反。

只有这样，才可以使用成本无差别点法进行决策。

成本无差别点法可用于单一方案决策，或备选方案为两个时的互斥方案决策，如需求量不确定时的零部件自制或外购决策等。

（七）利润无差别点法

利润无差别点法是指利用调价后可望实现销量与利润无差别点销量之间的关系进行调价决策的一种方法，也有人称其为价格无差别点法。

利润无差别点销量是指某种产品为确保原有盈利能力，在调价后应至少达到的销售量指标。其公式为：

$$利润无差别点销量=\frac{固定成本+调价前可获利润}{拟调单价-单位变动成本}=\frac{a+P}{p_1-b}$$

$$=\frac{调价前可获贡献边际}{拟调单价-单位变动成本}=\frac{Tcm}{p_1-b}$$

可望实现销量需要根据企业现有最大产能和调价后预计市场容量两个指标中较小的一个来确定。如企业现有最大产能为20 000件，调价后市场最多可接受的销量为19 000件，那么该产品的可望实现销量即为二者中较低的19 000件。

在应用利润无差别点法进行调价决策时，应遵守以下原则：若调价后的可望实现销量大于利润无差别点销量，可考虑调价；若调价后可望实现销量小于利润无差别点销量，不能调价；若调价后可望实现销量等于利润无差别点销量，则调价与不调价对企业来说没有影响。

在决策中应当注意：如果调低价格，需要考虑是否追加专属成本，以提高企业产能；如果提高价格，则需要考虑是否存在与产能可以转移相关的相对剩余产能。

自测题6-2

第三节　生产决策

作为企业短期经营决策的重要内容之一，生产决策是企业加强生产管理、合理组织生产的关键，具体包括亏损产品决策、特殊订单决策、新产品开发的品种决策、半成品是否深加工的决策、零部件自制或外购的决策等。

一、亏损产品决策

（一）亏损产品决策的含义

对于同时生产多种产品的企业而言，企业利润的绝大部分通常是由几种核心产品所带来的，其他非核心产品带来的利润往往很少，有的甚至亏损。对于已存在亏损的产品，企业是继续生产还是停产该产品？如果继续生产，是按照原规模生产还是扩大产量后生产呢？对于上述问题的回答，需要我们在全面考察亏损产品对企业经济效益的影响后才能做出。这里的亏损产品是指在同时生产多种产品的企业中，按照财务会计中的核算方法即完全成本法进行核算后发现存在亏损，不能为企业带来正的营业利润的产品。

之所以要对亏损产品做出是否继续生产、是按照原规模生产还是按照扩大后的产量生产的决策，是因为尽管该产品从财务会计角度看是亏损产品，但在管理会计看来，该产品未必真的利润为负。在管理会计中，成本有固定成本和变动成本之分。虽然亏损产品不能为企业带来正的营业利润，但只要该产品继续生产所带来的收入超过由此引发的变动成本，继续生产该亏损产品就能为企业创造正的贡献边际，进而就会帮助企业弥补一部分固定成本，减轻其他产品的固定成本负担。反之，如果此时停产，企业的固定成本将全部由其他产品来承担，企业的整体盈利水平或经济效益有可能会下滑。因此，不能因为某种产品不赚钱就简单地做出停产该产品的决策，必须综合考虑该产品的收入、成本以及企业产能的利用情况，尤其是绝对剩余产能或相对剩余产能可否转移等，从而做出最优选择。

所谓剩余产能可以转移，是指某些产能不仅可以用于某一特定方案中产品的生产，而且可以用于其他方面，如可用于其他产品的生产，或可以将与该产能有关的设备对外出租获取租金收入，或用于承揽零星加工业务等。当剩余产能可以转移时，需要在决策过程中充分考虑与产能转移有关的机会成本。

关于亏损产品的备选方案主要有三种：停产，继续按原规模生产，增产。其中，“停产”是指企业停止生产该亏损产品；“继续按原规模生产”是指企业按照原来的产量和规模继续生产该产品；“增产”则是指企业不仅没有停止该产品的生产，反而在增加产量后继续生产。

决策过程中，企业可使用相关损益分析法。此时编制的相关损益分析表见表6-4。

表6-4 亏损产品相关损益分析表

方案	增产	继续按原规模生产	停产
相关收入	单价×新销量	单价×原销量	0
相关成本	以下四项之和	以下三项之和	0
其中：增量成本	单位变动成本×新销量	单位变动成本×原销量	0
机会成本Ⅰ	与相对剩余产能可以转移有关的机会成本	与相对剩余产能可以转移有关的机会成本	
机会成本Ⅱ	与绝对剩余产能可以转移有关的机会成本		
专属成本	与弥补增产能力不足有关的成本	0	0
相关损益	P_1	P_2	0

（二）相对剩余产能无法转移时的决策

所谓相对剩余产能无法转移，是指如果亏损产品停产，闲置下来的产能无法用于其他方面，既不能转而生产其他产品，也不能将有关设备对外出租或用于承接委托加工业务等。此种情况下，只要继续按原规模生产能带给企业正的贡献边际，企业就应该继续按原规模生产，而不是停产。

【例6-1】

甲公司目前同时生产A、B两种产品，其中A产品是亏损产品，不能为公司赚取正的利润。也正因为如此，公司现要对A产品是否停产做出决策。A产品目前销量为1 000件，售价为50元/件，单位变动成本为20元/件。公司的固定成本总额为500万元。管理会计部门设计了以下两个备选方案：

方案一：立即停产。

方案二：维持现状，继续按原规模生产。

要求：为做出正确的经营决策，编制甲公司相关损益分析表。

解：A亏损产品的相关损益分析表见表6-5。

表6-5 A亏损产品的相关损益分析表（相对剩余产能无法转移） 单位：元

方案	停产	继续按原规模生产
相关收入	0	50×1 000=50 000
相关成本	0	20 000
其中：变动成本	0	20×1 000=20 000
机会成本	0	0
专属成本	0	0
相关损益	0	30 000

从表6-5可以看到，“停产”方案的相关损益为0，“继续按原规模生产”方案则能够带给企业30 000元的相关损益。因此，虽然A产品是亏损产品，但不宜停产，而应该在原规模上继续生产，否则企业将会损失30 000元的贡献边际。

（三）相对剩余产能可以转移时的决策

如果某亏损产品停产后，其闲置下来的产能可以转移，如可以对外出租或用于生产其他产品、承揽零星加工业务等，则在做出停产还是继续按原规模生产该亏损产品决策时，不仅要考虑继续按原规模生产所引发的增量成本，而且要考虑与相对剩余产能可以转移有关的机会成本。只有当继续按原规模生产所带来的贡献边际大于机会成本时，“继续按原规模生产”方案才会较“停产”方案更好。

进一步地，在考察“增产”方案对企业的影响时，不仅要考虑按增产后产量继续生产占用相对剩余产能所产生的机会成本，而且要考虑因增产占用企业的绝对剩余产能所带来的机会成本。如果企业的绝对剩余产能不足以满足增产要求，还需要考虑在前述机会成本之外为弥补产能不足、添置新设备而引发的专属成本。

【例6-2】

沿用例6-1的资料，但相对剩余产能可以对外出租，并可获得5 000元的租金。同时，甲公司提出第三个方案：增产20%后继续生产。公司目前尚不具备增产20%所需的产能，如果增产，需一次性购入价值3 000元的专用设备。

要求：为做出正确的经营决策，编制甲公司新条件下的相关损益分析表。

解：新条件下的相关损益分析表见表6-6。

表6-6　**A亏损产品的相关损益分析表（相对剩余产能可以转移）**　单位：元

方案	停产	继续按原规模生产	增产
相关收入	0	50×1 000=50 000	50×1 000×（1+20%）=60 000
相关成本	0	25 000	32 000
其中：变动成本	0	20×1 000=20 000	20×1 000×（1+20%）=24 000
机会成本	0	5 000	5 000
专属成本	0	0	3 000
相关损益	0	25 000	28 000

【视频展示】表6-6在Excel中的实现

根据表6-6，“增产”方案能够为企业带来28 000元的相关损益，是三个方案中最高的；“继续按原规模生产”方案带给企业的收益是25 000元，“停产”方案的相关损益为0，因此，亏损产品A依然不适合停产，也不适合继续按原规模生产，而应增产。此时，企业获得的经济效益最大。

二、特殊订单决策

（一）特殊订单决策的含义

企业在生产经营过程中，在原有的正常生产计划之外，往往会收到一些客户提出的特殊订货要求，如以低于正常水平的价格购买企业一定数量的产品。此类报价低于产品正常销售价格的订单，即为特殊订单。企业在做出有关特殊订单的决策时，实质上是对接受还是拒绝此订单做出决定，属于互斥方案决策。

面对客户提出的低于正常价格的特殊订单，企业不宜一口回绝，以免失去获利机会，经济效益受损。企业应该综合考虑该订单可以带给企业的收入、企业是否已经具备订单所需产能、产能是部分具备还是全部具备、已经具备的产能可否转移、尚不具备的产能如何补足、是否需要企业额外配备专用的工具或模具，以及在此过程中会引发哪些相关成本等，全面考察接受或拒绝该订单对企业经济效益的差异性影响，权衡利弊后做出理性决策。

下面我们区分企业已具备特殊订单所需的全部产能且无法转移、企业已具备特殊订单所需的全部产能且可以转移、企业尚不具备特殊订单所需的全部产能等三种情况进行讨论。

（二）企业已具备特殊订单所需的全部产能且无法转移时的决策

当企业已经具备特殊订单所需的全部产能且无法转移时，意味着企业利用现有的绝对剩余产能就可以将订单上的全部产品生产出来，既不需要考虑与产能转移有关的机会成本，也不需要考虑为弥补产能不足所引发的专属成本。但如果客户有特殊要求，需要企业额外增加专用的工具，则需要考虑用于购置该专用工具所引发的成本。从性质上看，为购置专用工具所发生的成本属于“接受”特殊订单方案的专属成本。当然，如果拒绝特殊订单，企业无论是收入还是成本都不会因此订单而发生变化，“拒绝”特殊订单方案的相关收入、相关成本均为0。

【例6-3】

甲公司B产品的最大产能为5 000件。受市场等因素的限制，B产品的正常订货量为4 000件，并已纳入生产计划。剩余1 000件的产能为绝对剩余产能，目前无其他用途，既不能出租也不能用于其他产品的生产。B产品正常的销售单价为100元/件，单位变动成本为60元/件。现有客户提出以70元/件的价格，向该企业追加订货1 000件，无其他特殊要求。

要求：分析甲公司要不要接受这一特殊订单。

解：从题中可以看出，企业目前已具备将此特殊订单上的1 000件产品生产出来的产能，且此产能无法转移，也不会因用于此订单产品的生产而产生机会成本。此时，可以使用差别损益分析法帮助甲公司做出是否接受此特殊订单的决策。编制的差别损益分析表见表6-7。

表6-7 **差别损益分析表（已具备全部产能且无法转移）** 单位：元

方案	接受	拒绝	差额
相关收入	1 000×70=70 000	0	70 000
相关成本 其中：增量成本	60 000 1 000×60=60 000	0	60 000
差别损益			+10 000

在表6-7中，差别损益为+10 000元，说明对于此特殊订单，接受此订单能够让甲公司多获利10 000元。因此，甲公司可以接受该特殊订单。

通常而言，在企业已经具备特殊订单所需产能且无法转移、客户也无其他要求时，只要特殊订单上的报价高于单位产品变动成本，企业就可以考虑接受此订单，从而在正常生产任务之外获得更多的收益。

（三）企业已具备特殊订单所需的全部产能且可以转移时的决策

当企业已经具备特殊订单所需的全部产能且可以转移时，企业不用追加产能就可以将订单上所需的全部产品生产出来，但此时需要考虑与绝对剩余产能转移有关的机会成本。其他需考虑的事项与“企业已具备特殊订单所需的全部产能且无法转移”的情况类似。

【例6-4】

沿用例6-3的资料。但客户提出在产品表面刻上公司的LOGO。为满足此要求，甲公司需要购置一套价值2 000元的专用工具。同时，如果公司不接受此订单，闲置的产能可以对外出租，并获得租金5 000元。

要求：分析此种情况下甲公司应该接受还是拒绝该特殊订单。

解：本例中，“拒绝”方案的收入与成本情况与例6-3完全相同，没有相关收入，也不发生相关成本；“接受”方案的收入情况与例6-3相同，但相关成本不完全相同。除了为将订单所需产品生产出来发生的增量成本外，还会发生机会成本和专属成本。

此时编制的差别损益分析表见表6-8。

表6-8 差别损益分析表（已具备全部产能且可以转移） 单位：元

方案	接受	拒绝	差额
相关收入	1 000×70=70 000	0	70 000
相关成本 其中：增量成本 机会成本 专属成本	67 000 1 000×60=60 000 5 000 2 000	0	67 000
差别损益			+3 000

根据表6-8，差别损益为+3 000元，说明虽然客户提出的订货要求较高，但相较于拒绝而言，接受此特殊订单能够让甲公司多获利3 000元。此时，甲公司可以接受客户提出的特殊订单要求。

一般来说，在企业已经具备特殊订单所需产能且存在机会成本、客户有特殊要求而存在专属成本时，只要特殊订单为企业创造的贡献边际（订单上的相关收入扣除增量成本后的余额）高于该订单上的机会成本与专属成本之和，接受此订单就可以为企业带来正的收益。此时企业不能简单地因客户的报价低而拒绝订货要求，而应接受此订单。

（四）企业尚不具备特殊订单所需的全部产能时的决策

在实践中，当企业收到客户的特殊订单时，也可能尚不具备将订单中的产品生产出来所需的产能，或者只具备将一部分产品生产出来的部分产能。此时，企业有三种选择：

一是与客户协商，将特殊订单上的订货量缩减在企业已具备的产能范围内。如果客户同意缩减，那么企业在做出是否接受该订单决策时的具体方法可参见例6-3和例6-4。

二是追加投入、扩大产能。企业可以通过购置或租入新的设备、生产线等，将现有剩余产能提升至特殊订单所需的产能，进而满足特殊订单上产品的全部生产需求。此时，企业会因为扩大产能而引发专属成本。

三是冲击正常订单。与企业的其他客户协商，通过挪用老客户订单上的产品来满足特殊订单需要。这样做的好处是可能会由此吸引住特殊订单上的客户，让其成为公司长期的、稳定的客户，从而持续扩大公司的销售规模与市场。其不足之处在于，可能会因为正常订单上的产品被挪用而对老客户失信，进而导致公司信誉受损、老客户流失。同时，被挪用的正常订单产品将不能按照正常价格卖出，而只能按照特殊订单上的低价结算，从而产生机会成本；企业还可能因为不能向老客户按期交货而支付违约金，从而产生专属成本。在此过程中，公司在正常生产计划之外新生产的产品不是特殊订单上的全部订货，而是订货量扣减被挪用产品后的余量。

我们这里重点对第二、第三种选择进行讨论。

【例6-5】

沿用例6-4的资料。但此时客户提出特殊订单上B产品的需求量为2 000件，超过甲公司已有的剩余产能1 000件。甲公司在做出有关此特殊订单的决策时，设计了以下三个备选方案：

方案一：拒绝接受此订单。

方案二：追加投入10 000元，将公司产能从现在的5 000件扩大至7 000件。

方案三：与老客户M协商，将原承诺交付给M的B产品1 000件挪用并交付给特殊订单客户。公司需要向M支付因不能按期足量交付产品的违约金5 000元。公司为满足特殊订单要求新生产的产量为1 000件（2 000件的订货量扣减1 000件的挪用量）。

要求：分析此种情况下甲公司应选择哪一个备选方案。

解：本例中，涉及的备选方案有三个，此时可借助相关损益分析表辅助决策。编制的相关损益分析表见表6-9。

表6-9　**相关损益分析表（不具备全部产能）**　单位：元

方案	拒绝	接受（扩大产能）	接受（冲击正常订单）
相关收入	0	2 000×70=140 000	2 000×70=140 000
相关成本	0	137 000	172 000
其中：增量成本	0	2 000×60=120 000	1 000×60=60 000
机会成本Ⅰ（产能转移）		5 000	5 000
机会成本Ⅱ（产品挪用）		0	（2 000−1 000）×100=100 000
专属成本Ⅰ（扩大产能）		10 000	0
专属成本Ⅱ（专用工具）		2 000	2 000
专属成本Ⅲ（违约金）		0	5 000
相关损益	0	+3 000	－32 000

根据表6-9，在本例的“接受（扩大产能）”方案中，需新生产的B产品的数量为2 000件，从而引发增量成本120 000元。同时，因占用原有剩余产能使得相关产能不能对外出租而引发机会成本5 000元；为将超过原有剩余产能的另外1 000件产品生产出来而追加投入以扩大产能，从而引发专属成本Ⅰ10 000元；为满足客户的特殊要求而购买专用工具，引发专属成本Ⅱ2 000元。在“接受（冲击正常订单）”方案中，特殊订单上的订货量2 000件有1 000件挪用自纳入生产计划的正常订单，本就应该生产；另外1 000件才是公司在接受该特殊订单后需要新生产的。因此，此方案的增量成本仅为这1 000件的变动生产成本60 000元。因为挪用，所以被挪用的来自正常订单的1 000件产品将只能以低价70元/件与特殊订单上的客户结算，但不能以正常售价100元/件与老客户进行结算，而且需要向老客户支付不能按期交货的违约金，由此引发机会成本Ⅱ100 000元、专属成本Ⅲ5 000元。“拒绝”方案下，既无相关收入，也无相关成本。

综合而言，“接受（扩大产能）”方案的相关损益最高，“接受（冲击正常订单）”方案的相关损益最低且为负数，说明甲公司在扩大产能后接受特殊订单对公司最有利。因此，甲公司可以考虑在追加投入、扩大产能后接受该订单。如果拒绝接受此订单，公司将因此少获利3 000元。

三、新产品开发的品种决策

（一）新产品开发品种决策的含义

随着经济全球化和世界经济一体化的发展，企业间的竞争日趋激烈，产品更新换代速度加快。企业要想在市场上获得持续的竞争优势，就需要根据国内外经济形势与外部市场变化，结合自身状况，加强产品研发，不断推出新产品。相反地，如果因循守旧，不对产品做任何变革，只会导致产品过时，长此以往还会使得客户流失，市场份额下降，甚至被市场彻底抛弃。因此，现代企业需要充分重视对新产品的开发。尤其在资源供应有限的条件下，企业更需要权衡利弊，综合考量后做好新产品开发的品种决策。这里所讲的新产品开发的品种决策是指企业利用现有的剩余产能，从几种待开发的新产品中选择一种进行开发，以帮助企业获得最佳经济效益的决策。由于只能从众多新产品中选择一种进行开发，新产品开发的品种决策属于互斥方案决策。

当企业有且只有一种资源的可使用量有限时，即面临资源约束时，可以考虑使用单位资源贡献边际分析法、贡献边际总额分析法、相关损益法、差别损益法等方法进行决策。

【学思践悟】推进各类资源节约集约利用，实现高质量发展

节约资源是中国的一项基本国策。党的十八大以来，以习近平同志为核心的党中央部署实施全面节约战略，将其作为维护国家资源安全、推进生态文明建设、推动高质量发展的一项重大任务，在全社会倡导厉行节约、反对浪费，推动资源节约集约高效利用，并取得积极成效。党的二十大报告再次强调，高质量发展是全面建设社会主义现代化国家的首要任务。要实施节约战略，推进各类资源节约集约利用，加快构建废弃物循环利用体系。这些政策的提出与实施无一不说明节约是战略，更是行动，我们要努力用最少的资源投入换取最大的经济社会效益。

企业是经济社会发展的主体，也是资源能源消费、转化的主体。节约集约资源、推动实现高质量发展也是企业义不容辞的社会责任。为此，企业应坚持把节约资源贯穿于发展的全过程，通过实施自主创新、资源节约、发展循环经济战略，积极推进资源总量管理，运用先进技术、工艺和装备来转变经济增长方式，不断降低能源和原材料消耗，最大限度地提高资源利用效率，全面节约并循环利用各类资源，实现企业资源的优化配置和可持续发展，提高企业整体的竞争实力，使经济效益和社会效益均衡发展。

根据新产品开发过程中是否需要追加固定投入、是否会产生专属成本，我们分“无专属成本”和“有专属成本”两种情况分别进行讨论。

（二）无专属成本时的决策

新产品开发过程中，企业可以利用闲置的且无其他安排的既有产能进行生产，而不需要追加投入、购买新的机器设备或专用工具，也就不存在专属成本。

进一步地，在利用现有产能开发新产品时，企业有时会遇到因市场供应不足等原因而出现原材料、人工工时、机器工时等资源的可使用量不足的情况，即存在资源约束。在企业有且只有一种资源的供应是有限的且不存在专属成本的情况下，企业可以考虑采用单位

资源贡献边际分析法或贡献边际总额分析法进行决策。此时，决策的关键是哪一种新产品的开发能够最有效地利用供应有限的资源，即虽然消耗相同数量的资源，但却能够产生最多的贡献边际。

【例6-6】

为创造新的利润增长点，甲公司决定利用现有资源，从D、E、F三种新产品中选择一种进行开发。这三种产品的开发均使用同一机器设备，但该设备目前可用的机器工时是有限的，且无法转移。三种新产品D、E、F的基本信息见表6-10。

表6-10 新产品基本信息表

新产品	D	E	F
(1) 销售单价（元/件）	100	60	35
(2) 单位变动成本（元/件）	70	45	25
(3) 单位贡献边际（元/件）	30	15	10
(4) 单位产品机器工时消耗定额（小时/件）	2	1.5	0.5

要求：根据上述资料，做出有关开发哪一种新产品的决策分析。

解：从表6-10可以看出，新产品D的单位贡献边际为30元/件（100-70），新产品E的单位贡献边际为15元/件（60-45），新产品F的单位贡献边际为10元/件（35-25）。无论开发哪一种产品，都不存在专属成本，也无机会成本，所以不需要考虑相关固定成本对决策的影响，只需要关注相关收入、相关变动成本（即待开发的新产品的变动成本）以及资源供应有限的影响即可。在决策方法上，我们选择单位资源贡献边际分析法。各新产品的单位资源贡献边际计算如下：

新产品D的单位资源贡献边际=30÷2=15（元/件）

新产品E的单位资源贡献边际=15÷1.5=10（元/件）

新产品F的单位资源贡献边际=10÷0.5=20（元/件）

显然，虽然新产品D的单位贡献边际远远超过其他两种新产品，但由于生产一件产品D所消耗的机器工时也超过了生产一件产品E或产品F所用机器工时；单位贡献边际最低的产品F反而拥有三种新产品中最高的单位资源贡献边际，说明每消耗一个机器工时，产品F能够为企业带来最高的贡献边际，也就是能够最为有效地利用数量有限的机器工时。因此，甲公司应选择开发新产品F。

当然，在本例中，如果能够确定受限资源的供应总量，也可以使用贡献边际总额分析法进行决策。假定公司目前能够用于新产品开发的机器工时仅为6 000小时，则计算得到的三种新产品可能带给公司的贡献边际总额分别为：

新产品D的贡献边际总额=6 000÷2×30=90 000（元）

新产品E的贡献边际总额=6 000÷1.5×15=60 000（元）

新产品F的贡献边际总额=6 000÷0.5×10=120 000（元）

不难看出，开发新产品F确实能够为甲公司带来最多的贡献边际，甲公司依然应该选择新产品F进行开发。

（三）有专属成本时的决策

如果待开发的新产品有特殊的工艺要求，企业还需要追加投入、增加专用工具或设备，从而引发专属成本。此类成本也是决策时需要充分考虑的相关成本。此种情形下，企业一般可采用相关损益分析法、差别损益分析法等，做出有关新产品开发的品种决策。

【例 6-7】

沿用例 6-6 的资料。如果开发新产品 F，公司需要添置一台专用打磨机，该工具价值 20 000 元。公司可以用于开发新产品的机器工时为 6 000 小时。其他条件不变。

要求：针对新产品开发进行分析决策。

解：由于备选的新产品有三种且存在专属成本，甲公司可选用相关损益分析法进行决策。编制的相关损益分析表见表 6-11。

表 6-11　　新产品开发的相关损益分析表　　金额单位：元

方案	开发新产品 D	开发新产品 E	开发新产品 F
相关业务量（件）	6 000÷2=3 000	6 000÷1.5=4 000	6 000÷0.5=12 000
相关收入	3 000×100=300 000	4 000×60=240 000	12 000×35=420 000
相关成本	210 000	180 000	320 000
其中：增量成本	3 000×70=210 000	4 000×45=180 000	12 000×25=300 000
专属成本			20 000
相关损益	+90 000	+60 000	+100 000

根据表 6-11，“开发新产品 F”方案的相关损益最高，说明在引入专属成本后开发新产品 F 能够给甲公司带来最大的经济收益，因此，建议开发新产品 F。

【视频展示】表 6-11 在 Excel 中的实现

四、半成品深加工决策

半成品是指已完成一部分生产过程且检验合格，但尚未完成产品全部生产过程的中间产品。半成品具有独立的使用价值、可以直接对外出售，也可以进一步深加工成产成品，然后作为产成品对外出售。例如：牛肉加工企业生产的牛肉可以直接对外销售，也可以进一步加工成火腿等产品后再出售；石油化工企业的原油可以直接出售，也可以进一步加工提炼后，以汽油、柴油等产成品的形式出售。

（一）半成品深加工决策的含义与注意事项

有关企业已经生产得到的半成品是直接出售还是深加工以后再出售的决策就是半成品深加工决策，属于互斥方案决策。此决策可能涉及的方案有“直接出售”“部分深加工后再出售”“全部深加工后再出售（已具备全部深加工能力）”“全部深加工后再出售（已具备部分深加工能力）”等。企业需要权衡利弊，从中选出一个最佳方案。

在进行半成品深加工决策时，需注意以下事项：

（1）半成品本身的生产成本是决策前就已经发生的成本，是与决策无关的沉没成本，在决策过程中不予考虑。

（2）在半成品“直接出售”方案下，企业会获得来自于半成品直接出售的相关收入，但因为未对半成品进行进一步的加工处理，不会产生相关成本。

（3）在半成品“部分深加工后再出售”方案下，企业获得相关收入有两个来源：一是被深加工的那部分半成品在变成产成品并出售给企业带来的销售收入；二是未被深加工的那部分半成品直接出售给企业带来的销售收入。此方案的相关成本涉及内容较多。既包括将部分半成品深加工过程中发生变动成本性质的加工成本，又包括占用企业原有剩余产能而此产能又可以转移而引发的机会成本。

（4）在半成品“全部深加工后再出售”方案下，企业的相关收入全部来源于将所有半成品深加工后出售的产成品的销售收入。相关成本既包括深加工过程中发生的加工成本，又包括因占用企业原有剩余产能而可能引发的机会成本，还可能包括企业剩余产能不足时企业扩大产能、追加投入而产生的专属成本（仅在企业拟将全部半成品深加工后再出售但只具备部分深加工能力的情况下存在）。

（5）一些情况下，因员工技术不熟练、粗心大意等原因，深加工的投入产出比可能不是1∶1。如投入深加工的半成品的数量为100件，但加工完毕后得到的合格产成品仅为95件，从而对备选方案相关收入和相关成本的计算产生影响。这一点在决策时也需注意。

（二）半成品深加工决策的分析

【例6-8】

甲公司现有10 000件半成品M，市场售价为40元/件，单位生产成本为20元/件。公司现考虑是否将这些半成品深加工成产成品后再出售。每深加工一件半成品M将产生12元的加工成本；加工得到的产成品N的销售单价为60元/件。深加工的投入产出比为1∶1。为此，公司设计了以下三个方案：

方案一：全部直接出售。将10 000件半成品M直接按照40元/件的价格对外出售，不再进行深加工处理。

方案二：部分深加工后再出售。将10 000件半成品M中的6 000件深加工成产成品，将得到的产成品N按照60元/件的价格对外出售，剩余的4 000件半成品按照40元/件的价格直接出售。公司已具备将6 000件半成品M深加工成产成品N的能力，该能力可用于对外承揽加工业务，并可获得贡献边际20 000元。

方案三：全部深加工后再出售。将10 000件半成品M全部深加工，将加工得到的产成品N对外出售。但公司目前仅具备将6 000件半成品M深加工成产成品N的能力，且该能力可用于对外承揽加工业务并带来20 000元的贡献边际。如果将其余的4 000件半成品也深加工成产成品出售，需追加投入，购买价值30 000元的专用设备。

要求：针对以上三个方案进行决策分析。

解：本例涉及的备选方案超过2个，不适合使用差别损益分析法，可以应用相关损益分析法进行决策。基于上述方案编制的相关损益分析表见表6-12。

表6-12　　相关损益分析表（投入产出比为1∶1）　　单位：元

方案	全部直接出售	部分深加工后再出售	全部深加工后再出售
相关收入	10 000×40 =400 000	6 000×60+4 000×40 =520 000	10 000×60 =600 000
相关成本	0	92 000	170 000
其中：加工成本	0	6 000×12=72 000	10 000×12=120 000
机会成本	0	20 000	20 000
专属成本	0	0	30 000
相关损益	400 000	428 000	430 000

不难看出，在上述三个方案中，"全部深加工后再出售"方案虽然因为机会成本、专属成本的存在而引发更高的相关成本，但也因为能够将全部半成品深加工成产成品，进而以更高的价格销售而获得更多的相关收入，二者相抵后，此方案比其他两个方案带给甲公司更多的相关损益。因此，甲公司应选择方案三，在追加投入30 000元、扩大产能后，将全部半成品M深加工为产成品N后再出售。

当然，如果半成品的投入产出比不是1∶1，上述结果可能会有所改变。假定半成品的投入产出比为1∶0.95，其他条件均不变，则此时编制的相关损益分析表见表6-13。此时，方案二"部分深加工后再出售"的优势凸显，具有最高的相关损益，说明此时在三个方案中，这一方案是最优方案，甲公司应选择该方案，以获取更多收益。

表6-13　　相关损益分析表（投入产出比为1∶0.95）　　单位：元

方案	全部直接出售	部分深加工后再出售	全部深加工后再出售
相关收入	10 000×40 =400 000	6 000×60×0.95+4 000×40 =502 000	10 000×60×0.95 =570 000
相关成本	0	92 000	170 000
其中：加工成本	0	6 000×12=72 000	10 000×12=120 000
机会成本	0	20 000	20 000
专属成本	0	0	30 000
相关损益	400 000	410 000	400 000

五、零部件自制或外购决策

（一）零部件自制或外购决策的含义

生产经营过程中，许多企业，如汽车制造企业等，往往需要大量的零部件。这些零部件可以由企业自己生产制造（简称自制），也可以从企业外的供应商处购买获得（简称外购）。零部件自制还是外购决策就是从节约成本、增加收益的角度，比较“零部件外购”和“零部件自制”这两个方案哪一个更省钱、更能帮助企业获利的一类决策。因为无论是从企业外部购入零部件，还是在企业内部生产制造零部件，对企业而言都是只发生成本耗费，没有相关收入产生。进一步地，外购零部件会引发采购环节零部件的购买成本，自制零部件则会引发与生产零部件有关的成本，如在生产过程中直接发生的变动成本，因占用企业的剩余产能而这些产能又可以转移而引发的机会成本，或者为具备零部件的自制能力而追加投入产生的专属成本等。在不存在相关收入的情况下，哪个方案能让企业更省钱，哪个方案就是最优方案。

下面，我们区分决策时零部件的需用量是否已知，对零部件自制或外购决策的具体方法进行讨论。

（二）零部件需用量已知时的决策

当零部件的需用量已知时，企业可依据零部件的需用总量分别计算“零部件外购”和“零部件自制”两个备选方案的相关成本，比较分析后确定其中相关成本总额更低的一个方案，这一方案也是本决策的最优方案。此时，可以选用的决策方式是相关成本分析法。

【例6-9】

甲公司是一家电动自行车制造商，每年制造电动车需要S零部件5 000个。公司可以自制也可以外购该零部件。目前，公司已具备自制能力，但自制能力可以对外出租，获得20 000元的租金收入。该零部件S的自制单位成本为26元，其中直接材料5元，直接人工7元，变动性制造费用9元，固定性制造费用5元；外购单价为23元。

要求：分析甲公司应该自制还是外购该零部件。

解：由题中资料可知，零部件S的外购单价为23元，外购总成本为115 000元（5 000×23）。自制该零部件的单位变动成本为21元（5+7+9），变动成本总额为105 000元（5 000×21）；机会成本为20 000元。固定性制造费用虽然是财务会计核算出来的单位产品成本的构成内容，但其发生与否并不受零部件自制方案的影响，因此该成本属于“零部件自制”方案的无关成本，在决策中不予考虑。由此编制的相关成本分析表见表6-14。

表6-14 **相关成本分析表** 单位：元

方案	自制	外购
变动成本	105 000	115 000
机会成本	20 000	—
相关成本合计	125 000	115 000

不难看出，“零部件自制”方案的相关成本为125 000元，比外购总成本115 000元多10 000元。因此，企业应选择从企业外部购入零部件S，这样更节约成本。

在本例中，如果企业已具备的自制能力不可以对外出租，则“零部件自制”方案就没有20 000元的机会成本，相关成本也会相应减少为105 000元。此时，企业应选择自制零部件，以节约开支。当然，此种情况下，企业也可以直接比较零部件的外购单价与自制单位变动成本的高低，哪一个更低，就选择哪种方式。如在本例中，当自制能力不可对外出租、不存在机会成本时，自制单位变动成本为21元，外购单价为23元，21<23，因此，企业应选择自制该零部件。这一结论与相关成本分析法下得到的结论完全一致。

专属成本对零部件自制或外购决策的影响与机会成本类似，这里不再赘述。

（三）零部件需用量未知时的决策

当零部件的需用量未知时，零部件的外购总成本或自制总成本都是无法计算的。此时，可以考虑使用成本无差别点法进行决策。

【例6-10】

沿用例6-9中的资料，但此时零部件S的年需用量尚不确定，其他条件不变。

要求：分析企业应该自制还是外购零部件。

解：因零部件的年需用量尚不确定，无法计算并比较两个备选方案相关总成本的高低，也就无法使用相关成本分析法，此种情况下可考虑使用成本无差别点法进行决策。

在本例中，“零部件外购”方案的相关固定成本为0，相关单位变动成本即外购单价为23元；“零部件自制”方案的相关固定成本为机会成本20 000元，相关单位变动成本为21元，且这两个备选方案相关固定成本、相关单位变动成本的大小方向相反，即外购方案的固定成本0小于自制方案的固定成本20 000元，但其单位变动成本23元高于自制方案的单位变动成本21元，符合使用成本无差别点法的条件。

此时，零部件S的成本无差别点=（20 000−0）÷（23−21）=10 000（件）。

也就是说，当零部件S的年需用量在10 000件及以下时，甲公司适于从企业外部购入零部件；反之，当年需用量超过10 000件时，甲公司适于自制所需的零部件。

自测题6-3

计算业务题

第四节　定价决策

一、定价决策的定义

作为一种重要的市场竞争工具，销售价格是帮助企业在竞争中取胜的重要法宝。市场经济条件下，产品销售价格的高低往往是由供求双方的力量对比所决定的。依据经济学中有关市场类型的划分，结合供应方在市场中所占份额的大小，可将市场划分为完全竞争、垄断竞争、寡头垄断和完全垄断等四种类型。在不同类型的市场上，产品的供应方即生产企业对销售价格的具体影响与控制力会有所不同。

在完全竞争市场中，生产企业以同样的方式向市场提供同类产品，产品的销售价格是单个生产企业无法决定的，每个企业都是市场均衡价格的被动接受者。在垄断竞争和寡头垄断市场中，大企业在相应市场中占有相当大的份额，也就能够对市场价格产生举足轻重的影响。而在完全垄断市场中，居于垄断地位的企业可以自主决定产品的价格即垄断价格，其他企业只能是这一价格的被动接受者和跟随者，无法对产品进行自主定价。因此，本节所讨论的定价决策主要是针对后三类市场中产品价格的制定问题，包括新产品的定价决策以及产品是否调价决策两类。

在进行定价决策过程中，除了借助数学模型等工具外，还要根据企业自身的战略目标和实践经验进行必要的定性分析，以选择合适的定价策略和定价方法。

二、影响产品定价决策的因素

产品定价的合理与否，往往会影响该产品在市场上的销售是否顺畅、该产品的市场占有率是高还是低，进而影响企业的经济效益。因此，进行定价决策要慎重，要充分考虑各种因素对产品价格的影响。

（一）产品的价值

根据马克思的劳动价值理论，产品的价值是由生产这一产品的社会必要劳动时间所决定的。产品的价格是对价值的反映，也是价值的货币表现形式。尽管价格有时会因宏观政策调整、自然灾害等的影响暂时脱离其价值，但它基本上都会围绕产品的价值上下波动。因此，产品定价决策需要考虑的首要因素就是产品的价值。

（二）成本的消耗水平

成本之所以影响定价，是因为它影响产品的供给。在既有的资源和技术水平条件下，产品的成本耗费越少，企业就可以生产和销售越多的产品，产品的边际成本也会越低。只要产品的边际收入超过边际成本，售出产品就会盈利，企业也就会生产和提供更多产品。因此，企业管理者会充分了解产品成本的构成与消耗水平，并把价格制定在既能吸引顾客又能实现企业利润最大化的水平上。

（三）消费者的需求

产品价格的高低不仅受到生产企业供给的影响，也受到消费者需求的影响。消费者对某产品的需求量越大，产品越供不应求，产品的价格就可以定得相对越高。消费者的需求量到底有多大，取决于多个因素，包括产品本身的性能、质量、售后服务，消费者的消费偏好、品牌忠诚度、消费能力等。企业应站在消费者的角度，充分了解并依据消费者的需求特点，合理定价，以获取更多利润。

（四）产品的生命周期

产品的生命周期包括四个阶段，即投入期、成长期、成熟期、衰退期。不同阶段对产品价格的要求各不相同。投入期，产品的价格既要能够补偿较高的成本耗费，又要能够为市场所接受；成长期和成熟期是企业提升品牌知名度与市场占有率的关键时期，此阶段的产品价格既要合理又要保持相对稳定，以确保市场份额不断扩大；进入衰退期，因为产品的市场需求不断降低，企业通常应降低价格，以提高产品在价格方面的竞争优势，避免或减缓产品市场份额的下降。

（五）竞争对手的特点

竞争的激烈程度不同，对产品定价也会产生不同的影响。竞争对手的技术水平越高、产能越大、营销策略越有效，越能够提供性能更先进、质量更高的产品，产品的市场竞争就越激烈，对产品定价的影响就越大。

一般来说，在完全竞争市场中，企业可以充分、自由地开展竞争，相对其他市场类型来说竞争会更加激烈。此种情况下，企业几乎没有定价的主动权，而只能是市场均衡价格的被动接受者；在寡头垄断等不完全竞争市场中，竞争的激烈程度和强度主要取决于产品生产本身的难易程度和供求力量对比。产品越容易生产出来、越容易被仿制、产品的供应越充足，市场竞争就越激烈，价格就越不能定得太高；反之，产品的差异化和特色越突出、越不容易被仿制，产品的供应量就越少，竞争就越不激烈，此种情况下，处于竞争优势地位的企业就可以行使产品定价方面的主动权，直接决定产品售价的高低，或对产品市场价格的确定提供参考。因此，企业可以通过专门的市场调研，了解竞争对手在生产技术、厂房设备、员工构成、经营策略等方面的特点，进而确定产品价格。

此外，在不同时期，不同的产品会对应不同的宏观调控政策，进而影响产品价格。而政策本身就是产品定价时需考虑的重要因素，产品价格应主动适应国家的宏观调控政策，而不能违背政策走势。

三、产品的定价方法

企业是以营利为目的的社会组织，而盈利是收入与成本的差额。只有收入大于成本，企业才可能赚取利润，才可能为投资者带来正的回报，也才可能帮助企业实现可持续经营。因此，企业在确定产品的销售价格时需遵循的一个基本原则就是：企业从所售产品中获得的销售收入应足以支撑用于生产、销售这些产品，以及为生产、销售产品提供辅助的行政管理等活动的成本耗费。所以，产品定价时可首先考虑成本，在成本的基础上计算得到产品的销售价格。当然，企业也可以以某一利润目标为基础，结合企业的成本耗费，倒算出产品的销售价格。相应地，以成本为导向的定价方法和以市场需求为导向的定价方法是实践中常用的两种定价方法。

（一）以成本为导向的定价方法

以成本为导向的定价方法，即以某项成本为基础，加上一定的利润，计算确定产品价格的一种定价方法。其中的成本可以是单位产品成本，也可以是产品总成本；可以是完全成本法下的成本，也可以是变动成本法下的成本。常用的以成本为导向的定价方法主要有成本加成定价法、收益比率定价法。

1.成本加成定价法

成本加成定价法的基本思路是：基于单位产品成本，首先确定成本基数，即是以何种成本作为加成的基础，是完全成本法下的单位产品成本还是变动成本法下的单位产品成本，然后按照一定的加成率计算相应的加成额，进而计算出产品价格。成本基数不同，对应的成本加成率也会不同，相应加成额的构成内容与水平也会有所差异。根据成本基数的来源不同，此方法又可进一步细分为完全成本法下的成本加成定价法和变动成本法下的成本加成定价法。

（1）完全成本法下的成本加成定价法

在完全成本法下，产品的成本包括直接材料、直接人工、变动性制造费用、固定性制造费用等成本项目。完全成本下的成本加成定价法就是以完全成本法下的单位产品成本即单位生产成本为成本基数，以生产成本毛利率为加成率，计算确定产品的销售价格。此时产品价格的计算公式为：

产品价格=单位产品成本×（1+生产成本毛利率） （6.4.1式）

$$其中，生产成本毛利率 = \frac{利润 + 非生产成本}{生产成本} \times 100\% \quad （6.4.2式）$$

（2）变动成本法下的成本加成定价法

在变动成本法下，产品成本仅仅包括变动生产成本，如直接材料、直接人工、变动性制造费用等，固定生产成本如固定性制造费用以及管理费用、销售费用等非生产成本则属于期间成本。相应地，变动成本下的成本加成定价法是以单位变动生产成本为成本基数，以变动生产成本贡献率为加成率，计算确定产品的销售价格。此时产品价格的计算公式为：

产品价格=单位产品成本×（1+变动生产成本贡献率） （6.4.3式）

$$其中，变动生产成本贡献率 = \frac{利润 + 固定生产成本 + 非生产成本}{变动生产成本} \times 100\% \quad （6.4.4式）$$

不难看出，因完全成本法、变动成本法这两种成本计算模式下产品成本构成不同，两种计算模式下成本加成价法所依据的成本基数和加成率也有所差异。但总体而言，成本加成定价法应用范围较广，尤其适用于长期定价。

【例6-11】

甲公司生产W产品。该产品的生产成本毛利率为50%。其他资料见表6-15。该公司应用完全成本法下的成本加成定价法进行定价。

表6-15 **相关数据资料** 单位：万元

成本项目	单位产品成本
直接材料	5
直接人工	4
变动性制造费用	3
固定性制造费用	4
合计	—

要求：计算W产品定价。

解：根据已知信息，W产品在完全成本法下的单位产品成本为：

完全成本法下的单位产品成本=5+4+3+4=16（元）

产品的目标售价=16×（1+50%）=24（元）

【例6-12】

沿用例6-11中资料。W产品的变动成本贡献率为100%。其他资料同例6-11。该公司应用变动成本法下的成本加成定价法进行定价。

要求：计算W产品定价。

解：根据已知信息，W产品在变动成本法下的单位产品成本即单位变动生产成本为：

变动成本法下的单位产品成本=5+4+3=12（元）

产品的目标售价=12×（1+100%）=24（元）

根据例6-11和例6-12，在同一家企业，应用成本加成法进行定价时，无论是按完全成本法的数据，还是按变动成本法的数据，得出的目标售价都是相同的。

2.收益比率定价法

在对产品进行定价时，也可以基于收益比率指标进行定价，这一方法即收益比率定价法，也称基于单位产品成本与相关收益率的定价法。在具体应用时，此方法会因产品成本的计算模式不同而略有差异。

在完全成本法下，可按以下公式定价：

$$产品单价=\frac{单位产品成本}{1-销售毛利率} \quad (6.4.5式)$$

在变动成本法下，可按以下公式定价：

$$成本利润率=\frac{单位变动生产成本}{1-生产阶段的贡献边际率} \quad (6.4.6式)$$

$$其中，生产阶段的贡献边际率=\frac{利润+固定生产成本+非生产成本}{销售收入}\times 100\% \quad (6.4.7式)$$

相对于成本加成定价法，收益比率定价法下的单位产品成本和有关收益率都可以依据企业自身的历史资料或企业制定的有关未来的规划资料等直接获得或计算得到，因而更加简单，尤其适用于临时定价。

（二）以市场需求为导向的定价方法

以成本为基础的产品定价方法主要考虑企业的成本发生情况，较少考虑市场需求，因而在对产品进行定价时主要从经济效益最大化目标出发，往往忽视产品供需对价格的影响。然而，在一个不受阻碍和干扰的市场里，价格是由产品的供应与需求两方面共同决定的。当产品的需求大于供给时，价格会上升，而价格的上升在刺激生产的同时也会抑制需求，进而带来价格下降，最终达到供需平衡；当产品的需求小于供给时，价格会下降，而价格的下降会在一定程度上抑制供给，但同时也会刺激需求，从而带来价格的回升，直至供需平衡。因此，在对产品进行定价时，可考虑应用以市场需求为基础的定价方法。以市场需求为基础的定价方法又称按需定价法，主要包括四种常用方法：边际成本定价法、弹性定价法，以及用于调价决策的利润无差别点法和利润增量法。

1.边际成本定价法

在供需规律的作用下，企业要增加销售量，最直接的办法就是降低价格。当产品价格降低时，销售收入在降价初期增长较快，进而逐渐转慢，边际收入呈下降趋势。相应地，随着销售量的增加，一些半变动成本乃至固定成本都会逐渐增加，边际成本也会呈现上升趋势。最终，边际成本将超过边际收入，此时降价只会让企业得不偿失，并不能为企业创造更多的收益。也就是说，尽管降价会给企业带来好处，但产品价格不能持续降低，而应该降至一个合理水平。根据经济学中供求平衡的原理，当边际收入等于边际成本时，供求达到平衡。此时，边际利润等于或接近于0，企业能够实现利润最大化。因此，为帮助企业获取最大的经济效益，企业可选用边际成本定价法进行定价，即以边际收入等于或接近边际成本时的价格作为确定最优售价的依据。

【例6-13】

甲公司生产并销售V产品，原定销售单价为100元/件，此时每月预计可销售150万件，单位变动成本为74元/件，固定成本为500万元。假设销售量及成本随销售单价的变动而变动，变动情况见表6-16。

表6-16 **V产品销售价格、销售量和成本资料表**

销售单价（元/件）	预计销售量（万件）	单位变动成本（元/件）	固定成本总额（万元）
100	150	74	500
99	160	74	500
98	170	74	500
97	180	74	500
96	190	74	500
95	200	74	500
94	210	74	500
93	220	74	500
92	230	74	500
91	240	74	500

要求：为该公司做出V产品最优售价的决策分析。

解：根据所给资料，编制边际利润计算表，见表6-17。

表6-17 **边际利润计算表**

销售单价（元/件）	预计销售量（万件）	销售收入（万元）	边际收入（万元）	总成本（万元）	边际成本（万元）	利润（万元）	边际利润（万元）
100	150	15 000	—	11 600	—	3 400	
99	160	15 840	840	12 340	740	3 500	100
98	170	16 660	820	13 080	740	3 580	80
97	180	17 460	800	13 820	740	3 640	60
96	190	18 240	780	14 560	740	3 680	40
95	200	19 000	760	15 300	740	3 700	20

续表

销售单价（元/件）	预计销售量（万件）	销售收入（万元）	边际收入（万元）	总成本（万元）	边际成本（万元）	利润（万元）	边际利润（万元）
94	210	19 740	740	16 040	740	3 700	0
93	220	20 460	720	16 780	740	3 680	−20
92	230	21 160	700	17 520	740	3 640	−40
91	240	21 840	680	18 260	740	3 580	−60

从表6−17可以看出，随着销售单价的降低，产品的销售量不断增加，边际收入逐步减少，进而导致边际利润减少，甚至为负数。当边际利润为负时，企业的利润总额不会是最高的利润额。进一步地，当销售单价为94元/件时，边际收入等于边际成本，边际利润为0，企业的利润为最高值3 700万元。因此，V产品的最优价格为94元/件。

当然，我们也看到，当销售单价为95元/件时，企业的利润同样可以达到最高值3 700万元，并存在20万元的正的边际利润。这说明当V产品的销售价格为95元/件时，售出V产品可以帮助企业获取更多的利润。此时，在高利润的吸引下，无论是行业中的原有企业还是拟进入这一行业的潜在企业，都会主动生产和销售更多的V产品，从而增加该产品的市场供给；部分消费者则会因销售单价较高而降低购买需求。在供、求两大因素的共同作用下，V产品的销售单价会下降。也就是说，尽管销售价格为95元/件时企业同样可以获得最高利润，但在同行竞争和市场需求的双重压力之下，这一利润将不可持续。只有当价格达到94元/件时，市场供求才会达到均衡，企业利润也会达到最高并保持稳定。因此，V产品的最优价格最终应确定为94元/件。

2.弹性定价法

市场供求关系的变化，尤其是消费者需求的变化，也是影响企业产品价格的重要因素。因此，在进行产品定价时需考虑的另外一个重要因素就是需求弹性。需求弹性是需求数量变动率与价格变动率之比，能够反映价格变动所引起的产品需求量的变动方向和程度，其具体计算公式为：

$$\text{需求弹性}(Ep)=\frac{\text{需求量变化的百分比}}{\text{价格变化的百分比}}=\frac{\Delta Q/Q}{\Delta p/p} \quad (6.4.8\text{式})$$

其中，Ep表示需求弹性；Q表示基期的产品需求量，ΔQ表示价格变动所引起的产品需求量的变动；p表示基期价格，Δp表示本期价格相较于基期价格的变动。

如果企业掌握了产品的需求弹性，就可以据此来决定产品价格调整的方向和幅度。

若$|Ep|>1$，说明产品的需求弹性大，价格下降会使产品的需求量大幅增加。因此，对于需求弹性大的商品，企业应该采取调低价格的方法，薄利多销。

若$|Ep|<1$，说明产品的需求弹性小，价格的变化只会引起产品需求量的小幅增减。因此，此类产品不宜调低价格，相反，可以在适当范围内调高价格。

若$|Ep|=1$，则说明产品需求量的变动幅度与价格的变动幅度一致，此种情况下调整

价格对收入的影响很小，企业可以选择不对价格进行调整。

【例 6-14】

甲公司有J、K两种产品，J产品原来的价格为20元/件，销售数量为200件，若提高价格到25元/件，销售量预计会降低到180件；K产品原来的价格为6元/件，销售量为900件，若提高价格到6.8元/件，预计销售数量会降低到750件。

要求：计算J、K两种产品的需求弹性。

解：依据已知信息，可以直接将有关数据代入6.4.8式，计算得出需求弹性。其中，

$$J产品的需求弹性Ep = \frac{(180 - 200) \div 200}{(25 - 20) \div 20} = -0.4$$

$$K产品的需求弹性Ep = \frac{(750 - 900) \div 900}{(6.8 - 6) \div 6} = -1.25$$

调价后J产品的销售收入变动值=25×180−20×200=+500（元）

调价后K产品的销售收入变动值=6.8×750−6×900=−300（元）

可以看出，产品的需求弹性不同，适合的调价方向会有所不同，提高价格对产品销售收入的影响也有所差异。在本例中，J产品的需求弹性|Ep|<1，适合调高价格。在价格从20元提高到25元后，企业的销售收入增加500元，从而验证了调高J产品价格决策的正确性。相反，K产品的需求弹性|Ep|>1，不适合调高价格，而适合调低价格，在反其道而行之时，即将K产品的价格从6元提高到6.8元时，企业的销售收入会相应减少300元。

3.基于利润无差别点的调价决策方法

【例 6-15】

当某公司生产经营的Z产品的售价为200万元/件时，可以实现销售量500件，固定成本20 000万元，单位变动成本为130万元/件，实现利润15 000万元。假定企业现有最大产能为1 400件。

要求：利用利润无差别点法评价以下各不相关条件下的调价方案的可行性。

（1）若将售价调低为180万元/件，预计市场容量可达800件。

（2）若将售价调低为150万元/件，预计市场容量可达1 200件。

（3）若将售价调低为150万元/件，预计市场容量可达到2 100件，但企业必须追加5 000万元固定成本才能具备生产2 100件产品的能力。

（4）若将售价调高为210万元/件，只能争取到300件订货（剩余产能无法转移）。

（5）调价水平与销量情况同（4），但剩余产能可以转移。可获贡献边际11 000万元。

解：（1）利润无差别点销量=（20 000+15 000）÷（180−130）=700（件）

最大产能1 400件>预计市场容量800件

可望实现销量800件>利润无差别点销量700件

因此，应当考虑调价。

（2）利润无差别点销量=（20 000+15 000）÷（150−130）=1 750（件）

最大产能1 400件<利润无差别点销量1 750件

可望实现销量1 200件<利润无差别点销量1 750件

因此，不应调价。

（3）利润无差别点销量=（20 000+5 000+15 000）÷（150−130）=2 000（件）

最大产能=预计市场容量=2 100件

可望实现销量2 100件>利润无差别点销量2 000件

因此，应当考虑调价。

（4）利润无差别点销量=（20 000+15 000）÷（210−130）=437.5（件）

最大产能1 400件>预计市场容量300件

可望实现销量300件<利润无差别点销量437.5件

因此，不应调价。

（5）利润无差别点销量=[20 000+（15 000−11 000）]÷（210−130）=300（件）

最大产能1 400件>预计市场容量300件

可望实现销量300件=利润无差别点销量300件

因此，调价与否均可。

4.利润增量法在调价决策中的应用

如果调价不会直接涉及成本水平，且最大生产能力可以满足调价需求，又不能转移，则可通过计算调价后的利润增量来判断调价方案的可行性，这种方法称为利润增量法。

设调价前的单价为p，销量为x，单位变动成本为b，拟调单价为p′，调价后期望可实现销量为x′，则利润增量ΔP可按下式计算：

ΔP=调价后贡献边际的变动额+可按调价前销量计算的销售收入变动额

$=(p'-b)\cdot\Delta x+\Delta p\cdot x$

式中，$\Delta x=x'-x$为销量变动量，$\Delta p=p'-p$为价格变动量，ΔP为利润增量。

当调低价格时，$\Delta x>0$，$\Delta p<0$。若$\Delta P>0$，即调价增加的贡献边际额大于因调价而减少的销售收入，则调价有利可图；否则若$\Delta P<0$，调价不可行。

当调高价格时，$\Delta x<0$，$\Delta p>0$。若$\Delta P>0$，即调价增加的销售收入大于调价减少的贡献边际额，方案可行，反之则不可行。

总而言之，利润增量法是通过判断ΔP是大于零还是小于零来取舍调价方案的。

此法不仅可以进行调价可行性分析，还可以提供调价前后效益变动情况，有较大的使用价值，但它只适用于成本不变的情况，故有一定的局限性。

【例6-16】

仍按例6-15资料中有关内容及第（1）和第（4）两种调价方案。

要求：用利润增量法进行调价决策。

解：在调价方案（1）中：p=200，p′=180，x=500，x′=800

$\Delta x=x'-x$=800−500=300（件）

$\Delta p=p'-p$=180−200=−20（万元）

$\Delta P=(p'-b)\cdot\Delta x+\Delta p\cdot x$=（180−130）×300−20×500=5 000（万元）>0

故该调价方案可行。

在调价方案（4）中：p=200，p′=210，x=500，x′=300

$\Delta x = x' - x = 300 - 500 = -200$（件）

$\Delta p = p' - p = 210 - 200 = 10$（万元）

$\Delta P = (p' - b) \cdot \Delta x + \Delta p \cdot x = (210-130) \times (-200) + 10 \times 500 = -11\,000$（万元）$<0$

因此，该调价方案不可行，否则会造成企业损失11 000万元。

（三）以特殊要求为导向的定价方法

在实践中，企业可能会为了满足一些特殊要求，采用特定的方法对产品进行定价。此类以特殊要求为导向的定价方法包括保本定价法、保利定价法等。

1.保本定价法

保本是企业生产经营的基本目标。此目标能否实现与产品价格是否达到应有水平息息相关。保本定价法就是为了确保企业保本目标的实现，在已知成本项目和预计销量的基础上计算得出产品售价的一种定价方法。此时确定的产品价格即为保本价格，用公式表示为：

$$\text{保本价格} = \text{单位变动成本} + \frac{\text{固定成本}}{\text{预计销量}} \tag{6.4.9式}$$

2.保利定价法

盈利是企业生产经营的重要目标，企业能否盈利、盈利多少都会受到产品价格的直接影响。保利定价法就是在已知目标利润、预计销量和相关成本指标的基础上，计算确定产品售价的一种定价方法。此时确定的价格即为保利价格，用公式表示为：

$$\text{保利价格} = \text{单位变动成本} + \frac{\text{固定成本} + \text{目标利润}}{\text{预计销量}} \tag{6.4.10式}$$

四、新产品的定价策略

如何对新产品进行定价，也是产品定价决策的重要内容之一。其中，新产品是指在市场上从未出现过或企业从未对外销售过的产品。由于没有销售过，企业往往缺乏来自消费者的对产品功能、特点的了解，也缺乏系统、完备的销售资料作为参考。同时，消费者对产品的需求程度也较难预测。因此，企业在对新产品定价时，往往采取试销的办法。通过在不同地区采用不同的价格对新产品进行尝试性销售，企业可以收集到消费者对新产品的市场反应信息，再对此类信息进行分析、计量、预测，能够科学地确定使企业的整体效益达到最优时的最终销售价格。在确定初始的销售价格时，往往可以采取撇脂定价、渗透定价和折中定价等策略。

（一）撇脂定价策略

撇脂定价策略是指在新产品投放市场初期制定较高的价格，获取较高的利润；随着市场和消费者的逐步认可和接受，以及同类竞争品的逐渐增多，逐步降低销售价格，又称先高后低策略。

撇脂定价策略能够保证企业在销售初期获得高额利润，在较短的时期内迅速收回成本。但初期丰厚的利润会引起大量竞争者加入该产品的生产销售中，高价难以持久。因此，撇脂定价策略是一种短期的定价策略，适用于同类产品的差异性较大、市场需求量大、需求弹性小、不易被仿制的产品。

（二）渗透定价策略

渗透定价策略是指在新产品投放市场初期制定较低的价格吸引顾客，之后随着消费认可度的提高、市场份额的扩大和竞争优势的增加而逐步提升价格，又称先低后高策略。

这种策略在销售初期带给企业的利润较低，但这一较低水平的利润能够有效排除竞争，后续也会持久地为企业带来经济效益。因此，渗透定价策略是一种谋求长期利益的定价策略，适用于与同类产品差别不大但需求弹性较大，易于仿制、市场前景光明的产品。

（三）折中定价策略

不难看出，撇脂定价策略和渗透定价策略各有利弊。实务中，不少企业会把两种策略结合起来使用，以扬长避短、优势互补，从而形成了一种新的定价策略——折中定价策略。

自测题6-4

这种策略将新产品销售初期的价格定得高低适中，既能吸引顾客，又有利于开拓市场、增加市场份额，还能确保企业能够在较短时期内弥补资本投入的高成本，进而最终实现顾客和企业的双赢。

【本章小结】

决策是组织或个人为了实现某一特定目标，在占有一定信息或经验的基础上，根据客观条件，提出各种备选行动方案。按照不同的标准，决策可分成不同的类别。决策通常包括以下几个步骤：确定决策分析目标；搜集信息，制订备选方案；选择最优方案；检查与控制。

短期经营决策是指决策结果只会影响或决定企业近期（一年或一个经营周期）运营实践的方向、方法和策略的决策。产能、相关收入、相关成本等都是短期经营决策的相关概念。

生产决策包括亏损产品决策、特殊订单决策、新产品开发的品种决策、半成品是否深加工的决策、零部件自制或外购的决策等。在进行生产决策时，需要考虑企业的已有产能是否饱和、产能可否转移并产生机会成本、是否存在专属成本等。

定价决策主要包括对新产品的定价和产品是否调价两类决策。影响产品定价决策的因素包括产品的价值、成本的消耗水平、消费者的需求、产品的生命周期、竞争对手的特点等。产品的定价方法主要包括以成本为导向、以市场需求为导向、以特殊需求为导向的定价方法等。关于新产品的定价策略，常见的有撇脂定价策略、渗透定价策略和折中定价策略等。

【复习思考】

1. 什么是决策？决策有哪几种分类？
2. 短期决策中常用的方法有哪些？各方案的适用条件是什么？
3. 什么是相关成本？常见的相关成本有哪些？
4. 什么是无关成本？常见的无关成本有哪些？
5. 企业的各类产能之间，如最大产能、正常产能、剩余产能、追加产能等，有何关系？

6. 对于不同需求弹性的产品，企业应当如何进行产品定价？如何根据新产品的不同特点，确定其定价策略？

【主要参考文献】

1. 陈爽英，井润田，龙小宁，等. 民营企业家社会关系资本对研发投资决策影响的实证研究［J］. 管理世界，2010（1）：88-97.

2. 冯巧根. 管理会计工具的创新——“十字型”决策法的应用［J］. 会计研究，2020（3）：110-127.

3. 熊焰韧，邱冠华. 管理会计决策中的框架效应初探——以转移定价决策为例［J］. 会计研究，2007（5）：67-72+96.

4. 徐宗本，冯芷艳，郭迅华，等. 大数据驱动的管理与决策前沿课题［J］. 管理世界，2014（11）：158-163.

5. 孙茂竹，支晓强，戴璐. 管理会计学［M］. 9版. 北京：中国人民大学出版社，2020.

6. 王满，耿云江. 管理会计［M］. 北京：人民邮电出版社，2016.

7. 吴大军. 管理会计［M］. 6版. 大连：东北财经大学出版社，2022.

引导案例分析要点

第七章

长期投资决策

【学习目标】

本章主要阐述长期投资决策的相关概念、类型和决策程序，介绍现金流入量、现金流出量和净现金流量的估算方法，以及单一方案和多方案的决策方法。通过对本章内容的学习，学生需要达到以下目标：

1. 了解和掌握长期投资决策的基本概念。
2. 运用所学方法对投资项目进行净现金流量估算。
3. 运用所学方法对单一方案进行评价和筛选。
4. 运用所学方法对互斥方案和排队方案做出决策。

【本章主要内容导图】

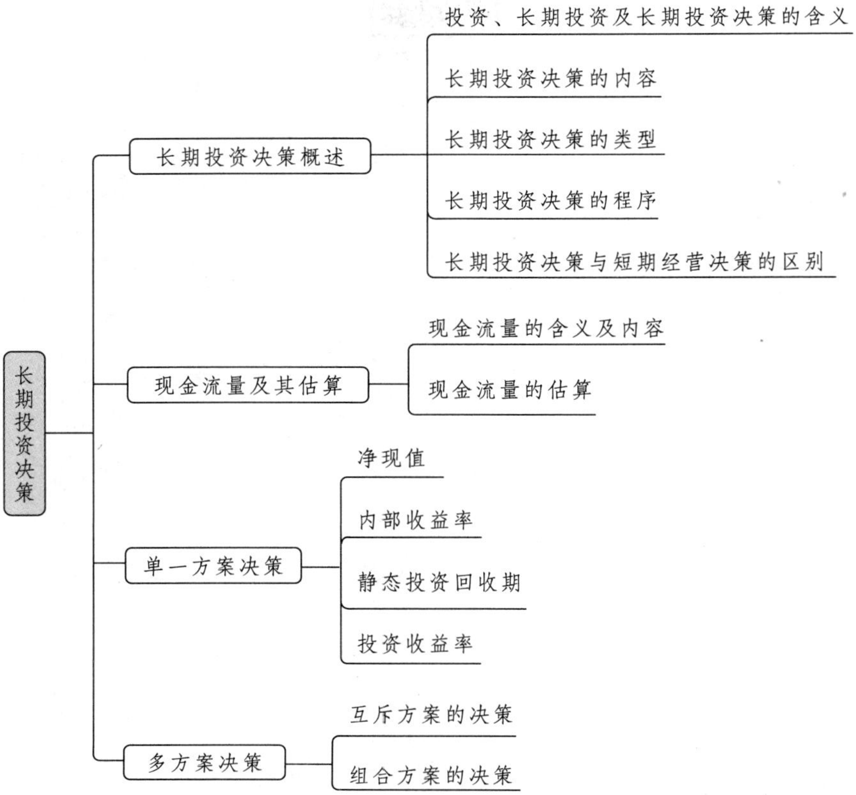

【引导案例】

中国制造“踢进”世界杯

卡塔尔世界杯期间，球衣、纪念足球等周边产品绝大部分为中国制造。中国浙江义乌的多家生产厂商加班加点，在短时间内完成了大额订单的需求。如果现有产能有限，即使工人加班，也依然存在产能瓶颈。面对世界杯期间快速增长的市场需求，企业应如何做出选择？

资料来源：覃澈.50天赶工10万个足球，义乌制造“踢进”世界杯［EB/OL］.（2022-10-28）. https：//baijiahao.baidu.com/s？id=1747833629983950906&wfr=spider&for=pc.

问题：

（1）企业扩充产能的方式有哪些？

（2）某企业采用半自动生产线生产相关周边产品，如果企业想提高产能，将半自动生产线替换为全自动化的生产线，需要考虑哪些因素？

第一节　长期投资决策概述

本节介绍长期投资决策的概念、内容，长期投资决策的类型、决策的程序以及长期投资决策具有的高风险特征。

一、投资、长期投资及长期投资决策的含义

投资（investment）一词在经济学、金融学中均有相似的含义，是指通过付出一定形式的资本，以期在未来一段时期内获得相对稳定的收益的过程。本章中所讲授的长期投资（long-term investment），则是将投资的范畴限定在以企业为投资主体，通过付出一定的资本，购置固定资产，或对现有固定资产进行更新改造，或是进行特定的项目投资，以期在未来较长的时期内能够为企业带来更多收益的活动。对这类投资活动进行的决策，被称为长期投资决策（long-term investment decision）。较长时期通常指一年以上。在进行长期投资决策时，通常假定企业已具备投资所需资金，管理者需要判断项目是否值得投资，对不同的投资项目进行评价和筛选。比如，汽车企业考虑是否将旧的生产线关停处理，重新建设一条新能源汽车生产线。管理者需考虑和比较未来投产后销售新能源车和处置旧生产线的收益与新生产线的投入。管理会计需要采用科学的方法对投资项目进行评价，做出科学的投资决策。

长期投资会纳入企业的专门决策预算——资本预算，因此，长期投资决策又被称为资本预算决策（capital budgeting decision）或资本支出决策（capital expenditure decision）。

【学思践悟】社会主义市场经济基本特征之——市场与政府的作用

企业是社会主义市场经济的重要主体，也是国民经济运行过程中的重要参与者。企业的投资决策，一方面要符合市场经济运行规律，以为企业创造更多价值、带来更多经济效益为决策依据；另一方面，在国家的宏观调控政策、产业政策的引导下，企业在进行投资决策时也会将资金投入国家重点扶持和发展的关键行业、关键领域，比如人工智能、量子计算、新能源、环保产业等，补齐制造业短板，实现高质量发展。而后者恰恰体现了社会主义市场经济的基本特征之一：使市场在资源配置中起决定性作用，同时要更好地发挥政府的作用。

二、长期投资决策的内容

长期投资决策通常主要涉及以下两种情形：

与新增产能有关的决策：企业是否通过购置或租赁方式取得新的厂房、机器设备等固定资产，以达到增产的目的。

对现有产能更新改造的决策：企业是否通过对现有固定资产进行更新改造以提高生产效率或降低成本，比如引入升级的新设备替换原有旧设备，或者采用新技术和新工艺以达到降本增效、扩充现有产能的目的。

三、长期投资决策的类型

根据长期投资决策备选方案的数量，可以将长期投资决策类型分为两种：单一方案决策和多方案决策。

单一方案决策，即接受或拒绝方案决策，指的是投资决策的备选方案只有一项。此时，企业需要通过一定的方法判断应接受或拒绝该方案。

多方案决策，即企业面临的备选方案有两种或两种以上。多方案决策又根据各个方案之间的关系分成互斥方案和组合方案。互斥方案通常指企业在较为严格的资源约束条件下，在若干个备选方案中选择一项相对最优的投资方案。组合方案是指企业能够在若干个备选方案中选择至少两种投资方案，此时，需要将备选方案按照一定的标准进行排序，进而做出选择。我们将在本章的第三、第四节详细阐述上述两种决策类型的决策方法。

四、长期投资决策的程序

长期投资决策涉及金额较大、风险较高，因此在决策时需要遵循以下步骤：

1.提出备选方案

投资方案可以由企业各部门的负责人，如成本中心或利润中心的经理提出备选的投资方案。方案需符合公司整体的发展战略。

2.评估备选方案的现金流量

提出备选方案的管理者需对项目预计持续期间内的现金流量进行客观、科学的估算，便于后续的评价和筛选。

3.项目的评价与筛选

基于估算的现金流量，对各个备选方案进行评价和筛选。企业的资源有限，针对长期投资决策，尤其是涉及投资金额较高的决策需格外慎重，这类决策通常是由企业的高层管理人员做出判断。除了运用投资决策评价指标进行方案的财务可行性分析外，在企业的实际决策中，也要根据外部宏观环境、产业政策、公司战略、经营方向、市场发展状况以及对环境的影响等综合选择相对更优的投资方案。

4.项目实施

筛选出的方案会进入实施阶段。为了保证项目顺利实施，在实施过程中可能会涉及再次购建资产、雇用新员工等。

5.项目的事后审计

项目的事后审计通常是在项目实施后的一年或更长一段时间之后。审计内容包括对项目初始投资方案中的资金运用、现金流量估算的准确性进行复核，以及报告项目的实施进展。

五、长期投资决策与短期经营决策的区别

同为企业的决策，长期投资决策与短期经营决策具有许多不同点。第一，决策内容不同。短期经营决策的主要内容是与企业日常经营相关的生产决策和定价决策，长期投资决策则是围绕企业是否新增固定资产或设备更新改造进行决策。第二，投入金额不同。短期经营决策主要涉及营运资金的运用，长期投资决策通常涉及较高的投资金额，无论是购置固定资产、无形资产，还是对现有固定资产进行升级改造，都要求企业付出较多的资金，导致大额现金流出企业。第三，决策对象的规划期长短不同。短期经营决策涉及的决策规划期通常在一年以内，而长期投资决策时间跨度较长，固定资产在购置后或改造升级后，企业期望能在未来一段期间内获得持续稳定的收益。较高的投资金额需要相对较长的时间收回。第四，决策的难易程度不同。短期经营决策针对短期的生产方式、产品类型或价格等做出相应决策，决策条件较为简单，且决策所需的信息比较容易预测；相反，长期投资的项目持续时间较长，对未来的成本、收益的预测难度较高，决策条件复杂，这导致长期投资决策的难度更高。第五，决策面临的风险不同。短期经营决策即使失败，在下一个经营周期及时调整，可以及时止损；而长期投资决策难度高、涉及金额巨大，一旦出现失误，会对企业造成巨大损失，甚至会直接影响企业经营的成败。

自测题 7-1

【学思践悟】产业政策与企业长期投资决策

产业政策是指为了实现一定的经济和社会目标，由国家制定的，对产业的形成和发展进行干预和调节的各类政策的总和。产业政策旨在指引产业发展方向、协调产业结构、推动产业结构升级、促进国民经济高质量发展。党的二十大报告将信息技术、人工智能、生物技术、新能源、新材料、高端装备、绿色环保等战略性新兴产业作为大力推动发展的新的经济增长引擎。

2022年11月1日，工业和信息化部等五部门联合发布《虚拟现实与行业应用融合发展行动计划（2022—2026年）》，其中明确提出，到2026年，我国虚拟现实产业总体规模

将超过3 500亿元。“在政策助推下，虚拟现实产业有望迎来爆发式增长，面对这一新的增量市场，产业链上的一系列环节将获得快速增长，同时，虚拟现实赛道也为企业带来价值重塑的机会，在当前阶段抢得先机者，有机会在产业价值链中占据上风。”歌尔股份、中国联通、科大讯飞等相关公司都在加大研发与布局、主动切入到虚拟现实产业之中。产业政策为企业长期投资决策提供了指引和方向。

资料来源：新浪财经.政策助推虚拟现实产业加速发展 上市公司掘金新增量市场［EB/OL］.（2022-12-05）.https：//baijiahao.baidu.com/s？id=1751339575210177280&wfr=spider&for=pc.

第二节 现金流量及其估算

本节介绍现金流量的含义、内容、估算方法，并通过案例说明长期投资项目现金流入量和流出量的估算过程。

一、现金流量的含义及内容

（一）现金流量的含义

在长期投资决策中，备选方案产生的成本与收益会持续数年，在评估长期投资项目时，通常采用现金流入量和现金流出量代表备选方案每年产生的收益和成本。在项目从起始到终结期间内每年产生的现金流入量和现金流出量统称现金流量（cash flow，CF）。

在长期投资决策中采用现金流量，而不是用权责发生制下的收入、成本和利润来评价项目的未来表现主要出于以下原因：

第一，权责发生制的核算比收付实现制更复杂。在权责发生制下，成本中包括固定资产的折旧和无形资产的摊销，需要对折旧和摊销的方法、使用年限、残值等进行估算，增加了项目预测的难度和复杂性。

第二，现金流量更能反映项目的真实收益。权责发生制下利润的大小会受会计政策和方法选择的影响，更易被操控。相比利润，现金流量不受会计政策和方法选择的影响，更能够反映项目的真实表现。

第三，利用现金流量评价投资项目的可比性更强。现金流量的估算不涉及会计政策的选择，因此，在对多个备选项目进行评价和筛选时，用现金流量计算的评价指标更具有可比性。

【拓展知识】货币的时间价值

第四，现金流量与货币时间价值中“货币”的概念更贴合。由于存在货币的时间价值，在进行项目评价时，需将项目的投入以及未来各期的产出剔除单纯由时间积累产生的价值，还原为不包含货币时间价值的原始价值 。相比利润，现金流量更符合货币时间价值中“货币”的概念。因此，现金流量优于收入、成本和利润。

关于货币时间价值的概念，在【拓展知识】二维码中有更详细的阐述。

（二）现金流量的内容

现金流量包括现金流出量和现金流入量。现金流出量（cash outflow，COF），即在长期投资决策开始至结束清理的持续过程中发生的各类现金流出量的总称，通常以负数表示。现金流入量（cash inflow，CIF），即在长期投资决策开始至结束清理的持续过程中发生的各类现金流入量的总称。现金流出量和现金流入量包含以下内容：

1.现金流出量的内容

长期投资项目至少涉及以下两类现金流出量，初始投资和项目的经营成本。如果考虑项目预期利润产生的所得税，现金流出量还应包括所得税。每类现金流出量的含义及估算方法如下：

（1）初始投资。初始投资主要有两种形式：一种形式是在项目初始阶段投入用于项目运营的各类长期资产，包括购建固定资产、无形资产或其他长期资产，安装费、保障项目顺利投入运营的准备费和开办费等。另一种形式的初始投资是企业通常为新项目补充投入的营运资金。因此，初始投资具体包括固定资产投资、无形资产投资、准备费和开办费以及营运资本投资等。初始投资可能是一次性地在项目起点投入，也可能是在项目的最初几年分次投入。当企业开始进行初始投资时，意味着项目开始。初始投资如果是一次性投入，通常假设发生的时点是项目第一年的年初，如果是分次投入，除了第一次投入发生在第一年年初，即第0年，其余每次投入也假定发生在后续年度的年初或年末。

初始投资中的营运资本投资，也叫流动资金投资。营运资本（working capital）是流动资产与流动负债之差，也可称为流动资金。营运资本投资通常发生在项目建设完毕，正式投入生产运营的前几年。营运资本投入项目之后，会在项目中循环周转使用，前期累计投入的营运资本会在项目结束时释放出来，形成一项现金流入量。根据营运资本的含义，用每年项目预计的流动资产减去流动负债，可以估算出项目每年所需的营运资本。同时，由于前期已经投入的营运资本可以在项目中循环使用，之后每年需要补充的营运资本投资额等于每年需要的营运资本（流动资产-流动负债）减去前期已经累计投入的营运资本总额。用公式表示为：

每年营运资本需用额=当年流动资产-当年流动负债　（7.2.1式）

每年营运资本投资额=每年营运资本需用额-截至上一年累计营运资本投资额　（7.2.2式）

（2）项目的经营成本。项目的经营成本是指项目在运营的过程中必然发生的对材料、人力资源的消耗，即日常导致现金流出的各类成本，以及固定资产使用过程中可能定期发生的维修支出等。估算经营成本主要包括采购的原材料，支付的工资、水电费、采暖、房租，支付的固定资产维修费，以及其他能够引起现金流出的其他日常经营支出。

（3）所得税。项目经营产生的利润预计会增加上缴的企业所得税。因此，当估算所得税后的净现金流量时，需要根据项目每年预计产生的息税前利润估算出所得税费用，作为一项现金流出量，从净现金流量中扣除。

2.现金流入量的内容

长期投资项目涉及的现金流入量，包括项目为企业带来的新增的营业收入、固定资产残值收入，项目投入使用后通过提高生产效率节约的成本，以及项目结束时营运资本的回收。

（1）新增的营业收入。项目建成并运营后，预期会增加企业的收入或者减少成本。比如，扩充产能、新增生产线会为企业增加收入；更新改造现有固定资产，提高生产效率，提高产量，也会为企业带来新的收入。这些新增收入会为项目带来现金流入量。

（2）固定资产残值收入。在长期投资项目中，在两种情况下会发生变卖固定资产取得的残值收入。一类是对旧有固定资产进行更新改造时，变卖旧有固定资产取得的残值收入。另一类通常是在项目结束清理时，将项目中的固定资产处置、变卖后取得的残值收入。

（3）节约的成本。当投资项目涉及变卖旧资产同时购建新资产，新资产可能具有生产效率高、能耗低等优点，在投入使用后较旧资产能够为企业节约成本。从现金流的角度看，降低成本等价于增加收入，因此，成本的节约额也是一项现金流入量。

（4）营运资本的回收。现金流出量中的营运资本投资，是在项目有关的流动资产大于流动负债，需要补充营运资本时投入的。而累计投入的营运资本会在项目中循环使用，直到项目结束清理时全部收回。如当企业在项目结束时将所有剩余原材料、产品出售，将应收账款收回、应付账款结清后剩余的资金。因此估算营运资本的回收额，将前期累计投入的营运资本加总即可。营运资本的回收发生在项目终结点。

二、现金流量的估算

（一）估算现金流量的假设

在估算备选方案的现金流量时，为了便于统一口径以及降低估算的难度，需遵循以下假设：

1.净现金流量产生的时点假设

在估算现金流量时，假设现金流入量与现金流出量均发生在项目起始到终点期间内每年的年初或年末。实际上，除了各类投资、项目结束时营运资本的回收额以及固定资产残值收入发生在特定时点，其他的现金流量均是经过一段时期的积累产生的，比如新增营业收入或经营成本。但为了便于现金流量的估算以及后续相关评价指标的计算，假定各类现金流量均发生在年初或者年末。比如，新增的营业收入和维持项目运营所发生的成本均假设发生在当年的年末。

2.全投资假设

全投资假设是指在确定项目的现金流量时，只考虑全部投资的资金运动情况，而不按资金来源将资金具体区分为自有资金或借入资金。即使项目涉及借入资金，也将其作为自有资金对待。具体体现在估算现金流出量的经营成本时，不考虑借款利息支出。这一假设的目的是可以让使用不同资金来源的投资项目具有可比性。

（二）现金流量的估算举例

接下来，我们以A公司在经营中面临的长期投资决策为例，分析并估算其投资项目预计可能发生的现金流量。

【例7-1】

A公司现有一台生产设备购置于五年前，用于生产甲产品。该设备现有的最大年产能为10 000件，仍可继续使用5年，5年之后无残值。随着产品销路不断拓宽，近两年市场对甲产品的需求持续上涨。但受限于现有设备产能，A公司无法进一步提高产量以满足市场需求。为了增产扩销，A公司现可选择两种方案提高现有产能：

方案一：购入一台与原设备相同的生产设备，扩充现有设备的生产能力。购入一台相同的新设备需投入5 000 000元。该设备需花费安装费150 000元。新设备年最大产能与原设备相同。生产每件甲产品所消耗的原材料、支付生产工人的工资以及燃料、动力费为120元。

方案二：将现有设备出售，同时购入一台拥有较高产能和生产效率的先进设备替代原有旧设备。先进设备需投入8 000 000元，不需要安装费用。先进设备最大年产能为22 000件。由于新设备采用了先进技术，减少了原材料的消耗，同时提高了生产效率，采用先进设备生产一件甲产品的原材料单耗、人工成本、燃料和动力费比使用旧设备生产节省30元，即90元/件。新设备投产前还需发生30 000元的操作工人培训费。

假设两种设备的初始投资都是在年初一次性投入。当年即可安装完毕并开始投入生产。两种设备的预计使用年限均为5年，期末的残值率均为1%。旧设备变卖取得收入500 000元，目前的账面价值为600 000元。甲产品的销售单价为300元。两个方案都需要在第一年年初投入营运资本100 000元。预计未来五年每年的市场需求量均为20 000件。

要求：分别估算两种投资方案可能发生的现金流量。

解：方案一的现金流量估算：

在估算项目的现金流量时，首先，需要确定项目的起止时间。我们通常以企业开始投资作为项目的起点，以项目清理结束为终点。起点与终点的时间间隔称为项目计算期。方案一是购入一台与原设备相同的生产设备，计划使用5年。企业投资购入该设备时为项目的起始时点。设备在第五年年末停止使用，并处理、清算残值，因此第五年年末即为项目的终结点。该设备投入第一年开始生产，因此，项目计算期为5年。

其次，在项目计算期内，估算各时点可能发生的各类现金流入量和流出量。根据估算现金流量的假设，所有的现金流入量和流出量均发生在期初和期末。在第一年年初，即第0年，企业投入初始投资，其中，固定资产投资5 000 000元，安装费150 000元，垫支的营运资本投资100 000元，因此，第一年年初的现金流出量为：

$COF_0 = -5\,000\,000 - 150\,000 - 100\,000 = -5\,250\,000$（元）

新设备第一年即投产使用。根据资料中的假设，新设备每年需补充生产10 000件产品（原设备生产10 000件，两台设备合计生产量等于市场需求量）。在5年的使用期间里，新设备增加了企业的营业收入。根据假设，该营业收入视为每年年末的现金流入量：

$10\,000 \times 300 = 3\,000\,000$（元）

设备生产过程中必然消耗的材料、人力、燃料和动力等是项目运营期间发生的经营成本。根据假设，该增加的成本视为每年年末的现金流出量：

$10\,000 \times 120 = 1\,200\,000$（元）

在第五年年末，新设备将被出售并取得残值收入。残值收入也是现金流入量。残值收入为：

$5\,000\,000 \times 1\% = 50\,000$（元）

在第五年年末，初始投入的营运资本投资会被收回，产生现金流入量100 000元。

值得注意的是，在估计方案一的现金流量时，没有将旧设备继续生产取得的营业收入、发生的营业成本包括在内，这是因为不管是否采用方案一，旧设备创造的收入与消耗的成本都不会发生变化，即不受新方案的影响，这类收入和成本被称为无关收入和无关成本，因此，不需要纳入方案一的现金流量的计算中。

方案二的现金流量估算：

方案二项目的计算期与方案一相同。在方案二中，企业将旧设备变卖，并购入一台先进设备，使用年限也是5年。根据资料，在项目开始，即第0年时，企业发生固定资产投资8 000 000元，变卖旧设备取得的收入为500 000元。同时，为了使生产工人熟悉先进设备的操作，发生员工培训费30 000元，营运资本100 000元假定也发生在第0年，因此，第一年年初的净现金流出量为：

$COF_0 = -8\,000\,000 + 500\,000 - 30\,000 - 100\,000 = -7\,630\,000$（元）

先进设备在购入第一年即投产使用，每年可按市场需求量20 000件生产。在估算收入相关的现金流量时，我们只估算投产后新增的现金流量。也就是说，与继续用旧设备生产相比，采用方案二能够增加多少现金流入量或者现金流出量。这样做的原因与方案一估算现金流量时一致：在决策时应只考虑与决策相关、受决策影响的相关现金流量。不仅如此，这样估算出的现金流量与方案一的现金流量估算口径一致，更便于后续进行互斥方案的比较和选择。

基于以上原因，采用方案二，项目期内每年增加的营业收入为：

$10\,000 \times 300 = 3\,000\,000$（元）

其中，“10 000”件为在原有产能基础上新增的产量。

每年新增10 000件产品所需的经营成本为：

$10\,000 \times 90 = 900\,000$（元）

同时，先进设备降低并节约了成本单耗，按原有产能生产的10 000件产品，每件也能够节约30元的经营成本。成本的节约被视为现金流入量：

$10\,000 \times 30 = 300\,000$（元）

在第五年年末，先进设备将被出售并取得残值收入。旧设备如继续使用，无残值收入，因此，使用先进设备新增的残值收入为：

$8\,000\,000 \times 1\% = 80\,000$（元）

同样地，在第五年年末，初始投入的营运资本投资会被收回，产生现金流入量100 000元。

我们将方案一与方案二项目期间内的现金流量列示在表7-1中：

表7-1　**A公司设备投资各方案的相关现金流量汇总表**　单位：元

项目 / 年份	现金流量内容	方案一	方案二
第0年	固定资产投资	-5 000 000	-8 000 000
	营运资本投资	-100 000	-100 000
	旧设备变卖收入	0	500 000
	员工培训费	0	-30 000
	设备安装费	-150 000	0
第1年~第4年	新增的营业收入	3 000 000	3 000 000
	新增的经营成本	-1 200 000	-900 000
	节约的经营成本	0	300 000

续表

年份＼项目	现金流量内容	方案一	方案二
第5年	新增的营业收入	3 000 000	3 000 000
	新增的经营成本	-1 200 000	-900 000
	节约的经营成本	0	300 000
	残值收入	50 000	80 000
	营运资本的回收	100 000	100 000

从两个方案的现金流量汇总表可以看出，在项目初始阶段，企业需投资购建各类固定资产、发生保障固定资产正常投入使用的安装费、培训费、准备费等，以及为了补充运营初期的流动资产发生的营运资本投入。在资产投入使用开始产生经济效益后，主要的现金流量包括新增的营业收入、新增的经营成本，以及可能由于新设备提高效率节约的经营成本等。在项目最后一年年末，除了取得收入、发生成本以外，可能会有两项现金流入量，一是将项目中的固定资产变卖取得的残值收入，二是项目初始阶段投入的营运资本会在项目终结时收回。

（三）净现金流量的计算

从前面的例子中我们可以看出，在项目计算期内的各个时点上，既可能发生现金流入量，也可能发生现金流出量。为了便于后续对单一方案或多方案进行投资决策，我们需计算出净现金流量，以此作为后续评价和比较各投资方案的基础。

净现金流量（net cash flow，NCF），是项目每年的现金流出量与现金流入量的代数和。根据长期投资项目的现金流量特征，在项目建设的初始阶段，项目的净现金流量通常为负数，原因是初始投资通常发生在此时期。在项目开始运营并产生收益后，净现金流量通常会由负转正。在经营过程中，也可能发生现金流出量超过现金流入量，净现金流量为负的情况。

根据净现金流量的定义，净现金流量的计算公式为：

$$NCF_n=CIF_n+COF_n \qquad (7.2.3式)$$

其中，下标n表示第n年年末，CIF_n和COF_n分别表示第n年年末的现金流入量和现金流出量。COF_n通常以负数表示，因此，NCF_n的正负取决于COF_n相较于CIF_n的大小。

【例7-2】

沿用例7-1的资料。

要求：分别计算两个方案各年的净现金流量。

解：两个方案各年的净现金流量计算见表7-2。

表7-2　**A公司设备投资方案年净现金流量汇总表**　单位：元

项目＼方案	方案一	方案二
NCF_0	-5 250 000	-7 630 000
NCF_1~NCF_4	1 800 000	2 400 000
NCF_5	1 950 000	2 580 000

两个方案第0年的净现金流量为负，因为所有的初始投资和营运资金投入都发生在这一时点；每个方案第1年至第4年的净现金流量相等，原因是这四年的现金流入量和现金流出量都不变；第5年的净现金流量大于第1年至第4年，原因是第5年年末项目终结清理，产生了固定资产残值收入和收回营运资金两项现金流入量。

（四）考虑所得税的情况

在例7-1中，估算两个方案的现金流量时没有考虑项目对所得税产生的影响，因此表7-2中计算的净现金流量是所得税前的净现金流量。当企业因投入的项目获得更多的利润时，会增加其应缴纳的所得税。企业缴纳所得税会导致资金流出。如何估算所得税的现金流出量，又应该如何计算所得税后的净现金流量呢？

【例7-3】

在例7-1中补充条件如下：企业的所得税税率为25%，考虑所得税的影响。

要求：分别估算两个方案的所得税后净现金流量。

解：企业的所得税费用可以用税前利润乘以所得税税率进行估算。项目的经营成本中没有财务费用，因此，我们用息税前利润（earnings before interest and taxation，EBIT）乘以所得税税率，可以估算出项目与产生的利润相关的所得税。此外，变卖旧设备的收入低于旧设备的账面价值，发生的损失可以抵减所得税，相当于减少现金流出，即增加了现金流入。我们用每年的营业收入减去各项付现成本、费用和非付现折旧费、摊销费等，得到息税前利润，再计算所得税税额。

方案一的设备年折旧额$=\dfrac{(5\,000\,000+150\,000)\times(1-1\%)}{5}=1\,019\,700$（元）

其中，方案一中设备的原值包含了投产前的安装费。

方案二的设备年折旧额$=\dfrac{8\,000\,000\times(1-1\%)}{5}=1\,584\,000$（元）

如继续使用原设备的年折旧额$=\dfrac{500\,000}{5}=100\,000$（元）

方案二新增的年折旧额=1 584 000−100 000=1 484 000（元）

其中，继续使用原设备的年折旧额提前处置的收入500 000元作为原值进行计算，原设备继续使用5年后无残值。

方案一和方案二第1~5年各年的息税前利润：

$EBIT_1$=3 000 000−1 200 000−1 019 700=780 300（元）

$EBIT_2$=3 000 000−900 000+300 000−1 484 000=916 000（元）

其中，采用先进设备生产，每件产品的材料、人工等单耗能够节省30元，因此，按原有产能生产的10 000件产品共节省300 000元经营成本，增加了营业利润。

方案一和方案二第1~5年各年所得税税额：

Tax_1=780 300×25%=195 075（元）

Tax_2=916 000×25%=229 000（元）

此外，方案二变卖旧设备的收入低于其账面价值，发生了资产处置损失，可以抵减所得税，相当于在第0年产生了一项现金流入量：

（800 000−500 000）×25%=75 000（元）

将第0年的抵减所得税加入方案二的净现金流量，将其余各年因所得税导致的现金流出量从方案一和方案二的净现金流量中去掉，得到两个方案经所得税调整后的净现金流量，见表7−3。

表7−3　**A公司设备投资方案年所得税后净现金流量汇总表**　单位：元

方案 项目	方案一	方案二
NCF_0	−5 175 000	−7 555 000
NCF_1~NCF_4	1 604 925	2 171 000
NCF_5	1 754 925	2 351 000

比较表7−2和表7−3可以发现，所得税对项目净现金流量的影响包括两个方面：一是当期初变卖旧设备发生损失时，净损失抵减了所得税，引起现金流入；二是在项目开始投产运营后，每年因项目创造的利润产生的所得税会调减当年的净现金流量，此时，所得税后各年净现金流量低于所得税前的净现金流量。

自测题7−2　　　　计算业务题

第三节　单一方案决策

备选的投资项目只有一项的决策称为单一方案决策。当企业可选的方案只有一项时，企业需做出的决策是接受或者拒绝该方案。企业需根据长期投资决策的一系列评价指标，事先确定接受某项方案的标准，如果备选方案达到相应标准，便可接受并执行该方案。用于筛选、评价投资方案的指标均为财务指标，且评价主要是从财务角度判断项目的投资回报情况。因此，我们将单一方案的筛选、评价过程称为项目的财务可行性分析。当然，不论企业进行何种决策，财务因素都是决策需考虑的重要因素，但并不是唯一因素。企业的管理层在决策时，战略、竞争环境、宏观政策等其他非财务因素也同样重要，应纳入考量。同样的，当企业面临两个以上的方案进行决策时，在比较各方案的优劣之前，企业也需根据前述方法，先筛选出符合企业投资条件且具备财务可行性的方案，剔除不符合条件的方案，并根据剩余方案的情况进行互斥或者组合方案的决策。

在本节中，我们将介绍用于长期投资项目财务可行性分析的各类指标，并比较和评价指标的优缺点。具体的评价指标包括净现值、内部收益率、获利指数、静态投资回收期和投资收益率等。其中，净现值、内部收益率在计算过程中考虑了货币时间价值，因此可以作为评价备选方案的先行指标，静态投资回收期、投资收益率没有考虑货币时间价值，可作为辅助性的参考指标。

一、净现值

(一)净现值的定义

净现值(net present value,NPV)是计算项目计算期内各个时点取得的现金流入量和现金流出量的现值合计,即计算出二者的现值代数和,以此来评价和筛选可投资的项目。我们已经学习了净现金流量的概念,因此,净现值也可理解为项目在计算期内各个时点的净现金流量的现值合计。

(二)计算净现值的有关假设

任何的决策模型都是建立在事先确定的假设基础上的。计算净现值并进行投资决策通常基于如下几个假设:

1.时点假设

在计算净现值时,第一个假设与估算现金流量的假设一致,即除了初始投资发生在第一年年初外,项目以后年度的各年现金流量均发生在每年的年末。时点假设的目的是便于简化现金流量折现的计算过程。

2.再投资假设

再投资假设假定投资项目产生的所有现金流量随即会按照与折现率相等的收益率进行再投资。再投资假设的目的是确保净现值的计算方法成立。

3.确定现金流假设

确定现金流假设是假定项目计算期内估算出的现金流是确定的。在对项目进行测算和估计时,假设能够准确预测项目的起止年限、各年的经营成果以及资金耗用情况等。设立该假设的主要目的是降低决策难度。

(三)净现值的计算

1.净现值的理论公式

净现值等于项目各期现金流入量和现金流出量的现值合计,因此得出公式:

$$NPV=\frac{COF_0}{(1+i)^0}+\frac{CIF_0}{(1+i)^0}+\frac{COF_1}{(1+i)^1}+\frac{CIF_1}{(1+i)^1}+\frac{COF_2}{(1+i)^2}+\frac{CIF_2}{(1+i)^2}+\cdots+\frac{COF_{n-1}}{(1+i)^{n-1}}+\frac{CIF_{n-1}}{(1+i)^{n-1}}+\frac{COF_n}{(1+i)^n}+\frac{CIF_n}{(1+i)^n} \quad (7.3.1式)$$

其中,COF_0,COF_1,…,COF_{n-1},COF_n代表各期的现金流出量,CIF_0,CIF_1,…,CIF_{n-1},CIF_n代表各期的现金流入量,i代表将现金流入量和现金流出量折算成现值所采用的折现率,是指企业要求的项目应取得的必要报酬率或最低回报率,通常可采用行业基准折现率或企业的资本成本(cost of capital)作为必要报酬率。资本成本是指企业向为其提供资金的投资者和债权人补偿的最低回报率。

在计算出各期净现金流量的基础上,也可直接采用项目各期净现金流量的现值合计来计算NPV,具体公式为:

$$NPV=\frac{NCF_0}{(1+i)^0}+\frac{NCF_1}{(1+i)^1}+\frac{NCF_2}{(1+i)^2}+\cdots+\frac{NCF_{n-1}}{(1+i)^{n-1}}+\frac{NCF_n}{(1+i)^n} \quad (7.3.2式)$$

其中,NCF_0,NCF_1,…,NCF_{n-1},NCF_n代表项目各期的净现金流量。同样地,i代表

将净现金流量折算为现值所采用的折现率，通常是指企业要求的项目应取得的必要报酬率，或者是企业的资本成本。

2.净现值的简化公式

除初始投资外，如果项目各期产生的净现金流量相等，可以采用计算年金[1]现值的方法简化净现值的计算。假设从NCF_1开始，各期净现值相等，则计算公式为：

$$NPV=NCF_0+NCF_n\times\frac{1}{i}\left[1-\frac{1}{(1+i)^n}\right] \quad (7.3.3式)$$

其中，$\frac{1}{i}\left[1-\frac{1}{(1+i)^n}\right]$代表年金现值系数，即第1期到第n期的折现率之和。年金现值系数可根据期数和折现率在年金现值系数表中查找到对应的数值。

3.净现值应用举例

【例7-4】

仍沿用例7-1的资料。假设A企业的资本成本为10%。

要求：采用净现金流量折现的理论公式和简化公式来计算方案一的净现值，净现金流量采用所得税前的净现金流量计算。

解：采用净现金流量折现的理论公式计算方案一的净现值：

$$NPV_1=\frac{-5\ 250\ 000}{(1+10\%)^0}+\frac{1\ 800\ 000}{(1+10\%)^1}+\frac{1\ 800\ 000}{(1+10\%)^2}+\frac{1\ 800\ 000}{(1+10\%)^3}+\frac{1\ 800\ 000}{(1+10\%)^4}+\frac{1\ 950\ 000}{(1+10\%)^5}$$

$$\approx 1\ 666\ 554.38（元）$$

采用年金现值的简化公式，并通过现值系数表取得年金现值系数计算方案一的净现值：

方案一从第1年到第4年的净现金流量相等，可以视为年金，因此，也可以采用简化计算方法，将第1年到第4年用年金现值的计算方法，第5年单独折成现值。通过查阅年金现值系数表和复利现值系数表，可得折现率为10%、期数为4的年金现值系数为3.170；折现率为10%，第5期的复利现值系数为0.621。计算结果如下：

【视频展示】例7-4 NPV计算在Excel中的实现

$$NPV_1=\frac{-5\ 250\ 000}{(1+10\%)^0}+1\ 800\ 000\times\frac{1}{10\%}\left[1-\frac{1}{(1+10\%)^4}\right]+\frac{1\ 950\ 000}{(1+10\%)^5}$$

$$=-5\ 250\ 000+1\ 800\ 000\times3.170+1\ 950\ 000\times0.621=1\ 666\ 950（元）$$

两种方法计算结果存在差异的原因是查表所得的年金现值系数和复利现值系数保留了三位小数。两种方法的计算结果都正确。

4.利用Excel的自带函数计算NPV

在实际操作中，除了可以通过查找现值系数表中的系数计算各期净现金流量的现值，更简便的方法，是利用Microsoft Office办公软件Excel自带的净现值函数“NPV”计算净现值。具体的做法为：在Excel的表单中输入各年的净现金流量；在要显示结果的单元格

① 年金指在一段时间内一系列等额、时间间隔相等的收款项或付款项。

中输入"$=NCF_0+NPV$（i，NCF_1：NCF_n）"。其中，NPV为函数名，NCF_0是项目第一年年初的净现金流量，i为折现率，NCF_1：NCF_n是项目第1年到第n年每年年末的净现金流量。

（四）净现值的财务可行性判断标准

我们用净现值的计算结果对投资项目进行筛选，通常判定某个项目具备财务可行性的标准为：当净现值≥0时，项目具备财务可行性，值得投资，且项目实际收益率大于必要报酬率；当净现值<0时，应拒绝该投资项目，此时项目的实际收益率小于必要报酬率，不具备财务可行性。我们以此标准评价例7-1中的方案一，其净现值大于零，因此，具备财务可行性。当企业只有这一个方案时，可以选择投资。

（五）对净现值的评价

净现值是项目的现金流入在弥补完各类投资后，为企业带来的剩余价值，是能够直观反映某项目为企业创造价值多少的绝对量指标。净现值在评价投资项目财务可行性，以及后续的互斥方案、组合方案的决策中是首选的评价指标。净现值的优点在于，在计算过程中对项目计算期内全部的现金流量进行折现，并考虑了货币的时间价值对现金流量的影响，能够动态评价投资项目。净现值的另一个优势是可以通过选取不同的折现率，反映投资项目的风险大小。如项目预期风险较高，可以选择大于必要报酬率的折现率进行折现。这是其他评价指标无法实现的。我们将在第十一章中具体介绍通过调整折现率进行风险投资决策的方法。

尽管具有上述优点，净现值并不是一个完美的指标。净现值的主要不足在于，首先，必要报酬率或折现率的确定有难度，在实际测算时还需考虑通货膨胀以及其他风险因素，而风险因素又较难量化。这是理论模型在现实应用中会遇到的普遍难题。其次，虽然当净现值大于0时表示项目的回报率大于必要报酬率，但无法直接反映项目的实际收益率是多少，而下面介绍的内部收益率能够弥补净现值在这一点上的不足。

二、内部收益率

（一）内部收益率的定义

内部收益率（internal rate of return）是使项目的现金流出量的现值与现金流入量的现值相等时的折现率，即项目净现值为零时的折现率。根据此定义，IRR可以反映在下述公式中：

$$0=\frac{NCF_0}{(1+IRR)^0}+\frac{NCF_1}{(1+IRR)^1}+\frac{NCF_2}{(1+IRR)^2}+\cdots\cdots+\frac{NCF_{n-1}}{(1+IRR)^{n-1}}+\frac{NCF_n}{(1+IRR)^n} \qquad (7.3.4式)$$

其中，IRR出现在等式右边的分母中，将IRR计算出来的难度较高。

（二）内部收益率的计算

内部收益率在计算时也遵循有关现金流量的时点指标和确定的现金流假设。同样，内部收益率也有再投资假设，与净现值的再投资假设不同的是，内部收益率假设每年取得的现金流量会随即以与项目的内部收益率相等的收益率再投资。

1.内部收益率计算的一般方法

从内部收益率的定义可以看出，内部收益率并不能通过简单的计算得出，而是需要将不同水平的折现率依次代入计算净现值的公式，最终找到能够使净现值为零的折现率。我们将这种通过反复试错，最终确定符合条件的折现率的方法叫逐次测算法，也叫内插法。内插法的原理是在已知各年净现金流量的前提下，将不同的折现率代入计算净现值的公式，通过逐次测算，找到分别使净现值趋近于0，且分别大于0和小于0的两个折现率i_1和i_2，以及对应的两个净现值NPV_1和NPV_2，采用下面的公式计算出内部收益率：

$$IRR=(i_2-i_1)\times\frac{NPV_1}{(NPV_2-NPV_1)} \qquad (7.3.5式)$$

2.内部收益率计算的特殊方法

当满足以下条件时，可以用比较特殊的方法确定内部收益率：

（1）初始投资一次性在项目建设之初投入；

（2）项目计算期内除第0年外，各期的净现金流量相等；

（3）结束时没有残值收入以及营运资金回收额。

此时，可先根据项目的初始投资金额和各期等额的净现金流量计算出年金现值系数，再到年金现值系数表中查找对应的折现率，此时的折现率即为内部收益率。计算年金现值系数的公式为：

$$年金现值系数\ F=\frac{NCF_0}{NCF_{1\sim n}} \qquad (7.3.6式)$$

如果年金现值系数表中找不到对应的系数值和折现率，我们可以找到最接近计算出的现值系数的、邻近的两组折现率和系数值i_1、i_2、F_1、F_2，并通过以下公式进行计算：

$$IRR=i_1+(i_2-i_1)\times\frac{F_1-F}{F_1-F_2} \qquad (7.3.7式)$$

其中，$i_2>i_1$，$F_1>$项目的现金流量现值系数F，$F_2<$项目的现金流量现值系数F。

3.内部收益率计算的特殊方法应用举例

【例7-5】

我们修改例7-1中方案一的条件，假定第5年年末没有残值收入，第0年没有投入营运资本，终结点时也没有回收额。即第0年的现金流出量为-5 150 000元，第5年的净现金流量与前四年相同，均为1 800 000元。

要求：利用特殊方法计算IRR。

解：$年金现值系数=\frac{5\,150\,000}{1\,800\,000}\approx 2.861$

查找年金现值系数表，在期数为5的各系数中，折现率为22%的现值系数为2.864，非常接近计算出的系数，内部收益率约等于22%。如果想计算出更精确的收益率，可以取两组邻近的系数及相应的折现率，分别为2.864、22%，2.745、24%，并代入公式进行计算：

$$IRR_1=22\%+(24\%-22\%)\times\frac{2.864-2.861}{2.864-2.745}\approx 22.05\%$$

4.利用Excel的自带函数计算IRR

在实际操作中，特殊方法的严苛条件很难得到满足。更简便的方法，是利用科学计算器或Microsoft Office办公软件Excel自带的内部收益率函数“IRR（）”计算。具体的做法为：在Excel的表单中输入各年的净现金流量；在要显示结果的单元格中输入“=IRR（NCF_0：NCF_n）”。其中，IRR为函数名，NCF_0：NCF_n是项目第1年到第n年每年年末的净现金流量。该方法不受现金流量金额大小、投资发生时点、是否有回收额的限制，比较简便，易于

【视频展示】例7-5 IRR计算在Excel中的实现

操作。

（三）内部收益率的财务可行性判断标准

通过上述方法确定项目的内部收益率后，我们将其与企业要求的必要报酬率进行比较，如果IRR≥必要报酬率i，项目具备财务可行性，值得投资；如果IRR<必要报酬率i，项目不具备财务可行性，应拒绝投资该项目。

（四）内部收益率的评价

与作为绝对量指标的净现值不同，内部收益率能够动态地反映投资项目的实际收益率，是一个相对量指标。同时，内部收益率也全面地考虑了项目计算期内的所有现金流量。内部收益率的缺点也较明显，除了手工计算具有难度以外，如果项目需追加投资，导致计算期内反复出现负的净现金流量，会计算出多个内部收益率，无法用多个内部收益率筛选项目，这是内部收益率计算方式导致的固有缺陷。另一个缺点与内部收益率的假设有关，内部收益率假设现金流量在产生后会以与内部收益率相等的回报率再投资，如果内部收益率远高于企业要求的必要报酬率，很难获得相似的再投资机会，因此，以同样高的收益率再投资较难实现。

如果项目在开始运营后产生的都是正的净现金流量，内部收益率有唯一解，此时用内部收益率和净现值对投资项目进行筛选，结论一致。

三、静态投资回收期

（一）静态投资回收期的定义

静态投资回收期（payback period，PP），是指用项目经营产生的现金流收回初始投资所需的时间，通常以年为单位。收回原始投资的速度越快，静态投资回收期越短，项目越值得投资。静态投资回收期在计算过程中不考虑货币的时间价值，不需将现金流折现，因此，称其为静态投资回收期。

在进行长期投资决策单一方案的筛选时，静态投资回收期被作为辅助性的决策参考指标。只有在净现值、内部收益率等主要指标满足条件后，才能利用静态投资回收期判断项目初始投资回收时间的长短，做出更合理的投资决策。

（二）静态投资回收期的计算

根据静态投资回收期的定义，需计算从项目开始，到项目产生的净现金流量将项目初期的初始投资全部收回需要的期间长度。根据每年净现金流量等额或者不等额，静态投资回收期的计算方式有如下两种：

1.等额净现金流量下静态投资回收期的计算

当项目每年产生的净现金流量相等，且初始投资发生在第0年时，可以采用如下公式计算静态投资回收期：

$$PP=\frac{|\mathrm{II}|}{NCF_i} \quad (7.3.8式)$$

其中，NCF_i表示每年等额的净现金流量；II表示初始投资，以绝对值代入。

2.不等额净现金流量下静态投资回收期的计算

当每年的净现金流量不相等时，不能采用7.3.8式计算，而是需要逐年累加净现金流量，并采用如下的公式计算静态投资回收期：

$$PP=t+\frac{\left|\sum_{n=0}^{t}NCF_n\right|}{NCF_{t+1}} \quad (7.3.9式)$$

其中，t代表累计的净现金流量由负转正的前一期期数；分数中的分子表示前t期累计净现金流量之和的绝对值，即在第t+1期前剩余多少初始投资尚未收回；NCF_{t+1}代表第t+1期的净现金流量。

3.静态投资回收期的应用举例

【例7-6】

沿用例7-1的资料。

要求：计算方案一的静态投资回收期。

解：方案一前4年的净现金流量相等，第5年由于残值和营运资本的回收导致净现金流量高于前4年。但进一步分析可以发现，方案一用前4年的净现金流量完全可以收回初始投资，此时，视同等额净现金流量的情况，可以采用简化公式计算方案一的静态投资回收期。方案一前4年每年的净现金流量为1 800 000元，初始投资为5 250 000元，以绝对值代入。

$$PP_1=\frac{5\,250\,000}{1\,800\,000}\approx 2.92（年）$$

方案一的静态投资回收期约为2.92年，即经过项目2.92年的运营，所产生的收益能将初始投资全部收回。

【例7-7】

假设企业现有一个投资项目，每年的净现金流量不等，具体见表7-4，初始投资全部发生在第0年。

表7-4　**某项目年净现金流量表**　单位：元

年份 项目	第0年	第1年	第2年	第3年	第4年
净现金流量	−300 000	100 000	150 000	300 000	350 000
累计净现金流量	−300 000	−200 000	−50 000	250 000	600 000

要求：计算该项目的静态投资回收期。

解：从表7-4可以看出，项目会在第3年收回初始投资，具体的计算如下：

$$PP=2+\frac{50\,000}{300\,000}=2.17（年）$$

该项目预计需要2.17年能够收回初始投资。

（三）静态投资回收期的财务可行性判断标准

静态投资回收期是一个绝对量的反指标，且是唯一一个从时间角度评价项目好坏的指标。静态投资回收期越短的项目越好。这一点可以从两方面来理解：一是资金回收速度越快，企业承担的资金压力会越小，尤其是当企业资金处于短缺的状态，筹资难度高时，会更倾向于投资回款速度快的项目。二是项目远期产生的现金流很难预测准确，如果项目能够尽快收回资金，未来由于预测不准确，或者现金流量不确定性导致投资无法收回的风险就会下降。

在评价项目的财务可行性时，静态投资回收期可作为辅助性的参考指标，因此，不能仅以静态投资回收期判断项目的可行性，而是要在先行指标满足条件后，再进一步采用静态投资回收期进行筛选。企业可根据其对资金回收速度的要求，事先设定回收期的标准。比如，要求所有项目在3年内收回投资，或者在项目计算期的一半时间内收回等。

如果项目的净现值≥0，静态投资回收期≤企业事先确定的静态投资回收期标准，则项目具备财务可行性；如果项目的净现值≥0，静态投资回收期>企业事先确定的静态投资回收期标准，项目基本具备财务可行性，企业有可能因静态投资回收期过长而拒绝项目；如果项目的净现值<0，静态投资回收期>企业事先确定的静态投资回收期标准，则项目不具备财务可行性。

（四）静态投资回收期的评价

静态投资回收期的计算简便，易于理解，且从资金回收时长的角度提供了可供筛选的标准，尤其适合企业资金比较匮乏或对项目未来现金流量的预测存在较高不确定性时进行投资项目的筛选。

静态投资回收期的缺点主要有以下几个方面：一是静态投资回收期没有考虑回收期以外的净现金流量的情况，仅用静态投资回收期作为筛选依据，企业可能会保留静态投资回收期较短，而净现值小于0，并筛除静态投资回收期较长，而净现值大于0的项目。二是静态投资回收期在计算过程中不考虑货币的时间价值，计算出的回收期不够精确。因此，在评价项目的财务可行性时，应采用净现值和内部收益率作为先行指标进行评价、筛选，再用静态投资回收期作为参考性的辅助指标，根据企业的资金持有情况、对项目现金流预测的把握程度和对回收速度的要求确定静态投资回收期的标准，并做出进一步的判断。

四、投资收益率

除了上述三类指标，在传统的财务指标中，投资收益率（return on investment，ROI）也是比较常用的评价某个责任中心或某个项目的投资与回报之比的指标。

（一）投资收益率的定义

投资收益率也称为投资利润率，是指在项目的持续期间内，项目每年产生的营业利润与项目投资之比。该指标计算简便，表现形式直观，易于理解。

（二）投资收益率的计算

根据投资收益率的定义，其计算公式为：

$$ROI=\frac{\text{年均营业利润}}{\left|\text{初始投资}\right|} \tag{7.3.10式}$$

公式中的年均营业利润是指项目在运营期内，每年为企业带来的年平均收益。这里的营业利润具体是指扣除财务费用、所得税之前的会计利润，即息税前利润。分母为初始投资，包括项目投入的固定资产、无形资产等非流动资产投资，以及相应的固定资产安装费、开办费和准备费等各类初始投资，以及为项目正常运营垫支的营运资金投资等。如果项目涉及处理旧资产并购置新资产，在计算项目的投资收益率时，分母的初始投资需减去旧资产的处置收入。

（三）投资收益率的应用举例

【例 7-8】

沿用例 7-1 的资料。

要求：分别计算方案一和方案二的 ROI。

解：方案一 ROI 的计算：

$EBIT_1$=3 000 000−1 200 000−1 019 700=780 300（元）

初始投资=5 000 000+150 000+100 000=5 250 000（元）

$$ROI_1=\frac{780\ 300}{5\ 250\ 000}\times 100\%\approx 14.86\%$$

方案二 ROI 的计算：

$EBIT_2$=3 000 000−900 000+300 000−1 484 000=916 000（元）

初始投资=8 000 000+30 000+100 000−500 000=7 630 000（元）

$$ROI_2=\frac{916\ 000}{7\ 630\ 000}\times 100\%\approx 12.01\%$$

从投资收益率的计算结果来看，方案一优于方案二。

（四）投资收益率的财务可行性判断标准

投资收益率是一个相对量的正指标，企业会选择投资收益率大于最低投资回报率的方案。与静态投资回收期相似，用投资收益率筛选评价项目时，企业需自行确定投资回报的最低标准。同时，在评价项目的财务可行性时，投资收益率是作为辅助性的参考指标，因此，同样不能仅以投资收益率的高低判断项目的财务可行性，而是要在先行指标满足条件后，再采用投资收益率进行筛选。

如果项目的净现值≥0，投资收益率≥企业确定的最低投资回报率，项目具备财务可行性；如果项目的净现值≥0，投资收益率<企业确定的最低投资回报率，项目基本具备财务可行性，企业也有可能因投资收益率不达标而拒绝项目；如果项目的净现值<0，投资收益率<企业确定的最低投资回报率，则项目不具备财务可行性。

在例 7-8 中，假设企业将投资收益率的最低标准设定为 13%，根据计算结果，$ROI_1>13\%$，而$ROI_2<13\%$。在例 7-4 的结论中，方案一的净现值大于零，所以方案一具备财务可行性。方案二是否具备财务可行性，还应结合净现值指标综合判断。如果方案二的净现值大于等于零，则方案二基本具备财务可行性，否则方案二不具备财务可行性。

（五）投资收益率的评价

相比其他评价指标，投资收益率是唯一采用会计利润计算项目收益与投资之比的指标，与企业原有用于部门或责任中心业绩评价的指标具有一致性，且考虑了项目计算期内的收益情况。该指标作为用来筛选投资项目的标准，简便易行。但投资收益率没有考虑货币的时间价值，因此，与静态投资回收期一样，投资收益率只能作为辅助指标，只有当先行指标满足条件时，管理者才可再根据企业事先确定的投资收益率标准，进一步对项目的财务可行性进行评价。

自测题7-3　　计算业务题

第四节　多方案决策

当企业可投资的备选方案有两个以上时，称为多方案决策。根据企业能够支配的资金量与备选方案所需投资的金额大小，可将多方案分为互斥方案和组合方案。我们在本节将介绍不同类型多方案决策的方法。

一、互斥方案的决策

（一）互斥方案与互斥方案决策的含义

当企业用于项目投资的资金有限，备选的投资方案又存在一种以上时，备选方案之间便形成了互斥的、竞争性的关系，我们将这类方案称为互斥方案。企业在互斥方案中选择一个相对最优的方案的过程称为互斥方案决策。

（二）互斥方案的决策方法

进行互斥方案决策的前提，是已经运用单一方案决策中的各类指标进行了项目财务可行性评价，对各方案进行了初步的筛选，即各互斥方案的净现值均大于零、内部收益率大于企业要求的最低投资回报率或行业基准回报率，静态投资回收期在企业要求的限定期限之内，投资收益率大于企业要求的最低收益率等。筛选之后剩余的方案都是符合企业投资标准，具备财务可行性的方案。企业需要在这些备选方案中选出一项相对最优的方案。我们可以根据决策条件，采用净现值法、净现值率法、获利指数法、差额内部收益率法、年等额净回收额法等方法进行互斥方案的决策。

1.净现值法

净现值法是通过比较各备选项目净现值高低进行互斥方案决策的方法。净现值越大，表示项目为企业创造的价值越大，因此，可以按各备选方案净现值的高低排序，选择净现值最高的项目进行投资。

运用净现值法的前提条件是各方案的初始投资相等，且项目计算期相同。净现值是绝对量指标，因此无法反映每单位初始投资为企业创造的价值，因此，当各方案的初始投资不等时，净现值最高的方案不一定是最优的方案。同样，当各方案的项目计算期不同时，比如计算期长的项目净现值大于计算期短的，企业可以将先到期项目收回的资金进行再投资，两次投资收益的现值合计可能超过计算期长的项目。

2.净现值率法和获利指数法

（1）净现值率和获利指数的含义

当初始投资不同，项目计算期相同时，企业可以通过计算净现值率或获利指数对互斥项目进行排序和选择。这两个指标都是相对量指标，反映了每单位初始投资为企业创造的收益现值。我们将这两个指标放在一起，是因为这两个指标的含义相近，应用条件相同。净现值率（net present value rate，NPVR）是项目的净现值与初始投资的现值之比。净现值率的计算公式如下：

$$NPVR=\frac{净现值}{\left|初始投资现值\right|} \tag{7.4.1式}$$

获利指数（profitability index，PI）是指项目投产后按事先确定的折现率计算的各年净现金流量的现值与初始投资现值之比，即不考虑初始投资现值的净现值与初始投资现值之比。获利指数的计算公式如下：

$$PI=\frac{项目投产后各期净现金流量的现值}{\left|初始投资现值\right|} \tag{7.4.2式}$$

从二者的计算公式可以推出，净现值率与获利指数之间的关系如下：

PI=NPVR+1

净现值率和获利指数越高，表示项目在单位初始投资下获得的预期收益越高，项目越值得投资。净现值是在考虑货币时间价值的前提下计算的项目投入产出之差，净现值率和获利指数则是在考虑货币时间价值的前提下计算的投入产出之比。用这两个指标进行互斥方案决策的原理，是将企业的资金视为一项约束性资源，在有限的资源下，为企业带来更多收益的方案更优。这一决策思路与短期经营决策的新品种开发决策所用的单位资源贡献边际分析法如出一辙。净现值率法和获利指数法克服了净现值法在比较不同初始投资项目时的局限，应用场景更为广泛。但对于项目计算期不同的方案，仍然存在与净现值法相同的问题。

（2）净现值率法和获利指数法在互斥方案决策中的应用

我们先通过以下例子说明净现值率和获利指数的计算。

【例7-9】

沿用例7-1中方案一的数据。

要求：计算方案一的净现值率和获利指数。

解：我们已经计算出方案一的净现值，将其与方案一的初始投资现值代入公式，得到：

$$NPVR_1=\frac{1\,638\,612.92}{5\,250\,000}\approx 0.31$$

$$PI_1=\frac{\frac{1\,800\,000}{(1+10\%)^1}+\frac{1\,800\,000}{(1+10\%)^2}+\frac{1\,800\,000}{(1+10\%)^3}+\frac{1\,800\,000}{(1+10\%)^4}+\frac{1\,950\,000}{(1+10\%)^5}}{5\,250\,000}\approx 1.31$$

从净现值率和获利指数的计算公式及其与净现值的关系可以推出，当某个项目的净现值大于0时，其净现值率应大于0，获利指数应大于1。

下面再通过以下例子说明如何将净现值率和获利指数应用到互斥方案的决策中。

【例 7-10】

沿用例 7-1 的数据。我们已经计算过方案一的各类指标。

要求：现假设 A 公司要在方案一和方案二中选择一项进行投资，不考虑市场剩余的产品容量、产品前景、企业战略等非财务因素，仅从财务角度，采用上述方法为 A 公司做出投资决策。

解：我们用前一节介绍的方法计算出方案二的净现值、内部收益率、净现值率和获利指数，汇总于表 7-5。

表 7-5 **方案一和方案二各指标汇总表**

指标 方案	NPV（万元）	IRR①	NPVR	PI
方案一	163.86	21.65%	0.31	1.31
方案二	153.74	17.74%	0.20	1.20

从表 7-5 的计算结果来看，方案二的净现值>0，内部收益率>企业要求的最低投资回报率，因此，方案二与方案一均具备财务可行性。进一步比较方案一和方案二，方案一与方案二的初始投资不同，项目计算期相等。因此，虽然 $NPV_1>NPV_2$，不能说明方案一优于方案二。我们再来看另外两个指标：$NPVR_1>NPVR_2$，同时 $PI_1>PI_2$，说明在投入同样多的初始投资时，方案一的净现值大于方案二的净现值，因此，方案一优于方案二。

3. 差额内部收益率法

（1）差额内部收益率的含义及其计算

我们介绍了三种可用于互斥投资项目决策的评价指标，三种方法均是直接用评价指标进行方案的排序和选择。接下来，我们将介绍两种间接的决策方法，通过一定的计算方法选出相对更优的方案。

当两个互斥项目初始投资不同，但项目计算期相同时，可以用差额内部收益率法进行决策。差额内部收益率法，是用初始投资较大的项目各年的净现金流量减去初始投资较小的项目各年的净现金流量，计算出差额净现金流量，记作 ΔNCF。再根据差额净现金流量计算出内部收益率，记作 ΔIRR，计算公式如下：

$$0=\sum_{i=0}^{n}\frac{\Delta NCF_i}{(1+\Delta IRR)^i} \qquad (7.4.3式)$$

如果 ΔIRR≥企业要求的最低投资回报率，选择初始投资较大的项目；反之，如果 ΔIRR<企业要求的最低投资回报率，则选择初始投资较小的项目。

我们可以这样理解差额内部收益率法的计算原理：假设企业有 A、B 两个方案，A 方案的初始投资额大于 B 方案。A 方案与 B 方案净现金流量的差额可以看作一个新的 C 方案。投资 A 方案等价于同时投资 B 和 C 两个方案。如果 C 方案具备财务可行性，即 C 方案的内部收益率≥企业要求的最低投资回报率，说明 A 方案优于 B 方案；反之，如果 C 方案的内

① 采用 Excel 中的 IRR 函数计算得出。其中，方案一的内部收益率（21.65%）与例 7-5 中计算出的内部收益率（22.05%）结果不同，原因是本题沿用例 7-1 中方案一的各年现金流量数据，而例 7-5 为了演示内部收益率的特殊计算方法，将方案一第 5 年年末的净现金流量调整为与第 1~4 年相同，导致计算结果略有差异。

部收益率<企业要求的最低投资回报率，说明B方案优于A方案。

（2）差额内部收益率法在互斥方案决策中的应用

我们结合以下例题说明如何利用差额内部收益率法进行互斥方案的决策。

【例7-11】

沿用例7-1的资料，两个方案是初始投资不同、计算期相等的互斥方案。

要求：用差额内部收益率法进行决策。

解：沿用例7-1的相关资料，企业要求的最低报酬率为10%。我们首先计算两个方案的差额净现金流量ΔNCF。方案二的初始投资大于方案一，因此，用方案二各年的净现金流量减去方案一各年的净现金流量，见表7-6。

表7-6　**方案一与方案二净现金流量及差额净现金流量表**　单位：元

方案比较 / 年份	方案一的NCF	方案二的NCF	ΔNCF
第0年	-5 250 000	-7 630 000	-2 380 000
第1年	1 800 000	2 400 000	600 000
第2年	1 800 000	2 400 000	600 000
第3年	1 800 000	2 400 000	600 000
第4年	1 800 000	2 400 000	600 000
第5年	1 950 000	2 580 000	630 000

再根据ΔNCF_i计算出差额内部收益率ΔIRR。

$$0=\sum_{i=0}^{n}\frac{\Delta NCF_i}{(1+\Delta IRR)^i}=-2\ 380\ 000+\sum_{i=1}^{4}\frac{600\ 000}{(1+\Delta IRR)^i}+\frac{630\ 000}{(1+\Delta IRR)^5}$$

ΔIRR≈ 8.75%

ΔIRR<10%，表明方案二比方案一多付出的投资并未带来更多的收益，因此，方案一优于方案二。我们也可以计算差额净现金流量的净现值（ΔNPV）来验证上述结果：

与前面例7-4计算NPV_1的方法一致，我们查找年金现值系数和复利现值系数，得到计算年金现值的系数3.170和计算复利现值的系数0.621。

ΔNPV=-2 380 000+600 000×3.170 + 630 000 × 0.621 = -86 770（元）

ΔNPV<0，表明方案二超过方案一的初始投资所获得的净现值为负，多投入并不能获得更多的回报，方案一优于方案二。

差额内部收益率法能够在投资额不同、计算期相同的两个互斥方案之间进行选择，但该方法在计算差额内部收益率时，具有与内部收益率相同的缺陷。一是再投资假设难以实现，二是可能出现多个解。

当初始投资不等，项目计算期也不同时，上述各类方法均无法使用。接下来我们介绍的方法，是通过合理的计算，解决项目计算期不同的互斥方案决策问题。

4.年等额净回收额法

（1）年等额净回收额的含义及其计算

年等额净回收额是根据各投资方案的净现值以及年金现值系数（已知项目计算期和折现率，通过查表可知）相除，计算出每年等额的净现金流量。年等额净回收额的计算公式如下：

$$A=\frac{NPV}{\frac{1}{i}\left[1-\frac{1}{(1+i)^n}\right]} \quad (7.4.4式)$$

其中，A代表年等额净回收额；NPV代表项目的净现值；$\frac{1}{i}\left[1-\frac{1}{(1+i)^n}\right]$代表当项目计算期为n、折现率为i时的年金现值系数，可以通过年金现值系数表查找得到。

年等额净回收额越大，项目越值得投资。年等额净回收额是将各项目每年可能不等的净现金流量换算为每年相等的净现金流量，并进行比较，可以理解为将净现值年金化处理后再比较。

（2）年等额净回收额法在互斥方案决策中的应用

【例7-12】

B公司拟投资建设新厂，用于生产新产品，现有三个投资方案可供选择，甲方案的初始投资为1 000万元，预计净现值为200万元，计算期10年；乙方案的初始投资为900万元，净现值为150万元，计算期8年；丙方案的初始投资为800万元，净现值为140万元，计算期7年。B公司要求的最低投资回报率为12%，三个方案只能选择其一。

要求：请用年等额净回收额法为B公司做出决策。

解：首先判断甲、乙、丙三个方案的财务可行性。如果不具备财务可行性，方案可以直接排除。

甲、乙和丙三个项目的净现值都大于0，因此，三个项目都具备财务可行性。

通过查年金现值系数表可知，折现率为12%，年限分别为10年、8年、7年的年金现值系数分别为5.650、4.968、4.564，根据7.4.4式计算可得甲、乙、丙三个方案的年等额净回收额分别为：

$$A_1=\frac{200}{5.650}\approx 35.40\text{（万元）}$$

$$A_2=\frac{150}{4.968}\approx 30.19\text{（万元）}$$

$$A_3=\frac{140}{4.564}\approx 30.67\text{（万元）}$$

比较三个项目的年等额净回收额，$A_1>A_3>A_2$，甲方案最优，丙方案次之，乙方案排在最后。三个方案中只能选择一项，建议B公司选择甲方案。

5.对互斥方案决策方法的评价

综合比较上述五种互斥方案的决策方法，它们在决策过程中都考虑了货币时间价值，不同之处在于：净现值仅体现投资项目预期可获得收益的绝对量大小，没有考虑初始投资对净现值的影响；净现值率和获利指数考虑了不同规模投资的影响，衡量了不同方案净现值或运营后的净现值合计占初始投资的比重；差额内部收益率法仅能对初始投资不同的互斥方案进行两两比较。以上四种方法都要求各方案具有相同的计算期。年等额净回收额法在计算过程中考虑了项目计算期的长短，适用于初始投资不同、计算期不同的投资项目比较，适用的场景最为广泛。

二、组合方案的决策

（一）组合方案的含义

组合方案是指企业可同时选择备选方案中的两个或两个以上进行投资，被选中的投资方案组合被称为组合方案。通常情况下，企业选择组合方案是因为企业有比较充足的资金可以同时投资多个方案，或者是企业产能扩张的需求无法通过单一方案满足。在这种情况下，各方案之间不存在相互排斥的关系。企业在进行这类决策时，从财务角度考虑，必然会选择能够给企业带来总收益最大的方案组合。如何确定综合收益最大？我们分情况讨论：

情况一：企业不受资金约束。此时，企业可选择所有具有财务可行性的方案进行投资，可按每个项目净现值NPV的大小对项目进行排序，优先投资NPV大的项目。

情况二：企业受资金约束，所选投资项目的初始投资总额受限于一定的资金总量。此时，企业需在有限的资源基础上选出能够为企业带来最多收益的项目组合。我们可以参考净现值率NPVR或获利指数PI这两个指标，根据每个项目的NPVR或PI进行排序，项目排名靠前的优先选择，选出投资总额不超过资金总量，且净现值之和最大的项目组合。

（二）组合方案应用举例

【例7-13】

某公司现有A、B、C、D、E、F六个投资项目，各方案非互斥项目，可以任意组合。各方案的初始投资、净现值、净现值率和获利指数经过测算的结果见表7-7。

表7-7　　**组合方案相关信息**　　金额单位：万元

项目＼指标	初始投资	净现值	净现值率	获利指数
A	1 000	200	0.20	1.20
B	800	320	0.40	1.40
C	450	150	0.30	1.30
D	250	90	0.36	1.36
E	200	100	0.50	1.50
F	200	30	0.15	1.15

要求：根据上述资料回答以下两个问题：

（1）如果企业不受资金约束，应如何做出投资决策；

（2）如果企业受资金约束，当可利用的资金总额分别是500万元、1 000万元、2 000万元时，应分别做出何种投资决策。

解：（1）当企业不受资金约束时，只要项目具有财务可行性，即可投资。上述六个项目的净现值NPV均大于0，因此，各项目均具备财务可行性，可以全部投资。投资可按各项目净现值的大小顺序进行，即按照B、A、C、E、D、F由先到后的顺序进行投资。

（2）我们按照净现值率或获利指数由高到低的顺序对六个方案进行排序，得到的结果见表7-8。

表7-8　**按净现值率/获利指数排序表**　金额单位：万元

指标 顺序	项目	初始投资	净现值	净现值率	获利指数
1	E	200	100	0.50	1.50
2	B	800	320	0.40	1.40
3	D	250	90	0.36	1.36
4	C	450	150	0.30	1.30
5	A	1 000	200	0.20	1.20
6	F	200	30	0.15	1.15

当企业的资金总量为500万元时，可以选择的投资组合为E+D、E+F、C或者D+F。其中，E+D组合的净现值合计最大，为190万元。

当企业的资金总量为1 000万元时，可以选择的投资组合为E+B、E+D+C、B+F、A或者D+C+F。应选择的投资组合是E+B，其净现值合计为420万元，大于其他投资组合。

当企业的资金总量为2 000万元时，可以选择的投资组合为E+B+D+C+F、E+B+A、B+A+F、D+C+A+F。应选择的投资组合是E+B+D+C+F，其净现值合计为690万元，大于其他投资组合。

自测题7-4　　案例分析题

【本章小结】

长期投资决策是指以企业为投资主体，通过付出一定的资本，购置固定资产，或对现有固定资产进行更新改造，或是进行特定的项目投资，以期在未来较长的时期内能够为企业带来更多收益的活动。对这类投资活动进行的决策被称为长期投资决策。长期投资决策包括与新增产能相关的决策和对现有产能更新改造的决策。

在评价和筛选长期投资项目时，应从现金流量出发，对项目存续期间内的现金流入量和现金流出量进行估算，并计算出净现金流量，以此作为长期投资决策评价指标的计算基础。长期投资决策单一方案的评价指标有净现值、内部收益率、静态投资回收期和投资收益率等。

单一方案的决策可以通过将评价指标与基准值进行比价，分析项目的财务可行性。如果项目具备财务可行性，则可以进行投资，否则，拒绝投资。互斥方案的比较则需要通过计算净现值率、获利指数、差额内部收益率以及年等额净回收额等指标和工具对多方案进行比较、评价和筛选，据此做出互斥方案的决策。当企业可以进行多方案的组合决策时，可以根据企业可利用的资金状况，在备选方案中选择能为企业带来最多净现值的投资组合。

【复习思考】

1. 什么是长期投资决策，其决策的内容是什么？与短期经营决策有何不同？

2. 长期投资决策的程序是什么？

3. 长期投资决策为什么伴随较高风险？

4. 什么是项目的现金流量？它包含哪些内容？与财务报告现金流量表中现金流量的含义是否相同？

5. 估算项目的现金流量时，应遵循哪些假设？

6. 现金流入量包含哪些内容？现金流出量包含哪些内容？分别如何估算？

7. 什么是净现值？计算净现值的一般方法和特殊方法分别是什么？如何利用Excel内置函数计算净现值？如何利用净现值法评价方案的财务可行性？

8. 评价单一方案财务可行性的先行指标和辅助指标分别有哪些？二者的区别是什么？

9. 什么是内部收益率？计算内部收益率的一般方法和特殊方法分别是什么？如何利用Excel内置函数计算内部收益率？如何利用内部收益率法评价方案的财务可行性？

10. 什么是静态投资回收期？如何计算并利用静态投资回收期评价方案的财务可行性？

11. 什么是投资收益率？如何计算并利用静态投资回收期评价方案的财务可行性？

12. 什么是互斥方案？可以采用哪些方法决策？每种方法的适用条件是什么？

13. 什么是组合方案？如何进行组合方案的决策？

【主要参考文献】

1.吴大军.管理会计［M］.6版.大连：东北财经大学出版社，2022.

2.加里森 R H，诺琳 E W，布鲁尔 P C.管理会计［M］.王满，译.16版.北京：机械工业出版社，2019.

3.莫温 M M，汉森 D R，海特洛 D L.管理会计［M］.王满，译.6版.北京：北京大学出版社，2017.

4.刘俊勇.管理会计［M］.北京：高等教育出版社，2020.

5.LANGFIELD-SMITH K，SMITH D，ANDON P，et al. Management accounting［M］. 8th ed. Sydney：McGraw-Hill Education（Australia）Pty Ltd.，2018.

引导案例分析要点

第八章

全面预算

【学习目标】

本章主要阐述全面预算的内容和编制流程，通过对本章内容的学习，学生需要达到以下目标：

1. 了解全面预算的相关概念和编制全面预算的作用。
2. 熟悉全面预算的编制方法和编制流程。
3. 掌握各种预算的编制方法，尤其是经营预算与财务预算的编制方法。
4. 掌握不同预算的具体编制方法，以及优缺点和适用范围。

【本章主要内容导图】

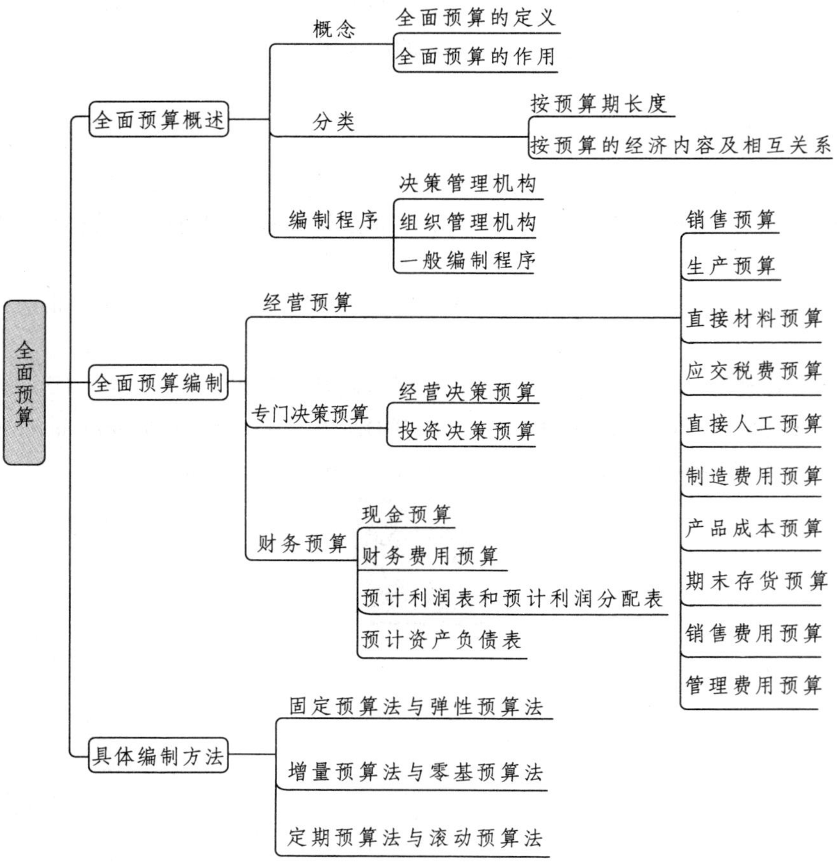

【引导案例】

中国电力建设集团某子企业的全面预算

中国电力建设有限公司（以下简称“电建集团”）是经国务院办公厅批准设立，隶属于国务院国资委的中央企业，居2021年《财富》世界500强企业第107位、2021年中国企业500强第33位。电建集团下属某施工板块子公司位居我国西南部，集施工、设计、科研、投资于一体，拥有资质的数量和类别在国内建筑类企业中处于领先地位，具备“双特”“三壹”“四甲”资质，是国家高新技术企业。自1958年成立以来承建或参建了数百项特大型、大中型水利水电工程，是水利水电建设领域的央企主力军。

该公司全面预算管理遵循“坚持战略引领、落实年度目标；坚持价值导向，实现持续增值原则；坚持积极稳健，遵照已收定值原则；坚持权责对等，确保切实可行原则；坚持上下结合、分级实施、全员参与原则”，按照“自上而下、自下而上、上下结合、分级编制、逐级汇总”的程序，采用“三下两上”的编报流程。2021年11月，该公司对2022年全面预算进行安排部署，在总体目标上对营业收入增长率、净利润增长率、利润总额、营业收入利润率、全员劳动生产率、净资产收益率、国有资本保值增值率、资产经营成效、资产周转率和资产负债率等目标提出明确要求，并对财务预算和业务预算各项指标提出编报要求。

资料来源：刘玉锋. 企业全面预算管理研究——以中国电建集团某子企业为例［J］. 中国产经，2022（24）：132-134.经作者改编.

问题：

（1）你能说出全面预算包括哪些内容吗？

（2）你知道如何编制全面预算吗？

相信通过对本章内容的学习，这些问题都会得到解答。

第一节 全面预算概述

一、全面预算的概念

全面预算作为一种现代企业管理控制系统，是企业实现战略管理目标、统筹各项经营活动和安排的有力工具，是现代企业经营管理过程中必不可少的管理环节，也是企业成功的保障。在日趋激烈的市场竞争中，一个企业是否具有持续盈利能力，很大程度上取决于它的全面预算与执行能力。经过多年的发展，全面预算由最初的计划、协调发展成为全方位、多功能的管理系统，不仅联结了经营决策和投资决策，还兼具计划、协调、控制、激励和评价等功能，有助于企业实现内部管理，进而实现企业目标。

党的二十大报告指出，要完善中国特色现代企业制度，弘扬企业家精神，加快建设世界一流企业。一流的企业必须有一流的治理，因此企业要树牢“从严管理出效益，精细管理出大效益，精益管理出更大效益”的理念，强化精益意识、卓越意识，做到经营上精打细算、生产上精耕细作、管理上精雕细刻、技术上精益求精，深化“成本革命”成果运用，不断提升公司治理能力。新时代的企业全面预算融合了“精益思想”，以降本增效为目标，有助于将公司整体战略规划细化为年度目标，引导财务资源向保障高质量发展的重要领域和关键环节有效流动，为我国建设世界一流企业增添助力。

（一）全面预算的定义

全面预算（comprehensive budget）是指为了实现企业经营过程中的战略规划和经营目标，通过一定的步骤和方法对企业未来期间的生产、销售、成本、现金等各项经营活动进行计划安排、编制预算报表，以货币为单位，以数字和表格的形式反映企业资源配置情况的一种管理方法。

预算是一种经济管理方式，通过计划、协调、控制等手段，将企业不同职能部门紧密地联系在一起为企业的发展目标共同努力，实现资源的有效配置。全面预算更是一种全方位、全过程、全员参与编制和实施的预算管理模式。全面预算将企业看作一个运行体系，将企业的经营、投资、财务等各项活动，人、财、物各个方面以及供、产、销各个环节都纳入预算管理，“全方位”地进行预算安排；对事前、事中、事后进行“全过程”组织管理，使得预算的编制、分解、下达以及执行、分析、调整、考核和奖惩能够有机地统一在预算体系当中；要求企业内部每一个部门、每一个岗位、每一个员工“全员参与”预算的编制和实施过程，这有助于加强各个层级人员的沟通和联系，调动每个个体的积极性。因此，全面预算的编制有利于企业按照预算体系进行经营管理，有助于企业长期战略管理目标的实现。

（二）全面预算的作用

全面预算作为对企业未来经营发展具有重大推动作用的管理系统，它对企业发展的作用主要表现在以下几个方面：

1.使各部门目标契合企业整体目标

通过编制预算对企业经营发展所需达成的目标进行量化，并将量化的经营目标按照各职能部门层层落实，使企业的经营目标与各职能部门的目标高度契合，各职能部门能够清晰了解自身努力的方向，并以预算为目标，从而使企业总目标在此基础上得以实现。

2.协调部门关系，实现企业资源合理分配

在全面预算这个有效的预算体系中，各个部门之间环环相扣、紧密联系，构成一个有序的预算体系，比如生产预算需要以销售预算为基础，而材料采购预算需要与生产预算衔接。因此，在保证企业总体目标最大化的前提下，全面预算能够有效地在预算体系内部协调各职能部门预算之间的关系，帮助企业开展相关经营活动，实现企业总体经营目标。

3.控制日常经营活动

编制全面预算的目的就是在企业日常经营过程中对预算的执行进行合理把控，在预算的执行和完成过程中对预算与实际偏差进行合理分析，找出经营活动中存在的问题，采取必要措施，及时调整，尽量缩小甚至消除差异，使预算的结果与预算所确定的目标一致。

4.评价业绩标准

全面预算可以提供有效评价企业各部门的业绩标准。以全面预算为标准，通过对比预算与实际部门业绩，划清和落实经济责任，设定目标，给予一定的奖惩措施，使企业和各部门朝着预算目标努力。

【学思践悟】《关于中央企业加快建设世界一流财务管理体系的指导意见》系列解读

2022年3月2日，国务院国资委印发的《关于中央企业加快建设世界一流财务管理体系的指导意见》（以下简称《指导意见》）提出，建立世界一流财务管理体系，要完善全面预算、合规风控、财务数字化、财务管理能力评价、财务人才队伍建设五大体系。其中，全面预算管理体系作为五大体系之首，在建立世界一流财务管理体系中具有重要地位。

《指导意见》从以下几个方面完善纵横贯通的全面预算管理体系：首先，要建设“世界一流”的关键和保障。完善纵横贯通的全面预算管理体系不仅是建立世界一流财务管理体系的关键举措，也是央企实现治理现代化，加快建设世界一流企业的重要保障。其次，要目标明确，可操作性强。为完善纵横贯通的全面预算管理体系，《指导意见》提出实现财务预算与业务、投资、薪酬等预算的有机融合，建立高效的资源配置机制，强化预算执行结果考核评价等一系列具体举措和目标。最后，要加快推动全面预算管理体系落地见效。《指导意见》作为指挥棒，已经为央企完善纵横贯通的全面预算管理体系指明了方向，为确保相关措施见效，更需抓好落实。

资料来源：张修权.完善纵横贯通的全面预算管理体系［N］.中国会计报，2022-05-13（1）.

二、全面预算的分类

全面预算按照不同的口径有不同的分类。

（一）按预算期长度划分

根据预算期长度不同，可以将全面预算划分为长期预算与短期预算。其中，长期预算是指预算期超过一年或者一个营业周期的预算，如建造周期在一年以上的固定资产投资预算、长期性证券投资预算等；短期预算是指预算期短于一年或者一个营业周期的预算，如经营预算、财务预算等。

（二）按预算的经济内容及相互关系划分

1.经营预算

经营预算与企业日常经营息息相关，因此也称为日常业务预算。经营预算是企业日常活动中所从事的一系列预算的统称，主要包括以下几个方面：①销售预算；②生产预算；③直接材料耗用量及采购预算；④应交税费及附加预算；⑤直接人工预算；⑥制造费用预算；⑦产品成本预算；⑧期末存货预算；⑨销售费用预算等。

2.专门决策预算

专门决策预算是指企业不经常发生的、针对专门发生的投资决策的、直接反映相关决策结果的一次性预算，又称特种决策预算。专门决策预算主要包括经营决策预算与投资决策预算两种类型。如对固定资产的投资决策预算，能够具体反映对投资金额的大小、投资金额的取得、何时投资、投资期限的长短，以及何时可以投产、未来会产生多少现金流量等方面的决策。

3.财务预算

财务预算是指在企业计划期内反映企业有关预计现金收支、财务状况与经营成果的预算，主要包括：①现金预算；②财务费用预算；③预计利润表；④预计资产负债表。财务预算是全面预算的最后一环，在全面预算中具有重要的地位。财务预算在业务预算与专门决策预算的基础上，以货币的方式反映上述两者的价值以及整体计划，也称总预算；其他预算也称辅助预算或者分预算。

在全面预算的编制过程中，各个预算相互联系、相互影响，共同构成了一个有机的预算体系——全面预算体系（comprehensive budget systems）。

全面预算体系一般由经营预算、专门决算预算和财务预算三大部分共同组成，其结构如图8-1所示。

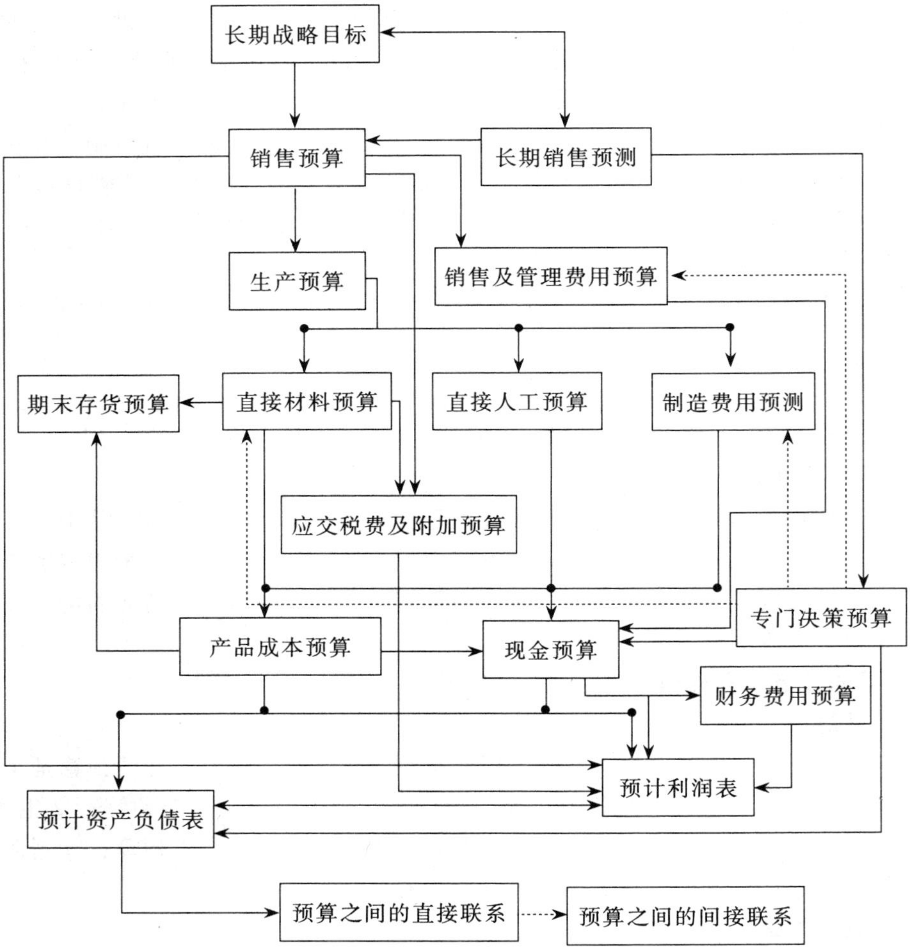

图8-1　全面预算体系示意图

三、全面预算的编制程序

全面预算涉及企业重大的经营决策，是一项涉及面广、工作量大、时间性强的工作，通常包括编制、执行、分析、评价以及控制等一系列环节。为了保证这些环节能够有序运行、提高预算编制的效率，一般采取“自下而上”与“自上而下”相结合的编制程序编制全面预算。预算的具体执行部门（执行人）要参与预算编制，从而使预算成为其自愿努力完成的目标；经过汇总、平衡后，最终将批准的预算作为正式执行计划，下发给各执行部门（执行人）付诸实施。

为有效编制和实施全面预算，企业通常设立预算管理委员会和预算管理部（或类似权力机构），赋予其相应的职责并设计预算工作程序。

（一）编制全面预算的决策管理机构——预算管理委员会

企业应当设立有效的预算决策管理机构，负责企业全面预算的决策管理。通常情况下，该决策管理机构为企业治理层，归属于企业董事会，其主要职责包括：

（1）制定预算编制管理的办法和要求，确定预算编制的目标和原则；

（2）审议预算编制组织机构编制的预算方案及其调整方案；

（3）协调全面预算编制过程和执行过程中的重大问题和争端；

（4）根据预算执行结果，对预算进行全面考核，提出考核和奖惩措施。

（二）编制全面预算的组织管理机构——预算管理部门

企业应当设立预算管理部门，负责预算的组织、编制、报告和执行等日常监督工作，其主要职责包括：

（1）根据预算编制部门的要求编制预算管理方案，负责预算管理方案的执行；

（2）组织预算的编制、审核、汇总等相关工作；

（3）协调解决企业预算编制和协调中的有关问题，制订企业预算调整方案；

（4）向决策机构提交预算奖励惩处方案，并组织开展对各部门预算管理方案执行情况的考核与评价。

（三）编制全面预算的一般程序

编制全面预算的一般程序为：

（1）在预测与决策的基础上，由预算管理委员会拟定企业预算总方针，包括经营方针、各项政策以及企业总目标和分目标，如利润目标、销售目标、成本目标等，并下发到各有关部门；

（2）组织各生产业务部门按具体目标要求编制本部门预算草案；

（3）由预算管理委员会平衡与协商调整各部门预算草案，并进行预算的汇总与分析；

（4）审议预算并上报董事会，由董事会最后通过企业的综合预算和部门预算；

（5）将批准后的预算下达给各级、各部门执行。

自测题 8-1

第二节　全面预算的编制流程与编制原理

一、经营预算的编制

经营预算（也称业务预算），是指与企业日常经营活动直接相关的一系列预算，主要包括销售预算、生产预算、直接材料预算、应交税费预算、直接人工预算、制造费用预算、产品成本预算、期末存货预算、销售费用预算与管理费用预算等。

（一）销售预算的编制

销售预算是一种经营预算，其编制目的是为一定预算期内因组织销售活动而发生的销售收入做出规划。由于其他预算大多与销售预算数据有关或者需要在销售预算的基础上编制，因此，销售预算是编制全面预算的关键和起点。

销售预算以销售预测为基础，根据企业年度目标利润确定的预计销售量和销售价格等参数进行编制。其编制流程如下：

（1）按照产品的预计单价和预计销售量计算各产品的预计销售收入，其计算公式为：

某种产品预计销售收入=该种产品预计单价×该产品预计销售量　（8.2.1式）

其中，预计单价可根据市场供求关系并通过价格决策来确定；预计销售量则需要根据市场预测或销售合同并结合企业生产能力来确定。

（2）预计预算期所有产品的预计销售收入总额，其计算公式为：

预计销售收入总额=$\sum$某种产品预计销售收入　（8.2.2式）

（3）预计在预算期发生的与销售收入相关的增值税销项税额，其计算公式为：

某期预计增值税销项税额=该期预计销售收入总额×该期适用的增值税税率（8.2.3式）

（4）预计预算期含税销售收入，其计算公式为：

某期含税销售收入=该期预计销售收入+该期预计增值税销项税额　（8.2.4式）

为了便于编制财务预算，还应在编制销售预算的同时，编制与销售收入有关的经营现金收入预算表，以反映全年及各季销售所得的现销含税收入和收回前期应收账款的现金收入。

某预算期的经营现金收入的计算公式为：

某预算期经营现金收入=该期现销含税收入+该期收回前期的应收账款　（8.2.5 式）

8.2.5式中的现销含税收入和收回前期应收账款的计算公式为：

某期现销含税收入=该期含税销售收入×该期预计现销率　（8.2.6 式）

某期收回以前期的应收账款=本期期初应收账款×该期的预计应收账款回收率

（8.2.7 式）

8.2.6式中的现销率是指一定期间现销含税收入占该期含税销售收入的百分比；8.2.7式中应收账款回收率为前期应收账款在本期收回的现金额占相关的应收账款的百分比。在全面预算中，现销率和应收账款回收率通常为已知的经验数据。

此外，根据下列公式还可以计算出企业预算期末的应收账款余额：

预算期末应收账款余额=预算期初应收账款余额+该期含税销售收入−本期经营现金收入

（8.2.8 式）

下面举例说明销售预算和经营现金收入预算的编制。

【例 8-1】

一家蔗糖生产企业PC公司生产经营甲、乙两种蔗糖产品，20×2年年初应收账款数据和各季度预测的销售单价和销售数量等资料见表8-1。

表 8-1 20×2年度PC公司的预计销售单价、预计销售量和其他资料 实物量单位：件/金额单位：元

季度		一	二	三	四	年初应收账款	增值税税率	收现率	
								当期	下期
甲产品	销售单价	95.00	95.00	95.00	100.00	18 000.00	13%	70%	30%
	预计销售量	700	1 000	1 300	1 000				
乙产品	销售单价	90.00	90.00	90.00	80.00	13 000.00			
	预计销售量	600	800	1 000	1 100				

资料显示，第四季度甲、乙两种产品的单价与前三个季度相比有变动；每种产品每季的销售中有70%能在当季收到现金，其余30%要在下季收讫。

要求：为PC公司编制20×2年的销售预算和经营现金收入预算表（金额保留两位小数）。

解：依题意，编制的该公司的销售预算和经营现金收入预算分别见表8-2和表8-3。

表 8-2 20×2年度PC公司的销售预算 实物量单位：件/金额单位：元

季度		一	二	三	四	全年	资料来源
销售单价	甲产品	95.00	95.00	95.00	100.00	96.25	见表 8-1
	乙产品	90.00	90.00	90.00	80.00	87.50	见表 8-1
预计销售量	甲产品	700	1 000	1 300	1 000	4 000	见表 8-1
	乙产品	600	800	1 000	1 100	3 500	见表 8-1
预计销售收入	甲产品	66 500.00	95 000.00	123 500.00	100 000.00	385 000.00	
	乙产品	54 000.00	72 000.00	90 000.00	88 000.00	304 000.00	
	合计	120 500.00	167 000.00	213 500.00	188 000.00	689 000.00	
增值税销项税额		15 665.00	21 710.00	27 755.00	24 440.00	89 570.00	
含税销售收入		136 165.00	188 710.00	241 255.00	212 440.00	778 570.00	

表 8-3 **20×2 年度 PC 公司的经营现金收入预算** 金额单位：元

季度	一	二	三	四	全年	资料来源
含税销售收入	136 165.00	188 710.00	241 255.00	212 440.00	778 570.00	见表 8-2
期初应收账款	31 000.00				31 000.00	见表 8-1
本期销售本期收款	95 315.50	132 097.00	168 878.50	148 708.00	544 999.00	
上期销售本期收款	31 000.00	40 849.50	56 613.00	72 376.50	200 839.00	
经营现金收入合计	126 315.50	172 946.50	225 491.50	221 084.50	745 838.00	
年末应收账款余额					63 732.00	

其中，经营现金流入的计算如下：

某期经营现金流入=当期含税销售收入×当期收现率+前期含税销售收入×下期收现率 （8.2.9 式）

根据表 8-3 的数据可以计算出 PC 公司年末应收账款的余额：

年末应收账款余额=31 000+778 570−745 838=63 732（元）

或 =212 440×30%=63 732（元）

【视频展示】表 8-2 在 Excel 中的实现

【视频展示】表 8-3 在 Excel 中的实现

（二）生产预算的编制

生产预算是在销售预算的基础上，为规划预算期内预计生产量水平而编制的一种经营预算。生产预算是所有经营预算中唯一使用实物量计量单位的预算，可以为有关成本和费用预算提供实物量数据。

生产预算需要根据预计销售量按产品品种分别编制。由于企业的生产和销售不能实现"同步同量"，要实现均衡生产必须有一定的存货保证。因此，生产预算编制的依据包括预期销售量、预计期初存货和预计期末存货等因素。有关计算公式如下：

某种产品预计生产量=预计销售量+预计期末存货量−预计期初存货量 （8.2.10 式）

其中，预计销售量可以在销售预算中找到；预计期初存货量等于上期期末存货量；预计期末存货量可由销售的长期趋势确定，实践中，一般依据事先估计的期末存货量占下期销售量的比例进行估算。

在生产预算编制过程中，还要考虑企业生产销售过程中的季节性和周期性特点，结合企业的生产能力和仓库容量等条件，注意保持生产量、销售量、存货量之间合理的比例关系，避免出现产销脱节、储备不足或者超储积压等问题。

下面举例说明生产预算的编制。

【例 8-2】

沿用表 8-1 预计销售量的资料，PC 公司甲、乙两种产品 20×2 年年初的实际存货量和年末的预计存货量等资料见表8-4。

表8-4　　20×2年度PC公司的存货资料　　实物量单位：件/金额单位：元

品种	年初产成品存货量	年末产成品存货量	年初在产品存货量	年末在产品存货量	预计期末产成品占下期销售量的百分比	年初产成品成本	
						单位额	总额
甲产品	90	130	0	0	10%	50.00	4 500.00
乙产品	60	120	0	0	10%	65.00	3 900.00

要求：为PC公司编制20×2年度的生产预算。

解：依题意，编制的该公司的生产预算见表8-5。

表8-5　　20×2年度PC公司的生产预算　　实物量单位：件

品种	季度	一	二	三	四	全年	资料来源
甲产品	预计销售量（销售预算）	700	1 000	1 300	1 000	4 000	见表8-1
	加：预计期末存货量	100	130	100	130	130	见表8-4
	产品需要数量	800	1 130	1 400	1 130	4 130	
	减：期初存货量	90	100	130	100	90	见表8-4
	预计生产量	710	1 030	1 270	1 030	4 040	
乙产品	预计销售量（销售预算）	600	800	1 000	1 100	3 500	见表8-1
	加：预计期末存货量	80	100	110	120	120	见表8-4
	产品需要数量	680	900	1 110	1 220	3 620	
	减：期初存货量	60	80	100	110	60	见表8-4
	预计生产量	620	820	1 010	1 110	3 560	

【视频展示】表8-5在Excel中的实现

（三）直接材料预算的编制

直接材料预算是为规划预算期内因生产活动和材料采购活动预计发生的直接材料需用量、采购数量和采购成本而编制的一种经营预算。

直接材料预算的编制基础主要包括生产预算、材料消耗定额、预计材料采购单价以及期初和期末材料库存量等。

直接材料预算包括需用量预算和采购预算两部分。

（1）直接材料需用量预算的编制流程

①按照各种产品的材料消耗定额和生产量计算预算期内某种直接材料的需用量，其计算公式为：

$$\text{某产品消耗某种直接材料预计需用量}=\text{某种产品耗用该材料的消耗定额}\times\text{该产品预算期的预计生产量} \quad (8.2.11\text{式})$$

②预计预算期内某种直接材料的全部需用量，其计算公式为：

$$\text{预算期某种直接材料的全部需用量}=\sum\text{某产品消耗该种直接材料预计需用量} \quad (8.2.12\text{式})$$

（2）直接材料采购预算的编制流程

①预计预算期内某种直接材料的全部采购量，其计算公式为：

$$\text{某种直接材料的预计采购量}=\text{该种材料的预计需用量}+\text{该种材料的预计期末库存量}-\text{该种材料的预计期初库存量} \quad (8.2.13\text{式})$$

其中，材料预计的期末库存量通常按下期需要的经验数据确定，在实践中，按下期预计需用量的一定比例进行估算；材料的预计期初库存量等于上期期末库存量。

②预计预算期内某种直接材料的采购成本，其计算公式为：

某种材料的预计采购成本=该种材料的单价×该种材料的预计采购量　（8.2.14 式）

其中，材料的单价为不含增值税的单价。

③确定预算期内企业直接材料采购总成本，其计算公式为：

$$\text{预算期企业直接材料采购总成本}=\sum\text{某种材料的预计采购成本} \quad (8.2.15\text{式})$$

④计算预算期内与直接材料采购总成本相关的增值税进项税额，其计算公式为：

某期增值税进项税额=预算期企业直接材料采购总成本×该期适用的增值税税率　（8.2.16 式）

⑤计算预算期预计采购金额，其计算公式为：

某期预计采购金额=预算期企业直接材料采购总成本+预算期预计增值税进项税额　（8.2.17 式）

在直接材料预算编制过程中，同样要注意保持材料采购量、需用量、库存量之间合理的比例关系，避免出现储备不足或者超储积压等现象。

由于材料采购需要付出现金，为了便于编制现金预算，直接材料预算中通常要计算用于材料采购的预计现金支出。

某预算期的材料采购现金支出=该期现购材料现金支出+该期支付以前期间的应付账款　（8.2.18 式）

其中，现购材料现金支出和支付以前期间的应付账款的计算公式为：

某期现购材料现金支出=该期预计采购金额×该期预计付现率　（8.2.19 式）

某期支付以前期间的应付账款=该期期初应付账款×该期的预计应付账款支付率　（8.2.20 式）

8.2.19 式中的预计付现率是指一定期间内现购材料现金支出占该含税采购金额的百分比；8.2.20 式中的预计应付账款支付率是指以前期间应付账款在本期支付的现金额占相关

应付账款的百分比，通常情况下，付现率和应付账款支付率为已知的经验数据。

此外，企业预算期末的应付账款余额还可以根据下列计算公式得出：

$$\text{预算期末应付账款余额} = \text{预算期初应付账款余额} + \text{预算期预计采购金额} - \text{预算期采购现金支出} \quad (8.2.21\text{式})$$

下面举例说明直接材料需用量预算、采购预算和材料采购现金支出预算的编制。

【例 8-3】

PC公司甲、乙两种产品20×2年度需用的各种直接材料消耗定额及采购单价资料见表8-6；直接材料年初和年末库存量以及有关账户余额等资料见表8-7。

表 8-6　**20×2年度PC公司直接材料消耗定额及采购单价资料**　实物量单位：件/金额单位：元

项目	季度	一	二	三	四
甲产品直接材料消耗定额	A材料	4	4	4	4
	B材料	3	3	3	3
乙产品直接材料消耗定额	A材料	6	6	6	6
	C材料	3	3	3	3
材料采购单价	A材料	5.00	5.00	5.00	5.00
	B材料	6.00	6.00	6.00	6.00
	C材料	7.00	7.00	7.00	7.00
	D材料	0.00	0.00	0.00	10.00

表 8-7　**20×2年度PC公司直接材料库存量与其他相关资料**　实物量单位：件/金额单位：元

材料名称	年初库存量	年末库存量	预计期末存货量占下期需用量的百分比	增值税税率	年初余额		付现率	
					应付账款	库存材料	当期	下期
A材料	1 500	2 000	20%	13%	15 000.00	13 000.00	70%	30%
B材料	450	750	20%					
C材料	400	600	30%					
D材料	0	900	为下一年度开发丙产品做准备，于第四季度购买	见专门决策预算（见表8-25）				

资料显示，PC公司每季采购金额中，有70%于当季支付现金，剩余30%到下季度付讫。

要求：为PC公司编制20×2年度的直接材料需用量预算、采购预算和材料采购现金支出预算（金额保留两位小数）。

解：根据题意，编制的该公司的直接材料需用量预算、采购预算和材料采购现金支出预算分别见表8-8、表8-9和表8-10。

表8-8　　20×2年度PC公司的直接材料需用量预算　　实物量单位：件

产品品种	项目	季度	一	二	三	四	全年	资料来源
甲产品	材料单耗	A材料	4	4	4	4		见表8-6
		B材料	3	3	3	3		见表8-6
	预计生产量		710	1 030	1 270	1 030	4 040	见表8-5
	预计生产需用量	A材料	2 840	4 120	5 080	4 120	16 160	
		B材料	2 130	3 090	3 810	3 090	12 120	
乙产品	材料单耗	A材料	6	6	6	6		见表8-6
		C材料	3	3	3	3		见表8-6
	预计生产量		620	820	1 010	1 110	3 560	见表8-5
	预计生产需用量	A材料	3 720	4 920	6 060	6 660	21 360	
		C材料	1 860	2 460	3 030	3 330	10 680	

表8-9　　20×2年度PC公司的直接材料采购预算　　实物量单位：件/金额单位：元

材料品种	季度	一	二	三	四	全年	资料来源
A材料	材料采购单价	5.00	5.00	5.00	5.00		见表8-6
	甲产品需用量	2 840	4 120	5 080	4 120	16 160	见表8-8
	乙产品需用量	3 720	4 920	6 060	6 660	21 360	见表8-8
	材料总需用量	6 560	9 040	11 140	10 780	37 520	
	加：期末材料存量	1 808	2 228	2 156	2 000	2 000	见表8-7
	减：期初材料存量	1 500	1 808	2 228	2 156	1 500	见表8-7
	本期采购量	6 868	9 460	11 068	10 624	38 020	
	材料采购成本	34 340.00	47 300.00	55 340.00	53 120.00	190 100.00	材料采购单价×本期采购量
B材料	材料采购单价	6.00	6.00	6.00	6.00		见表8-6
	甲产品需用量	2 130	3 090	3 810	3 090	12 120	见表8-8
	乙产品需用量	0	0	0	0	0	见表8-8
	材料总需用量	2 130	3 090	3 810	3 090	12 120	
	加：期末材料存量	618	762	618	750	750	见表8-7
	减：期初材料存量	450	618	762	618	450	见表8-7
	本期采购量	2 298	3 234	3 666	3 222	12 420	
	材料采购成本	13 788.00	19 404.00	21 996.00	19 332.00	74 520.00	材料采购单价×本期采购量

续表

材料品种	季度	一	二	三	四	全年	资料来源
C材料	材料采购单价	7.00	7.00	7.00	7.00		见表8-6
	甲产品需用量	0	0	0	0	0	见表8-8
	乙产品需用量	1 860	2 460	3 030	3 330	10 680	见表8-8
	材料总需用量	1 860	2 460	3 030	3 330	10 680	
	加：期末材料存量	738	909	999	600	600	见表8-7
	减：期初材料存量	400	738	909	999	400	见表8-7
	本期采购量	2 198	2 631	3 120	2 931	10 880	
	材料采购成本	15 386.00	18 417.00	21 840.00	20 517.00	76 160.00	
D材料	材料采购单价				10.00		见表8-6
	本期采购量				900	900	见表8-7
	材料采购成本	0.00	0.00	0.00	9 000.00	9 000.00	材料采购单价×本期采购量
预计材料采购成本合计		63 514.00	85 121.00	99 176.00	101 969.00	349 780.00	
增值税进项税额		8 256.82	11 065.73	12 892.88	13 255.97	45 471.40	
预计采购金额合计		71 770.82	96 186.73	112 068.88	115 224.97	395 251.40	

本例中每季的采购金额分两期支付现金，因此，表8-10中的现购材料的现金支出可按下列公式计算：

某期现购材料现金支出=当期预计采购金额×当期付现率+前期预计采购金额×下期付现率

(8.2.22式)

表8-10　**20×2年度PC公司的直接材料采购现金支出预算**　金额单位：元

季度	一	二	三	四	全年	资料来源
预计采购金额合计	71 770.82	96 186.73	112 068.88	115 224.97	395 251.40	见表8-9
期初应付账款	15 000.00				15 000.00	见表8-7
第一季度购料现金支出	50 239.57	21 531.25			71 770.82	
第二季度购料现金支出		67 330.71	28 856.02		96 186.73	
第三季度购料现金支出			78 448.22	33 620.66	112 068.88	
第四季度购料现金支出				80 657.48	80 657.48	
现金支出合计	65 239.57	88 861.96	107 304.24	114 278.14*	375 683.91	
期末应付账款				34 567.49	34 567.49	

注：*含误差项-0.001。

根据表8-10中的数据可计算出PC公司年末应付账款的余额：

年末应付账款的余额=115 224.97−80 657.48=34 567.49（元）（建议用此方法）

或　　　　　　　　=115 224.97×30%=34 567.49（元）

下面举例说明直接材料成本计算（先进先出法）。

【例 8-4】

沿用例 8-3 的相关资料。

要求：按先进先出法计算 PC 公司直接材料成本。

解：根据题意编制的 PC 公司各种直接材料成本计算表和汇总表分别见表 8-11 和表 8-12。

表 8-11　　20×2 年度 PC 公司直接材料成本预算（先进先出法）

实物量单位：件/金额单位：元

材料品种	项目	季度	一	二	三	四	全年	资料来源
A 材料	单价	期初材料	5.00	5.00	5.00	5.00	5.00	见表 8-6
		本期采购	5.00	5.00	5.00	5.00		
		期末材料	5.00	5.00	5.00	5.00	5.00	见表 8-6
	数量	期初材料存量	1 500	1 808	2 228	2 156	1 500	见表 8-7
		加：本期采购量	6 868	9 460	11 068	10 624	38 020	见表 8-9
		减：期末材料存量	1 808	2 228	2 156	2 000	2 000	见表 8-7
		本期耗用量	6 560	9 040	11 140	10 780	37 520	期初材料存量+本期采购量−期末材料存量
		甲产品耗用量	2 840	4 120	5 080	4 120	16 160	见表 8-9
		乙产品耗用量	3 720	4 920	6 060	6 660	21 360	见表 8-9
	成本	期初材料成本	7 500.00	9 040.00	11 140.00	10 780.00	7 500.00	
		加：本期材料采购成本	34 340.00	47 300.00	55 340.00	53 120.00	190 100.00	见表 8-9
		减：期末存货成本	9 040.00	11 140.00	10 780.00	10 000.00	10 000.00	
		本期耗用材料成本	32 800.00	45 200.00	55 700.00	53 900.00	187 600.00	期初材料成本+本期材料采购成本−期末存货成本
		甲产品成本	14 200.00	20 600.00	25 400.00	20 600.00	80 800.00	本期耗用材料成本÷本期耗用量×甲产品耗用量
		乙产品成本	18 600.00	24 600.00	30 300.00	33 300.00	106 800.00	本期耗用材料成本÷本期耗用量×乙产品耗用量

续表

材料品种	项目	季度	一	二	三	四	全年	资料来源
B材料	单价	期初材料	6.00	6.00	6.00	6.00	6.00	见表 8-6
		本期采购	6.00	6.00	6.00	6.00		
		期末材料	6.00	6.00	6.00	6.00	6.00	见表 8-6
	数量	期初材料存量	450	618	762	618	450	见表 8-7
		加：本期采购量	2 298	3 234	3 666	3 222	12 420	见表 8-9
		减：期末材料存量	618	762	618	750	750	见表 8-7
		本期耗用量	2 130	3 090	3 810	3 090	12 120	期初材料存量+本期采购量-期末材料存量
		甲产品耗用量	2 130	3 090	3 810	3 090	12 120	见表 8-9
		乙产品耗用量	0	0	0	0	0	见表 8-9
	成本	期初材料成本	2 700.00	3 708.00	4 572.00	3 708.00	2 700.00	
		加：本期材料采购成本	13 788.00	19 404.00	21 996.00	19 332.00	74 520.00	见表 8-9
		减：期末存货成本	3 708.00	4 572.00	3 708.00	4 500.00	4 500.00	
		本期耗用材料成本	12 780.00	18 540.00	22 860.00	18 540.00	72 720.00	期初材料成本+本期材料采购成本-期末存货成本
		甲产品成本	12 780.00	18 540.00	22 860.00	18 540.00	72 720.00	
		乙产品成本	0.00	0.00	0.00	0.00	0.00	

续表

材料品种	项目	季度	一	二	三	四	全年	资料来源
C材料	单价	期初材料	7.00	7.00	7.00	7.00	7.00	见表 8-6
		本期采购	7.00	7.00	7.00	7.00		
		期末材料	7.00	7.00	7.00	7.00	7.00	见表 8-6
	数量	期初材料存量	400	738	909	999	400	见表 8-7
		加：本期采购量	2 198	2 631	3 120	2 931	10 880	见表 8-9
		减：期末材料存量	738	909	999	600	600	见表 8-7
		本期耗用量	1 860	2 460	3 030	3 330	10 680	期初材料存量+本期采购量-期末材料存量
		甲产品耗用量	0	0	0	0	0	见表 8-9
		乙产品耗用量	1 860	2 460	3 330	3 270	10 680	见表 8-9
	成本	期初材料成本	2 800.00	5 166.00	6 363.00	6 993.00	2 800.00	
		加：本期材料采购成本	15 386.00	18 417.00	21 840.00	20 517.00	76 160.00	见表 8-9
		减：期末存货成本	5 166.00	6 363.00	6 993.00	4 200.00	4 200.00	
		本期耗用材料成本	13 020.00	17 220.00	21 210.00	23 310.00	74 760.00	期初材料成本+本期材料采购成本-期末存货成本
		甲产品成本	0.00	0.00	0.00	0.00	0.00	
		乙产品成本	13 020.00	17 010.00	21 210.00	22 890.00	74 130.00	
D材料	成本	期初材料成本	0.00	0.00	0.00	0.00	0.00	
		加：本期材料采购成本	0.00	0.00	0.00	9 000.00	9 000.00	见表 8-9
		减：期末存货成本	0.00	0.00	0.00	9 000.00	9 000.00	
		本期耗用材料成本	0.00	0.00	0.00	0.00	0.00	
		甲产品成本	0.00	0.00	0.00	0.00	0.00	
		乙产品成本	0.00	0.00	0.00	0.00	0.00	

表 8-12　　20×2年度PC公司直接材料成本汇总表　　实物量单位：件/金额单位：元

材料存货	年初材料成本	本年材料采购成本	年末单位成本	期末存货量	期末存货成本	本期耗用材料成本		
						合计	甲产品	乙产品
A材料	7 500.00	190 100.00	5.00	2 000	10 000.00	187 600.00	80 800.00	106 800.00
B材料	2 700.00	74 520.00	6.00	750	4 500.00	72 720.00	72 720.00	0.00
C材料	2 800.00	76 160.00	7.00	600	4 200.00	74 760.00	0.00	74 760.00
D材料	0.00	9 000.00	10.00	900	9 000.00	0.00	0.00	0.00
小计	13 000.00	349 780.00	—	—	27 700.00	335 080.00	153 520.00	181 560.00

（四）应交税费预算的编制

应交税费预算是指为规划预算期内预计发生的相关税费而编制的一种经营预算。相关税费包括两类：第一类是通过“税金及附加”科目核算的、与企业经营活动相关的消费税、资源税、城市维护建设税、教育费附加，以及房产税、车船税、印花税等相关税费；第二类是独立核算的应交增值税。

需要注意的是，本核算中不包括预交所得税。为简化计算，本书假定“税金及附加”中只考虑前四种税费，且假定预算期内发生的各项应交税费均于当期以现金形式支付。

应交税费预算的编制基础包括销售预算、材料采购预算的相关数据和适用税率等资料，有关指标的估算公式为：

某期预计发生的应交税费=该期预计发生的税金及附加+该期预计应交增值税

（8.2.23式）

8.2.23式中，预计发生的税金及附加计算公式如下：

$$\text{某期预计发生的税金及附加}=\text{该期预计应交消费税}+\text{该期预计应交资源税}+\text{该期预计应交城市维护建设税}+\text{该期预计应交教育费附加}\quad(8.2.24式)$$

8.2.24式中，预计应交消费税等于应纳税额与适用税率的乘积[①]；预计应交资源税按照应税产品的课税数量和规定的单位税额计算；预计应交城市维护建设税和应交教育费附加分别等于应交增值税和应交消费税之和与适用的附加税率或征收率的乘积。

下面举例说明预计税金及附加的计算。

【例8-5】

位于某市的某汽车制造厂20×2年的预计销售收入为1 500万元，预计应交增值税税额为100万元，适用的消费税税率为10%，城市维护建设税税率为7%，教育费附加的征收率为3%。

要求：计算该企业20×2年预计的税金及附加。

解：根据题意，

① 消费税的应纳税额包括从价定率和从量定额两种计税方法，为简化计算，本书假定采用从价定率的计税方法。

该企业预计消费税=1 500×10%=150（万元）

该企业预计城市维护建设税=（100+150）×7%=17.5（万元）

该企业预计教育费附加=（100+150）×3%=7.5（万元）

该企业预计税金及附加=150+17.5+7.5=175（万元）

预计城市维护建设税和教育费附加由于计税基础完全相同，可以合并计算，前者的适用税率和后者的征收率合并，称为附加税费率。

8.2.23式中，预计应交增值税可按以下两种方式计算：

第一种方法是简捷法，即直接按照以下简化公式估算应交增值税税额：

某期预计应交增值税=某期预计销售收入×应交增值税估算率　　（8.2.25式）

8.2.25式中，应交增值税估算率是一个经验数据，按照一定期间内实际或估算的应交增值税税额占同期不含税销售收入的百分比计算。

简捷法比较简单，可以直接估算某期的应交增值税，但存在一定误差。

下面举例说明应交增值税的估算（简捷法）。

【例8-6】

沿用例8-5的资料。该企业20×1年的不含税销售收入总额为2 000万元，销售利润率为25%，适用的增值税税率为13%，材料成本占总成本的百分比为80%，假定该企业生产所使用的材料都是在当期采购的，应交消费税为120万元。

要求：

（1）测算该企业的应交增值税估算率。

（2）估算该企业20×2年预计应交增值税税额。

（3）计算该企业的附加税费率和20×2年预计税金及附加。

解：根据题意，

（1）20×1年的销项税额=2 000×13%=260（万元）

20×1年总成本=2 000×（1−25%）=1 500（万元）

20×1年材料采购成本=1 500×80%=1 200（万元）

20×1年进项税额=1 200×13%=156（万元）

20×1年应交增值税税额=260−156=104（万元）

应交增值税估算率=$\frac{104}{2\,000}\times100\%=5.2\%$

（2）该企业20×2年预计应交增值税税额=1 500×5.2%=78（万元）

（3）附加税费率=7%+3%=10%

20×2年预计税金及附加=120+（78+120）×10%=139.8（万元）

第二种方法是常规法，即按照增值税的实际计税方法进行估算。其计算公式如下：

某期预计应交增值税=该期预计应交增值税销项税额−该期预计应交增值税进项税额　　（8.2.26式）

常规法计算结果与实际保持一致，但需要分别计算销项税额和进项税额，比较复杂。

下面举例说明应交税费预算的编制（常规法）。

【例 8-7】

PC公司20×2年度各季度预计增值税销项税额和进项税额资料分别见表8-2和表8-9；该企业流通环节只缴纳增值税，并于实现销售的当期（每季度）用现金完税；附加税费率为10%；假定全年预交所得税12 000元。

要求：为PC公司编制20×2年度的应交税费预算（计算结果保留两位小数）。

解：编制该公司的应交税费预算，见表8-13。

表 8-13　　20×2年度PC公司的应交税费预算　　金额单位：元

季度	一	二	三	四	全年	资料来源
增值税销项税额	15 665.00	21 710.00	27 755.00	24 440.00	89 570.00	见表 8-2
增值税进项税额	8 256.82	11 065.73	12 892.88	13 255.97	45 471.40	见表 8-9
应交增值税	7 408.18	10 644.27	14 862.12	11 184.03	44 098.60	销项-进项
税金及附加	740.82	1 064.43	1 486.21	1 118.40	4 409.86	应交增值税×附加税费率
现金支出合计	8 149.00	11 708.70	16 348.33	12 302.43	48 508.46	

下面举例说明应交增值税估算方法的比较。

【例 8-8】

沿用例8-1销售预算和例8-7应交增值税的资料，假定PC公司按照20×2年全年应交增值税和同期预计销售收入合计确定应交增值税估算率。

要求：

（1）计算该公司的应交增值税估算率。

（2）分别按常规法和简捷法估算该公司20×2年度各季度的应交增值税，并比较分析按两种方法估算应交增值税税额的关系。

解：根据题意，

（1）该公司的应交增值税估算率=44 098.60÷689 000.00×100% ≈6.40%

（2）按常规法和简捷法估算该公司20×2年度各季度的应交增值税见表8-14。

表 8-14　　应交增值税两种估算方法对照分析表　　金额单位：元

季度	一	二	三	四	全年	资料来源
常规法估算的应交增值税	7 408.18	10 644.27	14 862.12	11 184.03	44 098.60	见表 8-13
预计销售收入	120 500.00	167 000.00	213 500.00	188 000.00	689 000.00	见表 8-2
简捷法估算的应交增值税	7 712.45	10 688.63	13 664.81	12 032.71	44 098.60	预计销售收入×估算率
误差	-304.27	-44.36	1 197.31	-848.68	0.00	两种方法估算额之差

从表8-14可以看出，两种方法估算的各季度应交增值税数额存在差异，但从全年来看两种方法估算的增值税总额一致。这说明，企业在一定期间内保持应交增值税和销售收入的相应比例，既可以利用简捷法估算应交增值税，也可以使用常规法对其进行估算。

（五）直接人工预算的编制

直接人工预算是指为规划预算期内人工工时的消耗水平和人工成本水平而编制的一种经营预算。

编制直接人工预算的依据主要包括已知的标准工资率、标准单位直接人工工时和生产预算中的预计生产量等资料。

直接人工预算的编制流程如下：

（1）预计每种产品的直接人工工时总数，其计算公式为：

某种产品直接人工工时总数=单位产品工时定额×预计该产品生产量 （8.2.27 式）

8.2.27式中的单位产品工时定额与产品的生产流程有关，需根据经验数据事先分析确定，不同的产品工时定额可能不同，预计产品的生产量数据可以从生产预算中取得。

（2）预计每种产品耗用的直接工资，其计算公式为：

预计每种产品耗用直接工资=单位工时工资率×该种产品直接人工工时总数 （8.2.28 式）

8.2.28式中的单位工时工资率即标准小时工资率，是企业根据一定时期内直接工资总额和同期直接人工工时总数确定的，各种产品的单位工时工资率完全一致。

（3）计算预算期内企业的直接人工成本合计数，其计算公式为：

预计企业直接人工成本合计=$\sum$预计某种产品直接人工成本 （8.2.29 式）

下面举例说明直接人工预算的编制。

【例 8-9】

PC公司20×2年标准小时工资率和工时定额资料见表8-15，直接人工成本当季全部付现。

表 8-15 20×2 年度 PC 公司的标准小时工资率和工时定额资料

工时单位：时/金额单位：元

季度		一	二	三	四
标准小时工资率		5.00	5.00	5.00	5.00
单位产品工时定额	甲产品	3	3	3	3
	乙产品	4	4	4	4

要求：为PC公司编制20×2年度的直接人工预算（金额保留两位小数）。

解：根据题意，编制该公司的直接人工预算见表8-16。

表 8-16 20×2 年度 PC 公司的直接人工预算

实物量单位：件/工时单位：时
金额单位：元

品种	季度	一	二	三	四	全年	资料来源
	标准小时工资率	5.00	5.00	5.00	5.00		见表 8-15
甲产品	单位产品工时定额	3	3	3	3		见表 8-15
	预计生产量	710	1 030	1 270	1 030	4 040	见表 8-5
	直接人工工时总数	2 130	3 090	3 810	3 090	12 120	
	预计直接人工成本	10 650.00	15 450.00	19 050.00	15 450.00	60 600.00	

续表

品种	季度	一	二	三	四	全年	资料来源
	标准小时工资率	5.00	5.00	5.00	5.00		见表8-15
乙产品	单位产品工时定额	4	4	4	4		见表8-15
	预计生产量	620	820	1 010	1 110	3 560	见表8-5
	直接人工工时总数	2 480	3 280	4 040	4 440	14 240	
	预计直接人工成本	12 400.00	16 400.00	20 200.00	22 200.00	71 200.00	
直接人工成本合计		23 050.00	31 850.00	39 250.00	37 650.00	131 800.00	

（六）制造费用预算的编制

制造费用预算是指为规划预算期内除直接材料和直接人工预算以外预计发生的其他生产费用水平而编制的一种经营预算。

在变动成本法下，制造费用预算的编制可分为变动性制造费用和固定生产成本两部分。

变动性制造费用与生产总量之间存在线性关系，根据单位产品预算分配率与预算期的生产总量的乘积进行预计。

其中，变动性制造费用预算分配率的计算公式如下：

变动性制造费用预算分配率=变动性制造费用总额÷相关分配标准总额　　（8.2.30式）

8.2.30式中，分母可在预算生产量或预算直接人工工时总数中选择，多品种条件下，一般按后者进行分配。

固定生产成本与生产总量之间不存在线性关系，通常在上年的基础上根据预期变动加以适当修正进行预计，并作为期间成本直接列入利润表作为收入的扣除项目。

为了便于现金预算的编制，制造费用预算也应包括预算现金支出部分。固定资产折旧费用是非付现成本项目，应予扣除。其计算公式如下：

$$\begin{matrix}\text{某季度预计制造}\\ \text{费用现金支出}\end{matrix}=\begin{matrix}\text{该季度预计变动性}\\ \text{制造费用现金支出}\end{matrix}+\begin{matrix}\text{该季度预计固定性}\\ \text{制造费用现金支出}\end{matrix} \qquad (8.2.31\text{式})$$

8.2.31式中相关指标计算公式如下：

$$\begin{matrix}\text{某季度预计变动性}\\ \text{制造费用现金支出}\end{matrix}=\sum\left(\begin{matrix}\text{变动性制造费用}\\ \text{预算分配率}\end{matrix}\times\begin{matrix}\text{该季度某种产品}\\ \text{预计直接人工工时}\end{matrix}\right) \qquad (8.2.32\text{式})$$

$$\begin{matrix}\text{某季度预计固定性}\\ \text{制造费用现金支出}\end{matrix}=\left(\begin{matrix}\text{该年度预计}\\ \text{固定性制造费用}\end{matrix}-\text{预计年折旧费}\right)\div 4 \qquad (8.2.33\text{式})$$

值得注意的是，8.2.33式中的年折旧费必须是在制造费用中列支的折旧。

下面举例说明制造费用预算的编制。

【例8-10】

PC公司在编制预算时采用变动成本法，变动性制造费用按各种产品直接人工工时分配，20×2年预计的直接人工工时资料见表8-16，制造费用预算见表8-17，除折旧费以外的各项制造费用均以现金支付。

表 8-17　　**20×2年度PC公司的制造费用预算**　　金额单位：元

变动性制造费用		固定性制造费用		资料来源
1.间接材料	11 000.00	1.管理人员工资	9 600.00	假定间接材料当期采购当期消耗，没有余额，且不通过采购预算反映
2.间接人工成本	8 800.00	2.折旧费	14 400.00	
3.维修费	8 000.00	3.办公费	6 400.00	
4.水电费	7 800.00	4.保险费	3 200.00	
5.其他	5 080.00	5.租赁费	4 000.00	专门决策预算见例 8-15
合计	40 680.00	6.其他	1 100.00	
		合计	38 700.00	
直接人工工时总数	26 360*	减：折旧费	14 400.00	非付现成本
预算分配率 =40 680.00÷26 360≈1.54		现金支出合计	24 300.00	
		各季支出数=24 300.00÷4=6 075.00		

注：*26 360=12 120+14 240。

表 8-17 中的 4 000 元租赁费，是根据年初的专门决策确定的。

要求：为 PC 公司编制制造费用的现金支出预算（金额保留两位小数）。

解：根据题意，编制的制造费用现金支出预算见表 8-18。

表 8-18　　**20×2年度PC公司的制造费用现金支出预算**　　金额单位：元

季度		一	二	三	四	全年	资料来源
变动性制造费用分配率		1.54	1.54	1.54	1.54	1.54	见表 8-17
直接人工工时	甲产品	2 130	3 090	3 810	3 090	12 120	见表 8-16
	乙产品	2 480	3 280	4 040	4 440	14 240	见表 8-16
	小计	4 610	6 370	7 850	7 530	26 360	
变动性制造费用	甲产品	3 287.12	4 768.64	5 879.77	4 768.63	18 704.16	
	乙产品	3 827.25	5 061.85	6 234.72	6 852.02	21 975.84	
	小计	7 114.37	9 830.49	12 114.49	11 620.65	40 680.00	
固定性制造费用		6 075.00	6 075.00	6 075.00	6 075.00	24 300.00	见表 8-17
现金支出合计		13 189.37	15 905.49	18 189.49	17 695.65	64 980.00	

（七）产品成本预算的编制

产品成本预算是指为规划预算期内各种产品的单位产品成本、生产成本、销售成本等内容而编制的一种经营预算。

产品成本预算是根据生产预算、直接材料预算、直接人工预算和制造费用预算编制的，是编制预计利润表和预计资产负债表的依据之一。该预算需要按照各种产品进行编制，存货的计价方法以及成本计算模式会影响产品成本预算的编制。

在变动成本法下，若产成品采用先进先出法计价，则产品成本预算的编制流程为：

（1）估算每种产品预算期预计发生的生产成本，其计算公式为：

$$\text{某种产品某期预计发生的产品生产成本}=\text{该产品本期预计耗用全部直接材料成本}+\text{该产品本期预计耗用直接人工成本}+\text{该产品本期预计耗用变动性制造费用}$$

（8.2.34 式）

（2）计算每种产品预算期的预计产品生产成本，其计算公式为：

$$\text{某种产品某期预计产品生产成本}=\text{该产品本期预计发生产品生产成本}+\text{该产品在产品成本期初余额}-\text{该产品在产品成本期末余额}$$

（8.2.35 式）

为简化预算编制过程，假定8.2.35式中的在产品成本期初和期末余额均为零，或均已知。该情形下，某产品预算期的预计产品生产成本与该产品预算期预计发生的生产成本一致；该产品的单位产品生产成本等于预计发生的单位生产成本。

（3）估算每种产品预算期预计的产品销售成本，其计算公式为：

$$\text{本期预计产品销售成本}=\text{本期预计产品生产成本}+\text{产成品成本期初余额}-\text{产成品成本期末余额}$$

（8.2.36 式）

为简化计算，本书假定企业只编制全年的产品成本预算，不编制分季度预算。

下面举例说明产品成本预算的编制。

【例 8-11】

PC公司20×2年的年初产成品资料、生产预算、直接材料采购预算、直接材料成本预算、直接人工预算和制造费用现金支出预算分别见表8-4、表8-5、表8-9、表8-11、表8-16和表8-18。产成品按先进先出法计价。

要求：分别按变动成本法为PC公司编制甲、乙两种产品20×2年度的产品成本预算（金额保留两位小数）。

解：根据题意，编制的甲、乙两种产品20×2年度产品成本预算分别见表8-19和表8-20。

表 8-19　　**20×2年度PC公司甲产品成本预算**　　计划产量：4 040件/单位：元

项目	总成本	单位成本	资料来源
（甲）栏	①	②=①÷计划产量	
直接材料			
A材料	80 800.00	20.00	见表8-12
B材料	72 720.00	18.00	见表8-12

续表

项目	总成本	单位成本	资料来源
小计	153 520.00	38.00	
直接人工	60 600.00	15.00	见表8-16
变动性制造费用	18 704.16	4.63	见表8-18
合计	232 824.16	57.63	
加：在产品及自制半成品的期初余额	0.00	0.00	
减：在产品及自制半成品的期末余额	0.00	0.00	
预计产品生产成本	232 824.16	57.63	
加：产成品期初余额	4 500.00	50.00	见表8-4
减：产成品期末余额	7 491.87	57.63	见表8-4
预计产品销售成本	229 832.29	57.46	见表8-1

表8-20　**20×2年度PC公司乙产品成本预算**　计划产量：3 560件/单位：元

项目	总成本	单位成本	资料来源
（甲）栏	①	②=①÷计划产量	
直接材料			
A材料	106 800.00	30.00	见表8-12
C材料	74 760.00	21.00	见表8-12
小计	181 560.00	51.00	
直接人工	71 200.00	20.00	见表8-16
变动性制造费用	21 975.84	6.17	见表8-18
合计	274 735.84	77.17	
加：在产品及自制半成品的期初余额	0.00	0.00	
减：在产品及自制半成品的期末余额	0.00	0.00	
预计产品生产成本	274 735.84	77.17	
加：产成品期初余额	3 900.00	65.00	见表8-4
减：产成品期末余额	9 260.76	77.17	见表8-4
预计产品销售成本	269 375.08	76.96	见表8-1

（八）期末存货预算的编制

期末存货预算是指为规划预算期内期末的在产品、产成品和原材料预计成本水平而编制的一种经营预算。

期末存货预算与产品成本预算密切相关，同样受到存货计价方法的影响。编制流程如下：

1.按存货的具体项目分别编制预算

存货包括在产品、产成品和原材料。为简化预算过程，假定期末在产品存货为零；如果产成品采用先进先出法计价，则期末产成品存货成本预算额等于产品成本预算中各种产品的产成品期末余额之和；期末原材料存货成本预算额为各种直接材料期末余额之和。

2.汇总各项存货的期末余额

期末存货余额预算的计算公式为：

$$\frac{\text{某期期末}}{\text{存货余额}}=\frac{\text{该期在产品}}{\text{存货期末余额}}+\frac{\text{该期产成品}}{\text{存货期末余额}}+\frac{\text{该期原材料}}{\text{存货期末余额}} \qquad (8.2.37\text{式})$$

通常企业分年度编制期末存货预算，不编制分季度存货预算。

下面举例说明期末存货预算的编制。

【例 8-12】

PC 公司的直接材料采购预算和甲、乙两种产品 20×2 年度的产品成本预算分别见表 8-21。产成品、原材料按先进先出法计价。

要求：按变动成本法为 PC 公司编制 20×2 年度的年末存货预算（金额保留两位小数）。

解：根据题意，编制的 20×2 年度 PC 公司期末存货预算见表 8-21。

表 8-21　**20×2 年度 PC 公司期末存货预算**　实物量单位：件/金额单位：元

<table>
<tr><td colspan="2">项目</td><td>单位成本</td><td colspan="2">期末存货量</td><td>期末存货成本</td><td>资料来源</td></tr>
<tr><td rowspan="3">在产品存货</td><td>甲产品</td><td>0.00</td><td colspan="2">0</td><td>0.00</td><td>见表 8-4 和表 8-19</td></tr>
<tr><td>乙产品</td><td>0.00</td><td colspan="2">0</td><td>0.00</td><td>见表 8-4 和表 8-19</td></tr>
<tr><td colspan="4">小计</td><td>0.00</td><td></td></tr>
<tr><td rowspan="3">产成品存货</td><td>甲产品</td><td>57.63</td><td colspan="2">130</td><td>7 491.87</td><td>见表 8-4 和表 8-19</td></tr>
<tr><td>乙产品</td><td>77.17</td><td colspan="2">120</td><td>9 260.76</td><td>见表 8-4 和表 8-20</td></tr>
<tr><td colspan="4">小计</td><td>16 752.63</td><td></td></tr>
<tr><td rowspan="2">材料存货</td><td rowspan="2">年初材料成本</td><td rowspan="2">本年材料采购成本</td><td colspan="2">本期耗用材料成本</td><td rowspan="2">期末存货成本</td><td rowspan="2"></td></tr>
<tr><td>甲产品</td><td>乙产品</td></tr>
<tr><td>A 材料</td><td>7 500.00</td><td>190 100.00</td><td>80 800.00</td><td>106 800.00</td><td>10 000.00</td><td rowspan="5">见表 8-12</td></tr>
<tr><td>B 材料</td><td>2 700.00</td><td>74 520.00</td><td>72 720.00</td><td>0.00</td><td>4 500.00</td></tr>
<tr><td>C 材料</td><td>2 800.00</td><td>76 160.00</td><td>0.00</td><td>74 760.00</td><td>4 200.00</td></tr>
<tr><td>D 材料</td><td>0.00</td><td>9 000.00</td><td>0.00</td><td>0.00</td><td>9 000.00</td></tr>
<tr><td>小计</td><td>13 000.00</td><td>349 780.00</td><td>153 520.00</td><td>181 560.00</td><td>27 700.00</td></tr>
<tr><td colspan="5">期末存货合计</td><td>44 452.63</td><td>期初存货 21 400.00</td></tr>
</table>

（九）销售费用预算的编制

销售费用预算是指为规划预算期内企业在产品销售过程中预计发生的各项费用而编制的一种经营预算。

销售费用预算的编制方法与制造费用预算的编制方法类似，包括变动性和固定性两部分。但对随着销售量成正比例变动的部分，即变动性销售费用，只需要反映各个项目单位产品费用分配额即可。对于固定性销售费用，只需按项目反映全年预计的水平。

销售费用预算同样需要编制相应的现金支出预算。

预算期变动性销售费用现金支出等于该期各产品的现金支出之和，一定期间某种产品预计发生的变动性销售费用现金支出的计算公式为：

$$\begin{array}{c}\text{某期某种产品预计的}\\ \text{变动性销售费用现金支出}\end{array}=\begin{array}{c}\text{该种产品单位变动性}\\ \text{销售费用分配额}\end{array}\times\begin{array}{c}\text{该期该产品}\\ \text{预计销售量}\end{array}\quad\text{（8.2.38 式）}$$

对于固定性销售费用的现金支出可以采用两种方法：其一，根据全年固定性销售费用的预算总额扣除其中的非付现成本（如销售机构的折旧费）的余额在各季度内平均分摊。其二，根据具体付现成本项目的预计发生情况分季度编制预算。不在各季度平均分摊的原因在于固定性销售费用中存在部分内容具有年内待摊或预提的性质（如一次性支付的全年广告费和销售保险费等），这些开支时间与受益期间不一致，对跨期分摊的项目来说，平均费用与实际支出不同，必须逐项按预计支出情况编制预算。本书采用第一种方法。

下面举例说明销售费用预算及其现金支出预算的编制。

【例 8-13】

PC 公司 20×2 年度的销售费用预算见表 8-22。

表 8-22　**20×2 年度 PC 公司销售费用预算**　金额单位：元

变动性销售费用			固定性销售费用	
项目	单位产品标准费用额		项目	全年费用额
	甲产品	乙产品	管理人员工资	5 000.00
销售佣金	3.00	4.00	专设销售机构办公费	15 000.00
销售运杂费	1.50	2.20	广告宣传费	6 000.00
其他	0.50	0.80	保险费	2 400.00
			折旧费	700.00
			其他	900.00
			合计	30 000.00
			减：折旧费	700.00
合计	5.00	7.00	现金支出合计	29 300.00
			平均各季支付金额=29 300.00÷4=7 325.00	

要求：为PC公司编制20×2年度的销售费用现金支出预算（金额保留两位小数）。

解：根据题意，编制的20×2年度PC公司销售费用现金支出预算见表8-23。

表8-23　**20×2年度PC公司销售费用现金支出预算**　金额单位：元

季度		一	二	三	四	全年	资料来源
单位产品标准费用额	甲产品	5.00	5.00	5.00	5.00	—	见表8-22
	乙产品	7.00	7.00	7.00	7.00	—	
预计销售量（件）	甲产品	700	1 000	1 300	1 000	4 000	见表8-1
	乙产品	600	800	1 000	1 100	3 500	见表8-1
变动性销售费用	甲产品	3 500.00	5 000.00	6 500.00	5 000.00	20 000.00	
	乙产品	4 200.00	5 600.00	7 000.00	7 700.00	24 500.00	
	小计	7 700.00	10 600.00	13 500.00	12 700.00	44 500.00	
固定性销售费用		7 325.00	7 325.00	7 325.00	7 325.00	29 300.00	见表8-22
现金支出合计		15 025.00	17 925.00	20 825.00	20 025.00	73 800.00	

（十）管理费用预算的编制

管理费用预算是指为规划预算期内因管理企业预计发生的各项费用水平而编制的一种经营预算。

管理费用的预算编制可采取两种方法。其一，由于管理费用大多为固定成本，故按项目反映全年预计水平。其二，与制造费用预算和销售费用预算类似，管理费用包括变动性和固定性两部分，对前者按预算期的变动性管理费用分配率（一定期限内变动性管理费用除以同期销售业务量）和预计销售业务量进行测算。为简化预算编制的过程，本书采用第一种方法。

在编制管理费用总额预算的同时，还需要分季度编制管理费用现金支出预算。假定管理费用均为固定成本的条件下，某季度预计管理费用现金支出为全年付现支出的平均数，计算公式为：

$$\text{某季度预计管理费用现金支出} = \left(\text{该年度预计管理费用} - \text{预计年折旧费} - \text{预计年摊销费}\right) \div 4 \qquad (8.2.39\text{式})$$

8.2.39式中的折旧费和摊销费是指在管理费用中列支的折旧费和无形资产摊销额。

管理费用总额预算及其现金支出预算可以合并在同一张预算表中。

下面举例说明管理费用及其现金支出预算的编制。

【例8-14】

PC公司20×2年度管理费用及现金支出预算见表8-24。

表 8-24　　20×2年度PC公司管理费用及其现金支出预算　　单位：元

费用项目	金额
1.公司经费	5 000.00
2.工会经费	2 000.00
3.办公费	1 800.00
4.董事会费	800.00
5.折旧费	1 100.00
6.无形资产摊销	700.00
7.职工培训费	800.00
8.其他	1 000.00
合计	13 200.00
减：折旧费	1 100.00
无形资产摊销	700.00
现金支出合计	11 400.00
平均每季度支付金额=11 400.00÷4=2 850.00	

二、专门决策预算的编制

专门决策预算是指企业重大的或不经常发生的、需要根据特定决策编制的预算，包括经营决策预算和投资决策预算等。

（一）经营决策预算的编制

经营决策预算是指与短期经营决策密切相关的专门决策预算。此类预算的主要目标是通过制定最优生产经营决策和存货控制决策来合理利用或调配企业经营活动所需要的各种资源。

该类预算通常以短期经营决策确定的最优方案为基础编制，因此直接纳入经营预算体系，同时影响现金预算等财务预算。例如，企业耗用的某种零部件的取得方式决策方案一旦确定，就要相应调整材料采购预算或生产预算、产品成本预算等。

下面举例说明经营决策预算对经营预算的影响。

【例8-15】

PC公司为提高甲产品的质量，拟于20×2年度增设一台专用检测设备，有以下三种取得方案：

方案一：用50 000元从市场中购置，预计可用5年。

方案二：用半年时间自行研制，预计研制成本为24 000元。

方案三：采用经营租赁方式，以全年4 000元的租金向信托公司租借（每季支付1 000元）。

经公司决策，采取方案三。因此该项决策被纳入当期制造费用预算（见表8-17）中的租赁费项目。

（二）投资决策预算的编制

投资决策预算是指与项目投资决策密切相关的专门决策预算，又称资本支出预算。由于此类预算涉及长期建设项目投资资金的投入与筹集等，并且经常跨年度，因此，除个别项目（如采购专用材料）外一般不纳入经营预算，但应计入与此有关的现金预算与预计资产负债表。

下面举例说明投资决策预算对其他预算的影响。

【例8-16】

为了形成开发新产品（丙产品）的生产能力，PC公司决定从20×2年起上新一条生产线，年内安装调试完毕，年末交付使用。该固定资产投资的明细项目及分次支付时间见表8-25。预计发生固定资产投资61 000元。

丙产品需用的主要原材料为D材料，预计单价为10元/件，第四季度采购量为900件。

为筹集该投资所需资金，PC公司将于年初发行票面利率为9%，每年年末支付一次利息，预计发行收入为30 000元的公司债券（建设期利息计入固定资产原值）；于第二季度增发股本为31 000元的普通股（假定不因此而形成资本公积）。

根据资料编制的PC公司20×2年度投资预算及筹资方案见表8-25。

表8-25 **20×2年度PC公司丙产品生产线项目投资预算及资金筹措方案** 单位：元

季度	一	二	三	四	全年
固定资产投资：					
勘察设计费	1 200.00				1 200.00
土建工程	2 000.00	3 800.00			5 800.00
设备购置			11 000.00	33 000.00	44 000.00
安装工程				7 000.00	7 000.00
其他				3 000.00	3 000.00
合 计	3 200.00	3 800.00	11 000.00	43 000.00	61 000.00
为下期生产准备： 采购D材料（下年度使用）				9 000.00	9 000.00
投资支出合计	3 200.00	3 800.00	11 000.00	52 000.00	70 000.00
投资资金筹措： 发行公司债券（票面利率9%） 增加发行普通股	 30 000.00 	 31 000.00			 30 000.00 31 000.00
合 计	30 000.00	31 000.00			61 000.00

要求：分析PC公司投资预算对其他预算的影响。

解：该项目的建设期为1年，20×2年度应付公司债的利息为2 700元（30 000×9%），该利息必须资本化，计入固定资产原值，则：

预算期完工的固定资产价值=61 000+2 700=63 700（元）

本预算中，只有D材料采购被纳入直接材料采购预算（见表8-9），其余未涉及经营预算。

三、财务预算的编制

财务预算是反映企业预算期现金收支、经营成果和财务状况的一种综合性预算，包括现金预算、财务费用预算、预计利润表、预计利润分配表以及预计资产负债表等。

（一）现金预算的编制

现金[①]预算是现金收支预算的简称，指为规划预算期内由于经营活动和资本投资活动引起的预计现金收入、预计现金支出、现金余缺和现金筹措使用情况以及期初和期末现金余额水平而编制的一种财务预算。

现金预算编制的目的在于合理安排现金收支，正确调度现金，保证企业资金的正常流转。

该预算的编制基础是经营预算和专门决策预算，其编制程序为：

（1）确定期初现金余额。该指标等于上期期末现金余额。

（2）估算本期现金收入。本期现金收入包括预算期内预计发生的经营现金收入和非经营现金收入。经营现金收入主要包括本期现销收入、收回前期应收账款、应收票据到期兑现和票据贴现收入等；非经营现金收入主要包括处置非流动资产（包括固定资产和无形资产）所取得的现金收入。

（3）确定预算期可供使用的现金。该指标等于期初现金余额和本期现金收入之和。

（4）估算本期现金支出。本期现金支出包括预算期内预计发生的经营现金支出和资本性现金支出之和。经营现金支出包括预算期内预计发生的采购现金支出、应交税费现金支出、直接人工成本现金支出、制造费用现金支出、销售费用现金支出、管理费用现金支出、偿还应付款项、预交所得税、支付利润的现金支出；资本性现金支出包括购置相关设备及固定资产的现金支出等。

（5）计算现金余缺。现金余缺，即现金收支差额，某期现金余缺等于当期可供使用的现金与现金支出的差额。如果差额大于零，说明收大于支，现金剩余；如果差额小于零，说明支大于收，现金短缺。

（6）现金的筹集与运用。根据预算期现金的余缺情况与数额大小和期末应保持的最低现金余额的范围，并考虑企业资金管理相关的政策，确定筹集或运用资金的数额。

如果现金短缺，可向银行借款，或转让用于短期投资的有价证券，或按长期筹资计划增发股票或公司债券。如果现金剩余，可用于偿还借款的本金和利息，或用于购买短期投资有价证券。

（7）确定期末现金余额。为了确保下期正常的经营活动，期末现金余额通常要保持在一定的数额范围之内。其计算公式为：

期末现金余额=现金余缺额+现金筹措-现金运用　　（8.2.40 式）

下面举例说明现金预算的编制。

【例 8-17】

PC 公司 20×2 年度的经营现金收入预算、直接材料采购现金支出预算、应交税费预

①此处的现金是指企业的库存现金和银行存款等现实货币资金。

算、直接人工预算、制造费用现金支出预算、销售费用现金支出预算和管理费用现金支出预算分别见表8-3、表8-10、表8-13、表8-16、表8-18、表8-23和表8-24。每季末现金余额的核定范围为5 000~5 500元。

假定期初现金余额为5 000元，短期借款上年年末余额为零，每次借款均发生在季初，年利率为8%，当季按年利率的1/4全额计息并支付，本金归还发生在季末；长期借款上年年末余额为98 000元，年利率为10%，其中24 000元在上半年到期，分别在第一季度和第二季度的期末还本，每季度末按各季度的期初余额和年利率的1/4计息并支付，购买有价证券只能购买1 000元的整数倍。

要求：为PC公司编制20×2年度的现金预算。

解：根据题意编制的PC公司20×2年度现金预算见表8-26。

表8-26　　**20×2年度PC公司现金预算**　　单位：元

季度	一	二	三	四	全年	资料来源
期初现金	5 000.00	4 962.56	4 657.92	4 332.36	5 000.00	
经营现金收入余额	126 315.50	172 946.50	225 491.50	221 084.50	745 838.00	见表8-3
可供使用现金合计	131 315.50	177 909.06	230 149.42	225 416.86	750 838.00	
经营现金支出	132 702.94	174 301.14	209 967.06	210 001.23	726 972.37	
采购直接材料	65 239.57	88 861.96	107 304.24	114 278.14	375 683.91	见表8-10
支付直接人工	23 050.00	31 850.00	39 250.00	37 650.00	131 800.00	见表8-16
支付制造费用	13 189.37	15 905.49	18 189.49	17 695.65	64 980.00	见表8-18
支付销售费用	15 025.00	17 925.00	20 825.00	20 025.00	73 800.00	见表8-23
支付管理费用	2 850.00	2 850.00	2 850.00	2 850.00	11 400.00	见表8-24
支付应交税费	8 149.00	11 708.70	16 348.33	12 302.43	48 508.46	见表8-13
预交所得税	3 000.00	3 000.00	3 000.00	3 000.00	12 000.00	估算预交12 000元
预分股利	2 200.00	2 200.00	2 200.00	2 200.00	8 800.00	估计数8 800元
资本性现金支出	3 200.00	3 800.00	11 000.00	43 000.00	61 000.00	
购置固定资产	3 200.00	3 800.00	11 000.00	43 000.00	61 000.00	见表8-25
现金支出合计	135 902.94	178 101.14	220 967.06	253 001.23	787 972.37	
现金余缺	−4 587.44	−192.08	9 182.36	−27 584.37	−37 134.37	
资金筹措及运用	9 550.00	4 850.00	−4 850.00	31 090.00	40 640.00	
加：短期借款	0.00	0.00	0.00	18 000.00	18 000.00	各季初借款
长期借款					0.00	在年初借款
发行普通股		31 000.00			31 000.00	见表8-25

续表

季度	一	二	三	四	全年	资料来源
发行公司债券	30 000.00				30 000.00	见表 8-25
减：支付短期借款利息	0.00	0.00	0.00	360.00	360.00	年利率 8%
支付长期借款利息	2 450.00	2 150.00	1 850.00	1 850.00	8 300.00	年利率 10%
支付公司债券利息				2 700.00	2 700.00	票面利率 9%
归还长期借款本金	12 000.00	12 000.00			24 000.00	24 000元上半年到期，季末还本
购买有价证券	6 000.00	12 000.00	3 000.00	-18 000.00	3 000.00	临时调剂
归还短期借款本金						期末还本
期末现金余额	4 962.56	4 657.92	4 332.36	3 505.63	3 505.63	

（二）财务费用预算的编制

财务费用预算是指反映预算期内因筹措资金而发生财务费用水平的一种预算。本预算本质属于经营预算，但由于该预算需根据现金预算中的资金筹措及运用的相关数据来编制，因此本书将其纳入财务预算的范畴。

下面举例说明财务费用预算的编制。

【例 8-18】

PC 公司 20×2 年度的现金预算见表 8-26。

要求：为 PC 公司编制 20×2 年度的财务费用预算。

解：根据题意编制的 PC 公司 20×2 年度财务费用预算见表 8-27。

表 8-27　　**20×2 年度 PC 公司财务费用预算**　　单位：元

季度	一	二	三	四	全年	资料来源
应计并支付短期借款利息	0.00	0.00	0.00	360.00	360.00	见表 8-26
应计并支付长期借款利息	2 450.00	2 150.00	1 850.00	1 850.00	8 300.00	见表 8-26
应计并支付公司债券利息	0.00	0.00	0.00	2 700.00	2 700.00	见表 8-26
支付利息合计	2 450.00	2 150.00	1 850.00	4 910.00	11 360.00	
减：资本化利息	0.00	0.00	0.00	2 700.00	2 700.00	
预计财务费用	2 450.00	2 150.00	1 850.00	2 210.00	8 660.00	

（三）预计利润表和预计利润分配表的编制

预计利润表是指反映预算期内企业经营活动成果的财务预算。

该预算的编制基础包括销售预算、产品成本预算、应交税费预算、制造费用预算、销售费用预算、管理费用预算和财务费用预算等经营预算。

下面举例说明预计利润表的编制。

【例8-19】

PC公司20×2年度的销售预算、产品成本预算、税金及附加预算、销售费用预算、制造费用预算、管理费用预算、财务费用预算分别见表8-2、表8-19和表8-20、表8-13、表8-22和表8-23、表8-17、表8-24、表8-27。

要求：按变动成本法为PC公司编制20×2年度的预计利润表（金额保留两位小数）。

解：根据题意编制的PC公司20×2年度预计利润表见表8-28。

表8-28　**20×2年度PC公司预计利润表**　单位：元

项目	金额	资料来源
销售收入	689 000.00	见表8-2
减：变动销售成本	499 207.37	见表8-19和表8-20
税金及附加	4 409.86	见表8-13
贡献边际（生产阶段）	185 382.77	
减：变动性销售费用	44 500.00	见表8-23
贡献边际（销售阶段）	140 882.77	
减：固定性制造费用	38 700.00	见表8-17
固定性销售费用	30 000.00	见表8-22
管理费用	13 200.00	见表8-24
财务费用	8 660.00	见表8-27
利润总额	50 322.77	
减：所得税（25%）	12 580.69	
净利润	37 742.07*	

注：*含误差项-0.004。

下面举例说明预计利润分配表的编制。

【例8-20】

PC公司20×2年度的预计利润表见表8-28。

要求：为PC公司编制20×2年度的预计利润分配表（金额保留两位小数）。

解：根据题意编制的PC公司20×2年度预计利润分配表见表8-29。

表 8-29 20×2 年度 PC 公司预计利润分配表 单位：元

项目	金额	资料来源及计算依据
年初未分配利润	20 000.00	
加：本年实现净利润	37 742.07	见表 8-28
减：提取法定盈余公积	3 774.21	提取比例 10%
提取任意盈余公积	0.00	提取比例 0
提取盈余公积合计	3 774.21	
可供投资者分配的利润	53 967.87	
减：向投资者分配股利	13 491.97	股利分配率 25%
年末未分配利润	40 475.90*	

注：*含误差项 0.0001。

【学思践悟】企业费用预算管理

每个企业都有自己的愿景和使命，都有自己的战略目标。战略目标是中长期的目标，将战略目标分解到每一年度，形成每一年的经营目标。预算管理就是以企业的战略目标为方向，通过对未来一定期间内（通常是一年）的经营活动和开展经营活动产生的相关收入、成本、费用、投资、筹资等各方面进行全面预测，对企业各项资源进行科学合理配置，并对预算执行过程进行动态监督和分析，定期对执行结果进行评价和反馈，及时改善和调整各项经营活动，达到完成企业年度经营目标的目的，进而推动实现企业战略目标的管理活动。预算管理包含事前、事中、事后一系列的管理活动，其中费用预算是预算管理中的重要内容之一。

费用预算管理顾名思义就是对企业各项费用支出而做的预算管理，包括制造费用、销售费用、管理费用、财务费用等。通过开展费用预算管理工作，可以细化各项费用开支，合理安排各项业务的费用支出，预估企业未来费用状况，为企业预估未来经营状况提供依据。

将费用预算管理传导到各职能部室和各经营单位，进行层层分解，可以让各预算责任单位及员工更好地理解企业的经营目标；能够帮助各单位各部门培养节约费用的意识，明确费用控制责任，有效规划费用支出，为实现企业价值共同努力。通过费用预算管理，可以引导预算责任单位采购时货比三家，避免浪费，在不影响正常生产经营活动的前提下，在预算范围内尽可能低投入地开展各项业务活动。

资料来源：高云. 企业费用预算管理的困境及对策探讨［J］. 行政事业资产与财务，2022（24）：25-27.

（四）预计资产负债表的编制

预计资产负债表是指反映预算期期末企业财务状况的财务预算。

预计资产负债表是在预算期期初资产负债表的基础上，依据前述所编制的各项经营预算和专门决策预算计算分析填列的，上年期末数已知。

下面举例说明预计资产负债表的编制。

【例8-21】

PC公司20×2年度的经营预算、专门决策预算、现金预算和预计利润分配表的相关资料沿用例8-1至例8-4、例8-7至例8-20。

要求：为PC公司编制20×2年度的预计资产负债表（保留两位小数）。

解：根据题意编制的PC公司20×2年度的预计资产负债表见表8-30。

表8-30　20×2年度PC公司预计资产负债表　单位：元

项目	年初数	期末数	期末数资料来源及计算过程
资产：			
流动资产			
货币资金	5 000.00	3 505.63	见表8-26
应收账款	31 000.00	63 732.00	见表8-3
存货	21 400.00	44 452.63	见表8-21
流动资产合计	57 400.00	111 690.26	
非流动资产			
固定资产			
固定资产原值	201 800.00	265 500.00	201 800+61 000+2 700 （见表8-25和表8-27）
减：累计折旧	11 000.00	27 200.00	11 000+14 400+700+1 100 （见表8-17、表8-22、表8-24）
固定资产净值	190 800.00	238 300.00	
固定资产合计	190 800.00	238 300.00	
无形资产及其他非流动资产			
无形资产	1 900.00	1 200.00	1 900-700（见表8-24）
无形资产及其他非流动资产合计	1 900.00	1 200.00	
非流动资产合计	192 700.00	239 500.00	
短期有价证券投资	0.00	3 000.00	0+3 000（见表8-26）
资产总计	250 100.00	354 190.26	
负债和所有者权益：			
流动负债			

续表

项目	年初数	期末数	期末数资料来源及计算过程
短期借款	0.00	18 000.00	见表8-26
未交所得税	0.00	580.69	12 580.69−12 000 （见表8-28和表8-26）
应付账款	15 000.00	34 567.49	见表8-10
应付职工薪酬	0.00	0.00	见表8-16 （直接人工费用当季全部付现）
应付股利	0.00	4 691.97	0+13 491.97−8 800 （见表8-29和表8-26）
流动负债合计	15 000.00	57 840.15	
非流动负债			
长期借款	98 000.00	74 000.00	98 000−24 000（见表8-26）
应付债券	0.00	30 000.00	0+30 000（见表8-26）
非流动负债合计	98 000.00	104 000.00	
负债合计	113 000.00	161 840.15	
所有者权益			
实收资本	110 000.00	141 000.00	110 000+31 000（见表8-26）
资本公积	5 000.00	5 000.00	假定本期增加资本公积为0
盈余公积	2 100.00	5 874.21	2 100.00+3 774.21（见表8-29）
未分配利润	20 000.00	40 475.90	见表8-29
所有者权益合计	137 100.00	192 350.11	
负债和所有者权益总计	250 100.00	354 190.26*	

注：*含误差项0.004。

自测题8-2

计算业务题

第三节　全面预算编制的具体方法

根据不同的分类标准，全面预算的编制方法可以分为不同的类型，如固定预算法、弹性预算法、零基预算法、增量预算法等。这些具体的预算方法各有其优缺点，可以帮助我们从不同的角度认识预算编制的流程与方法，同时，有利于推动实务中对预算编制的了解和把握。

下面我们将从对比的角度了解预算编制的各种方法。

一、固定预算法与弹性预算法

按照编制预算时对业务量基础的不同考虑，可以将预算的编制划分为固定预算法和弹性预算法。

（一）固定预算法

1.固定预算法的含义

固定预算法（static budgeting）简称固定预算，是指在编制预算的时候只把预算期内某一固定业务量（如生产量、销售量）水平作为唯一基准来编制预算的一种方法。该方法下，所涉及的预算指标都是固定值，故又称静态预算。

2.固定预算法的缺点

（1）灵活性差。在编制预算时，固定预算的业务量水平始终保持在某一确定性的业务量水平下，不会随着实际业务量水平的波动而发生调整，过于机械。

（2）可比性差。一旦实际业务量与编制预算所依据的预计业务量水平发生较大差异，按照固定预算法编制的预算不能够正确地规划、控制、考核和评价企业预算的执行情况，预算编制就失去了可比性。

【例8-22】

已知XYZ公司按照固定预算法编制成本预算，某种产品预算期的预期产量为1 000件，固定成本预算表见表8-31。

表8-31　　**XYZ公司固定成本预算表**　　预计产量：1 000件

金额单位：元

成本项目	总成本	单位成本
直接材料	6 000	6.0
直接人工	1 500	1.5
制造费用	4 000	4.0
合计	11 500	11.5

该产品预算期的实际产量为1 600件，实际发生总成本14 400元，其中，直接材料9 000元，直接人工1 100元，制造费用4 300元，单位成本9元。

要求：为XYZ公司编制产品成本预算表。

解：根据该企业实际的成本资料和预算成本资料编制的产品成本预算见表8-32。

表8-32 **XYZ公司产品成本预算表** 预计产量：1 000件

金额单位：元

成本项目	实际成本	预算成本		差异	
		未按产量调整	按产量调整	未按产量调整	按产量调整
直接材料	9 000	6 000	9 600	3 000	-600
直接人工	1 100	1 500	2 400	-400	-1 300
制造费用	4 300	4 000	6 400	300	-2 100
合计	14 400	11 500	18 400	2 900	-4 000

从表中可以看出：实际成本与未按照产量调整的预算相比，超支较多；实际成本与按照产量调整后的预算成本相比，又节约不少。

在产量从1 000件增加到1 600件的情况下，如果不按照变动后的产量对预算成本进行调整，就会因为业务量不一致而导致所计算的差异缺乏可比性；但是如果所有的成本项目都按照实际产量进行调整，也不够科学。因为制造费用中包含一部分固定生产成本，它们不随产量变动，即使按照产量调整了固定预算，也不能说明企业预算的执行情况。

3.固定预算法的适用范围

一般来说，固定预算法只适用于业务量较为稳定的企业或者非营利组织进行预算编制。

（二）弹性预算法

1.弹性预算法的含义

弹性预算法（flexible budgeting）简称弹性预算，又称变动预算或滑动预算，是指在特定的业务范围内，以预算期一系列可预见的预算水平为依据来确定能够适用多种情况的预算数的一种预算方法。

2.弹性预算法的优点

与固定预算法相比，弹性预算法具有如下两个优点：

（1）灵活度高。在相关范围内，弹性预算法提供了在预算期内与可预见的多种业务量水平相对应的不同预算额，从而扩大了预算的适用范围，不再只适用于一个业务量水平，而是适用于多个业务量水平。

（2）可比性强。在弹性预算法下，业务量在相关范围内变动，可以以实际业务量为基础，将相关实际指标与预算指标进行比较，从而能够有效地进行预算执行情况的评价与考核，便于更好地发挥预算的控制作用。

3.弹性预算法的适用范围

由于未来业务量的变动会影响成本、费用、利润等各个方面，因此从理论上讲，弹性预算法适用于所有与业务量有关的预算。但是从实用角度看，它主要用于编制弹性成本费用预算与弹性利润预算等。

4.弹性预算的编制——以弹性成本预算为例

（1）弹性成本预算的基本公式

编制弹性成本预算，关键是进行成本性态分析，将全部成本最终区分为变动成本和固定成本两大类。变动成本主要根据单位业务量来控制，固定成本则按照总额来控制。预算公式如下：

成本的弹性预算=固定成本预算数+$\sum$(单位变动成本预算数×预计业务量)

在该公式的基础上，按照事先选择的业务量计量单位和事先确定的有效变动范围，根据该业务量与有关成本费用之间的内在关系即可编制弹性成本预算。

（2）业务量的选择

编制弹性成本预算要选择适当的业务量，业务量的选择包括两个方面：一是业务量计量单位的选择，二是业务量变动范围的确定。

业务量计量单位应该根据企业的具体情况进行选择，不同部门可以根据部门的生产经营情况和生产经营特征选择合适的业务量单位。通常情况下，生产单一产品的部门可以选择产品实物量，生产多种产品的部门可以选择人工工时、机器工时等，修理部门可以按照修理工时等；以手工操作为主的企业参考人工工时更为合理，以机械化生产为主的企业主要参考机器工时。

业务量变动范围是指弹性预算业务量所适用的变动区间，这个变动区间应当根据企业的具体情况来决定，通常是经验数字，一般来说可以定在正常生产能力的70%~120%之间，或者以历史最高业务量为其上限、以最低业务量为其下限。

（3）弹性预算的具体编制方法

弹性预算的具体编制方法有两种，公式法和列表法。

①公式法

公式法是指通过确定成本公式y=a+bx中的a和b来编制弹性预算的方法。

在成本性态分析的基础上，可以将任何成本项目近似表示为y=a+bx，(其中，当a与b都不为零时，y代表混合成本，当a为零时，公式变为y= bx，代表变动成本；当b为零时，公式变为y=a，代表固定成本；x为业务量指标，可以用多种业务量表示，如产销量、人工工时、机器工时等)。

在公式法下，如果先确定了有关业务量的变动范围，只要根据有关成本项目的参数a和b，就可以很方便地推算出业务量在允许的范围内任何水平上的各项预算成本。

【例8-23】

XYZ公司按照公式法编制的制造费用弹性预算见表8-33。其中较大的混合项目已经被分解。

表 8-33 **XYZ公司预算期制造费用弹性预算（公式法）**

直接人工工时变动范围：60 000~110 000小时 金额单位：元

项目	a	b
管理人员工资	20 000.00	—
保险费	6 000.00	—
设备租金	6 500.00	—
维修费	4 300.00	0.30
水电费	1 200.00	0.10
辅助材料	5 000.00	0.25
辅助人工工资	—	0.20
检验员工资	—	0.35
合计	43 000.00	1.20

根据表 8-33 可知，该制造费用弹性预算编制的总公式为 y=43 000+1.2x，可以在给定的业务量变动范围内计算出任意业务量下制造费用的预算总额，也可以计算出制造费用中某一个单独的费用项目在给定业务量下的预算额。如，水电费的公式为 y=1 200+0.1x。

使用这种方法编制预算的优点是工作量小，在一定范围内不受业务量波动的影响；缺点是不能按照总的成本公式确定一定业务量下总的成本预算额，而是要按照各个细分项目来确定各个细分项目的成本额，进而确定总成本，较为烦琐且存在一定的误差。

②列表法

列表法是指通过列表的方法，在相关范围内每隔一定业务量范围计算相关数值预算，来编制弹性成本预算的方法。列表法可以弥补公式法下相关范围的不足。

【例 8-24】

XYZ 公司按照列表法编制的制造费用弹性预算见表 8-34。

表 8-34 **XYZ公司预算期制造费用弹性预算（列表法）** 金额单位：元

直接人工工时（小时）	60 000	70 000	80 000	90 000	100 000	110 000
生产能力利用（%）	60	70	80	90	100	110
1. 变动成本项目	33 000	38 500	44 000	49 500	55 000	60 500
辅助工人工资	12 000	14 000	16 000	18 000	20 000	22 000
检验员工资	21 000	24 500	28 000	31 500	35 000	38 500
2. 混合成本项目	36 340	42 840	49 340	55 840	62 340	68 840
维修费	16 710	19 710	22 710	25 710	28 710	31 710
水电费	5 880	6 880	7 880	8 880	9 880	10 880
辅助材料	13 750	16 250	18 750	21 250	23 750	26 250
3. 固定成本项目	32 500	32 500	32 500	32 500	32 500	32 500
管理人员工资	20 000	20 000	20 000	20 000	20 000	20 000
保险费	6 000	6 000	6 000	6 000	6 000	6 000
设备租金	6 500	6 500	6 500	6 500	6 500	6 500
制造费用预算	101 840	113 840	125 840	137 840	149 840	161 840

列表法的优点是可以查看各种业务量水平下的成本预算，缺点是工作量较为庞大。

5.弹性预算的编制——以弹性利润预算为例

弹性利润预算是根据成本、业务量和利润之间的依存关系，为适应多种业务量变化编制的利润预算。弹性利润预算是以弹性成本预算为基础编制的，其主要内容包括销售价格、单位变动成本、贡献边际和固定成本。

弹性利润预算的编制主要有以下两种方法：

（1）因素法

该法是指根据受业务量变动影响的有关收入、成本等因素与利润的关系列表反映在不同业务量条件下利润水平的预算方法。

【例8-25】

XYZ公司预算年度内产品的销售量在6 000~11 000件之间变动；单位销售单价为200元，单位变动成本为90元，固定成本总额为100 000元。

要求：根据上述资料以1 000件为销售量的间隔单位编制该产品的弹性利润预算。

【视频展示】表8-35在Excel中的实现

解：根据题意编制的弹性利润预算见表8-35。

表8-35　**XYZ公司弹性利润预算**　金额单位：元

销售量（件）	6 000	7 000	8 000	9 000	10 000	11 000
单价	200	200	200	200	200	200
单位变动成本	90	90	90	90	90	90
销售收入	1 200 000	1 400 000	1 600 000	1 800 000	2 000 000	2 200 000
减：变动成本	540 000	630 000	720 000	810 000	900 000	990 000
贡献边际	660 000	770 000	880 000	990 000	1 100 000	1 210 000
减：固定成本	100 000	100 000	100 000	100 000	100 000	100 000
营业利润	560 000	670 000	780 000	890 000	1 000 000	1 110 000

这种方法适于单一品种经营或采用分算法处理固定成本的多品种经营的企业。

（2）百分比法

该法又称销售收入百分比法，是指按不同销售额的百分比来编制弹性利润预算的方法。

在实际工作中，大多数企业经营的产品远远不止一个，在多品种生产的情况下，按照产品逐一编制预算不现实，因而我们用一种综合的方法——销售收入百分比法对全部经营商品或按商品大类编制弹性利润预算。

【例8-26】

XYZ公司预算年度销售业务量达到100%时的销售收入为2 000 000元，变动成本为1 000 000元，固定成本为60 000元。

要求：根据上述资料以10%的间隔为XYZ公司按百分比法编制弹性利润预算。

解：根据题意编制的弹性利润预算见表8-36。

表8-36　　XYZ公司弹性利润预算　　金额单位：元

销售收入百分比（1）	70%	80%	90%	100%	110%
销售收入（2）=2 000 000×（1）	1 400 000	1 600 000	1 800 000	2 000 000	2 200 000
变动成本（3）=1 000 000×（1）	700 000	800 000	900 000	1 000 000	1 100 000
贡献边际（4）=（2）-（3）	700 000	800 000	900 000	1 000 000	1 100 000
固定成本（5）	60 000	60 000	60 000	60 000	60 000
利润总额（6）=（4）-（5）	640 000	740 000	840 000	940 000	1 040 000

【视频展示】表8-36在Excel中的实现

二、增量预算法与零基预算法

按照编制预算时业务量基础的不同，可以将预算的编制方法划分为增量预算法和零基预算法，两者主要适用于成本费用预算的编制。

（一）增量预算法

1.增量预算法的含义

增量预算法（incremental budgeting）简称增量预算，又称调整预算法，是一种传统的预算编制方法。增量预算法以基期成本费用水平为基础，结合预算期业务量水平及有关影响因素未来变动情况，对基期的预算进行相应调整。这种预算方法在实际操作中比较简单易行。

2.增量预算法的假设前提

增量预算法源于以下前提假设：

第一，现有的业务活动是企业所必需的。

第二，原有的各项开支都是合理的。

第三，未来预算期的费用变动是在现有费用的基础上调整的结果。

3.增量预算法的缺点

增量预算法承认过去发生的成本费用都是合理的，以历史数据为基础，在历史数据基础上对预算内容进行调整，沿袭以前的预算项目。这种方法的主要缺点是：

（1）当期费用项目确定不合理。在增量预算法下，预算的编制是以过去的成本费用项目为基础进行编制的，可能使原来不合理的费用开支继续存在下去，导致不必要开支的合理化，造成预算上的浪费。

（2）损害资金的使用效益。采用此法，预算编制人员往往会根据主观臆断调整相关预算，容易滋生预算编制的惰性，抑制预算编制的积极性，滋长预算中的“平均主义”和

"简单化"。

(3) 不能使企业正视当下和未来发展状况。增量预算法只对目前已存在的费用项目编制预算，没有考虑企业未来长远发展情况下可能存在的费用开支，不利于企业长远发展。

(二) 零基预算法

1.零基预算法的含义

零基预算法（zero-base budgeting）的全称为"以零为基础编制计划和预算的方法"，也称等基预算或零成预算。

零基预算法主要适用于各项费用的预算，是指在编制成本费用预算时，不考虑以往会计期间所发生的费用金额和费用水平，而是在编制预算时将所有的预算支出均以零为起点，以实际经营情况为依据，判断各项费用开支的内容和合理性以及重要程度，在审慎决议的基础上编制费用预算的一种方法。

零基预算法打破了传统的预算编制观念，是对传统预算的缺点进行的改革，它不再以上期预算的执行结果为基础进行调整，而是一切从零出发，根据项目的人力、财力、物力逐个估算。编制预算时，首先要确定各个费用项目是否应该存在，然后按项目的轻重缓急，安排企业的费用预算。

2.零基预算法的编制程序

零基预算法编制预算的程序如下：

(1) 确定预算的生产经营目标，在此基础上制订部门预算方案。

企业内部各部门根据企业的总体生产经营目标，如利润目标、销售目标等，在充分讨论和决议的基础上，列出本部门在预算期内发生费用开支的项目，不考虑这些费用发生与否、发生额多少，以零为基础，详细提出其费用预算数额。

(2) 对部门预算方案根据成本-效益原则进行分析评价，将费用划分为不同等级，排列优先顺序。

通常来说，可以根据以下两个原则划分费用性质：

第一，划分不可避免项目和可避免项目。全部费用按其在预算期是否发生的可能性大小划分为不可避免项目和可避免项目。前者是指在预算期内必须支出的费用项目，不受相关决策的影响；后者是指在预算期受到相关决策影响才会发生的费用项目，可以通过采取措施使其不发生。在预算编制过程中，对不可避免项目必须保证一定的资金供应；对可避免项目则需要逐项进行成本-效益分析，尽量控制可避免项目纳入预算当中。

第二，划分不可延缓项目和可延缓项目。全部费用按其在预算期支付的时间是否可以延缓划分为不可延缓项目和可延缓项目。前者是指必须在预算期内足额支付的费用项目，否则会对企业生产经营产生一定的影响；后者是指对其暂缓开支不会对企业未来生产经营产生重大影响的费用项目。在预算编制过程中，应优先保证满足不可延缓项目的开支，然后再根据需要和可能，按照项目的轻重缓急确定可延缓项目的开支标准。

根据所划分的等级和顺序，按照预算期内费用所占到的金额，将其在各个项目中进行资金分配。

【例 8-27】

XYZ 公司近几个月来费用开支冗余，造成销售费用和管理费用严重浪费。20×2 年管理层放弃传统预算编制方法，采用零基预算编制方法来调整相关费用预算。该企业在预算期内用于销售和行政管理方面的总金额为700 000元。

要求：编制XYZ公司销售与管理费用预算。

解：首先，以企业总体预算目标为基础，由企业的销售部门和管理部门根据本部门的具体预算目标和任务，反复讨论研究，协商后提出本部门的费用预算方案，确定如下费用开支水平，见表8-37。

表8-37 **费用项目及开支金额** 金额单位：元

费用项目	开支金额
销售佣金	48 000
运输费	71 000
广告费	150 000
管理人员工资	64 000
差旅费	51 000
办公费	90 000
职工教育经费	120 000
保险费	45 600
税金	54 300
业务招待费	100 000

其次，根据费用开支的轻重缓急确定费用的性质。

经研究发现，销售佣金、管理人员工资、办公费、运输费、差旅费、保险费、税金这几项开支属于约束性费用，在预算期内需要保证对其充足的资金供应；而广告费、职工教育经费、业务招待费这三项开支属于酌量性费用，在满足约束性费用的前提下，根据成本-效益原则确定各项费用的重要性程度，将上述三项费用按照优先顺序排列，见表8-38。

表8-38 **成本-效益分析** 金额单位：元

项目	各期平均发生额	各期平均收益额	成本收益率	重要性程度
广告费	150 000	600 000	4	0.444
职工教育经费	120 000	240 000	2	0.222
业务招待费	100 000	300 000	3	0.334
合计	—	—	9	1.000

最后，根据实际可运用的资金在各项费用中进行分配，具体分析过程如下：

（1）首先，满足约束性费用支出的金额为：

48 000+71 000+64 000+51 000+90 000+45 600+54 300=423 900（元）

（2）其次，将剩余资金在酌量性费用间进行分配，分配结果如下：

剩余资金金额=700 000−423 900=276 100（元）

按照重要性比例在各个项目中进行分配：

广告费分配金额=276 100×0.444=122 588.4（元）

职工教育经费分配金额=276 100×0.222=61 294.2（元）

业务招待费分配金额=276 100×0.334=92 217.4（元）

在实际工作中，某些成本项目的成本-效益关系无法直接表示，因而采用零基预算时企业应当根据实际情况有目的、有选择地恰当分配资金，以保证资金能够合理分配。

3.零基预算法的优缺点

零基预算法的优点包括：

（1）合理确定当期的费用项目。

这种方法不受以往费用项目的限制，可以促使企业根据实际情况和变化合理有效地进行资源分配，将有限的资金用在需要的项目上。

（2）提高资金使用效率。

这种方法可以有效地杜绝不必要的费用开支，以零为基础，需要各个部门重新考虑本部门的费用开支，能够充分发挥各部门管理人员的积极性、主动性和创造性，促进各预算部门合理使用资金，提高资金的利用效率。

（3）有助于企业正视当下和未来发展状况。

这种方法以零为出发点，一切从零开始，对所有费用开支一视同仁，有利于企业在编制预算封考虑企业的未来发展问题。

零基预算法的缺点包括：

（1）工作量大、成本高。

采用零基预算法，意味着企业需要花费大量的人力、物力、时间去进行调查研究、耗费大量精力对现有资金使用效果和投入产出关系进行定量分析等，这会带来相应的成本。

（2）失去费用开支的重点。

这种方法下，对所有费用开支一视同仁，容易在大量的工作当中迷失重点，可能会导致“胡子眉毛一把抓”，顾此失彼，难以突出重点。

（3）开展阻力大。

企业使用零基预算法需要各个部门放弃以往较为简易的预算编制方法，可能会导致员工抵制。

4.零基预算法的适用范围

在实务工作中，为了避免预算编制工作量大的缺点，企业一般不会每年编制零基预算，而是每隔几年才按此方法编制一次预算。零基预算法特别适用于产出较难辨认的服务性部门费用的预算编制。

三、定期预算法与滚动预算法

按照预算期的时间特征不同，可以将预算的编制方法划分为定期预算法和滚动预算法。

（一）定期预算法

1.定期预算法的含义

定期预算法（periodic budgeting）是指在编制预算时以不变的会计期间作为预算期的一种编制预算的方法。

2.定期预算法的优缺点

定期预算法的优点是预算期间与会计年度相配合，便于将预算数据和实际数据进行比较，有利于对预算执行状况进行分析、评价。

定期预算法编制的预算主要有以下缺点：

（1）定期预算往往是在会计期初甚至提前2~3个月进行编制的，因此对于整个预算年度的生产经营活动的开展情况了解较少，难以预计，尤其是对预算后期的预算只能进行笼统的估算，提供较为粗略的预算，缺乏及时更新性和远期指导，使预算的执行有很多困难和障碍，因而不利于对生产经营活动进行考核与评价。

（2）企业的实际生产经营活动可能会发生一些变化，而定期预算所涵盖的期间是固定的，不能随着生产经营活动的变化而及时调整，会导致实际与预算之间的差异越来越大。当实际经营活动在预算期内发生重大变化时，会造成预算滞后过时，预算可靠性降低。

（3）由于预算期间是固定的，在预算的执行过程中，经营管理者只考虑剩余期间内的生产经营活动，而不考虑项目在期间之外存在的影响，因此会导致短视行为，进而忽略企业的长远发展。

为了克服定期预算的缺点，人们设计了滚动预算的方法。

（二）滚动预算法

1.滚动预算法的含义

滚动预算法（continuous budgeting）简称滚动预算，又称连续预算或永续预算，是指在编制预算时，将预算期与会计年度相互分离，随着时间的推移将预算的执行不断延伸、逐期向后滚动，同时始终保持在一个固定期间的一种预算编制方法。

实际上，滚动预算就是指每过一个预算期（月度或季度），立即根据企业经营状况的变化情况，对以后各期预算进行调整、修订，然后增加一个预算期（月度或季度）的预算。随着时间的推移，预算期逐期向后不断滚动，但是始终保持在一个固定的时间跨度里，使企业的经营预算向未来发展。

滚动预算的编制，前几个月要尽可能地详尽，后几个月可以相对粗略一些，并随着时间的推移将原先粗略的预算修改校正为更为详细的预算，增添新的预算期内的预算，如此反复。

2.滚动预算的方式及特征

滚动预算按预算编制和滚动时间单位的不同可分为逐月滚动、逐季滚动和混合滚动三种方式。

（1）逐月滚动方式

逐月滚动方式是指在预算编制过程中，以月份为预算的编制和滚动单位，每个月调整一次预算的方法。

逐月滚动预算示意图如图8-2所示。

逐月滚动预算编制的预算比较精准，但工作量较大。

（2）逐季滚动方式

逐季滚动方式是指在预算编制过程中，以季度为预算的编制和滚动单位，每个季度调整一次预算的方法。

逐季滚动预算示意图如图8-3所示。

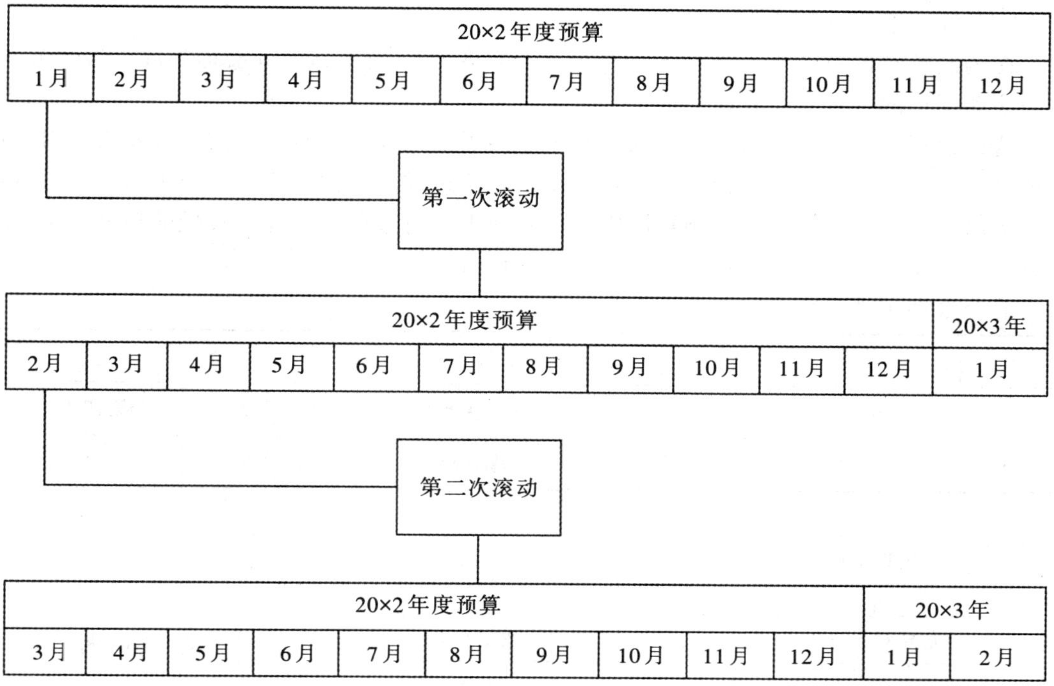

图8-2 逐月滚动预算示意图

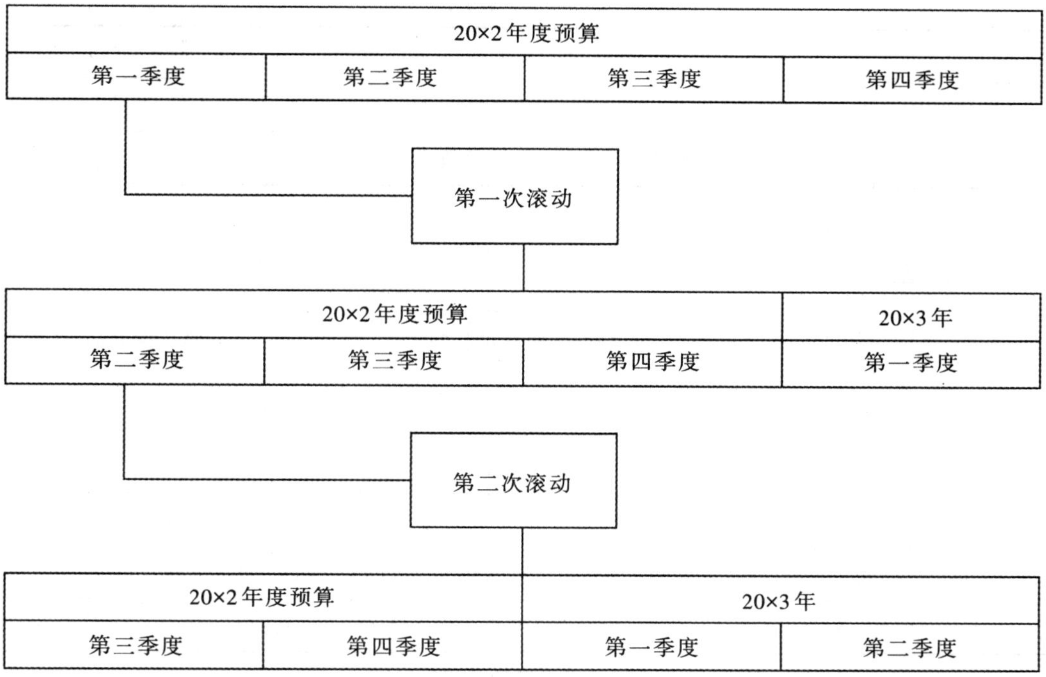

图8-3 逐季滚动预算示意图

逐季滚动编制的预算比逐月滚动编制的工作量小，但预算精确度相对较差。

（3）混合滚动方式

在编制预算的过程中，同时采用季度和月度滚动编制预算的方法称为混合滚动方式，它是滚动预算的一种变通方式。

这种预算方法的理论依据是：人们对未来的了解程度具有对近期的把握较大、对远期的把握较小的特征。为了做到长计划短安排，远略近详，在预算编制过程中，可以对近期预算提出较高的精度要求，使预算的内容相对详细；对远期预算提出较低的精度要求，使预算的内容相对简单，这样可以减少预算的工作量。

混合滚动预算示意图如图8-4所示。

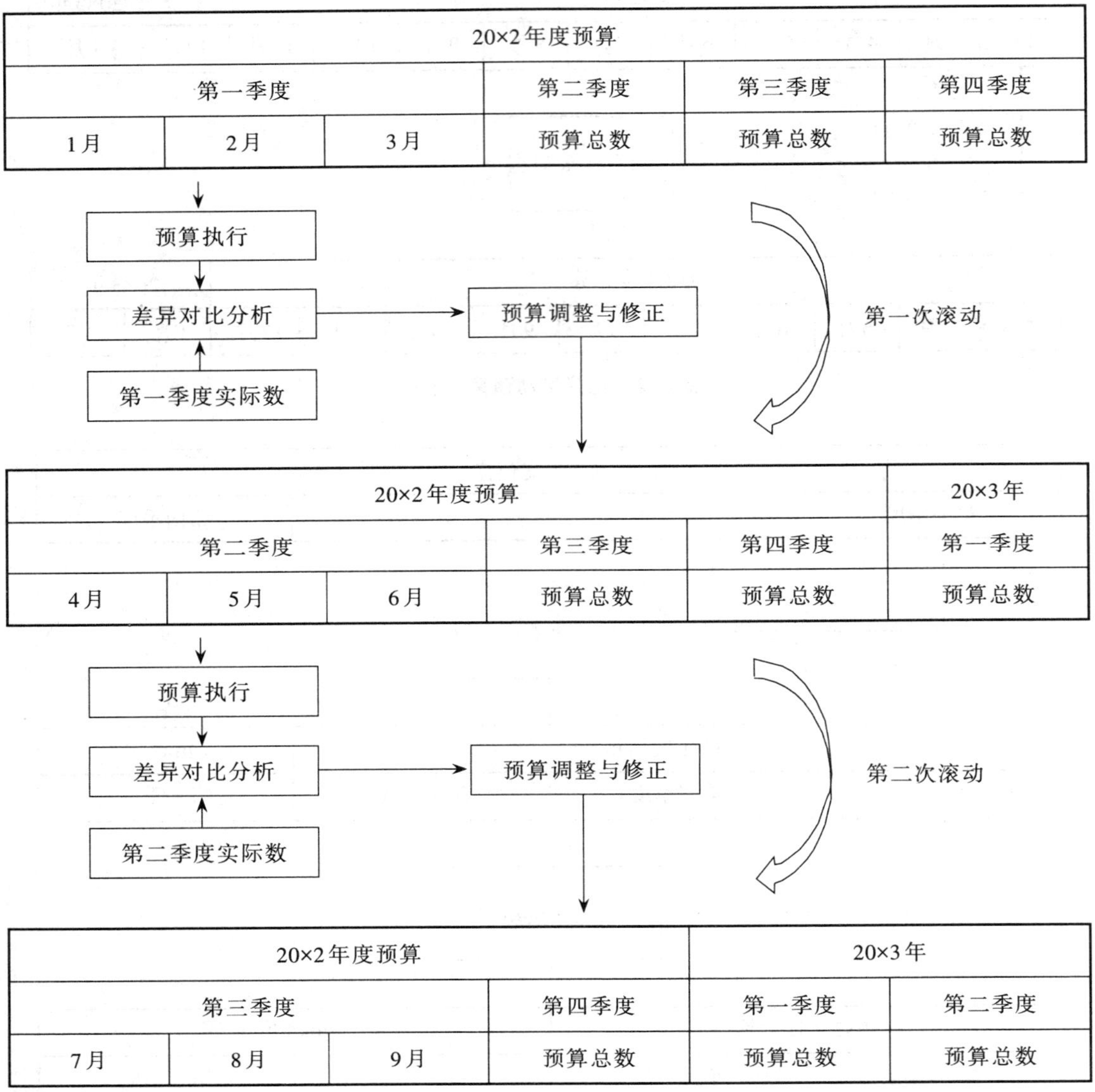

图8-4　混合滚动预算示意图

在实际工作中，采用哪一种滚动预算方式应视企业的实际需要而定。

3.滚动预算法的优缺点

与传统的定期预算方法相比，按滚动预算法编制的预算具有以下优点：

（1）相关性高。滚动预算使得全面预算的编制不再是事前的预算，而是与日常生产经营管理结合在一起，随着时间的推移，管理人员可以根据企业近期发展的目标和规划及时调整和编制预算，使预算具有较高的相关性。

（2）及时性强。滚动预算不断地向后滚动，使得企业可以根据前期预算的执行情况、企业发展目标以及外界环境等各种因素的变动，及时调整和修订近期预算，从而使预算更加符合企业近期发展的实际情况，进而能够充分发挥预算的指导和控制作用。

（3）连续性好。滚动预算不会受到人为划分的会计期间的限制，可以持续不间断地向后滚动，使得企业能够连续不断地规划未来的经营活动。

采用滚动预算的方法编制预算的主要缺点是预算工作量较大。

自测题8-3　　计算业务题

【本章小结】

全面预算是指为了实现企业经营过程中的战略规划和经营目标，通过一定的步骤和方法对企业未来期间的生产、销售、成本、现金等各项经营活动进行计划安排、编制预算报表，以货币为单位，以数字和表格的形式反映企业资源配置情况的一种管理方法。全面预算作为一种现代企业管理控制系统，是企业实现战略管理目标、统筹各项经营活动和安排的有力工具，是现代企业经营管理过程中必不可少的管理环节，也是企业成功的保障。

全面预算对企业未来经营发展具有重大推动作用：首先，全面预算通过编制预算的形式进行目标量化和分配，使得企业的经营目标与各个企业职能部门的目标高度契合；其次，全面预算能够协调部门之间的关系，实现企业资源的合理分配；再次，全面预算通过对预算执行的把控，能够缩小甚至消除预算与实际的偏差；最后，全面预算通过有效评价各部门业绩，能够激励各部门努力实现预算目标。

全面预算能够帮助企业在事前、事中及事后对生产经营和日常管理进行预测、分析、控制、考核和评价，有利于企业按照预算体系进行经营管理以及实现长期战略管理目标。在日趋激烈的国际竞争中，企业应当坚持“精益思想”，实施以降本增效为目标的全面预算，争取成为世界一流企业。

【复习思考】

1. 全面预算有哪些作用？
2. 经营预算的编制期与财务预算、专门预算的编制期一致吗？为什么？
3. 弹性预算与固定预算相比有哪些优缺点？
4. 零基预算与增量预算相比有哪些优缺点？
5. 滚动预算与定期预算相比有哪些优缺点？
6. 全面预算体系中的各种预算与具体预算方法的异同有哪些？

【主要参考文献】

1.吴大军.管理会计［M］.6版.大连：东北财经大学出版社，2022.

2.杨志慧，侯立新，石倩倩.企业全面预算管理实务与案例解析——从预算编制、流程控制到结果考评［M］.北京：人民邮电出版社，2019.

3.加里森 R H，诺琳 E W，布鲁尔 P C.管理会计［M］.王满，译.16版.北京：机械工业出版社，2019.

4.孙茂竹，支晓强，戴璐.管理会计学［M］.9版.北京：中国人民大学出版社，2020.

5.刘运国.管理会计学［M］.4版.北京：中国人民大学出版社，2021.

6.亨格瑞 C T，达塔尔 S M，拉詹 M V.成本与管理会计［M］.王立彦，刘应文，译.15版.北京：中国人民大学出版社，2016.

7.魏聪聪，安维中.多维精益思想下企业全面预算管理应用探究［J］.中国管理信息化，2022，25（3）：22-24.

引导案例分析要点

第九章

成本控制

【学习目标】

本章主要阐述企业成本控制，通过对本章内容的学习，学生需要达到以下目标：

1. 了解成本控制的内涵，熟悉成本控制的对象及种类。
2. 熟悉标准成本控制的内涵，掌握标准成本制定、成本差异分析及计算。
3. 掌握经济采购批量基本模型及其扩展，熟悉再订货点。
4. 掌握适时采购控制对传统存货控制的变革，了解适时采购控制的前提。

【本章主要内容导图】

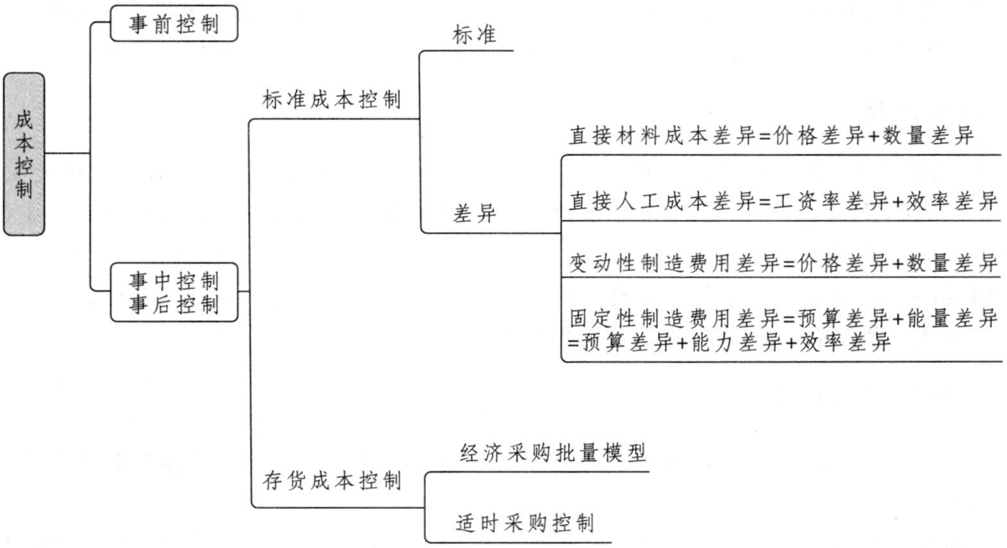

【引导案例】

"双11"，买家越买越多，卖家越送越快

天猫于2009年11月11日首次举办了网络促销活动。由于促销效果极佳，11月11日成为天猫网络大促的固定日期，并逐渐演变为全民的购物狂欢节日。由于双11期间订货量巨大，最初的几年，促销期间物流必瘫痪，通常三日可达件往往要拖延至数日甚至十数日。然而，近年来"双11"期间的物流配送呈现另一番景象：买家越买越多，卖家越送越快。菜鸟供应链推出"预售极速达"，将预售货物提前配售至社区；各物流公司借智能

化、自动化技术等改变物流仓储生产模式……

问题：

你能说说，随着配送效率的提高，你的网络消费行为有什么改变吗？这些网购行为改变是如何帮你节约成本的？对你制定企业存货管理策略有哪些启示？

相信通过对本章内容的学习，这些问题自然会有所解答。

第一节　成本控制的对象及种类

成本控制是成本管理的重要环节。根据《管理会计应用指引第300号——成本管理》，成本控制是指成本管理者根据预定的目标，对成本发生和形成过程以及影响成本的各种因素条件施加主动的影响或干预，把实际成本控制在预期目标内的成本管理活动。现代企业需要建立一个有效的成本控制系统，以实现成本管理的持续改进。成本控制不能局限于生产环节的成本节约，应着眼于企业生产经营的各个环节、各个方面的成本监控。有效的成本控制在空间上要渗透到企业的方方面面，在时间上贯穿于企业生产经营的全过程，在人员上涉及企业的各类人员，它实际上是一个能够使企业不断降低成本的全面成本控制体系。

一、成本控制的对象

基于成本控制系统的观点，成本控制的对象为企业价值链上的所有活动的相关成本，包括生产成本及非生产成本。企业价值链的活动除了与企业内部相关，同时关系到企业外部的上游供应商及下游客户。因此，有效的成本控制系统应该包含供应商、客户、企业三个空间范围，针对每一个空间范围都要将事前成本控制、事中成本控制和事后成本控制的思想和方式有机结合，以达到实施全方位成本控制的目的。

二、成本控制的种类

按控制的实施时间不同，成本控制可以分为事前成本控制、事中成本控制和事后成本控制三种类型。

事前成本控制是指在产品正式投产之前，产品成本尚未发生且未完全锁定，为防止产品成本“先天”过高而采取的成本控制措施，如编制预算、建立成本管理制度、规划成本管理战略等。事前成本控制是未雨绸缪，旨在降低产生不必要成本的可能，是成本控制的关键环节。

事中成本控制是指产品投产直至销售完成，随着产品成本不断发生而采取的成本控制措施。事中成本控制主要针对料、工、费三项的数量及单价等，通过分析成本差异进行控制。事中成本控制旨在减少生产经营环节中不必要的损失及浪费，将成本费用控制在目标成本范围内。

事后成本控制是指在产品销售完成后所采取的成本控制措施，如成本核算、差异分析、业绩考评等。事后成本控制旨在发现问题、总结经验并改进措施。虽然事中成本控制及事后成本控制均可能采取成本差异分析方法，但二者的目标不同：事中成本差异分析的目的在于促进实现当期目标成本；事后成本差异分析着眼于为未来制定合理的目标成本，有效地评价当期业绩。

除了按实施时间分类外，还可以根据控制手段、与被控对象的关系及实施人员对成本控制进行分类。具体地，按照成本控制手段不同，成本控制可分为绝对成本控制及相对成本控制；按照与被控对象的关系不同，成本控制可分为直接成本控制及间接成本控制；按照实施人员不同，成本控制可分为技术成本控制及管理成本控制。

自测题9-1

本书将以企业为空间范围，围绕事中成本控制与事后成本控制，分别讨论标准成本控制、存货成本控制等内容。

第二节 标准成本控制

一、标准成本控制概述

根据《管理会计应用指引第302号——标准成本法》，标准成本法是指企业以预先制定的标准成本为基础，通过比较标准成本与实际成本，计算和分析成本差异、揭示成本差异动因，进而实施成本控制、评价经营业绩的一种成本管理方法。

企业应用标准成本法的主要目标是，通过标准成本与实际成本的比较，揭示与分析标准成本与实际成本之间的差异，并按照例外管理的原则，对不利差异予以纠正，以提高工作效率，不断改善产品成本。标准成本的制定及差异分析有利于考核各项成本的形成及管理部门的业绩，可以使企业预算的编制更为科学，有助于提高企业经营决策。

标准成本法一般适用于产品及其生产条件相对稳定，或生产流程与工艺标准化程度较高的企业。同时，标准成本法要求企业处于较稳定的外部市场经营环境，且市场对产品的需求相对平稳。

企业应用标准成本法，一般按照确定应用对象、制定标准成本、实施过程控制、成本差异计算与动因分析，以及修订与改进标准成本等程序进行。本章主要介绍其中的标准成本制定及成本差异计算与动因分析部分。

二、标准成本的制定

标准成本是指，在正常的生产技术水平和有效的经营管理条件下，企业经过努力应达到的产品成本水平。标准成本不同于预算成本，标准成本是单位概念，与单位产品相对应。预算成本则是总额概念，与一定业务量相对应。两者都不是实际发生的成本，都是预定的成本目标。因此，两者实质上是相同的，只是从不同角度来判断某项成本计划的完成情况。

企业制定标准成本，可由跨部门团队采用“上下结合”的模式进行，经企业管理层批准后实施。在制定标准成本时，企业一般应结合经验数据、行业标杆或实地测算的结果，运用统计分析、工程试验等方法，按照以下程序进行：首先，就不同的成本或费用项目，分别确定消耗量标准和价格标准；其次，确定每一个成本或费用项目的标准成本；最后，汇总不同成本项目的标准成本，确定产品的标准成本。

为保证标准成本的科学性、合理性与可行性，企业应定期或不定期对标准成本进行修订与改进。一般情况下，标准成本的修订工作由标准成本的制定机构负责。企业应至少每年对标准成本进行测试，通过编制成本差异分析表，确认是否存在因标准成本不准确而形成的成本差异。当该类差异较大时，企业应按照标准成本的制定程序，对标准成本进行调整。除定期测试外，当外部市场、组织机构、技术水平、生产工艺、产品品种等内外部环境发生较大变化时，企业也应及时对标准成本进行调整。

产品标准成本通常由直接材料标准成本、直接人工标准成本和制造费用标准成本构成。每一个成本项目的标准成本应分为用量标准（包括单位产品消耗量、单位产品人工小时等）和价格标准（包括原材料单价、小时工资率、小时制造费用分配率等）。

（一）直接材料标准成本的制定

直接材料标准成本由价格标准和用量标准确定。

直接材料价格标准是指以采购合同中的合同价格为基础，考虑未来各种变动因素所确定的购买材料所应当支付的价格，即标准单价。一般由采购部门负责，会同财务、生产、信息等部门，在考虑市场环境及其变化趋势、采购价格以及最佳采购批量等因素的基础上综合确定。

直接材料用量标准是指企业在现有生产技术条件下，生产单位产品应当耗用的原料及主要材料数量，通常也称为材料消耗定额。一般由生产部门负责，会同技术、财务、信息等部门根据产品的图纸等技术文件进行产品研究，列出所需的各种材料以及可能的替代材料，并说明这些材料的种类、质量以及库存情况；在对过去用料经验记录进行分析的基础上，采用过去用料的平均值、最高与最低值的平均数、最节省数量、实际测定数据或技术分析数据等，科学地制定标准用量。

直接材料标准成本的计算公式如下：

$$\text{直接材料标准成本}=\sum\text{该产品耗用的各种材料标准成本}=\sum(\text{某种材料的价格标准}\times\text{该种材料的用量标准}) \quad (9.2.1\text{式})$$

【例 9-1】

华联实业股份有限公司生产甲产品需要消耗A、B两种直接材料，预计20×3年甲产品消耗的直接材料资料见表9-1。

表9-1 **甲产品消耗的直接材料资料**

标准	品种	
	A材料	B材料
预计发票价格（元）	29	38
装卸检验等成本（元）	1	2
材料设计用量（千克/件）	499	698
允许损耗量（千克/件）	1	2

要求：制定甲产品消耗直接材料的标准成本。

解：依题意，

A材料的价格标准=29+1=30（元/千克）

A材料的用量标准=499+1=500（千克/件）

单位产品消耗A材料的标准成本=30×500=15 000（元/件）

B材料的价格标准=38+2=40（元/千克）

B材料的用量标准=698+2=700（千克/件）

单位产品消耗B材料的标准成本=40×700=28 000（元/件）

单位产品消耗直接材料的标准成本=15 000+28 000=43 000（元/件）

（二）直接人工标准成本的制定

直接人工标准成本由工资率标准和工时标准确定。

工资率标准一般由人力资源部门负责，根据企业薪酬制度等制定。

工时标准一般由生产部门负责，会同技术、财务、信息等部门，在对产品生产所需作业、工序、流程工时进行技术测定的基础上，考虑正常的工作间隙，并适当考虑生产条件的变化，生产工序、操作技术的改善，以及相关工作人员主观能动性的充分发挥等因素，合理确定单位产品的工时标准。

直接人工标准成本的计算公式如下：

$$\text{直接人工标准成本}=\sum\text{该产品耗用的各项人工标准成本}=\sum\left(\text{某项人工的工资率标准}\times\text{该项人工的工时标准}\right) \quad (9.2.2\text{式})$$

【例9-2】

华联实业股份有限公司生产甲产品需要经过两道加工工序，加工作业成本动因为人工小时，预计20×3年甲产品消耗的直接人工资料见表9-2。

表9-2　**甲产品消耗的直接人工资料**

标准	工序	
	第一工序	第二工序
每人月工时（8小时/天×22天）	176	176
生产工人人数	100	50
每月工资总额（元）	1 408 000	1 408 000
加工时间（小时/件）	20	45
休息时间（小时/件）	4	3
其他时间（小时/件）	1	2

要求：制定甲产品消耗直接人工的标准成本。

解：依题意，

第一工序工资率标准=1 408 000÷（176×100）=80（元/小时）

第一工序工时标准=20+4+1=25（小时/件）

单位产品消耗第一工序直接人工标准成本=80×25=2 000（元/件）

第二工序工资率标准=1 408 000÷（176×50）=160（元/小时）

第二工序工时标准=45+3+2=50（小时/件）

单位产品消耗第二工序直接人工标准成本=160×50=8 000（元/件）

单位产品消耗直接人工的标准成本=2 000+8 000=10 000（元/件）

（三）变动性制造费用标准成本的制定

变动性制造费用是随产量变化而成正比例变化的制造费用。变动性制造费用项目的标准成本根据变动性制造费用的价格标准和用量标准确定。

变动性制造费用的价格标准可以是燃料、动力、辅助材料等的标准价格，也可以是小时标准工资率等。它的制定方法与直接材料价格标准及直接人工价格标准类似。

变动性制造费用的用量标准可以是单位产量的燃料、动力、辅助材料等标准用量，也可以是产品的直接人工标准工时，或者是单位产品的标准机器工时。标准用量的选择需考虑用量与成本的相关性，其制定方法与直接材料标准用量及直接人工标准工时类似。

变动性制造费用标准成本的计算公式如下：

$$\begin{matrix}\text{变动性制造}\\\text{费用标准成本}\end{matrix}=\sum\begin{matrix}\text{该产品耗用的各项}\\\text{变动性制造费用}\end{matrix}=\sum\left(\begin{matrix}\text{某项变动性制造}\\\text{费用的价格标准}\end{matrix}\times\begin{matrix}\text{该项变动性制造}\\\text{费用的用量标准}\end{matrix}\right)$$

（9.2.3式）

【例9-3】

华联实业股份有限公司生产甲产品需要两个车间提供辅助作业，辅助车间作业成本动因为机器小时。预计20×3年甲产品消耗的变动性制造费用资料见表9-3。

表9-3　甲产品消耗的变动性制造费用资料

标准	部门	
	第一车间	第二车间
间接材料费用（元）	200 000	260 000
间接人工费用（元）	80 000	70 000
水电费用（元）	36 800	64 240
预算的标准机器工时（小时）	21 120	28 160
甲产品消耗的机器小时（小时/件）	60	80

要求：制定甲产品消耗变动性制造费用的标准成本。

解：依题意，

第一车间变动性制造费用价格标准=（200 000+80 000+36 800）÷21 120=15（元/小时）

第一车间变动性制造费用用量标准=60小时/件

单位产品消耗第一车间变动性制造费用标准成本=15×60=900（元/件）

第二车间变动性制造费用价格标准=（260 000+70 000+64 240）÷28 160=14（元/小时）

第二车间变动性制造费用用量标准=80小时/件

单位产品消耗第二车间变动性制造费用标准成本=14×80=1 120（元/件）

单位产品消耗变动性制造费用的标准成本=900+1 120=2 020（元/件）

（四）固定性制造费用标准成本的制定

在相关范围内，固定性制造费用的费用总额不会随产量变化而变化。固定性制造费用一般按照费用的构成项目实行总量控制；也可以根据需要，通过计算标准分配率，将固定性制造费用分配至单位产品，形成固定性制造费用的标准成本。

制定固定性制造费用标准，一般由财务部门负责，会同采购、生产、技术、营销、财务、人事、信息等有关部门，按照以下程序进行：首先，依据固定性制造费用的不同构成项目的特性，充分考虑产品的现有生产能力、管理部门的决策以及费用预算等，测算确定各固定性制造费用构成项目的标准成本；其次，通过汇总各固定性制造费用项目的标准成本，得到固定性制造费用的标准总成本；最后，确定固定性制造费用的标准分配率，标准分配率可根据产品的单位工时与预算总工时的比率确定。其中，预算总工时是指由预算产量和单位工时标准确定的总工时。单位工时标准可以依据相关性原则在直接人工工时或者机器工时之间做出选择。

固定性制造费用标准成本的计算公式如下：

固定性制造费用总成本=$\sum$固定性制造费用项目标准成本　（9.2.4式）

固定性制造费用标准分配率=单位产品的标准工时÷预算总工时　（9.2.5式）

固定性制造费用标准成本=固定性制造费用总成本×固定性制造费用标准分配率　（9.2.6式）

【例 9-4】

华联实业股份有限公司生产甲产品发生的固定性制造费用主要为总部管理部门的人员工资及办公大楼折旧费，总部管理人员工资及折旧费的成本动因为人工小时。预计20×3年甲产品消耗的固定性制造费用资料见表9-4。

表 9-4　**甲产品消耗的固定性制造费用资料**

标准	项目	
	总部管理人员工资	总部办公大楼折旧费
项目标准成本（元）	350 000	400 000
预算总人工小时（小时）	18 750	
甲产品消耗的直接人工小时（小时/件）	75	

要求：制定甲产品消耗固定性制造费用的标准成本。

解：依题意，

固定性制造费用总成本=350 000+400 000=750 000（元）

固定性制造费用标准分配率=750 000÷18 750=40（元/小时）

单位产品消耗固定性制造费用标准成本=40×75=3 000（元/件）

三、成本差异的计算及分析

成本差异为实际成本与相关标准成本之间的差额。当实际成本大于标准成本时，形成超支差异，为不利差异，标记为U；当实际成本小于标准成本时，形成节约差异，为有利差异，标记为F。

在成本差异的分析过程中，企业应关注各项成本差异的规模、趋势及其可控性。对于反复发生的大额差异，企业应进行重点分析与处理。企业可将生成的成本差异信息汇总，定期形成标准成本差异分析报告，并有针对性地提出成本改进措施。

（一）直接材料标准成本差异计算及分析

直接材料成本差异为直接材料实际成本与标准成本之间的差额，该项差异可分解为直接材料价格差异和直接材料数量差异。直接材料价格差异为直接材料实际价格脱离标准价格所形成的差异；直接材料数量差异为直接材料实际消耗量脱离标准消耗量所形成的差异。有关计算公式如下：

直接材料成本差异=实际成本-标准成本=实际耗用量×实际单价-标准耗用量×标准单价 （9.2.7式）

直接材料成本差异=直接材料价格差异+直接材料数量差异 （9.2.8式）

直接材料价格差异=实际耗用量×（实际单价-标准单价） （9.2.9式）

直接材料数量差异=（实际耗用量-标准耗用量）×标准单价 （9.2.10式）

【例9-5】

华联实业股份有限公司生产甲产品的直接材料标准成本资料见例9-1，20×3年1月公司实际生产400件甲产品，实际耗用A材料200 800千克，其实际单价为31元/千克；实际耗用B材料280 100千克，其实际单价为45元/千克。

要求：计算甲产品的直接材料成本差异，并分析产生差异的原因。

解：依题意，

A材料的成本差异=200 800×31-400×500×30=224 800（元）（U）

其中，A材料价格差异=200 800×（31-30）=200 800（元）（U）

A材料数量差异=（200 800-400×500）×30=24 000（元）（U）

B材料的成本差异=280 100×45-400×700×40=1 404 500（元）（U）

其中，B材料价格差异=280 100×（45-40）=1 400 500（元）（U）

B材料数量差异=（280 100-400×700）×40=4 000（元）（U）

甲产品直接材料成本差异=224 800+1 404 500=1 629 300（元）（U）

以上结果表明，20×3年1月甲产品发生了1 629 300元不利直接材料成本差异。其中，A材料发生了224 800元不利差异，B材料发生了1 404 500元不利差异。前者是因为，A材料实际价格高于标准而超支200 800元，耗用量高于标准而超支24 000元；后者是因为，B材料实际价格高于标准而超支1 400 500元，耗用量高于标准而超支4 000元。

【视频展示】例9-5在Excel中的实现

（二）直接人工标准成本差异计算及分析

直接人工成本差异为直接人工实际成本与标准成本之间的差额，该差异可分解为工资率差异和工时差异。工资率差异为实际工资率脱离标准工资率形成的差异；工时差异为实际工时脱离标准工时形成的差异。有关计算公式如下：

直接人工成本差异=实际成本-标准成本=实际工时×实际工资率-标准工时×标准工资率 （9.2.11式）

直接人工成本差异=直接人工工资率差异+直接人工效率差异 （9.2.12式）

直接人工工资率差异=实际工时×（实际工资率-标准工资率） （9.2.13式）

直接人工效率差异=（实际工时-标准工时）×标准工资率 （9.2.14式）

【例9-6】

华联实业股份有限公司生产甲产品的直接人工成本资料见例9-2，20×3年1月公司实际生产400件甲产品，第一工序和第二工序实际工时分别为12 000小时和18 000小时，两个工序实际发生的直接人工成本分别为1 104 000元和2 790 000元。

要求：计算并分析甲产品的直接人工成本差异，并分析产生差异的原因。

解：依题意，

第一工序的实际工资率=1 104 000÷12 000=92（元/小时）

第一工序的实际工时=12 000÷400=30（小时/件）

第一工序的直接人工差异=1 104 000-400×80×25=304 000（元）（U）

其中，第一工序工资率差异=400×（92-80）×30=144 000（元）（U）

第一工序工时差异=400×80×（30-25）=160 000（元）（U）

第二工序的实际工资率=2 790 000÷18 000=155（元/小时）

第二工序的实际工时=18 000÷400=45（小时/件）

第二工序的直接人工成本差异=2 790 000-400×160×50=-410 000（元）（F）

其中，第二工序工资率差异=400×（155-160）×45=-90 000（元）（F）

第二工序工时差异=400×160×（45-50）=-320 000（元）（F）

甲产品直接人工成本差异=304 000-410 000=-106 000（元）（F）

以上结果表明，20×3年1月甲产品发生了106 000元有利直接人工成本差异。其中，第一工序发生了304 000元不利差异，第二工序发生了410 000元有利差异。前者是因为，第一工序实际工资率高于预期而超支144 000元，耗用工时高于预期而超支160 000元；后者是因为，第二工序实际工资率低于预期而节约90 000元，耗用工时低于预期而节约320 000元。可见，华联实业股份有限公司对第二工序的控制效果优于第一工序。

（三）变动性制造费用标准成本差异计算及分析

变动性制造费用差异为变动性制造费用项目的实际发生额与变动性制造费用项目的标准成本之间的差额，该差异可分解为变动性制造费用项目的价格差异和数量差异。变动性制造费用项目的价格差异为燃料、动力、辅助材料等变动性制造费用项目的实际价格偏离标准价格的差异；变动性制造费用项目的数量差异为燃料、动力、辅助材料等变动性制造费用项目的实际消耗量偏离标准用量的差异。变动性制造费用项目成本差异的计算和分析原理与直接材料、直接人工成本差异的计算和分析相同。有关计算公式如下：

变动性制造费用差异=实际成本-标准成本=实际数量×实际价格-标准数量×标准价格 （9.2.15式）

变动性制造费用差异=变动性制造费用价格差异+变动性制造费用数量差异 （9.2.16式）

变动性制造费用价格差异=实际数量×（实际价格−标准价格） （9.2.17式）

变动性制造费用数量差异=（实际数量−标准数量）×标准价格 （9.2.18式）

【例 9-7】

华联实业股份有限公司生产甲产品的变动性制造费用资料见例9-3，20×3年1月公司实际生产400件甲产品，第一车间和第二车间的实际耗用的机器小时分别为25 000小时和30 000小时，两个车间的实际工时费用均为14.50元/小时。

要求：计算甲产品的变动性制造费用差异，并分析产生差异的原因。

解：依题意，

第一车间变动性制造费用实际数量=25 000÷400=62.50（小时/件）

第一车间变动性制造费用差异=400×62.50×14.50−400×60×15=2 500（元）（U）

其中，第一车间价格差异=400×62.50×（14.50−15）=−12 500（元）（F）

第一车间数量差异=400×（62.50−60）×15=15 000（元）（U）

第二车间变动性制造费用实际数量=30 000÷400=75（小时/件）

第二车间变动性制造费用差异=400×75×14.50−400×80×14=−13 000（元）（F）

其中，第二车间价格差异=400×75×（14.50−14）=15 000（元）（U）

第二车间数量差异=400×（75−80）×14=−28 000（元）（F）

甲产品变动性制造费用差异=2 500−13 000=−10 500（元）（F）

以上结果表明，20×3年1月甲产品发生了10 500元有利变动性制造费用差异。其中，第一车间发生了2 500元不利差异，第二车间发生了13 000元有利差异。前者是因为，第一车间实际价格低于预期而节约12 500元，耗用工时高于预期而超支15 000元；后者是因为，第二车间实际价格高于预期而超支15 000元，耗用工时低于预期而节约28 000元。可见，华联实业股份有限公司对第一车间、第二车间的控制效果不同，应进一步进行分析评价，以明确具体责任。

（四）固定性制造费用标准成本差异计算及分析

固定性制造费用差异为固定性制造费用项目实际成本与其标准成本之间的差额。虽然在相关范围内固定性制造费用总额保持不变，但生产能力实际利用情况不同于预期会导致单位产品承担的固定成本与预期存在差异。因此，对固定性制造费用进行成本控制，不需要像对变动性制造费用那样编制弹性预算，而是编制固定预算。固定性制造费用差异的计算公式如下：

$$\begin{aligned}\frac{\text{固定性制造}}{\text{费用差异}} &= \frac{\text{实际产量下实际}}{\text{固定性制造费用}} - \frac{\text{实际产量下标准}}{\text{固定性制造费用}} \\ &= \frac{\text{实际产量下实际}}{\text{固定性制造费用}} - \frac{\text{固定性制造费用}}{\text{标准分配率}} \times \frac{\text{实际产量}}{\text{标准工时}}\end{aligned} \quad \text{（9.2.19式）}$$

对于固定性制造费用差异可以采用以下两种方法进行分解：

1.两差异法

根据两差异法，固定性制造费用差异可以分为预算差异和能量差异两部分。其中，预算差异为实际固定性制造费用脱离预算固定性制造费用而形成的差异，也称耗费差异；能量差异为预算固定性制造费用脱离标准固定性制造费用而形成的差异，也称除数差异。

导致固定性制造费用预算差异的主要原因包括：管理人员工资调整及职工福利费调整；折旧方法改变；租赁费、保险费调整及办公用品价格上涨等。可见，固定性制造费用预算差异主要由客观原因所致，通常超出企业的控制范围。

导致固定性制造费用能量差异的主要原因包括：意外停工或减产；市场需求下降；未充分利用生产能力；设计的生产能力过剩等。可见，影响固定性制造费用能量差异的因素受企业管理层控制，计划部门、采购部门、生产部门、销售部门、职工教育部门等部门的管理者都可能对固定性制造费用能量差异负责，应结合企业具体管理权责对差异进行深入分析。

两差异法下固定性制造费用差异计算公式如下：

$$\text{固定性制造费用预算差异}=\text{实际产量下实际固定性制造费用}-\text{预算产量下标准固定性制造费用}$$
$$=\text{固定性制造费用实际发生额}-\text{固定性制造费用预算发生额} \qquad (9.2.20\text{式})$$

$$\text{固定性制造费用能量差异}=\text{预算产量下标准固定性制造费用}-\text{实际产量下标准固定性制造费用}$$
$$=\text{固定性制造费用标准分配率}\times(\text{预算产量标准工时}-\text{实际产量标准工时}) \qquad (9.2.21\text{式})$$

以上公式中预算产量以正常生产能力条件下所能达到的产量为依据。

【例 9-8】

华联实业股份有限公司生产甲产品的固定性制造费用资料见例 9-4，公司的预计月生产能力为 352 件，20×3 年 1 月公司实际生产 400 件甲产品。为生产甲产品，实际发生的总部管理人员工资和总部办公大楼折旧费分别为 423 000 元和 619 000 元。

要求：用两差异法计算甲产品的固定性制造费用差异。

解：依题意，

固定性制造费用差异=423 000+619 000−3 000×400=−158 000（元）（F）

其中：预算差异=423 000+619 000−40×75×352=−14 000（元）（F）

能量差异=40×75×（352−400）=−144 000（元）（F）

以上结果表明，有利固定性制造费用差异为 158 000 元，是由 14 000 元有利预算差异和 144 000 元有利能量差异共同作用形成。

2.三差异法

根据三差异法，固定性制造费用差异可以分为预算差异、能力差异及效率差异三部分。其中，预算差异为实际固定性制造费用脱离预算固定性制造费用而形成的差异，也称耗费差异；能力差异为实际工时未能达到预算生产能力而形成的差异；效率差异为实际工时脱离标准工时而形成的差异。三差异法下固定性制造费用差异计算公式如下：

固定性制造费用预算差异=实际产量下实际固定性制造费用−预算产量下标准固定性制造费用　（9.2.22式）

固定性制造费用能力差异=固定性制造费用标准分配率×（预算产量标准工时−实际产量实际工时）　（9.2.23式）

固定性制造费用效率差异=固定性制造费用标准分配率×（实际产量实际工时−实际产量标准工时）　（9.2.24式）

三差异法下的预算差异与两差异法下的预算差异相同；三差异法下的能力差异与效率差异之和等于两差异法下的能量差异。

【例 9–9】

仍按例 9–8 的资料。20×3 年 1 月，华联实业股份有限公司为生产甲产品，实际耗用的人工小时为 28 000 小时。

要求：用三差异法计算甲产品的固定性制造费用差异。

解：依题意，

固定性制造费用差异=423 000+619 000−3 000×400=−158 000（元）（F）

其中：预算差异=423 000+619 000−40×75×352=−14 000（元）（F）

能力差异=40×（75×352−28 000）=−64 000（元）（F）

效率差异=40×（28 000−75×400）=−80 000（元）（F）

以上结果表明，有利固定性制造费用差异为 158 000 元，是由 14 000 元有利预算差异、64 000 元有利能力差异和 80 000 元有利效率差异共同作用形成。

自测题 9–2

第三节　存货成本控制

一、存货成本控制概述

存货成本控制是指在一个组织中与存货流转相关的一系列计划、协调和控制活动。过高的库存会增加资金占用量；过低的库存可能导致企业生产周转中断。因此，只有适度的库存，才能确保供产销的顺畅流转。可见，存货成本控制的目标是：在确保企业生产经营正常进行的前提下，降低与存货相关的资金占用额，以降低存货成本。

与存货成本控制相关的成本包括采购成本、订货成本、储存成本和缺货成本。

1. 采购成本

采购成本是指包含运费在内的存货买入成本。存货采购成本包括存货的采购价格、运费以及运输过程中的合理损耗，通常用数量与采购单价的乘积来表示。将存货的年需求量记为 D，采购单价记为 U，则采购成本（TC_0）的计算公式为：

采购成本（TC_0）=采购单价×存货年需求量=U×D　（9.3.1式）

2.订货成本

订货成本是指取得订单的成本。通常企业在一定期间内为订购原材料会发生各项费用，包括采购人员工资、采购部门一般经费以及采购业务费，如办公费、差旅费、邮资、电话费等。根据该类成本与订货次数之间的依存关系可将其分为固定和变动两部分。前者与订货次数无关，是维持采购部门正常业务活动所必需的费用；后者与订货次数正相关，但与材料的每次采购批量不相关。将存货的年需求量记为D，材料的每次采购批量记为Q，每次订货的变动性订货成本记为K，每次订货的固定性订货成本记为F_1，则订货成本（TC_1）的计算公式为：

$$订货成本（TC_1）=\frac{每次订货变动性}{订货成本}\times\frac{存货年需求量}{采购批量}+\frac{固定性}{订货成本}=K\times\frac{D}{Q}+F_1 \quad（9.3.2式）$$

3.储存成本

储存成本是指为保存存货而发生的成本。通常企业在一定期间内为储存存货会发生各项费用，包括支付给储运公司的费用以及企业仓储发生的各种费用，如搬运费、仓储费、保险费、占用资金发生的利息、存货破损或变质损失等。根据该类成本与存货数量的关系区分为固定成本和变动成本两部分。前者与存货数量无关，如仓库的折旧费、仓库职工的固定工资等；后者则与存货数量正相关，如存货占用资金的利息、存货的破损和变质损失、存货保险费用等。储存成本既可以发生在材料采购过程，也可以发生在生产过程。将存货的年需求量记为D，材料的每次采购批量记为Q，单位存货变动性储存成本记为C，固定性储存成本记为F_2，则储存成本（TC_2）的计算公式为：

$$储存成本（TC_2）=\frac{单位存货变动性}{储存成本}\times\frac{采购批量}{2}+\frac{固定性}{储存成本}=C\times\frac{Q}{2}+F_2 \quad（9.3.3式）$$

4.缺货成本

缺货成本是指由于存货供应不及时而发生的成本，主要包括由原材料供应不及时带来的紧急采购成本、停工损失等，由产成品供应不及时带来的拖延发货、丧失销售机会等。将单位缺货成本记为S，年平均缺货量记为Q_1，则缺货成本（TC_3）的计算公式为：

$$缺货成本（TC_3）=单位缺货成本\times年平均缺货量=S\times Q_1 \quad（9.3.4式）$$

二、经济采购批量模型

经济采购批量模型是一种定量的存货成本控制方法。经济采购批量模型基于一系列基础假设，确定经济采购批量、经济订货次数及最低存货管理相关成本等。

经济采购批量模型的基本假设包括：

（1）每一再订货点的订货量相同；

（2）年度需求、单位订货成本、单位储存成本及采购间隔期已知；

（3）不存在商业折扣，单位采购成本不受订货量大小的影响；

（4）缺货成本非常高，管理者将保持足够的存货，即不会发生存货短缺；

（5）每次订货均可以一次性到货，均匀耗用。

（一）经济采购批量基本模型

基于经济采购批量模型假设，存货管理的相关成本包括变动性订货成本和变动性储存成本。需要注意的是，根据9.3.2式和9.3.3式，固定性订货成本和固定性储存成本属于存货管理总成本的范畴，但是，固定性成本与经济采购批量决策无关，它们属于确定经济采购批量的无关成本，因此不予考虑。存货管理相关成本（TC）的计算公式为：

$$存货管理相关成本（TC）=\frac{变动性}{订货成本}+\frac{变动性}{储存成本}=K\times\frac{D}{Q}+C\times\frac{Q}{2} \quad (9.3.5式)$$

根据9.3.5式，用微积分求解模型，经济采购批量Q^*、经济订货次数N^*（即全年最佳采购次数）和最低存货管理相关成本TC^*的计算公式如下：

$$经济采购批量（Q^*）=\sqrt{\frac{2\times存货需求量\times变动性订货成本}{变动性储存成本}}=\sqrt{\frac{2DK}{C}} \quad (9.3.6式)$$

$$经济订货次数（N^*）=\frac{存货需求量}{经济采购批量}=\frac{D}{Q^*} \quad (9.3.7式)$$

$$最低存货管理相关成本（TC^*）=\sqrt{2DKC} \quad (9.3.8式)$$

【例9-10】

华联实业股份有限公司20×3年需要原材料40 000件，原材料的采购单价为20元/件，根据过去5年的历史资料，每次采购发生的邮电费平均为600元，原材料年保险费为1元/件，必要报酬率为10%。

要求：计算材料的经济采购批量、经济订货次数及最低存货管理相关成本。

解：依题意，

变动性订货成本=600元/次

变动性储存成本=1+20×10%=3（元/件）

$$经济采购批量=\sqrt{\frac{2\times 40\ 000\times 600}{3}}=4\ 000（件/次）$$

经济订货次数=40 000÷4 000=10（次）

$$最低存货管理相关成本=\sqrt{2\times 40\ 000\times 600\times 3}=12\ 000（元）$$

（二）存在商业折扣条件下的经济采购批量模型

在经济采购批量基本模型中，假定企业不能通过改变采购批量享受商业折扣，则采购成本与采购批量无关，采购成本不是存货管理的相关成本。如果放松此假设，考虑商业折扣的影响，采购成本与采购批量相关。因此，采购成本也是存货管理的相关成本。存货管理的相关成本计算公式如下：

$$\frac{存货管理相关}{成本(TC)}=\frac{采购}{成本}+\frac{变动性}{订货成本}+\frac{变动性}{储存成本}=U\times D+K\times\frac{D}{Q}+C\times\frac{Q}{2} \quad (9.3.9式)$$

在实际采购活动中，商业折扣通常分区确定。例如，采购数量低于100件，则不享受商业折扣；采购数量高于100件，不足1 000件，则享受1%的商业折扣；采购数量高于1 000件，则享受3%的商业折扣。基于此，在考虑商业折扣影响的条件下，可参考以下程序确定经济采购批量：首先，根据9.3.6式估算企业不享受商业折扣时的经济采购批量，进而，根据商业折扣条款确定相应采购价格，再根据9.3.9式估算存货管理相关成本总额；其次，根据9.3.9式，结合商业折扣条款的各区间的采购量与价格，计算各区间的存货管理相关成本；最后，前两个程序所得相关成本最低的订货量为存在商业折扣条件下的经济采购批量。

【例 9-11】

仍按例 9-10 的资料。华联实业股份有限公司供应商规定，如采购量小于 10 000 件，无商业折扣；如采购量大于等于 10 000 件且小于 20 000 件时，价格优惠 2%；采购量大于等于 20 000 件时，价格优惠 3%。

要求：计算存在商业折扣条件下材料的经济采购批量、经济订货次数及最低存货管理相关成本。

解：依题意，

不考虑商业折扣，每次订货量为 4 000 件，此时无法享受商业折扣，单价 20 元/件，则相关成本为：

$TC_{4\,000}$=40 000×20+600×40 000÷4 000+3×4 000÷2=812 000（元）

如每次订货量为 10 000 件，适用价格优惠 2%，则相关成本为：

$TC_{10\,000}$=40 000×20×（1−2%）+600×40 000÷10 000+ [20×（1−2%）×10%+1] ×10 000÷2

=801 200（元）

如每次订货量为 20 000 件，适用价格优惠 3%，则相关成本为：

$TC_{20\,000}$=40 000×20×（1−3%）+600×40 000÷20 000+ [20×（1−3%）×10%+1] ×20 000÷2

=806 600（元）

比较各种批量的相关总成本：订货量为 10 000 件/次时的相关成本最低，为 801 200 元，因此，经济采购批量为 10 000 件/次；经济订货次数为 4 次（40 000÷10 000）；全年最低相关成本为 801 200 元。

【视频展示】例9-11在Excel中的实现

（三）允许缺货条件下的经济采购批量模型

根据经济采购批量基本模型假设，缺货成本非常高，管理者将保持足够的存货，不会发生存货短缺。如果放松此假设，公司面临适当的缺货成本，管理者可以通过改变采购批量调节缺货成本、订货成本及储存成本。因此，缺货成本也是存货管理的相关成本。将单位缺货成本记为 S，最大缺货数量记为 Q_s，则存货管理的相关成本计算公式如下：

$$\text{存货管理相关成本(TC)}=\text{变动性订货成本}+\text{变动性储存成本}+\text{缺货成本}=K\times\frac{D}{Q}+C\times\frac{(Q-Q_s)^2}{2Q}+S\times\frac{Q_s^{\ 2}}{2Q}$$

（9.3.10 式）

根据 9.3.10 式，用微积分求解模型，在允许缺货条件下经济采购批量 Q^*、经济订货次数 N^* 和最低存货管理相关成本 TC^* 的计算公式如下：

经济采购批量（Q^*）$=\sqrt{\dfrac{2DK(C+S)}{CS}}$　（9.3.11 式）

经济订货次数（N^*）$=\dfrac{D}{Q^*}$　（9.3.12 式）

最低存货管理相关成本（TC^*）$=\sqrt{\dfrac{2DKCS}{C+S}}$　（9.3.13 式）

【拓展知识】允许缺货条件下的经济采购批量模型的证明

【例9-12】

仍按例9-10的资料。根据华联实业股份有限公司过去5年的历史资料，公司可承担的最大缺失原材料数量为2 000件/次，因缺少一单位原材料需要承担的违约金及丧失的市场份额价值合计约为1元/年。

要求：计算允许缺货条件下材料的经济采购批量、经济订货次数及最低存货管理相关成本。

解：依题意，

$$经济采购批量=\sqrt{\frac{2\times 40\,000\times 600\times(3+1)}{3\times 1}}=8\,000（件/次）$$

经济订货次数=40 000÷8 000=5（次）

$$最低存货管理相关成本=\sqrt{\frac{2\times 40\,000\times 600\times 3\times 1}{3+1}}=6\,000（元）$$

以上结果与例9-10的结果相比，当允许缺货的条件下，最低存货管理相关成本较不允许缺货时的相关成本低6 000元（12 000−6 000）。这是因为，缺货导致公司额外承担缺货成本250元（$1\times\frac{2\,000^2}{2\times 8\,000}$），但同时节约变动性订货成本3 000元（600×（10−5）），节约变动性储存成本750元（$3\times[\frac{4\,000}{2}-\frac{(8\,000-2\,000)^2}{2\times 8\,000}]$）。

（四）陆续到货耗用条件下的经济采购批量模型

【拓展知识】陆续到货耗用条件下的经济采购批量模型的证明

根据经济采购批量基本模型假设，每次订货均可以一次性到货，均匀耗用。然而，在实际生产经营中，可能存在陆续到货、陆续耗用等情况。如果放松基本模型关于到货耗用的假设，考虑陆续到货、陆续耗用的情况，平均储存量不再是采购批量的1/2，储存成本模型将发生变化。将存货每日到货量记为e，每日耗用量记为d，则存货管理的相关成本计算公式如下：

$$\begin{matrix}存货管理相关\\成本(TC)\end{matrix}=\begin{matrix}变动性\\订货成本\end{matrix}+\begin{matrix}变动性\\储存成本\end{matrix}=K\times\frac{D}{Q}+C\times\frac{Q\times\left(1-\frac{d}{e}\right)}{2}$$

（9.3.14式）

根据9.3.14式，用微积分求解模型，在陆续到货耗用条件下经济采购批量Q^*、经济订货次数N^*和最低存货管理相关成本TC^*的计算公式如下：

$$经济采购批量（Q^*）=\sqrt{\frac{2DK}{C\left(1-\frac{d}{e}\right)}} \quad（9.3.15式）$$

$$经济订货次数（N^*）=\frac{D}{Q^*} \quad（9.3.16式）$$

$$最低存货管理相关成本（TC^*）=\sqrt{2DKC\left(1-\frac{d}{e}\right)} \quad（9.3.17式）$$

【例9-13】

仍按例9-10的资料。根据华联实业股份有限公司过去5年的历史资料，原材料每日到货量为2 000件，每日耗用量为1 500件。

要求：计算陆续到货耗用条件下材料的经济采购批量、经济订货次数及最低存货管理相关成本。

解：依题意，

$$经济采购批量=\sqrt{\frac{2\times 40\,000\times 600}{3\times\left(1-\dfrac{1\,500}{2\,000}\right)}}=8\,000（件/次）$$

经济订货次数=40 000÷8 000=5（次）

$$最低存货管理相关成本=\sqrt{2\times 40\,000\times 600\times 3\times\left(1-\frac{1\,500}{2\,000}\right)}=6\,000（元）$$

以上结果与例9–10的结果相比，在陆续到货耗用的条件下，最低存货管理相关成本较一次性到货均匀耗用时的相关成本低6 000元（12 000–6 000）。这是因为，节约变动性储存成本3 000元（600×（10–5）），节约变动性储存成本3 000元（3×[4 000÷2–8 000×（1–1 500÷2 000）÷2]）。

（五）再订货点

再订货点是指材料的最低库存标准，是企业是否应该发起采购的标志。

影响再订货点的因素主要包括：交货期、材料日均耗用量和安全库存。其中，交货期也称提前期，是从办理采购至货物入库的时间间隔，包括办理采购手续、发运、在途、验收入库等需要的时间；材料日均耗用量是全年需用量与生产天数之比；安全库存是为降低缺货成本而准备的缓冲库存。将再订货点记为R，则计算公式为：

再订货点R=日均耗用量×交货期+安全库存　　（9.3.18式）

安全库存是一个稳定的存货水平。安全库存的确定需要权衡缺货成本与储存成本。持有较高的安全库存可以降低缺货风险，节约缺货成本，但同时会增加储存成本。因此，最优安全库存是储存成本与缺货成本之和最低的安全库存。具体而言，该值的计算方式有三种：一是根据历史数据，结合概率统计方法进行估算；二是以保险日数为基础，安全库存=日均耗用量×保险日数；三是以交货期为基础，安全库存=（预计每日最大耗用量–日均耗用量）×交货期。

【例9–14】

仍按例9–10的资料。材料交货期为5天，保险日数为1.5天。

要求：确定企业的再订货点。

解：依题意，

日均耗用量=40 000÷360=111.11（件）

再订货点R=111.11×（5+1.5）=722.2（件）

三、适时采购控制

适时采购控制是指存货在需要时才取得并进入生产过程的一种控制方法。其基本思想是，以顾客（即市场）为中心，根据市场需求来组织生产和供货，实施拉动式的生产管理，即逆着生产工序，由顾客需求开始，按照订单——产成品——组件——配件——零件和原材料——供应商的顺序，由后向前，逐个向前逼进，上道工序提供的是下道工序所需要的，且时间上不早不迟，数量上不多不少，恰好满足顾客的需要。其控制理念是，持有存货是一种浪费，应该消除从产品设计到产品销售各个环节的一切浪费；其控制目标是，实现零存货和零缺陷。

适时采购控制对传统存货控制方法进行了深入变革，主要表现在以下几个方面：

（1）改变订货方式。在传统存货控制体系下，原材料供应商率先报价，企业结合自身需求在诸多供应商中进行选择。为了应对不确定性，企业与供应商会签订协议以约束彼此的行为。这种存货控制方式不仅浪费资源，更不利于企业基于市场需求及时调整生产计划。与之不同，适时采购控制下，企业首先提出需求，供应商根据需求提供原材料，因此，企业可以由被动转为主动，更加灵活地组织生产经营。

（2）改变投料方式。在传统存货控制体系下，原材料投放是由生产计划决定的，前道工序的生产安排不受后道工序的制约，后道工序取决于前道工序的完成情况。为了保证各道工序顺利进行，企业配置大量存货。适时采购控制对于原材料采取“按需投放”。后道工序的需求量决定前道工序的生产量，各道工序只有在需要时才根据后道工序需求量进行准确生产。由于每道工序的生产量与需要量保持一致，在产品库存量大幅减少，显著降低了储存成本。

（3）改变仓库设置方式。在传统存货控制体系下，企业为了保证生产不中断，会设置多个半成品仓库，仓库与生产部门并列于企业总经理的领导之下，实施存货管理上的权利统一，企业通过计划指导生产和仓储，生产计划通过初始工序贯穿于整个生产线，从而决定了一定时期原材料的需要量。而在适时采购控制下，订货量与需求量保持一致，生产量与需求量保持一致，各个工序按需供货，因此企业仓库转入物流中心，中间的半成品仓库取消，存货基本停留在生产线上。

为了推行“零存货”的适时采购控制，企业必须具备一定前提条件：首先，企业与供应商要建立良好的合作关系，订立长期契约，以节约采购成本，并确保供应商准时供货；其次，供应商提供的原材料要达到“零缺陷”，以保证生产顺畅进行。

虽然适时采购控制倡导“零存货”，但需要注意的是，这仅是一种理念，适度的产成品库存在实际生产中是必须的。丰田公司就曾因不当应用“零库存”理念而付出惨痛代价。20世纪70年代，丰田公司在适时采购控制方面取得了极大成功，库存被压得极低。然而，80年代初的一次地震使得市场需求出乎预料地猛增，丰田公司因不能及时供货而遭受了巨大损失。随后，丰田公司改变了存货管理策略，适度增加了库存。

自测题9-3　　计算业务题　　案例分析题

【学思践悟】考虑环保因素的存货成本的管理模式

积极参与保护和改善生态环境不仅是每个企业应当承担的社会责任，也会给企业带来经济效益。在存货管理方面，企业通过投资环保设备可以降低污染物挥发、泄漏风险，节约废弃物处理成本。此外，企业还可以享受“三废”税收优惠政策。因此，有必要考虑环境因素以完善存货成本的管理模式。存货管理人员应分析各种废弃物、污染物的产生原因和排放过程，并通过成本动因将环境成本与具体作业、工序相结合。进一步地，可以通过帕累托图分析各环节的环境成本，进而提出有效的环保改进方案。最后，对各种方案的成本效益进行评估，以确定最佳方案。

【本章小结】

成本控制以企业价值链上所有活动的相关成本为对象，通过事前、事中、事后控制，将实际成本控制在预期目标内。标准成本控制与存货成本控制是两种重要的成本控制方法。

标准成本法要求企业为各项成本制定标准，并计算和分析标准成本与实际成本的差异。标准成本法通过揭示成本差异动因，明确成本差异责任，以完善成本管理。

存货成本控制是主要针对存货流转环节的成本控制。经济采购批量基本模型基于一系列前提制定经济采购批量、经济订货次数及最低存货管理相关成本。通过逐步放松模型前提，经济采购批量模型可以解决存在商业折扣、允许缺货、陆续到货耗用等条件下的存货成本管理问题。适时采购控制也是有效的存货成本控制方法，适时采购变革了订货方式、投料方式及仓库设置方式，将持有存货看作一种成本，以“零存货”为管理理念进行存货管理。

【复习思考】

1. 成本控制的对象是什么？包括哪些类型？
2. 什么是标准成本控制？如何制定标准成本？
3. 如何分解直接材料差异、直接人工差异、变动性制造费用差异及固定性制造费用差异？
4. 经济采购批量模型的基本假设包括哪些？经济采购批量模型可以解决哪些问题？
5. 如何确定再订货点？
6. 适时采购控制对传统存货控制方法的变革包括哪些方面？

【主要参考文献】

1. 亨格瑞 C T，达塔尔 S M，拉詹 M V. 成本与管理会计［M］. 王立彦，刘应文，译. 15版. 北京：中国人民大学出版社，2016.

2. 吴大军. 管理会计［M］. 6版. 大连：东北财经大学出版社，2021.

3. 中华人民共和国财政部. 管理会计应用指引（2019年版）［M］. 上海：立信会计出版社，2019.

引导案例分析要点

第十章

业绩评价

【学习目标】

本章主要阐述了责任中心的含义、各类责任中心的业绩评价指标与方法、内部转移价格的确定以及企业业绩评价的方法。通过对本章内容的学习，学生需要达到以下目标：

1. 了解责任中心的起源、含义和分类。
2. 掌握各类责任中心的业绩评价指标。
3. 熟悉责任成本、内部交易结算和内部责任结转的含义。
4. 掌握内部转移价格的制定方法。
5. 了解企业业绩评价的常见方法。

【本章主要内容导图】

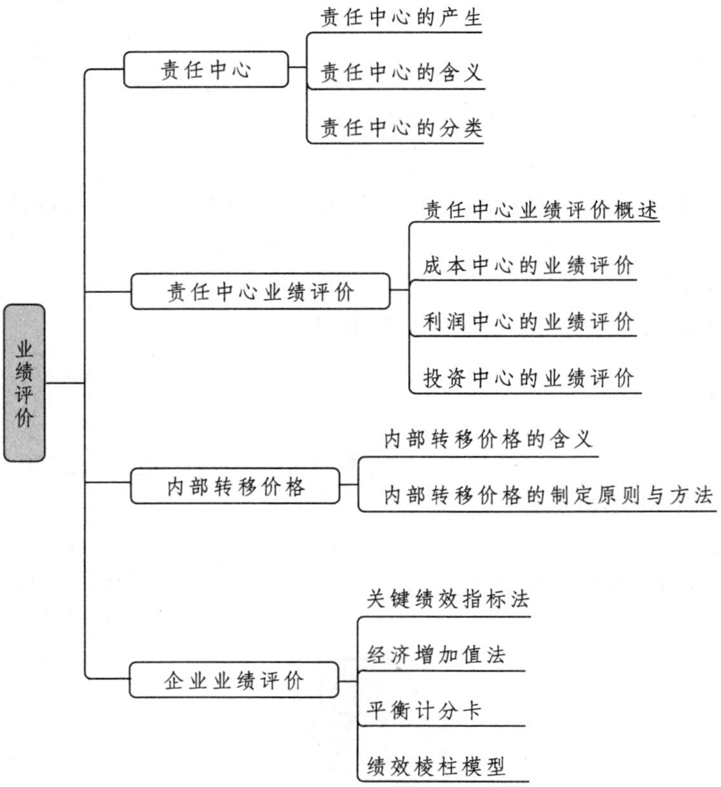

【引导案例】

油瓶推倒谁之过？[1]

有一天，三只老鼠一起去偷油喝，他们找到了一个油瓶，但是瓶口太高，够不到。于是，他们决定踩着其他两只老鼠踩肩膀搭成的梯子，轮流上去喝。第一只老鼠刚爬上去，只听“哐当”一声，油瓶就被它推倒了。三只老鼠只好灰溜溜地逃走了，一滴油都没喝到。

回到窝里，第二只、第三只老鼠纷纷责怪第一只老鼠推倒了油瓶，一口油都没喝到。第一只老鼠却委屈地说：“油瓶是我推倒的，但这却是因为我脚下的第二只老鼠抖了一下。”第二只老鼠急忙辩解说：“我是抖了，但这是因为站在地上的第三只老鼠先发抖了。”第三只老鼠则说：“我是抖了一下，因为我听到有猫的叫声。”

于是，三只老鼠哈哈一笑道：“看来油瓶倒了，责任不在我们啊！”

问题：

你觉得油瓶倒了没有喝到油是老鼠们的责任吗？

第一节 责任中心

一、责任中心的产生

（一）责任中心与分权管理

责任中心的产生与分权管理有千丝万缕的联系。分权管理是相对于集权管理而言的，它是指企业以分权的形式进行管理。通过将企业的生产经营决策权下放到企业不同层次的管理人员身上，同时赋予相应的经济责任，使其能够根据市场的变化，对日常经营活动做出更加及时、有效的决策。

作为一种半自主化的管理模式，分权管理使得各分权单位既相互依存，又相互独立，可能会导致各分权单位为实现短期和局部利益而损害企业长期利益、为争夺有利资源而产生目标不一致的矛盾与冲突。因此，为了对分权管理兴利除弊，需要在赋予各分权单位责任、权力的同时考核其业绩，促进各分权单位的良性发展循环，这便产生了集责、权、利于一体的责任中心。在分权管理模式下，企业把整体目标合理地分解到企业不同层次的责任中心，通过业绩考核指标的设定与引导，形成各责任中心之间为实现企业的整体目标而各尽所能的运作机制与协同发展。

（二）分权管理的产生与特点

分权管理是在企业规模扩张的背景下产生的。第二次世界大战以后，科学技术迅速发展，一些发达资本主义国家生产自动化达到了空前水平，大量技术投入企业生产中，极大地提高了社会生产力。在科学技术的推动下，企业以前所未有的速度进行规模扩张，不断

① 本案例根据《吕氏春秋》中老鼠偷油的故事改编。

对跨行业、跨国经营等模式进行探索与实践。在此背景下，传统的集权经营管理模式对企业的适应性降低、管理效率不高等弊端显露，无法满足企业的快速发展和瞬息万变的市场需求，这使得分权管理模式应运而生。

分权管理最典型的表现形式是事业部制，是以产品、地区或客户为依据，以事业部为核心，以业务运营为导向，按照统一政策、分散经营的原则，由职能部门组成的自负盈亏、独立核算的分权管理模式。事业部制下，各部门自主经营、独立核算，由事业部长负责内部的经营管理，发挥其创造性。因此，每个事业部都是一个高效率运转的专业化经营公司，本质上减少了企业的管理层级，强化了企业的分权管理。

相对于集权管理而言，分权管理能够提高决策的质量，也能够提高决策的效率。一方面能够使直接参与企业经营活动的职能部门各司其职。通过在决策时让各职能部门的人员直接参与进来，充分调动员工的积极性和主动性，提高决策的灵活性和针对性，进而更好地适应市场变化；另一方面能够让高层领导者从日常活动中解脱出来，不为繁杂琐事所烦扰，为高层领导者留出充足的时间和精力处理重大问题，实现“人尽其才，才尽其用”，进而大幅度提高工作效率。

当然，我们也需要运用辩证的角度看待分权管理，它并不是完美无瑕的。对于分权管理来说，权力的下放程度是重中之重。若企业权力下放程度较高但对权力约束不当，容易造成责权利不匹配，各责任单位相互推诿责任，滥用权力，甚至导致企业失控的局面；若企业下放程度较低，则导致不能对集权管理模式进行本质上的改善，只是隔靴搔痒，不能大幅度提升企业效率。此外，各权力主体容易出现短视行为，只专注于自身的业绩而造成企业整体的失衡，只考虑短期绩效而缺乏长远目光，难以使企业基业长青。

因此，集权管理与分权管理就如同钟摆的两极，挂钟的钟摆向左表示强调集权，向右表示强调分权，钟摆的摆动代表企业的不断发展。如此循环往复，企业需要在发展中不断寻求集权与分权之间的动态平衡。在此过程中，企业管理也应该张弛有度，把握好集权与分权的广度与深度，协调好二者之间的矛盾，达到适当的分权管理。

二、责任中心的含义

（一）责任中心的定义

在分权管理模式下，企业按照“目标管理”的原则，将整体目标分解为不同层次的子目标，进而形成对子目标负责和落实的责任单位便是责任中心。责任中心就是指企业内部拥有一定权力、承担相应责任、享有相应利益的单位。通过把企业的整体目标合理地分解到企业内部的各个部门中去，根据经营指标的牵引，形成各部门之间目标协同、利出一孔的运作机制。因此，责任中心充分体现了责、权、利三者之间的关系，确定了分权管理的责权利范围。

责任中心有大有小，也具有一定的层次性，一个大的责任中心可以由若干个小的责任中心构成。因此，在企业中，划分责任中心的标准并不在于其规模或者范围的大小，而在于管理上是否可分、责任是否可辨认、经营成果是否可单独考核，只要满足了这些条件，大到集团、工厂、部门，小至生产车间、班组，皆可划定为责任中心。

（二）责任中心的特征

1.责、权、利相结合的实体

按照“责权利相结合”的原则，所有责任中心对其目标负责，需要落实和实现自身目标，同时被授予与其所承担责任的范围和大小相适应的权利。相应地，根据责任中心所承担的责任、拥有的权利设置配套的业绩考核标准和利益分配标准。

2.承担的责任和拥有的权力可以控制

每个责任中心只对其职责权限范围内可控的收入、成本、利润和投资负责，并在责任预算和业绩评价中明确其可控的项目，对超出可控范围的责任，不用进行业绩考核与评价。比如成本中心只对其发生的成本或费用负责，并使用可控范围内的责任成本加以考核。

3.既相互独立又相互合作

在实现企业目标的过程中，各责任中心具有一定的独立自主权，这与企业所承担的责任是相匹配的。但从整体角度看，各责任中心依旧服务于企业整体，为实现企业的整体目标而努力。因此，企业内部各责任中心之间既相互独立又相互合作。

【拓展知识】
责任会计

4.定期的业绩考核与评价

所有责任中心对其目标的具体落实负责，若不能按时完成，则承担相应的责任。因此，为了评价目标的完成情况和员工的执行情况，需要对责任中心进行定期的业绩考核和评价。

三、责任中心的分类

根据责任中心控制的领域和责任范围的大小，责任中心可分为成本中心、利润中心、投资中心三类。

（一）成本中心

1.成本中心的定义

成本中心是指只发生成本或费用，没有经营决策权和投资决策权，不产生收入或利润，不进行投资，只对产品或劳务的成本或费用负责的责任中心。比如企业的生产车间生产出的一部分产品仅为生产过程中的一部分，不能直接售卖，成本中心的管理人员仅仅对企业的固定成本和变动成本负责。成本中心的目标是在既定的产量下使得投入最低，或者在既定的投入预算下尽可能获得最多的产出，即达到最高的效率。因此，从成本中心的定义可以得知，成本中心具有如下特点：

（1）成本中心只对成本费用负责。

由于成本中心只对其从事的活动具有成本决策权，不负责产品或者劳务的销售，故在业绩考核时，只对产品或者劳务的成本或者费用进行考核，而不考核销售收入和利润，更无投资收益一说。因而成本中心肯定不是一个法人机构，而是企业内部的一个核算单位。

（2）成本中心只对可控成本负责。

成本中心只对在可控范围内的成本即可控成本负责，而不对超出可控范围的成本负责。可控成本有以下特点：①成本可以预计，即可以提前估计何时、何地发生何种性质的成本。②成本可以计量，对于发生的成本可以进行计量，也能够进行定量核算。③成本可以控制或调节，可以通过部门的行为控制和调节成本。④成本可以落实责任，当对一项可控成本控制的结果产生经济责任时，可以落实到责任主体。

2.成本中心的分类

（1）标准成本中心

标准成本中心是指成本费用的投入与产出结果之间有着明确的关系，能够对产品生产过程中所需要的各种要素的投入数量合理预计，如生产过程中发生的直接材料、直接人工等。因此，只要所生产的产品的投入与产出能够明确可度量，即可建立标准成本中心。标准成本中心的典型代表有工厂、车间、班组等。

（2）费用中心

费用中心，是指成本费用的投入和产出之间的关系不明确，通常没有密切联系。有时产出结果难以辨别和计量，无法使用财务指标衡量，也无法通过比较成本费用的投入与产出结果来衡量投入的有效性。费用中心的代表部门一般有财务部、研发部、人事部等，发生在费用中心的成本费用一般是广告费、研发费用等费用支出。

（二）利润中心

1.利润中心的含义

利润中心，顾名思义，是对利润负责的责任中心，而由于利润由成本费用的投入和产出结果共同决定，因此，利润中心也对成本、收入负责。利润中心对产品从生产到销售整个过程负责，具有经营决策权，能够决定销售什么产品、销售多少产品等，是具有独立性和经营性收入来源的组织结构，层次结构比成本中心高，但是没有投资决策权，不能决定投资的规模、类型等。

利润中心一般指企业的分公司、分厂等组织机构。

2.利润中心的分类

（1）自然利润中心

自然利润中心是在企业的外部市场上，销售商品或提供劳务以获取利润的责任中心，直接面向市场，能够决定企业的材料采购、产品生产和产品销售。在材料采购上，有权决定采购原料的种类、数量、单价等一系列与材料采购有关的事项；在产品的生产上，能够自主决定生产什么产品、生产产品的数量、耗用原料数量等与产品生产有关的事项；在产品的销售上，能够自主决定销售产品的种类、数量、场所等。因此，自然利润中心相当于一个独立的企业。比如某些公司采用事业部制的组织结构，每个事业部制按照产品划分，均具备供产销的职能，能够自主核算、自负盈亏，独立控制成本取得收入，这些事业部就是自然的利润中心。

（2）人为利润中心

人为利润中心不对外销售，而是将产品或劳务在企业内部的各责任中心之间转移，并按照合理的内部转移价格进行结算，核算各责任中心的成本，确认收入和利润，量化并评价责任中心的经营业绩，最大限度地激发员工的积极性、主动性。因此，成本中心能够通过确定内部转移价格而成为人为利润中心。例如，在服装制造业，将棉花织成布的纺织部，要将该部门的产成品布转移到生产部继续加工，在转移过程中，两个部门之间设立内部转移价格，纺织部便是一个人为利润中心。显然，人为利润中心内部实现的收益并不是真正的收益，而是为了衡量责任中心的绩效，挖掘员工的潜力，调动员工的积极性、主动性。此外，内部转移价格的制定应该尽可能合理。若价格过高，会夸大产品的收入，不符合谨慎性原则，可能会掩盖责任中心存在的不足；若价格过低，则会低估产出人为利润中心的业绩，从而影响责任中心人员的积极性。

（三）投资中心

投资中心是分权管理最突出的模式，也是最高层次的责任中心，一个投资中心既包含利润中心也包含成本中心。投资中心不仅对成本、收入、利润负责，还对投资的效果负责，在具有经营决策权的同时还能够进行投资决策，因此具有高度的自主权。常见的投资中心有大型集团企业的子公司、分公司、事业部等，这些组织机构不仅能够独立自主地进行生产决策，对资产具有高度的自主权，还能够自主做出投资决定，确定投资类型、规模等。投资中心的存在主要是为了确保投资的安全性和收益性，以保证企业获得健康和可持续的发展。

（四）成本中心、利润中心和投资中心的关系

在上述三类责任中心中，成本中心是最为基础的责任中心，没有经营决策权，只核算成本与费用，并且只核算可控成本；利润中心比成本中心层次高，具有经营决策权，不仅对利润负责，还对成本、收入负责，每个利润中心都具有若干个下属的成本中心，利润中心所要控制的成本按下属各个成本中心进行分解，形成各成本中心所要负责并控制的对象；投资中心是层次最高的责任中心，不仅具有经营决策权还具有投资决策权，具有高度的自主权。每个投资中心又包含若干个下属的利润中心，投资中心控制的利润按下属的各个利润中心进行分解，形成利润中心所要负责并控制的对象。因此，一个利润中心可以包含若干个成本中心，一个投资中心也可以包含若干个成本中心和利润中心。

自测题 10-1

第二节　责任中心业绩评价

党的二十大报告中指出，分配制度是促进共同富裕的基础性制度。要坚持按劳分配为主体、多种分配方式并存；坚持多劳多得，鼓励勤劳致富，促进机会公平，增加低收入者收入，扩大中等收入群体。对国民经济的重要支柱企业而言，要达成上述要求，首先需要进行科学合理的业绩评价。

一、责任中心业绩评价概述

（一）业绩评价的含义与构成

想要了解什么是业绩评价，还要从业绩和评价的含义说起。业绩是经济实体在某一期间内利用有限的资源从事生产经营活动而取得的成果，这里的经济实体可以是一个责任中心也可以是一个企业。绩效的内涵一般包括效率和效果两个方面，其中，效率代表单位时间内工作的完成量，体现了工作的速度和准确度，一般用投入与产出比加以衡量，如人均产量、人均产值等指标；效果是完成期望的工作目标，体现了从事经营活动取得的成果，一般可以用销售收入、净收益加以衡量。因此，业绩既体现了经济实体所要达到的目标，也体现了达到目标的方法和策略。评价是指价值判断的评估过程，需要进行专业化的评价，因此，专业人士的评价更客观、可靠一些。

那么，业绩评价就是指对经济实体在某一期间的营运能力、盈利水平、偿债能力以及发展能力等经营业绩进行的综合评价。具体来说，业绩评价是指评价主体按照既定的评价目标，按照特定的评价标准和方法，选择特定的评价指标对评价客体得出的综合评价结论。因此，不难看出，业绩评价的实施至少需要评价主体和评价客体的参与，在评价标准的指导下，通过选择恰当的评价指标和适当的评价方法，才能最终得到评价结论。其中，评价主体、评价客体、评价标准、评价指标、评价方法、评价结论等因素都是业绩评价的构成要素。有效的业绩评价，有利于强化企业的内部管理，进而提高企业的经营管理能力和综合竞争能力，形成竞争优势。

从业绩评价的含义可以知道，进行业绩评价时，既需要评价主体和评价客体的参与，也需要制定既定的标准，按照特定的方法，选择合适的指标，最终才能得出最理想的结论。因此，评价主体、评价客体、评价标准、评价指标、评价方法和评价结论等都是业绩评价的构成要素。

（1）评价主体

评价主体是指进行业绩评价的行为主体，即实施业绩评价的主体。那么评价主体一般是哪些人呢？一定是关心评价客体经营绩效的相关利益人。因此，企业的每一位利益相关者都可以成为业绩评价的主体，如股东、债权人、政府机构、员工等。同时，评价主体需要对所评价的企业具有一定的了解，基于掌握的情况对企业业绩做出客观、公正的评判。

具体来说，企业的经营者通过业绩评价，可以检查企业在考核期间战略目标的实现情况以及重点工作的完成情况。能够找到战略目标具体实施时与实际状况的差异，挖掘和发现企业经营管理中存在的问题，并且落实和下沉到基层部门，及时调整和改善不利于企业生产经营管理的问题。

企业的投资人或者潜在的投资人，出于对投资风险与投资收益的权衡考虑，会关注企业业绩评价，通过评价企业经营业绩了解企业的营运能力、盈利水平和发展能力等情况，衡量自身的投资风险与收益之间的关系，将不利的风险因素排除在外，实现风险与收益的最佳平衡。

对于企业的债权人，目的在于自身的固定索取权，按期获得本息，因此会通过业绩评价，关注企业的短期偿债能力、长期偿债能力和营运能力等，做出关于该企业的授信额度、付款条件、利率水平等条款的调整。

（2）评价客体

评价客体是业绩评价的接收者，即业绩评价的对象，体现了业绩评价的范围。评价主体决定了评价客体，不同的评价主体面对不同的评价对象，进而使得选取的指标和标准也有所差异。在进行业绩评价时，必须明确评价的对象，才能准确地衡量业绩。因此，评价客体的重要性不言而喻。在选择评价客体时，需要注意，评价客体必须是独立的法人实体，能够独立地编制财务报表并承担民事责任，且能够正常开展企业的日常经营活动，持续经营时间需要不少于一个会计年度。评价对象可以是一个企业，也可以是企业的内部部门或者个人。一般来说，评价系统一般包含两类评价对象：一类是企业，对企业在一定经营期间的经营业绩进行评价，关系到企业过去的业绩、现在的状态和未来的发展方向；另一类个人，一般关系到个人的薪酬、职位的晋升、声誉等问题。

（3）评价指标

评价指标是衡量企业经营业绩的量化指标，根据评价目标和评价主体的需要而从企业提取的以指标形式表现出来的，反映评价客体如企业营运能力、盈利水平、发展能力等特征的因素。评价指标可以是财务指标，也可以是非财务指标，可以是单个指标，也可以是综合指标。财务指标是指反映企业财务状况、经营成果、现金流量的指标，如资产负债率、存货周转率、现金流量比率等指标；非财务指标是反映企业非财务方面的指标，如市场占有率、交货时间、顾客回购率、售后满意度等。评价指标是单个指标时，对评价主体提出了较高的要求，需要其拥有丰富的经验和知识。当评价指标为综合指标时，评价主体需要根据一定的方法分析单个指标在综合指标中的贡献力和代表度，进而确定单个指标的权重。

（4）评价标准

如同实验中需要对照组一样，评价标准的存在，使得当期业绩评价的结论有了比照的对象，使得业绩评价有依据可循，进而得以衡量企业经营业绩的高低优劣。如果没有评价标准，就无从判断企业经营业绩的好坏。评价标准应该具有一定的稳定性，但是评价标准的选取也取决于评价的目的，目的不同，选取的评价标准固然不同。因此，评价标准也并非一成不变的，随着社会的发展和环境的改变，业绩评价的目标和范围都可能发生一定的变化，评价标准也应该与时俱进、适当调整。

（5）评价方法

评价方法是按照评价指标和标准，取得客观评价结果的手段。评价方法是业绩评价的核心，制定了科学、合理的评价指标和评价标准之后，选择合适的评价方法才能使得业绩评价行之有效。因此，评价方法是连接评价指标和评价标准的桥梁，如果不使用这一工具或者没有选择合适的评价方法，评价指标和评价标准就成为了相互孤立的业绩评价要素。

（6）评价结论

评价结论是业绩评价最终输出的信息，直接体现了业绩评价的职能和作用，体现了评价客体的业绩好坏。通过按照合适的评价方法，将以指标评价的企业业绩与评价标准进行比较，分析实际与预算的差异，找出企业经营管理中存在的问题，进而落实到基层部门，最终得出被评价对象业绩优劣好坏的结论，供企业的利益相关者进行决策时参考。一般来说，企业业绩的评价结论会以书面的形式呈现出来。

（二）责任中心业绩评价的原则与作用

1.责任中心业绩评价的原则

所谓无规矩不成方圆，原则作为业绩评价的行为准则，是评价工作的基本要求。坚持以下原则能够提高业绩评价的质量，达到预期的效果。

（1）客观原则

业绩评价应该尽可能科学、公平、客观，主要体现在评价指标和评价标准的客观性上，制定的评价指标或者构建的评价指标体系应该能够科学地反映企业的整体业绩。因此，在制定业绩评价指标时，应该综合财务方面和非财务方面，将定量分析方法与定性分析方法相结合，既考虑企业当前的经营业绩，又考虑企业未来的发展潜力，减少个人主观和情感色彩的影响。

(2) 可行原则

可行原则主要体现在评价方法的可行性上，可行的评价方法一方面要将评价指标与评价标准恰当地联系起来，另一方面要能够为人们所接受并且经得起时间的考验，能够为人们长期使用。由于评价方法的选择关乎业绩评价的准确性，因此，要慎重选择评价方法。

(3) 反馈原则

业绩评价的一个重要目的就是评价企业经营管理活动的高低优劣，因此，当得出评价结论时，应该将评价结果反馈给相关责任部门或者责任人员。通过这种信息反馈的渠道，一方面，企业内部的部门或者员工能够发现并且改善自身存在的问题，以促进企业整体的良性循环；另一方面，企业向员工传达了其工作绩效表现的信息，激励员工自查以期提高薪酬的积极性和主动性。

2.责任中心业绩评价的作用

责任中心业绩评价能够促进企业整体战略目标的实现，也有利于正确引导企业的经营行为，更好地平衡企业短期目标与长期目标之间的关系，同时也有利于企业资源的合理运用。具体来说，责任中心业绩评价以战略目标为切入点和落脚点，将企业整体战略目标层层分解至各责任中心和个人，再根据各分目标的实现程度和重点工作的完成情况，找出分目标偏离整体目标的责任中心加以调整，实现整体战略目标与分目标的统一，进而促进企业整体战略目标的实现。通过对责任中心进行业绩评价，能够有效地纠正责任中心的错误行为，缓解局部利益与整体利益的矛盾与冲突，平衡短期目标与长期目标的关系，使得各责任中心齐心协力，为企业整体目标而奋斗。

【学思践悟】个人贡献与业绩评价

业绩评价与个人贡献密不可分。业绩评价存在的目的就是衡量个人对企业、社会所作的贡献，而个人所作的贡献都是在或多或少地实现自身价值。从马斯洛的五大需求来看，终极目标的自我实现需求本质上也是个人价值的实现。不管是凌晨清扫马路的环卫工人还是争分夺秒的外卖骑手，他们都在努力实现马斯洛需求层次理论中的基本需求，最终达到自我实现。

马克思认为，在人生价值的两方面中，个人对社会的责任和贡献应该居于首位，人生的真正价值在于对社会的贡献。个人价值的实现会影响企业的方方面面。同时，企业尤其是国企，承担着经济责任、政治责任、社会责任等，企业的发展有利于社会的进步，社会的进步又影响着个人的衣食住行，如此周而复始，循环往复，形成循环效应，实现了个人价值与社会价值的辩证与统一。

在实现人生价值的过程中，应该将贡献与索取有机结合，创造并利用条件，全面提高自身素质，在自己的岗位上发挥聪明才智，发扬百折不挠、不怕失败的顽强奋斗精神。

二、成本中心的业绩评价

(一) 成本中心业绩考核的含义与特点

成本中心在正常运转时，只耗费资源但不产生收入，其存在主要是为了控制成本费用，并且制定与成本费用控制标准相适应的组织结构和任务目标。由于成本中心既不产生收入也不产生利润，只对成本费用负责，并且只对可控成本负责。因此，其业绩考核对象就是各项可控成本之和，也就是责任成本，评价其业绩时可以使用生产效率、成本变动率等指标。在具体考核过程中，一方面要考核实际责任成本与预算责任成本之间的差异，以反映各项成本费用的超支或者节约情况，进而评价责任中心成本费用的控制情况；另一方面要考核责任成本的预算支出，以考察预算责任成本的执行情况和细节工作的绩效。

（二）责任成本

既然已经明确了成本中心只对可控的成本费用负责，那么使用何种指标来考核和评价成本中心的业绩呢？一般采用责任成本评价成本中心的业绩。责任成本是指具体的责任对象在其职责权限范围内归集的成本。对于成本中心来说，责任成本就是各责任中心当期确定或发生的核算范围内的所有可控成本之和。

责任成本与产品成本是两个完全不同的概念，应该注意区分二者，不能把它们混为一谈。两者的区别主要体现在：（1）计算原则不同。责任成本按照谁控制谁负责的原则向责任中心分配责任成本；产品成本按照谁受益谁承担的原则向产品分配成本或费用。（2）分配对象不同。责任成本按照责任中心归集；产品成本按照产品归集。（3）核算范围不同。责任成本的范围仅包括该责任中心的可控成本，可控范围以外的成本不纳入核算范围；产品成本则包括产品生产过程中的全部成本费用，如直接材料、直接人工、制造费用等。（4）计算目的不同。责任成本的核算是为了评价责任中心成本控制的业绩；产品成本的核算则是为了反映产品生产过程中所发生的耗费。

（三）成本中心的考核指标

成本中心只对可控成本负责，因而各项可控成本的总和就是成本中心的责任成本，成本中心的业绩通过责任成本进行考核与评价。考评过程中，总体责任成本预算经过层层分解，落实到各成本中心，各成本中心将其作为成本目标，负责核算应当承担的责任成本。在实际生产经营过程中，将实际发生的责任成本与预算责任成本相比较，计算出责任成本实际脱离预算的差异，并根据员工对责任成本的控制情况进行业绩考核与评价，进而达到成本控制和考核的目的。

从形式上看，成本中心的考核指标有绝对指标和相对指标两种。绝对指标是责任成本变动额，也就是实际责任成本与预算责任成本的差额。当责任成本变动额小于0时，体现了责任成本的节约差；大于0时，体现了过度耗费，需要进一步剖析原因，实现降本增效。相对指标是责任成本变动率，为责任成本变动额与预算责任成本的比值，体现了实际责任成本相对于预算责任成本的变动情况。具体公式如下：

$$责任成本变动额=实际责任成本-预算责任成本 \quad (10.2.1式)$$

$$责任成本变动率=\frac{责任成本变动额}{预算责任成本} \quad (10.2.2式)$$

【例10-1】

某企业有A、B、C三个成本中心，分别生产三种产品。各种产品的相关资料见表10-1。

表 10-1 **成本中心的有关数据**

成本中心	预计产量（件）	标准单位材料成本（元/件）	实际产量（件）	实际单位材料成本（元/件）
A	6 000	50	5 500	52
B	6 500	60	6 000	60
C	8 000	80	8 000	75

要求：计算各成本中心责任成本的变动额和变动率，并分析评价其成本控制情况。

解：由题可知，

A成本中心的预算责任成本=5 500×50=275 000（元）

A成本中心的实际责任成本=5 500×52=286 000（元）

因此，A成本中心的责任成本差异额=286 000−275 000=11 000（元）

A成本中心的责任成本差异率=11 000÷275 000×100%=4%

同理，可以得到B、C成本中心的责任成本差异额和差异率见表10-2。

表 10-2 **各成本中心差异额与差异率**

成本中心 ①	标准单位材料成本（元/件）②	实际单位材料成本（元/件）③	实际产量（件）④	预算责任成本（元）⑤=②×④	实际责任成本（元）⑥=③×④	差异额（元）⑦=⑥−⑤	差异率（%）⑧=⑦÷⑤
A	50	52	5 500	275 000	286 000	11 000	4
B	60	60	6 000	360 000	360 000	0	0
C	80	75	8 000	640 000	600 000	−40 000	−6.25

【视频展示】表10-2在Excel中的实现

从表10-2可以看出，在这三个成本中心中，C成本中心的业绩最好，实际责任成本比预算责任成本降低6.25%，而A成本中心的业绩最差，成本控制效果最不好，实际责任成本超出预算4个百分点。这主要是由于A成本中心的实际单位材料成本比标准单位材料成本升高了2元，而C成本中心的实际单位材料成本比标准单位材料成本降低了5元。

三、利润中心的业绩评价

利润中心既对利润负责，也对成本、费用负责，因此在考核利润中心业绩的时候应当考虑利润中心职责权限范围内的成本、收入和利润。考评利润中心业绩的指标通常有贡献边际、分部经理贡献边际和分部贡献边际。具体公式如下：

贡献边际=销售收入−变动成本　　（10.2.3式）

分部经理可控贡献边际=贡献边际−分部经理可控固定成本　　（10.2.4式）

分部贡献边际=分部经理贡献边际−分部经理不可控但高层管理者可控固定成本　　（10.2.5式）

如上式所示，可以使用贡献边际、分部经理可控贡献边际和分部贡献边际衡量利润中心的经营业绩。贡献边际为销售收入与变动成本的差额。根据责任中心的成本可控性原则，利润中心的业绩指标只考虑可控成本。一般来说，成本中心的变动成本都是可控成本，而固定成本中只有特定的专属成本才可控。进一步地，可以将固定成本分为分部经理可控固定成本和分部经理不可控固定成本。

贡献边际扣除分部经理可控固定成本后是分部经理可控贡献边际，代表该利润中心负责人的经营业绩，反映其对所控制资源的有效利用程度和成本控制程度。进一步地，将分部经理不可控固定成本又细分为分部经理不可控但高层管理者可控的固定成本和分部经理不可控且高层管理者不可控的固定成本，分部经理可控贡献边际扣除分部经理不可控但高层管理者可控的固定成本成为利润中心的业绩衡量指标，反映了该利润中心对企业整体利润所作的贡献。尽管利润中心的评价指标综合性很强，但在考虑利润中心的经营业绩时，还应根据具体实际情况，结合企业的市场地位、产品质量等进行全面综合的评价。

【例 10-2】

甲企业下设A利润中心，相关财务资料如下：A利润中心营业收入为38 000元，变动成本总额为14 000元，利润中心负责人可控的固定成本为4 000元，利润中心负责人不可控但应由该中心负担的固定成本为7 000元。

要求：计算A利润中心的下列指标：贡献边际、分部经理可控贡献边际、分部贡献边际。

解：由题可知，

A利润中心的贡献边际=38 000−14 000=24 000（元）

A利润中心的分部经理可控贡献边际=24 000−4 000=20 000（元）

A利润中心的分部贡献边际=20 000−7 000=13 000（元）

四、投资中心的业绩评价

投资中心既对成本、收入、利润负责，又对投资负责，因此考核投资中心的业绩时应该包括利润和投资效果两个方面。衡量投资中心业绩通常使用投资报酬率、剩余收益等指标。

（一）投资报酬率

投资报酬率（return on investment，ROI）是营业利润与平均营业资产（期初营业资产与期末营业资产的平均数）的比率，代表营业资产的使用效率和获利能力。投资报酬率的计算公式如下：

$$投资报酬率=\frac{营业利润}{平均营业资产} \qquad (10.2.6式)$$

平均营业资产有两种计算口径，可以是企业或者投资中心的总资产，也可以是净资产，投资报酬率也就具有了两种互为补充的计算方法。第一种情况，分母上的平均营业资产按照总资产的口径计算，则相应地，分子上的营业利润代表利用总资产获得的收益，使用息税前利润计算最为合适。在该种情况下，投资报酬率就等于总资产报酬率，反映了企业或者投资中心的资产获利能力和经营效率。第二种情况，分母为平均净资产，分子为税后净利润，税后净利润代表股东所能获得的总回报。在该种情况下，投资报酬率就等于股东权益报酬率，反映了单位资本的获利能力和对整体利润的贡献程度。

此外，还可以将投资报酬率进一步分解为销售利润率和资产周转率的乘积。一方面，通过外部比较，能够分析出竞争对手采用的经营策略，是薄利多销还是相反；另一方面，为追溯投资报酬率低的原因提供了解决的途径，可以通过比较销售利润率和资产周转率的高低，达到提高投资报酬率的目的。分解公式如下：

$$\text{投资报酬率}=\frac{\text{营业利润}}{\text{营业收入}}\times\frac{\text{营业收入}}{\text{平均营业资产}}=\text{销售利润率}\times\text{资产周转率} \qquad (10.2.7\text{式})$$

【例 10-3】

甲公司具有A、B、C三个投资中心。各投资中心的投资报酬率见表10-3。

表 10-3　　**投资报酬率计算表**

投资中心	A	B	C
营业收入（万元）	400 000	150 000	330 000
营业利润（万元）	40 000	24 000	33 000
平均营业资产（万元）	500 000	120 000	300 000

要求：分别计算A、B、C三个投资中心的投资报酬率。

解：

A投资中心的投资报酬率=（40 000÷400 000）×（400 000÷500 000）=10%×0.8=8%

B投资中心的投资报酬率=（24 000÷150 000）×（150 000÷120 000）=16%×1.25=20%

C投资中心的投资报酬率=（33 000÷330 000）×（330 000÷300 000）=10%×1.1=11%

通过比较三个投资中心的投资报酬率可以知道，B投资中心的销售利润率和资产周转率都是三个投资中心中最高的，因此，投资报酬率也最高。A、C两个投资中心的销售利润率都为10%，但是由于C投资中心的资产周转率高于A投资中心，所以最终C投资中心获得了高于A投资中心的投资报酬率。

投资报酬率是一个兼顾利润和投资的综合性指标，能够促使投资中心负责人在关注投资效果的同时关注成本控制情况、获利情况和资产使用效率，有利于优化资源配置，获得最大限度的回报。投资报酬率也是一个相对指标，有利于不同规模投资中心之间业绩的比较。但是投资报酬率也有一定的局限性，可能会导致投资中心负责人只注重自身利益和短期利益，进而损害整体利益，不利于投资中心的长期发展。此外，当投资中心负责人为了自身利益做出次优选择时，投资报酬率所反映的经营业绩就不真实，会掩盖投资中心的不足，不利于企业的长远发展。

（二）剩余收益

剩余收益（residual income，RI）是指经营净利润扣减按照最低投资报酬率计算的投资报酬后的余额。其计算公式如下：

剩余收益=经营净利润-资产占用额×最低投资报酬率　　(10.2.8式)

其中，企业或投资中心最低投资报酬率是为了保持正常生产经营运转所需的最低报酬水平，通常参照筹资成本、目标资本回报率或者加权平均资本成本等指标。从公式可以看出，资产的占用水平和最低投资报酬率是影响剩余收益的主要因素，因此剩余收益的提高可以通过减少资产等途径来实现。当使用该指标评价投资中心的经营业绩时，只要投资报酬率大于最低投资报酬率就认为投资是可行的。

一方面，剩余收益能够促使投资中心负责人关注投资效益的同时考虑投资风险，引导负责人决策时考虑整体利益，而非仅关注自身利益，另一方面，剩余收益的灵活性较大，可以根据不同的投资风险水平采用不同的资本成本率计算资本成本。但是由于剩余收益是绝对指标，不利于比较不同规模投资中心的业绩。此外，该指标属于短期指标，缺乏指引企业长远发展的能力。

【例10-4】

甲公司下设A、B、C三个投资中心，这三个投资中心上年的经营净利润分别为50 000万元、80 000万元和66 000万元，资产占用额分别为250 000万元、1 000 000万元和600 000万元。甲公司的预期最低投资报酬率为10%。

【视频展示】表10-4在Excel中的实现

要求：分别计算A、B、C三个投资中心的剩余收益。

解：A、B、C三个投资中心的剩余收益计算见表10-4。

表10-4　**剩余收益计算表**　单位：万元

投资中心	A	B	C
经营净利润	50 000	80 000	66 000
资产占用额	250 000	1 000 000	600 000
最低投资报酬	25 000	100 000	60 000
剩余收益	25 000	-20 000	6 000

剩余收益和投资报酬率互为补充，剩余收益弥补了投资报酬率的缺陷，使得投资中心的利益与企业整体利益协调一致。同时，该指标不是一成不变的，在不同的投资中心中可以使用不同的风险调整资本成本。但是，剩余收益是一个绝对值，无法比较不同规模的投资中心的业绩。需要注意的是，业绩评价指标并不仅仅局限于这些，在实践中，使用其他重要指标或者将多种指标相结合使用都是可行的。

自测题10-2

计算业务题

第三节 内部转移价格

一、内部转移价格的含义

（一）内部转移价格的定义

在分权管理模式下，各责任中心既相互联系又相互区别，联系在于产品（半成品）或者劳务的内部流转，区别在于独立核算业绩。那么，产品（半成品）或者劳务在内部转移的过程中就应该确定客观、公平、公正的价格进而考核各责任中心的业绩，内部转移价格应运而生。

在企业内部各责任单位相互提供产品（半成品）或者服务的条件下，产品（半成品）或者劳务在内部流转的过程中进行内部交易结算或者内部责任结转的过程中而产生的一种计价尺度就是内部转移价格。所谓内部交易结算，是指各责任单位由于对企业内部产品（半成品）或者劳务的需求而进行内部销售与内部采购而产生的一种结算行为。在内部交易结算过程中，企业作为整体只是发生了收到销售收入与支付原料支出这样一借一贷相互抵消的交易，因而物流与资金流是相反的。而内部责任结转却有所不同，是指在生产经营中产生由各种因素导致的经济损失，将责任成本按照经济损失的责任归属结转给承担损失的责任中心的处理过程。也就是说，在企业内部，某责任中心向其他责任中心提供产品（半成品）或者劳务而产生的销售收入，或者某经济损失的承担单位对该项经济损失的发生单位进行经济赔偿时的计价尺度，就是内部转移价格。

（二）制定内部转移价格的意义

显然，在内部交易结算中，提供产品（半成品）或者劳务的责任单位确认销售收入，购买产品（半成品）或者劳务的责任单位确认取得存货的成本。在进行内部责任结转时，经济损失的发生单位确认收入，经济责任的承担单位确认成本。因此，无论是内部交易结算还是内部责任结转，一方的收入则是另一方的成本，一借一贷相互抵消。因而各责任单位相互之间提供产品（半成品）或者劳务并未涉及企业真正的现金流动，内部转移价格的确认有效量化了各责任中心的经营业绩。

内部转移价格还分别对责任中心的经营自主权和经营业绩施加影响。由于内部转移价格的确定标准较多，且有些指标如协商价格容易受到人的主观操控，因此不排除高管为了自身利益而粉饰指标的可能性，一旦这种行为成为惯例，会对责任中心的自主经营产生很大的挑战。在内部转移过程中，一方为另一方提供产品（半成品）或者劳务而确认收入，结转成本，另一方购买产品（半成品）或者劳务而确认支出，收入与支出的确认势必影响责任中心的经营业绩。同等条件下，制定较高的内部转移价格会增加卖方责任中心的利润，降低买方责任中心的利润；反之亦然。因此，确定一个合理的内部转移价格就显得尤为重要，只有这样，才能对责任中心进行科学、合理的业绩评价。

不难看出，内部转移价格制定的合理性决定了责任中心经营业绩评价的合理性。内部转移价格能够提高各责任单位控制成本费用的积极性，明确经营业绩，也能够提高企业内部的资源配置效率。一方面，通过量化各责任中心的成本费用，使得各责任单位能够客观地认识自身成本费用控制的情况。同时，成本费用的确认有效量化了各责任单位的经营业绩，通过各责任单位进行横向和纵向的成本、收益比较，调动各责任单位控制成本的积极性。另一方面，以内部交易的方式实现“人尽其才、物尽其用”，将企业内部的资源从供给方向需求方转移，进而调节供求双方的利益，极大地提高了资源的配置效率，有利于实现整体目标。

（三）常见内部转移价格的类型

常见的内部转移价格一般有四种：价格型内部转移价格、成本型内部转移价格、协商型内部转移价格以及双重内部转移价格。

价格型内部转移价格以市场价格为依据，以完全竞争的市场为条件。适用于能外销和外购产品的自然利润中心以及相互之间提供产品的投资中心。

成本型内部转移价格以成本为基础，又可以进一步分为标准成本内部转移价格、标准成本加成内部转移价格、标准变动成本内部转移价格。由于企业内部数据容易获取，操作简单易行，一般适用于内部成本中心。

协商型内部转移价格以企业内部供求双方利益均衡为基础协商而来，主要适用于分权程度较高的企业。

双重内部转移价格就是接收产品（半成品）或者劳务的责任单位确认的成本与提供产品（半成品）或者劳务的责任单位确认的收入不同。适用于单一内部转移价格无法达到一致的目标，供应方生产能力不受限制，且变动成本低于市场价格的情况。

二、内部转移价格的制定原则与方法

（一）内部转移价格的制定原则

内部转移价格是各责任中心之间相互提供产品（产成品）或者劳务的依据，在内部交易结算和内部责任结转过程中，企业内部各责任中心具有充分的动机去控制自身所在部门的成本或者费用，获取较高的收益。而企业设立责任中心的目的也在于降低成本费用的同时提高利润。因此，制定内部转移价格时应该遵循整体利益原则、有效激励原则和协商自愿原则。

（1）整体利益原则

对于企业整体而言，其组建责任中心的目的就在于实现资源的高效配置，获得企业全体上下目标的一致性。作为企业整体的一部分，各责任中心之间既相互独立又相互依存，与企业“一荣俱荣，一损俱损”。因此，在确认内部转移价格时，需要妥善协调企业局部与整体之间的利益，实现企业整体利益的最大化。

（2）有效激励原则

无论是使用市场定价法、成本定价法、协商定价法还是双重定价法，制定的内部转移价格都需要能有效激励各责任中心的员工，提高他们控制成本费用的积极性和主动性。只有这样，企业全体上下的员工才能齐心协力，积极协调自身与整体利益的关系，为实现企业利益最大化而奋斗。

（3）协商自愿原则

合理的内部转移价格需要维护各责任中心的经营决策权，建立在供求双方协商自愿的基础上，制定能够为双方所接受的内部转移价格。

（二）内部转移价格的制定方法

图10-1展示了A公司各责任中心之间的相互作用关系。从图中不难看出，A公司各个责任中心之间相互影响。以二手车销售部和新车销售部为例，当顾客采用以旧换新的方式买车，使得新车销售部在销售新车的同时，获得了一辆二手车。新车销售部需要将二手车转移给二手车销售部，二手车经过维修后才能出售给市场。二手车在企业内部转移过程中，合理地制定内部转移价格对于这两个部门都至关重要。当然，新车销售部由于获得收入，希望二手车的价值越高越好；二手车销售部则希望新车销售部转移给自己的价格越低越好，以降低成本。

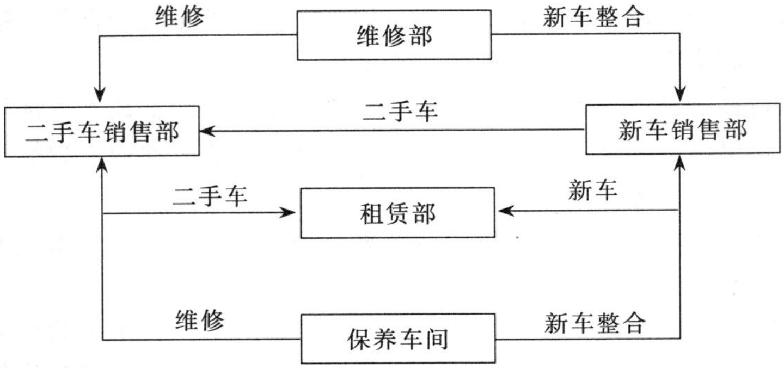

图10-1　A公司各责任中心的相互关系

由于内部转移价格分为四种类型，所以存在与之相对应的四种不同的内部转移价格制定方法，即市场定价法、成本定价法、协商定价法、双重定价法。

（1）市场定价法

市场定价法是以市场价格作为产品（半成品）或者劳务的计价基础。市场定价法的应用需要满足以下前提条件：一是产品处于完全竞争市场；二是卖方没有多余的产能；三是各责任中心相互独立，能够自主决定是否从企业外部购买产品（半成品）或者劳务。在完全竞争市场下，当内部转移价格低于市场价格时，卖方会发生亏损，亏损数额为市场价格与内部转移价格的差额。为了避免亏损，卖方的价格应不低于市场价格；而买方希望以较低的价格取得产品，其能够接受的价格不超过市场价格。因此，市场价格是最为理想的计价基准。

实践中，上述前提条件往往难以满足，因此在以市场价格作为内部转移价格时，还应该满足以下原则：各责任中心应该尽量使用内部转移的产品（半成品）或者劳务（除有确切理由说明从外部市场购入更有利的情况外），且内部转移不影响责任中心的对外销售。

市场定价法能够为各责任中心之间营造一种竞争的氛围，有利于激励责任中心积极投身企业整体目标的实现。但是在确定市场价格时，也要注意按照准确、可靠的依据制定合理的市场价格，否则不能准确把握责任中心的经营业绩。这种内部转移价格适用于能外销和外购产品的自然利润中心以及相互之间提供产品的投资中心。

（2）成本定价法

成本转移价格是最易获取的内部转移价格，可以从企业内部直接获取成本的相关核算资料，实施起来简单易行。成本转移价格可分为以下三种：

标准成本内部转移价格。以产品（半成品）或劳务的标准成本作为内部转移价格，排除了无效率的耗费，因此在产品（半成品）或劳务流转的过程中，不会将无效率的耗费强加于其他部门，造成责任中心经营业绩衡量不准确，能够促进买卖双方积极改善经营状况，有效降低成本。适用于成本中心之间转移产品的核算。

标准成本加成内部转移价格。这种计价基础在标准成本的基础上加上了一定的合理利润，对责任中心经营业绩的衡量更加真实，有利于加强成本控制。但是在确定加成利润时，要确保利润的客观、公正，进而提高员工降低成本的积极性。

标准变动成本内部转移价格。这种计价的基础是产品（半成品）或劳务的标准变动成本，突出了产品与成本性态之间的关系，但是并未考虑固定成本与产品的关系，可能虚构责任中心的经营业绩，不利于降低成本。

（3）协商定价法

根据责权利相匹配的原则，各责任中心承担一定责任的同时，也应拥有相应的权利。因此，在内部转移流程中，各责任中心承担内部转移产品所带来的经济责任的同时也具有自主定价的权利。所以，买卖双方通过协商得到的双方均愿意接受的价格即协商价格可作为内部转移价格。

合理的协商价格应该在一定的区间范围内，最高不超过市场价格，最低不低于单位变动成本。协商价格之所以不能超过市场价格这个上限，是由于产品在内部流转时省去了交易费用、广告费用、运输费用等支出，而对外交易时这些费用必不可少。协商价格的下限是单位变动成本，一般来说，内部产品的提供方大多具有过剩的生产能力，因此内部售价需要不低于单位变动成本，以使贡献边际为正。

协商价格克服了市场价格的缺点，对经营业绩的评价更加准确，有利于分权管理的实施。但是协商价格也受谈判能力、时间和精力等因素的限制和约束，可能会影响责任中心业绩的评价。

（4）双重定价法

双重价格是供需双方按照不同的口径确定内部转移价格。

双重价格的制定方法通常有两种：一种是当一种产品具有市场价格且不同时，卖方按照最高的市场价格确定收入，买方按照最低的市场价格确定支出；另一种是卖方按照市场价格或者协商价格确认收入，买方按照变动成本确定支出。这种价格具有很大的灵活性，使得各责任中心能够各取所需，选择对自己的生产经营有利的价格并予以确认，进而避免了为确定唯一价格而产生的摩擦。但是采用这种方法由于自主确定有利价格，会虚增贡献边际，有可能导致企业整体贡献边际小于各责任中心的贡献边际，掩盖责任中心真实的业绩，不利于成本控制。

【例10-5】

B公司以生产空调为主，旗下有一家空调制造厂投资中心，每年需要外购制造空调专用的送风机50万只，单价420元。最近该公司并购了一家专门生产送风机的工厂，也作为投资中心。这个送风机厂年产量150万只，生产的送风机除了可供本公司空调生产使用之外，还可以向外界销售。每只送风机的成本如下：

直接材料190元

直接人工130元

变动性制造费用50元

固定性制造费用30元

单位成本合计400元

目前该公司正在研究制定送风机厂和空调制造厂这两个投资中心之间的内部转移价格，并提出了5个价格：450元，420元，410元，400元，370元。

要求：根据所学习的内部转移价格制定方法，逐一分析上述价格的可行性与合理性。

解：

（1）450元高于市场价格，显然是不可取的，空调制造厂可以从外部以低于450元的价格购入送风机，因此不会接受这个价格。

（2）420元与市场价格一致，可以作为内部转移价格。以市场价格作为定价，对于卖方送风机厂来说，意味着其并未因内部销售而失去部分应得的收入；对于买方空调制造厂而言，意味着并未因内部采购而增加部分不应支付的成本。因此，以420元作为定价，对买方双方均无偏袒，能够有效调动各责任中心的积极性与主动性。

（3）410元与卖方单位成本相比，高出10元，但低于市场价格。此时，卖方因为“内销”而少获取了50%的收益，这个内部转移价格不利于调动卖方的积极性。

（4）400元与卖方单位成本一致，“内销”丝毫不给卖方赚取收益的机会，因此卖方不会接受这个转移价格。

（5）370元等于卖方单位变动成本，意味着“内销”时卖方将获得的贡献边际为0，固定成本根本无法收回，卖方不会接受这个价格。如果内部转移价格使用双重定价法确定，卖方可以按照市场价格420元确定内部转移价格，买方可以按照卖方的单位变动成本370元确定内部转移价格，买卖双方提高利润的目标都得到了实现，有利于调动买卖双方的主动性和积极性。

【拓展知识】《管理会计应用指引第405号——内部转移定价》

自测题10-3

第四节 企业业绩评价

从整体上了解和衡量企业绩效的高低，需要采用一定的方法对企业在一段时期内的经营状况与绩效进行评价，并在此基础上加强绩效管理，提升管理水平和经济效益。实践中，可用的企业业绩评价方法有很多，如杜邦分析法等。本节将结合财政部发布的《管理会计应用指引第600号——绩效管理》等，对常用的企业业绩评价方法，如关键绩效指标法、经济增加值法、平衡计分卡、绩效棱柱模型等进行讲解。

【学思践悟】财政部发布《管理会计应用指引第600号——绩效管理》

2017年9月，为促进企业加强管理会计工作，提升内部管理水平，促进经济转型升级，财政部根据《管理会计基本指引》首批制定了并发布了22项管理会计应用指引。《管理会计应用指引第600号——绩效管理》就是其中之一。

该指引首先介绍了绩效管理的含义、遵循的原则以及常用的管理会计工具方法，包括关键绩效指标法、经济增加值法、平衡计分卡、股权激励。然后，阐述了绩效管理应具备的应用环境；最后，详细描述了如何制定、执行、实施和报告绩效计划与激励计划。

【拓展知识】《管理会计应用指引第600号——绩效管理》

此指引与后续的《管理会计应用指引第601号——关键绩效指标法》《管理会计应用指引第602号——经济增加值法》《管理会计应用指引第603号——平衡计分卡》《管理会计应用指引第604号——绩效棱柱》，共同构成绩效管理的有机系统，为推动我国企事业单位设计并实施具有中国特色的绩效管理、提升绩效管理的效率、加快实现高质量发展提供了重要参考。

一、关键绩效指标法

（一）关键绩效指标的含义

关键绩效指标（key performance indicator，KPI）是对相关部门或者活动影响较大、较为关键的绩效指标。该方法以企业战略目标为导向，连接总体战略、业务单位战略和职能战略，将企业战略目标层层落实到可操作的部门或者个人身上，抽取和提炼驱动企业创造价值的具有关键影响力的指标，并建立完善的绩效指标评价体系，实现达到企业战略目标的同时为企业创造价值，实现价值创造和业绩评价的双向促进。

不同的企业可以使用不同的绩效考核指标，只要能恰当衡量企业的业绩就是合适的指标。因而关键绩效指标的选取具有较强的灵活性。同时，关键绩效既然能成为衡量企业业绩的指标，必然是“万里挑一”的具有代表性和综合性的指标，通过这些指标便能观察到企业的方方面面。

具体来说，关键绩效指标评价方法既可以单独使用，也可以与平衡计分卡、绩效棱柱模型结合使用；既可以为企业整体所使用，也可以用来评价业务单位、部门甚至员工的绩效，因而关键绩效指标具有较高的灵活性。企业构建关键绩效指标体系时，首先以战略目标为导向，不仅考虑了企业外部的宏观经济政策、所处的市场环境、行业特征，也考虑了企业的内部生产经营需要等因素，并在具体实施中结合了价值创造路径，因而设计的绩效评价指标体系具有较强的综合性。且在选择关键绩效指标时，遵循代表性原则，选择对相关业务单位或部门具有较大影响力的、代表性较高的指标，降低信息冗余度，以免耗费管理层较多的时间和精力。

（二）关键绩效指标体系的设计

关键绩效指标的制定关乎企业的整体绩效，一个完善的关键绩效指标体系的设计过程有利于规范关键绩效指标的合理性。一般来说，关键绩效指标体系的设计包括确定企业级关键绩效指标、确定部门级关键绩效指标、确定员工级关键绩效指标等三个环节。

1.确定企业级关键绩效指标

企业应根据战略目标，结合价值创造模式，综合考虑内外部环境等因素，设定企业级关键绩效指标。关键绩效指标可以通过关键成果领域分析法、组织功能分解法确定，也可以通过工作流程分解法确定。以关键成果领域分析法为例，其确定过程如下：按照鱼骨图等方法依次确认关键成功领域、关键成功因素，按照从面到点的过程，逐步追踪到关键绩效指标。在确定关键成功领域时需要企业立足于过去、现在和未来，分析总结企业过去的经验，获得企业的关键成功因素；进一步分析阻碍企业前进的因素和促进企业可持续发展的因素；以及企业未来成功所依靠的因素。通过对于企业过去、现在、未来的成功领域分析，进一步考虑战略目标的适当性和企业的竞争优势落脚点。根据确定的关键成功领域进一步细化至关键成功因素，即确定关键成功领域的内容、标准以及成功方法。如此层层剥离，再对关键成功因素进一步细化至业绩评价指标，并同时保证指标的有效性、重要性和可操作性。

2.确定部门级关键绩效指标

对于企业整体目标的实现，落实到相关部门是较为关键的一步，因此，制定部门级关键绩效指标更加重要。部门级关键绩效指标，一部分来自企业关键绩效指标，一部分来自组织部门自身，部门对于承接来自企业的关键绩效指标需要根据承接指标的特质做出进一步处理。若承接的关键绩效指标部门可直接使用，则无须处理即可确定为部门的关键绩效指标；若承接的关键绩效指标较为抽象或综合，部门需要进一步分解和细化相关的关键绩效指标。通常部门可以按照企业的组织结构、业务流程等细化关键绩效指标。

3.确定员工级关键绩效指标

员工作为工作的执行者，是业绩评价的对象，那么员工级关键绩效指标的确定最为重要。与部门级关键绩效指标一样，员工级关键绩效指标的来源也有两个，一个是部门级关键绩效指标，另一个是员工承担的岗位职责，需要结合员工工作岗位的难易程度和重要程度确定评价个人绩效的关键指标。一般来说，指标数量不宜过多，5~10个为最佳，具体视情况而定。

【例10-6】

A市一汽大众4S店位于市中心国际车城内，是一家集一汽大众品牌汽车销售、售后服务和衍生服务于一体的汽车4S店。企业战略目标是以发展一汽大众汽车服务品牌为龙头，逐年提高市场占有率，实现汽车销售服务市场最大化，实现股东、经营团队、客户、员工等相关利益者多赢的局面，为社会创造更多的价值，并努力成为一汽大众汽车销量、大众品牌服务最佳的经销商。

要求：为A市一汽大众4S店设计关键绩效指标评价体系。

解：根据A市一汽大众4S店的经营范围、战略目标等特点，设计表10-5中的关键绩效指标体系。

表 10-5 A市一汽大众4S店关键绩效指标体系

关键成功领域	关键成功因素	关键绩效指标
市场领先	销售量领先、市场份额领先、打造品牌形象	销售利润率、销售计划完成率、市场占有率、品牌知名度
利润与成长	增加主营业务收入、减少运营成本、提高销售利润率	销售收入增长率、销售成本减少率、销售利润率
客户关系维护	规范的销售流程和售后服务流程、客户保有量、提高客户满意度	留档率、留档成交率、客户满意度
内部管理提升	新产品开发、交货管理、生产周期	新产品开发周期、废品率、生产周期、交货时间
员工发展	销售顾问、服务顾问认证和员工培训	销售人员当期培训总时间、销售人员培训合格率、销售顾问认证通过率

按照关键绩效指标法，根据公司战略目标分解企业关键成功因素。利用鱼骨图分析法，将企业战略分为以下几个关键成功领域：市场领先、利润与成长、客户关系维护、内部管理提升、员工发展。接下来分解关键成功领域为关键成功因素，将市场领先分解为销售量领先、市场份额领先、打造品牌形象；将利润与成长分解为增加主营业务收入、减少运营成本、提高销售利润率；将客户关系维护分解为规范的销售流程和售后服务流程、客户保有量、提高客户满意度；将内部管理提升分解为新产品开发、交货管理、生产周期；将员工发展分解为销售顾问、服务顾问认证和员工培训。

根据企业关键业务流程和销售部门的部门职责，提取、分解企业层面关键成功因素为部门层面关键成功因素，运用相应的模型设计关键绩效指标，明确指标间的相互驱动关系。最终员工将部门的关键绩效指标落实到自身，设计符合自身特点的关键绩效评价指标。

（三）关键绩效指标法的评价

关键绩效指标既有利于明确职责，也有利于统一企业上下目标，实现企业整体利益与个人利益的统一。由于关键绩效指标确定了企业、部门和人员三个层面的关键业绩指标，使得各部门和人员的职责更加明晰，一旦紧急情况发生，能够较快落实到相关部门或者人员。关键绩效指标业绩评价和战略目标相结合，根据企业的总体战略目标，通过关键绩效指标的控制和整合，明确了基于企业、部门和个人三个层面的关键绩效指标体系，使得员工的工作绩效和企业目标要求相吻合。关键绩效指标通过将企业的战略目标转化成部门或者个人的绩效目标，使得个人在实现自身利益的同时实现企业战略目标，保持个人利益和企业整体利益的一致趋同，促进企业与个人互利共赢。

【拓展知识】《管理会计应用指引第601号——关键绩效指标法》

需要强调的是，虽然关键绩效指标具有很多优点，但是关键绩效指标的选取较为困难，企业在具体实践过程中，需要制定客观、公正的指标。选择关键绩效指标需要透彻了解企业的战略目标和价值创造模式，有效识别驱动企业发展核心业务和实现关键价值的因素，指标体系的不当设计将会导致管理失误，甚至给企业带来难以挽回的损失。因此，在选择关键绩效指标时应该审时度势，因地制宜。

二、经济增加值法

（一）经济增加值的含义

考虑到传统的会计利润指标评价企业的经营状况因未考虑债权人和股东投入资本的机会成本而缺乏合理性，可能掩盖企业真实的财务状况。美国的思腾思特咨询公司在20世纪末提出经济增加值这一衡量企业绩效的指标。经济增加值是指企业税后净营业利润扣除其用来赚取利润而使用的全部资本后的差额，体现了股东价值最大化的基本思想，代表企业为利益相关者创造的经济价值。经济增加值越高，表示企业的经营状况越好。使用经济增加值衡量业绩的公司不在少数，可口可乐公司、西门子公司、高盛银行、瑞士信贷等企业都较早地使用了经济增加值评价企业业绩，并且取得了一系列成果，比如可口可乐公司在使用经济增加值这一指标之后，股价在15年之内提升了20倍。

经济增加值的基本思想是，只有企业的经营利润超过了全部资本成本，企业才能创造财富，为投资者带来价值。而传统的财务业绩衡量体系下，由于企业无须偿还权益资本，对股利支付具有较大的主动性，使得权益资本的机会成本受到忽视，从而低估了资本成本。而经济增加值这一指标考虑了全部的资本成本，将企业决策与股东财富紧密联系在一起，使得企业在提升业绩的同时为股东创造更多的财富。因此，经济增加值客观地反映了企业的经营状况，为股东、债权人、监管部门等利益相关者提供决策参考。

（二）经济增加值的计算

经济增加值的计算公式如下：

经济增加值=税后净营业利润-资本成本率×平均资本占用　　（10.4.1式）

其中，税后净营业利润来源于会计上的税后净利润，但是为了消除财务报表中不能准确反映企业价值创造的部分，应该对会计上的税后净利润进行一定程度的调整。在项目调整的过程中，应该遵循价值导向性、重要性、可控性、可操作性和行业可比性等，根据企业的实际情况进行调整。需要调整的项目通常包括：加上利息支出、坏账准备和资产减值准备的本期增加值、当期研发费用、当期广告营销支出摊销额、当期员工培训费用摊销额的税后值，扣减公允价值变动损益和营业外损益的税后值。因此，调整后的税后净营业利润如下公式所示，其中其他调整事项应属于重大政策变化、严重自然灾害等不可抗力因素，企业重组、上市及会计准则调整等不可预期因素，国资委认可的企业结构调整等其他事项四种情况之一（下同）。

$$\text{调整后的税后净营业利润}=\text{会计净利润}+[(\text{利息支出}+\text{当期研发费用摊销额}+\text{当期广告营销支出摊销额}+\text{当期员工培训费用摊销额}+\text{坏账准备和资产减值准备的本期增加额})-(\text{公允价值变动收益}+\text{营业外收入}-\text{营业外支出}\pm\text{其他调整事项})]\times(1-\text{所得税税率})\quad(10.4.2\text{式})$$

平均资本占用是投资者投入的为维持企业生产经营的全部资本（包括债务资本和股权资本），强调投资者为获取投资回报而投入的实际资本。债务资本包括融资活动产生的各类有息负债，一般是指企业的长期贷款和短期贷款，而应付账款、应付票据等商业信用负债是由企业生产经营活动产生的，且为无息负债，因此不包含在内。股权资本不仅包括大股东的资本，还应包括少数股东权益。为了使得平均资本占用的衡量更加贴合实际，还应该根据经济业务的实质相应调整资产减值损失、研发支出、在建工程等项目。调整后的平均资本占用的公式如下：

$$\text{调整后的平均资本占用}=\text{资产负债表期初与期末平均总资产}+\text{资本化研发费用}+\text{资本化广告费用}+\text{各种减值准备余额}-\text{累计税后营业外净收益}-\text{平均在建工程}-\text{平均无息流动负债}\pm\text{其他调整事项}$$

（10.4.3式）

资本成本率，即企业的加权平均资本成本，等于债务资本成本和股权资本成本的加权平均。债务资本成本是向债权人实际支付的税前成本率，一般可以参照银行同期贷款利率。如果企业存在多种利率不同的债务，计算债务资本成本时应该使用加权平均法。股权资本成本是在不同风险下企业要求的最低回报率，通常由资本资产定价模型计算得来。资本成本率的公式如下：

资本成本率=债务资本成本×债务资本比重+股权资本成本×股权资本比重（10.4.4式）

计算资本成本率时，也可以参照行业基准。通常情况下，央企的资本成本率为5.5%，军工等通用性较差的企业资本成本率为4.1%，资产负债率在75%以上的工业企业和资产负债率在80%以上的非工业企业，资本成本率上浮0.5个百分点。

由以上公式可知，经济增加值取决于税后净营业利润、资本成本率和平均资本占用这三个变量。税后净营业利润衡量企业的盈利状况，资本成本率反映企业各种资本的平均成本率，平均资本占用表示企业持续投入的各种债务和股权资本。当经济增加值为负时，表明企业的经营业绩低于资本成本，企业处于亏损的状态。投资者的投入资本非但没有得到保值，反而蒙受了损失，表明企业的经营状况较差；当经济增加值为零时，表明企业经营赚取的收益刚好实现投资者的资本保值，经营业绩仍有待提高；当经济增加值为正时，表明投资者投入的资本实现了增值，企业的经营业绩较好。

【例10-7】

甲公司是一家上市公司，采用经济增加值作为业绩评价指标。目前，控股股东正对甲公司20×2年的经营业绩进行评价，相关资料见表10-6。

表10-6　**经济增加值相关指标**

调整后税后净营业利润（万元）	1 300
调整后平均资本占用（万元）	8 500
资本成本率（%）	12

要求：计算甲公司20×2年的经济增加值。

解：甲公司的经济增加值=1 300−8 500×12%=280（万元）

（三）经济增加值的评价

经济增加值排除了会计失真的影响因素，能够真实地反映经营业绩，有利于企业的可持续发展。具体来说，传统的会计评价体系下，尤其是一些非经常性损益，计算时依据公认的会计准则，因此不排除打“擦边球”的行为，使得信息存在一定程度上的失真。而经济增加值在计算时，对税后净营业利润、平均资本占用、资本成本率都进行了相应的调整，有效降低了会计失真带来的不良影响，从而使得业绩评价更加真实、准确。同时，传统会计利润指标度量企业绩效较为单一，且考虑不全面，容易造成业绩评价不准确。而经济增加值降低了传统会计指标对企业经营业绩的扭曲程度，这一指标为正数表明企业为自身创造价值的同时为投资者创造了更多的财富，更加真实、准确地反映了企业的财务状况和经营成果，实现了资产管理与业绩管理并重、股东决策与企业价值并重的高效管理模式。

【拓展知识】《管理会计应用指引第602号——经济增加值法》

此外，传统的会计评价指标因会计方法的可选择性和可操作性而使得单纯的利润指标易受到人为的操控。为了获得短期经营业绩的提升，管理者过于关注利润指标而不惜一切手段进行盈余管理，从而导致管理者的短期行为，不利于企业的长期发展。经济增加值作为衡量业绩的指标避免了管理者的短期行为，更加重视管理者为企业创造的价值和为股东带来的财富，有利于企业的可持续发展。

但是，由于经济增加值是一个绝对指标，容易受规模基数的影响，不易在不同部门之间进行比较。此外，经济增加值仅仅从财务角度出发，而未将顾客、内部业务流程、学习与成长等非财务维度考虑在内，更无法提供相关方面的信息，无法揭示企业经营业绩与公司的内部运营、战略等层面的关系。

三、平衡计分卡

（一）平衡计分卡概述

1992年，卡普兰和诺顿在《哈佛商业评论》的第一篇关于平衡计分卡的文章中首次提出平衡计分卡（Balanced ScoreCard，BSC）。平衡计分卡法是一种从四个方面对企业的战略管理绩效进行财务和非财务绩效评价的方法。该方法从财务、顾客、员工、内部流程入手，综合评价企业的经营效益。平衡计分卡为企业的发展提供了综合、全面的评价体系，其核心思想是通过财务维度、顾客维度、内部业务流程维度、学习与成长维度四个层面的相互驱动实现对企业绩效的全方位考核，进而促进企业战略的实现。

与传统业绩评价方法相比，平衡计分卡是一种实现了财务与非财务、短期与长期、领先与滞后、内部与外部平衡的综合业绩评价方法。首先，传统的业绩评价指标大多是财务指标，而未考虑人力资本、技术资本等非财务指标，造成对企业业绩的评价不完整、不全面。而平衡计分卡引入了员工、顾客、业务流程等非财务指标衡量企业绩效，实现了财务与非财务的平衡。其次，企业的目标是利润最大化，通过持续获得收入实现企业的可持续发展，平衡计分卡正是从企业战略角度出发，立足于长远发展，通过对企业长期和短期行为的合理调整，使得企业基业长青。因此，平衡计分卡实现了企业长期目标与短期目标的平衡。再次，平衡计分卡克服了传统业绩评价模式的缺陷，引入滞后指标的同时还使用动因指标评价企业经营业绩。财务指标是滞后指标，衡量过去发生的事情；其他非财务指标如员工、顾客、业务流程的结果均通过财务指标呈现出来，并且能够帮助企业管理层预判前瞻性投资，是领先指标。因此，平衡计分卡实现了领先与滞后的平衡。最后，对于企业来说，外部利益相关者中股东和顾客最为重要，股东为企业的正常生产经营提供充足的资金，顾客为企业带来现金收入，代表着企业的输血和造血能力。内部利益相关者中，员工作为数量最多的群体，应该确保员工的权益，企业才能得以稳定发展，此外，内部业务流程的改造和革新也是依靠员工推动的。因此，平衡计分卡立足于企业内外部利益相关者，实现了内部与外部的平衡。

（二）平衡计分卡的构成

平衡计分卡主要包括财务、顾客、内部业务流程、学习与成长等四个维度，四个维度的关系如图10-2所示。

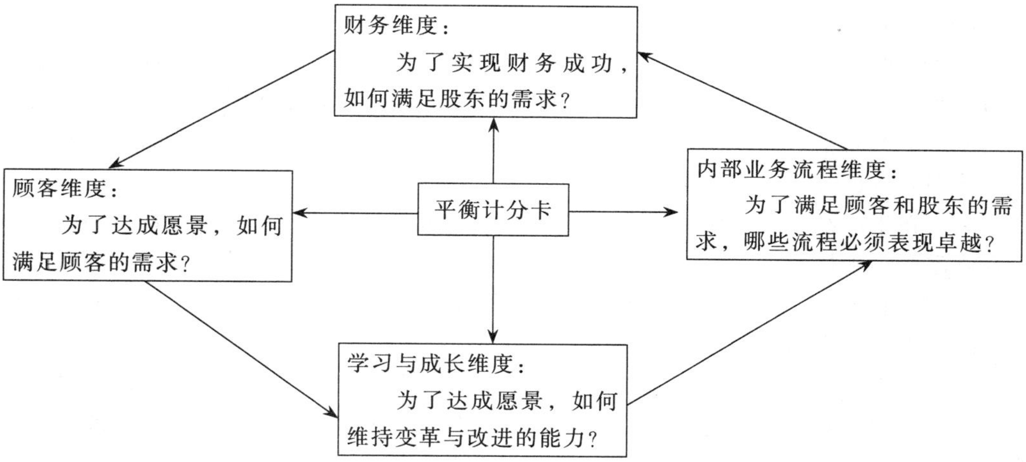

图10-2　BSC的构成

1.财务维度

财务维度立足于投资人角度，回答了如何满足投资人需求的问题。企业为了获取资本投入，生产经营业绩必须达到一定的水平，企业各项经营管理水平正是通过财务度量指标体现出来的。如果改善产品质量、提高生产率、提高顾客满意度并不能为企业创收、降本、增效，经营风险就会显著提高，企业也不能稳定发展。因此，财务维度既指导着其他三个维度的改善和提升，又呈现了其他三个维度的财务成果。因此，财务维度的业绩评价主要围绕成本、收入、收益，从而保障投资人的可观回报，主要涵盖收入增长率、成本减少率、生产率、资产利用率、总资产报酬率、净资产收益率和经济增加值等指标。当然，也可以根据企业所处的生命周期和发展阶段，选择不同的财务绩效指标。

2.顾客维度

顾客维度立足于顾客至上的角度，回答了为了实现企业战略，应该如何满足顾客需求的问题。企业发展至今，顾客对企业的重要性是显而易见的。只有为顾客提供满意的产品和服务，才能在市场上获得一席之地。企业的市场占有率和品牌名誉这些影响经营绩效的指标均来自顾客对产品或服务的认可程度，因此企业的生产经营需要从顾客价值和顾客满意度出发，向顾客提供备受其青睐的产品或服务。与顾客价值和顾客满意度相对应的，顾客维度的指标也分为两类，一类是顾客价值指标，另一类是核心结果指标。前者代表产品或服务为顾客带来的价值，正是顾客价值指标驱动着核心结果的实现。后者是企业通过为顾客提供产品或服务而获得的顾客、市场等方面的表现，主要指标有市场份额、顾客保持率、顾客获得率、顾客满意度、顾客利润率。这五个指标存在一定程度上的因果关系。正是顾客对产品或服务的满意程度影响着顾客保持率、顾客增加率，进而影响市场份额，前四个指标共同作用，最终决定顾客利润率。

3.内部业务流程维度

内部业务流程维度回答了为了满足投资人和顾客的需求，如何改善企业的内部业务流程的问题。内部业务流程角度归根结底在于提高企业的核心竞争力，需要进行高效的内部管理促进企业产品的研发、经营和创新，提高顾客利润率，从而获取较高的经营业绩满足投资者需求。因此，内部业务流程维度要解决的核心问题便在于生产什么产品、如何生产经营和售后服务三个方面。

首先，生产什么产品可以在产品的研究开发阶段实现。通过前期的调查准备，定位目标市场，研究顾客特征和偏好，设计满足顾客需求的产品或服务。因此，可以使用新产品开发周期、新产品销售额占比、投产前新产品的修改次数、率先推出新产品的比例、研发费与营业利润占比等此类指标衡量企业的创新能力。

其次，在生产经营过程中，降本增效是核心问题，尤其是在目前竞争日益加剧的市场上，企业需要不断探索如何以最低的成本向顾客提供质量最高的产品或最优质的服务，统筹时间、质量和成本。因此，在此阶段可以使用生产周期、投产准备时间、废品率、产品或服务的成本等此类指标衡量企业的运营能力。

最后，在售后服务过程中，要以顾客价值和顾客满意度为导向，针对产品维修、产品体验满意度等角度对顾客进行多方位的服务和追踪。不仅有利于企业自身产品或服务质量的改善，也有利于提高企业的知名度。在如今的新经济时代，依靠严格的内部管理和体贴入微的服务完全可以成为行业龙头，海底捞便是一个经典的例子。因此，产品的售后服务也应该引起足够的重视。通常来说，衡量产品售后过程业绩的指标有消费者调查反应、每次服务成本、交货时间、产品保修期限、产品维修天数等。

4.学习与成长维度

学习与成长维度回答了员工需要提高哪些关键能力企业才能达到可持续发展目标的问题。如今的市场环境变幻莫测，一方面企业之间的竞争日益加剧，另一方面顾客的需求也易受影响，全国各地网红店的流行极大地印证了顾客的易受影响性。因此，面对变化多端的市场，企业需要不断加强员工学习，改进现有产品或服务，甚至提供个性化、定制化的服务。因此，学习与成长维度体现着企业的发展能力，驱动平衡计分卡中的其他三个维度实现目标。衡量学习与成长维度的指标有员工流失率、员工保持率、员工满意度、员工工作效率、员工培训次数、员工知识水平、员工所提建议数量、所采纳建议的数量、部门之间的协作程度、信息覆盖率、信息系统所反映的时间等。

平衡计分卡的四个维度虽然在考评企业业绩的角度和所用评价指标上有所不同，但各维度之间存在紧密的联系，见表10-7。其中，财务维度是根本，是其他三个维度的出发点与落脚点，且这四个维度的评价指标之间也存在着一定的因果联系。

表10-7 平衡计分卡业绩评价体系

评价维度	战略目标	评价指标
财务维度	财务成功	收入增长率、成本减少率、资产利用率、总资产报酬率、净资产收益率、经济增加值
顾客维度	满足顾客需求	市场份额、顾客保持率、顾客增加率、顾客满意度、顾客利润率
内部业务流程维度	提高核心竞争力	新产品开发周期、新产品销售额占比、投产准备时间、废品率、生产周期、交货时间
学习与成长维度	可持续发展	员工满意度、员工保持率、员工工作效率、员工培训次数、员工所提建议数量、部门之间的协作程度、信息系统所反映的时间

（三）平衡计分卡的应用程序

1.制定企业的发展战略与愿景目标

平衡计分卡的最终目标是实现公司战略目标。因此，企业应该在保证企业战略目标实现的情况下，着眼于企业内部的优势与弱点、所处环境的机会与威胁，切实分析企业所处的行业及市场环境，合理调配企业的全部资源，确保企业资源的最优化配置，使得企业获得长期的竞争优势，进而确定企业长期的发展方向和战略目标。企业的发展战略和愿景目标应该简单明了，各部门能够清楚明确地理解其意义，同时具有相应的指标量化目标。同时，在企业内部还需要成立平衡计分卡委员会，该委员会负责平衡计分卡具体的设计、实施、应用，推动企业内部战略达成共识。在战略目标一致的前提下，建立财务维度、顾客维度、内部业务流程维度、学习与成长维度四个层面的具体目标。

2.设立并确定绩效评价体系

平衡计分卡通过设立衡量指标体系将企业战略目标与实施战略紧密联系起来，缩小了二者之间的差距，使得企业上下对于战略的态度不仅仅停留在战略目标的制定上，同时注重战略目标的执行与反馈。因此，为了战略目标的有效实施，需要根据企业的总体目标和四个维度的具体目标，提取对财务维度、顾客维度、内部业务流程维度、学习与成长维度等影响重大的关键成功因素，匹配关键绩效的最佳衡量指标，采用专家打分等方法确定指标权重，进而确定完善的绩效评价体系。

3.加强企业内部沟通与传递

一个明晰的战略目标需要经过层层分解、层层传递，最终才能落实到相关业务单位和部门，并且在信息传递的过程中不排除选择性信息处理的可能性。因此，在使用平衡计分卡评价企业绩效时，应该加强企业内部的沟通交流，提高沟通效率，让全体员工明白公司的战略目标，齐心协力为企业的战略目标而努力，获得员工们的认可，提高他们认真工作的积极性和主动性。

4.确定目标值或标准评价值

根据企业内部的经营预算、资本预算、财务预算等指标，结合企业的经营侧重点，参考同行业或企业过去年度实现的业绩范围，确定月度、季度、年度的绩效评价所要达到的标准，即目标值。

5.反馈与修正

平衡计分卡并不是一个一劳永逸的业绩评价方法。在衡量指标的确定和业绩评价体系设立的过程中，需要通过与上下级部门或员工之间的沟通，考量指标确立的公平性、合理性和代表性，修正模型的初始评价指标体系。结合企业的实际运行情况，应不断完善企业的绩效评价指标，进而保证业绩评价的可靠性和准确性。

（四）平衡计分卡的评价

在进行业绩评价时，平衡计分卡的评价指标实现了全面化和长期化，将定量与定性分析相结合，立足于战略目标的同时，突破了财务指标的单一业绩评价模式。

指标的全面化体现在引入了非财务指标，克服了传统财务业绩指标评价业绩的缺陷，综合考虑了财务与非财务、短期与长期、领先与滞后、内部与外部之间的平衡，使得业绩衡量更加综合、全面。正是由于考虑指标的全面化，管理层着眼于长远目标，更加关注企业的长期发展能力，对于企业发展过程中所表现出的动力不足、变革受阻等问题，积极采取措施予以解决，进而推进企业长期健康发展。

平衡计分卡中定性与定量指标的结合使得业绩评价更为客观、公正。定量的业绩评价用数据说话，具有较强的客观性、公正性，资料也较易获得。但是定量衡量所依靠的数据是历史数据，对未来环境的适应性具有不确定性。因此，基于过去数据的预测可能是不尽完美的。而定性指标虽然具有一定的主观性，但是一般由经验丰富、专业性强的管理层所确定，也具有较强的可靠性和相关性。因此，平衡计分卡引入定性指标弥补了定量指标的缺陷，使得业绩评价更加准确、可靠。

【拓展知识】《管理会计应用指引第603号——平衡计分卡》

平衡计分卡评价企业绩效时，以企业整体战略为导向，一方面将总体战略层层分解制定出绩效指标，落实到相关业务单位或部门，另一方面又根据这些指标的反馈落实企业的战略执行情况。因此，平衡计分卡将企业战略置于核心位置，有利于全体上下明确企业战略，为实现企业总体战略目标而齐心协力，统筹并高效配置企业内部资源，从而有利于企业的长期健康发展。

由于平衡计分卡涵盖了财务维度、顾客维度、内部业务流程维度和学习与成长维度四个维度，突破了财务指标的单一业绩评价模式，使得业绩评价的结果更全面、更可靠，但也正是由于衡量的角度较为全面，在设计评价指标体系、进行业绩评价时，需要耗费较多的人财物资源，且过多的指标会导致高质量的指标被埋没，指标间的因果关系也不易明晰。进一步地，如何确定和量化科学合理的非财务指标，更需要长期的探索和实践。

四、绩效棱柱模型

（一）绩效棱柱的含义

光经过棱柱的折射能够发生色散。借助这种现象，英国克兰菲尔德学院教授安迪·尼利和安德森咨询公司于2000年联合开发了绩效棱柱模型（performance prism），认为企业的生产经营通过绩效棱柱的折射，能够充分反映企业利益相关者的参与程度，进而从利益相关者的视角管理和评价企业业绩。

绩效棱柱模型包括利益相关者的贡献、组织战略、业务流程、组织能力和利益相关者的满意五个维度，五个维度之间相互联系又相互作用，形成一个三维立体模型。其中，利益相关者的贡献和利益相关者的满意两个维度构成了绩效棱柱模型的两个底面，组织战略、业务流程和组织能力构成了三个侧面。这五个维度看似纷乱复杂，实则环环相扣，存在着密切的因果联系。其因果联系是：以满足利益相关者的需求为出发点，分析为了使得利益相关者对企业的经营业绩满意，需要为企业制定怎样的战略目标；为了实现这些战略目标，企业需要怎样的业务流程或者需要改进哪些业务流程；为了顺利开展这些业务，企业需要具备哪些能力；为了培养企业的这些能力，需要利益相关者为企业作的贡献有哪些。绩效棱柱模型很好地诠释了利益相关者的基础理论，将企业内部的生产经营描述为始于利益相关者，为了利益相关者。

绩效棱柱模型的总体思路是：企业要想取得长远的发展，必须明确谁是企业的主要利益相关者以及他们的需求是什么。为满足这些需求，企业需要从利益相关者那里得到一些资源，如来自投资者的资金、来自顾客的忠诚、来自员工的技术以及来自供应商的原料和服务等。企业还需要分析满足这些需求的最佳战略，并通过不断改进和优化业务流程、拥有必要的组织能力来让利益相关者满意。因此，企业就是在与利益相关者中的双向促进中不断发展壮大的。绩效棱柱模型如图 10-3 所示。

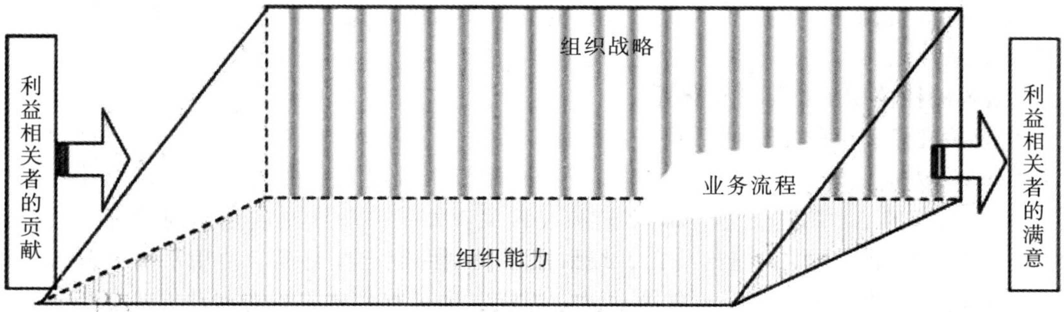

图 10-3 绩效棱柱模型图

（二）绩效棱柱的应用程序

采用绩效棱柱模型进行业绩评价时，需要实施以下几个步骤：

1.明确主要利益相关者

传统的企业秉承股东至上的原则而忽视了其他利益相关者的要求，但对企业来说，其他利益相关者同样重要。企业应该综合考虑各个利益相关者的需求，而不是仅仅关注股东财富的积累。因此，在确定主要利益相关者时，企业应该了解并尊重与组织行为和结果密切相关的个体，结合所处的市场环境、行业特征、生命周期、商业模式特征、业务特点等内外部条件，划分利益相关者的范围，使用态势分析、头脑风暴等方法进一步界定企业的主要利益相关者。

2.绘制利益相关者地图

根据确定的主要利益相关者，按照绩效棱柱模型的五个维度：利益相关者的满意、组织战略、业务流程、组织能力、利益相关者的贡献，绘制基于绩效棱柱模型的利益相关者地图。利益相关者地图也是绩效棱柱模型的平面展开图，可以较为直观、清晰、明朗地呈现出企业的绩效棱柱模型。其主要思路是：根据主要利益相关者的要求，如顾客的需求是购买满意的产品或服务、股东的需求是获得可观的回报、债权人的需求是按时取得回款和利息。根据他们的需求规划相应的组织战略、设计高效的业务流程以提升他们的能力。最终获得利益相关者对企业的贡献，如顾客为企业增加了资金流入、债权人和股东为企业增加了资本投入，使得企业具有充裕的资金取得长足发展。以主要利益相关者的主要需求为出发点，按照企业战略的规划、业务流程的顺利开展、组织能力的提高，以此获得利益相关者对企业的贡献度。

3.优化战略和业务流程以提升能力

绘制完利益相关者地图之后，由于对企业内部的组织战略、业务流程和组织能力有了进一步的认识，了解到企业依靠现有组织战略、业务流程和组织能力满足利益相关者的要求存在的差距、不足和仍需改进的方向。相应地，在企业内部匹配对应的战略、业务流程和组织能力，并制订切实可行的方案，以此达到利益相关者的要求。

4.制订以绩效棱柱模型为核心的绩效计划

企业应以绩效棱柱模型为基础编制绩效计划。绩效计划就是有关工作目标和标准的行动方案，也是上下级沟通的桥梁。在绩效计划中需要明确以下几个方面：关键业绩指标体系的构建、关键业绩指标的权重、工作结果的预期目标、工作结果的测量方法、签订绩效责任书、在达成目标的过程中可能遇到的困难和障碍、各岗位在完成工作的时候拥有的权力和可调配的资源、组织能够为员工提供的支持和帮助以及沟通方式等一系列管理活动，包括企业从计划实施到业绩考核的整个过程。

（三）绩效棱柱模型的指标评价体系

绩效棱柱模型下的指标体系具有系统性、相关性、可操作性、成本效益等特性，各指标应该简单易懂、易于使用。依据绩效棱柱模型五个维度之间的因果联系，设计针对股东、债权人、员工、政府、顾客等不同利益相关者即不同业绩测度主体的关键绩效指标(KPI)。与平衡计分卡中的指标相比，绩效棱柱模型的综合性更强。使用平衡计分卡进行业绩评价时，考虑的利益相关者较为片面，不能实现所有利益相关者利益的最大化，而绩效棱柱模型的绩效评价体系更加完整、全面，不仅仅考虑了企业内部利益相关者，也考虑了企业外部利益相关者；不仅包括净资产收益率、资产负债率等财务指标，也包括社会贡献率、顾客投诉率等一系列非财务指标；既涵盖了历史性指标，也涵盖了前瞻性指标；既包含定性等描述性指标，也包含定量指标。这些指标看似毫无关联、纷乱复杂，实则因果关系极强，置身于绩效棱柱模型中颇有牵一发而动全身的效果。因此，基于绩效棱柱模型的绩效指标评价体系见表10-8。

表10-8　**绩效棱柱模型绩效指标评价表**

利益相关者	股东	债权人	员工	政府	顾客
利益相关者的满意	总资产收益率、净资产收益率、经济增加值	资产负债率、流动比率	员工满意度、员工工资福利增长率	社会贡献率、就业安置率	顾客满意度、顾客投诉率

续表

利益相关者	股东	债权人	员工	政府	顾客
组织战略	市场占有率增长、研发费用率、产品价值链效率	债权人参与度、项目利润率	员工在权力机构中的人数占比、员工离职率	环保投资比重、公益捐助比重、企业形象系数	市场占有率、新客户获得率、客户保持率
业务流程	主要流程改进方案的成本收益比、标准化流程比率	财务相机治理优化度、还贷及时性	员工违规比率、生产循环效率、产品交易时间占比	独立董事授权率、会计责任履行率	产品交货及时率、产品合格率、售后服务率
组织能力	核心业务投资比、战略事业单位产品收益率、总资产周转率	利息保障倍数、债务契约履约率、对外担保比重	知识产品贡献率、员工生产率、员工社会保险计提率	环保支出率、信息披露延误率、罚项支出率	需求与能力对比水平、顾客交易契约履约率
利益相关者的贡献	股东权益比率、资本保值增值率	产权比率、长期债务比率	员工建议采纳率、人力资源优势贡献率	企业法治健全性、公务员参与率	顾客忠诚度、顾客利润率、顾客信用状况

（四）绩效棱柱模型的评价

基于绩效棱柱模型的业绩评价，克服了以往业绩评价方法的单一、不全面的缺点，其指标集财务与非财务、过去与未来、定量与定性于一体，综合考虑了企业所有主要利益相关者的需求与贡献，生成的业绩评价结果的综合性也更强。同时，绩效棱柱模型五个维度环环相扣，具有很强的因果关系，使得业绩评价更易于理解。再者，绩效棱柱模型不仅仅考虑了企业战略执行结果对企业绩效的影响，而且考虑了所有主要利益相关者的切身利益，进而实现为全部利益相关者价值增值的最终目标。最后，使用绩效棱柱模型进行业绩评价具有较大灵活性，既适用于企业整体，也适用于企业某一业务单位部门。

【拓展知识】《管理会计应用指引第604号——绩效棱柱模型》

当然，虽然绩效棱柱模型在理论上具有很多的优点，但是在实际应用中，有关选取指标的数量、利益相关者的需求和贡献程度界定、财务指标与非财务指标的均衡搭配等问题需要注意完善。

自测题10-4　　计算业务题　　案例分析题

【本章小结】

责任中心是指企业内部拥有一定权力、承担相应责任、享有相应利益的单位。责任中心的特征有：（1）责、权、利相结合的实体；（2）承担的责任和拥有的权利可以控制；（3）既相互独立又相互合作；（4）定期的业绩考核与评价。根据责任中心控制的领域和责任范围的大小，责任中心可分为成本中心、利润中心、投资中心。

业绩评价是指对经济实体在某一期间的经营业绩进行的综合评价。评价主体、评价客体、评价标准、评价指标、评价方法和评价结论等都是业绩评价的构成要素。责任中心业绩评价要遵循客观原则、可行原则和反馈原则。

成本中心的业绩考核对象是各项可控成本之和，也就是责任成本；考评利润中心业绩的指标通常有贡献边际、分部经理贡献边际和分部贡献边际；衡量投资中心业绩通常使用投资报酬率、剩余收益等指标。

常见的内部转移价格一般有四种：价格型内部转移价格、成本型内部转移价格、协商型内部转移价格以及双重内部转移价格，对应存在四种不同的内部转移价格制定方法，即市场定价法、成本定价法、协商定价法以及双重定价法。

常用的企业业绩评价方法有：关键绩效指标法、经济增加值法、平衡计分卡、绩效棱柱模型等。

【复习思考】

1. 简述业绩评价的构成要素和含义。
2. 简述以责任中心为主体的业绩评价体系。
3. 简述以企业为主体的业绩评价方法有哪些，各有何特点。

【主要参考文献】

1. 高晨．主观业绩评价研究：述评与启示［J］．会计研究，2008（4）：84-88；94.

2. 刘运国，陈国菲．BSC与EVA相结合的企业绩效评价研究——基于GP企业集团的案例分析［J］．会计研究，2007（9）：50-59；96.

3. 裘益政，彭思佳．国企绩效考核演进与业财融合——基于意义建构理论的分析［J］．会计研究，2021（5）：67-81.

4. 张蕊．企业经营业绩评价理论与方法的变革［J］．会计研究，2001（12）：46-50.

5. 阿特金森 A A，卡普兰 R S，玛苏姆拉 E M，等．管理会计［M］．刘曙光，陈静，等译．6版．北京：清华大学出版社，2013.

6. 王满，耿云江. 管理会计［M］. 北京：人民邮电出版社，2016.
7. 吴大军. 管理会计［M］. 6版. 大连：东北财经大学出版社，2021.

引导案例分析要点

第十一章

不确定性分析

【学习目标】

本章主要阐述了不确定性条件下常用的预测、决策方法，包括盈亏平衡分析、敏感性分析、概率分析等，以及在长期投资决策中纳入风险因素的决策方法。通过对本章的学习，学生需要达到以下目标：

1. 掌握不确定性分析的相关概念、不确定性分析中的盈亏平衡分析、敏感性分析和概率分析等各类具体方法的内涵及分析思路。

2. 理解利润敏感性分析的定义、方法，能够对利润敏感性分析方法进行应用。

3. 理解不确定性分析在长期投资决策中的含义及应用。

4. 区分风险与不确定性的概念，了解如何做出考虑风险的投资决策。

【本章主要内容导图】

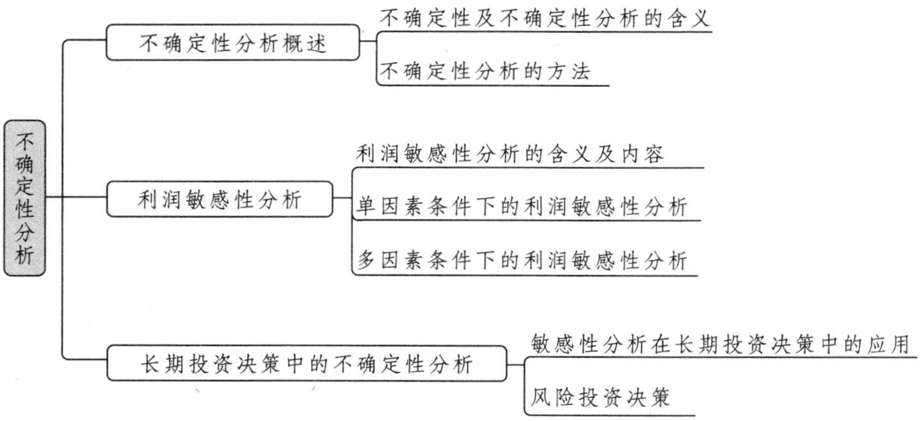

【引导案例】

小李的难题

小李在对企业的投资项目进行相关测算时，发现无法估算出项目各时点确切的现金流量，进而难以计算出净现值、内部收益率等评价指标。比如，根据企业目前可筹集资金的能力，预计可用于项目的投资额在800万元~1 000万元之间，项目投产后的销售收入也可能每年少则100万元，多则150万元不等，原材料、人工价格的不断上涨，也使估算经营成本成为难题，确定性条件下的决策方法不再适用。面对如此多的不确定性条件，小李应该如何进行长期投资决策呢？除了在长期投资决策中涉及不确定性分析，还有哪些预测或决策场景需要应用不确定性分析方法？

纵观管理会计在组织中发挥的各类职能，预测和决策均是面向未来开展的管理会计活动。我们在预测和决策分析中讲授的各类方法是以确定性的条件作为分析的前提，即每个进入模型的变量，以及通过模型计算、分析的结果都是唯一且确定的。但在现实中，企业面临的经营环境日趋复杂，行业竞争性不断加剧，正如党的二十大报告所指出的，“世纪疫情影响深远，逆全球化思潮抬头，单边主义、保护主义明显上升，世界经济复苏乏力，局部冲突和动荡频发，全球性问题加剧，世界进入新的动荡变革期”。我国发展进入战略机遇和风险挑战并存、不确定难预料因素增多的时期。面对纷繁复杂的政治经济环境，企业应如何居安思危、未雨绸缪，在进行预测和决策分析时，如何将环境中的不确定性因素纳入分析模型，是本章要讨论和解决的问题。

第一节 不确定性分析概述

本节介绍不确定性分析的相关概念和常用的分析方法，包括盈亏平衡分析、敏感性分析和概率分析法。

一、不确定性及不确定性分析的含义

（一）不确定性的含义

不确定性（uncertainty）是指在预测时无法确定事件发生的各种可能性的概率。在现实世界里，企业的生产经营过程普遍存在无法事先确定或者控制的未知因素，比如受供应链影响，原材料紧缺导致价格上涨、或设备供应不及时导致产量下降；新产品的出现挤占了现有产品的市场份额，甚至迫使企业调整现有产品售价以维持市场份额；厂房、设备的租金上涨可能导致投资额超支等。因此，在进行预测和决策时，需要分析事件发生的各种可能性，比如预测产品销量未来的涨幅可能达到1%、5%或10%，但每种上涨幅度发生的概率无从得知，此时，销量的预测具有不确定性。

（二）不确定性分析的含义

不确定性分析（uncertainty analysis）是指通过对上述各类因素可能的变化情况，及其对企业经营目标的影响程度进行估计和判断的过程。借助不确定性分析，我们可以评估企业或项目对不利变化的最大承受能力，也可以分析和比较各因素的变动引起经营目标的变动程度，或关注经营目标较为敏感的因素，进而做出科学、合理的预测和决策。

二、不确定性分析的方法

不确定性分析的方法主要有三种：盈亏平衡分析、敏感性分析和概率分析法。每种方法基于不同的分析思路。三种方法的基本内涵如下：

(一) 盈亏平衡分析

盈亏平衡分析(break-even analysis),即保本分析,是指对企业处于盈亏平衡状态或保本状态时本量利关系的一种定量分析方法。盈亏平衡分析之所以被称为不确定性分析,是因为盈亏平衡状态代表了企业经营中的极限状态。企业经营以逐利为目的,因此,企业不能或者会尽量避免出现亏损。而盈亏平衡状态意味着企业处于盈利与亏损的分界线上,是追求利润的企业经营的极限状态。通过分析在此极限状态下的销售、定价以及成本情况,能够评估出企业对各类利润影响因素不利变化的最大承受能力。因此,盈亏平衡分析属于不确定性分析的一种。借助本量利分析的基本等式,我们能够计算出盈亏平衡点,即利润为零时的销售量(保本量)和销售额(保本额)。除了分析盈亏平衡点,利用本量利分析的基本等式,还可以在假定其他因素不变的前提下,计算出企业利润为零时的单价(保本单价)、单位变动成本(保本单位变动成本)和固定成本总额(保本固定成本),分别表示在企业目前的盈利水平下,单价、单位变动成本和固定成本为保证企业不亏损而能单独变动的极限水平。盈亏平衡分析主要应用于定价决策、生产决策等短期经营决策。盈亏平衡分析的相关计算方法已在本量利分析中有详细的阐述,在此不再赘述。

(二) 敏感性分析

1.敏感性分析的含义

敏感性分析(sensitivity analysis)是估计有关因素的变化对企业经营目标或项目运营目标影响程度的一种定量分析方法。根据相关因素对目标的影响程度大小,可以判断不同因素敏感性水平的高低。从不确定性分析的角度来看,敏感性分析的思路是分析和比较各因素的变动引起经营目标或项目运营目标的变动程度,进而锚定对目标影响程度较高的因素。虽然可能无法确切估计相关因素发生变动的概率大小,但通过敏感性分析,我们可以计算出影响因素的敏感系数并进行排序,确定敏感性高的因素,并予以重点关注。同时,也可以利用计算出的敏感系数,进行经营目标的预测、各影响因素的预测以及各影响因素极限变动率的测算等。敏感性分析可广泛应用于短期经营决策、长期投资决策,以及企业的一般经营分析之中。

2.敏感性分析的前提

敏感性分析需具备以下两个前提条件:

其一,敏感性分析中的影响因素需相互独立。在进行单因素敏感性分析时,需保证其中一个因素单独变动时,其他因素不受影响。但在企业的实际经营中,影响经营目标的因素往往相互联系。比如,由于存在需求价格弹性,当企业调低商品单价时,往往会伴随销量提高。因此很难保证所有因素完全独立。在确定经营目标的影响因素时,一是选择影响经营目标的直接因素,二是尽量避免因素之间存在因果关系或相关关系。比如,如果确定销售量是影响因素之一,就不应再以销售额作为影响因素。

其二,敏感性分析中各因素的变动幅度相同。在敏感性分析中,为了比较不同因素对经营目标的影响程度,通常假定各因素以相同幅度变动,比如1%或10%。在各因素分别变动1%或10%的条件下,计算经营目标随之变化的程度,判断经营目标对相关因素的敏感程度,为后续的相关决策提供佐证。

3.敏感性分析的类型

根据同时分析影响目标的因素数量,敏感性分析可以分为单因素敏感性分析和多因素敏感性分析。

（1）单因素敏感性分析

单因素敏感性分析，是假设其他因素保持不变，只考虑其中一种因素单独变化对经营目标影响程度的敏感性分析。通过计算每种因素单独变动对经营目标的影响程度，可以识别影响经营目标的高敏感性因素和低敏感性因素，并对前者予以重点关注。

（2）多因素敏感性分析

多因素敏感性分析，是假设其他因素保持不变，考察两个或两个以上因素同时变化对经营目标的共同影响程度。多因素敏感性分析适当放宽了敏感性分析的限制条件，允许多个影响因素同时变化，更贴近企业经营的现实。比如，当企业提高产品的售价时，会引起产品销量的下降。或当企业采用更优质的原材料，虽提高了产品的单位变动成本，但同时能促进销量的提高。利用多因素敏感性分析，可以考察上述因素同时变动对利润的影响，进而做出相应的是否提价或采用高质量原料的决策。

4.敏感性分析的程序

进行敏感性分析通常要经过以下几个步骤：

（1）确定预测或决策的目标。敏感性分析以利润、净现值、内部收益率、投资回收期等经营目标或长期投资决策项目的评价指标作为敏感性分析的对象。

（2）设定目标的基准值。比如用当期利润或目标利润作为利润的基准值，考察各因素变动后利润的变动水平，或以项目估算的净现值和内部收益率作为基准值，考察影响因素变动后该基准值的变化幅度。

（3）确定影响目标的因素。选取对目标有直接影响又相互独立的影响因素进行敏感性分析。

（4）计算各因素与目标的敏感系数。计算各因素分别变动相同幅度时，目标受影响的程度。

（5）根据敏感系数对各因素进行敏感度排序。

我们将在本章的第二节和第三节详细介绍敏感性分析在短期经营决策和长期投资决策中的应用。

（三）概率分析法

1.概率分析法的相关概念

概率分析法（probability analysis）是运用现代概率论的基本原理，通过预测各种不确定因素变动的概率分布，估算企业经营目标或项目目标期望值的一种定量分析方法。概率分析法的特点是需预先估计出每类影响企业经营目标或项目目标的因素产生不同变化的概率，再根据其各种的可能变化及其发生的概率计算目标的期望值。严格来说，概率分析法的应用是在确定概率分布的前提下进行的，属于风险分析，而非不确定性分析[①]。但相比我们在前述章节中强调的确定且唯一的分析条件，无论是风险分析还是不确定性分析，纳入预测和决策模型的相关因素均存在诸多可能的变化。此外，在概率分析法中，各种可能性的概率分布可能是客观存在的，也可能是主观估计的，因此风险分析和不确定性分析在实际中并没有严格的界限，基于以上原因，我们将概率分析法并入本章一同讲解。

---

① 风险与不确定性的区别在于，前者能够确定各种可能事件的发生概率，而后者无法估计各种可能事件的发生概率。

在统计分析中，概率分析法又可以具体分为期望值法、联合概率法、效用函数法、模拟分析法（蒙特卡洛法）等。在管理会计中应用较为广泛的是期望值法和联合概率法。下面我们着重介绍这两种方法。

期望值法是根据事先估计或已知的概率分布计算各不确定性因素的期望值，并据此计算预测和决策的目标值，从而进行预测和决策的一种概率分析方法。

联合概率法是根据事先估计或已知的概率分布，计算各因素组合条件下预测或决策目标值及其联合概率，从而进行预测和决策的一种概率分析方法。联合概率法中的联合概率，是指各因素的事件同时发生的概率。

从以上概念中不难发现，期望值法和联合概率法的初始步骤相同，而在计算预测或决策目标的期望值时采用了不同的计算方法。

2.概率分析法的一般分析程序

采用期望值法和联合概率法遵循的分析程序相似，通常包括以下步骤：

（1）针对分析对象，确定影响分析对象的各种因素，各因素对目标有直接影响且相互独立。

（2）预测各因素可能出现的每一种事件，即各因素发生的各种可能变动。

（3）估计每种事件发生的可能性，即概率。各种可能性出现的概率之和必须等于1，即$\sum p_i = 1$，p_i为每种变动发生的概率。其中，概率p_i分为客观概率和主观概率，前者是通过对类似事件进行多次观察和试验确定的概率，后者是依靠经验主观推定的概率。

（4）根据各因素的事件、概率计算预测或决策对象的期望目标值。

3.期望值法和联合概率法的应用

期望值法和联合概率法均需首先确定分析对象的影响因素、各因素可能发生的每一种事件，以及事件发生的概率分布，而在计算分析对象的预测或决策目标值时采用的具体方式不同。我们以保本销售量的预测为例，说明期望值法和联合概率法的具体应用方法。

【例11-1】

某企业计算预测期内A产品的期望保本销售量。在预测期内，A产品单价可能调整至110元或120元，发生的概率分别为0.6和0.4。单位变动成本可能达到50元、60元或65元，发生的概率分别为0.2、0.3和0.5。固定成本总额预计为50 000元或52 000元，发生的概率分别为0.7和0.3。

要求：分别用期望值法和联合概率法计算企业保本销售量的目标值。

解：

（1）采用期望值法计算

首先分别计算单价、单位变动成本和固定成本总额的期望值：

$E(p) = 110 \times 0.6 + 120 \times 0.4 = 114$（元）

$E(b) = 50 \times 0.2 + 60 \times 0.3 + 65 \times 0.5 = 60.5$（元）

$E(a) = 50\,000 \times 0.7 + 52\,000 \times 0.3 = 50\,600$（元）

再根据各因素的期望值计算期望保本量：

期望保本量$=\dfrac{50\,600}{114 - 60.5} \approx 946$（件）

采用期望值法预测的A产品期望保本销售量约为946件。

(2) 采用联合概率法计算

首先确定单价与销售量的组合及其联合概率，再计算销售收入的期望值。表 11-1 为采用联合概率法计算保本量期望值的过程。

表 11-1　　　　联合概率法计算分析表　　　　金额单位：元

单价		单位变动成本		固定成本总额		各组合联合概率⑦=②×④×⑥	各组合保本量⑧=⑤÷（①-③）	加权保本量⑨=⑦×⑧
事件①	概率②	事件③	概率④	事件⑤	概率⑥			
110	0.6	55	0.2	50 000	0.7	0.084	909.09	76.36
				52 000	0.3	0.036	945.45	34.04
		60	0.3	50 000	0.7	0.126	1 000.00	126.00
				52 000	0.3	0.054	1 040.00	56.16
		65	0.5	50 000	0.7	0.210	1 111.11	233.33
				52 000	0.3	0.090	1 155.56	104.00
120	0.4	55	0.2	50 000	0.7	0.056	769.23	43.08
				52 000	0.3	0.024	800.00	19.20
		60	0.3	50 000	0.7	0.084	833.33	70.00
				52 000	0.3	0.036	866.67	31.20
		65	0.5	50 000	0.7	0.140	909.09	127.27
				52 000	0.3	0.060	945.45	56.73
保本量期望值						1.000	—	977.00

从表 11-1 可以看出，根据单价、单位变动成本和固定成本总额的各种可能事件，能够构成 12 种组合。通过计算每种组合的联合概率以及组合的保本量，进而算出保本量的期望值。采用联合概率法计算出的保本量期望值为 977 件，与期望值法计算的结果不一致。联合概率法考虑了各种不同的组合，但从计算过程来看，联合概率法比期望值法更复杂。

自测题11-1　　计算业务题

第二节　利润敏感性分析

本节在介绍利润敏感性分析的含义和基本原理的基础上，讲解单因素和多因素条件下的利润敏感性分析。

一、利润敏感性分析的含义及内容

（一）利润敏感性分析的含义

利润敏感性分析是将利润作为分析对象，研究影响利润的各因素变化对目标利润影响程度的一种定量分析方法。在利润敏感性分析中，我们设定的经营目标为利润，通过计算影响利润的各个因素与利润之间的敏感系数，并进行由高到低排序，考察各因素对利润的影响程度，并识别利润的高敏感性因素和低敏感性因素。利润的高敏感因素也被称为利润灵敏度高的因素，企业应重点关注此类因素。同时，若事先确定各因素未来的增减变动情况，可根据各因素的利润敏感系数进行利润预测，也可以在确定目标利润后，分析为实现目标利润可采取的不同措施。

（二）利润敏感性分析的内容

以利润作为敏感性分析的对象，需确定影响利润的因素。影响利润的因素众多，比如销售量、销售额、单价、各类成本等。根据敏感性分析的前提条件，选取的影响因素应对经营目标有直接影响且相互独立，同时，为了简化定量分析，避免影响因素过多使分析过程复杂化，将具有相同属性或特征的因素合并，比如将同为固定成本的折旧费和管理人员薪酬统一作为固定成本因素，最终将影响利润的因素确定为单价、单位变动成本、销售量和固定成本四个因素。这四个因素也是在本量利分析基本等式中出现的影响利润的四个因素。

在确定影响利润的基本因素后，利润敏感性分析可分别考察单一因素变动对利润的影响程度，计算各因素的利润敏感系数，对各因素的利润敏感程度进行排序，也可考察多因素同时变动对利润的影响。

二、单因素条件下的利润敏感性分析

（一）单因素条件下利润敏感系数计算的理论公式

单因素条件下的利润敏感性分析以因素单独变动为前提，即在考察某一利润影响因素与利润的敏感系数时，假设其他因素保持不变。

单因素的利润敏感系数反映的是利润随单一因素的变化而变化的程度，用公式表

示为：

$$单因素的利润敏感系数=\left|\frac{利润变动的百分比}{单因素变动的百分比}\right| \quad (11.2.1式)$$

分子是利润变动的百分比，分母分别为单价、单位变动成本、销售量和固定成本的变动百分比。根据各影响因素与利润的关系，单价、销售量的变动与利润的变动方向相同，单位变动成本、固定成本的变动与利润的变动方向相反。为了便于对敏感系数进行排序，各因素的利润敏感系数以绝对值表示。

（二）单因素条件下利润敏感系数计算的简化公式

对各因素利润敏感系数的公式进行简化后，可以得到以下计算公式，我们分别用 S_1、S_2、S_3和 S_4代表单价、单位变动成本、销售量和固定成本的利润敏感系数：

$$S_1=\frac{基期收入}{基期利润}=\frac{p_0x}{P_0} \quad (11.2.2式)$$

其中，p_0表示基期的单价，P_0表示基期的利润，x表示销售量。

$$S_2=\frac{基期变动成本总额}{基期利润}=\frac{b_0x}{P_0} \quad (11.2.3式)$$

其中，b_0表示基期的单位变动成本，P_0表示基期的利润，x表示销售量。

$$S_3=\frac{基期贡献边际总额}{基期利润}=\frac{Tcm_0}{P_0} \quad (11.2.4式)$$

其中，Tcm_0表示基期的贡献边际总额，P_0表示基期的利润。

$$S_4=\frac{基期固定成本总额}{基期利润}=\frac{a_0}{P_0} \quad (11.2.5式)$$

其中，a_0表示基期的固定成本总额，P_0表示基期的利润。

（三）各因素利润敏感性的排序

当企业处于盈利状态时，根据各因素利润敏感系数的简化计算公式可以得出以下规律性结论：

（1）单价的利润敏感系数 S_1最大，表示利润对单价的变化最敏感，也就是单价的利润灵敏度最高；

（2）只要企业的固定成本不为零，销售量的利润敏感系数必然大于固定成本的利润敏感系数，即 $S_3>S_4$；

（3）单价与单位变动成本的利润敏感系数之差等于销售量的利润敏感系数，即 $S_1-S_2=S_3$；

（4）销售量的利润敏感系数与固定成本的利润敏感系数之差为1，即 $S_3-S_4=1$。

下面，我们通过例11-2对利润敏感系数的计算进行练习。

【例11-2】

某公司只生产和销售一种产品，20×2年的销售量为500件。该产品的单价为200元，单位变动成本为120元，固定成本总额为20 000元。

要求：根据以上条件分别计算单价、单位变动成本、销售量和固定成本的敏感系数，并比较各因素的利润敏感性大小。

解：

基期利润 P_0=500×(200 － 120) −20 000=20 000（元）

单价的利润敏感系数 $S_1=\frac{p_0x}{P_0}=\frac{200\times500}{20\ 000}=5$

单位变动成本的利润敏感系数 $S_2=\frac{b_0x}{P_0}=\frac{120\times500}{20\ 000}=3$

销售量的利润敏感系数 $S_3=\frac{Tcm_0}{P_0}=\frac{(200-120)\times500}{20\ 000}=2$

固定成本的利润敏感系数 $S_4=\frac{a_0}{P_0}=\frac{20\ 000}{20\ 000}=1$

该公司的利润影响因素中，单价的利润敏感性最高，其次是单位变动成本，第三是销售量，固定成本的利润敏感性最低。

销售量和固定成本的利润敏感系数也可以用利润敏感系数的关系计算（$S_1-S_2=S_3$；$S_3-S_4=1$），计算过程略。

（四）单因素利润敏感性分析的应用举例

1.在预测利润变动率中的应用

在计算出各因素的利润敏感系数并进行排序，了解利润影响因素的敏感性高低后，我们可以利用利润敏感系数测算出影响因素单独变化对利润的影响。

【例 11-3】

沿用例 11-2 的资料。

要求：计算单个因素分别提高 10%，利润会如何变化。

解：当单价提高 10% 时：

利润的变动率 P%=单价敏感系数×单价变动率=5×10%=50%

当单位变动成本提高 10% 时：

利润的变动率 P%=单位变动成本敏感系数×单位变动成本变动率×（−1）

=3×10%×（−1）=−30%

当销售量提高 10% 时：

利润的变动率 P%=销售量敏感系数×销售量变动率=2×10%=20%

当固定成本提高 10% 时：

利润的变动率 P%=固定成本敏感系数×固定成本变动率×（−1）=1×10%×（−1）=−10%

【视频展示】单一因素变化对利润的影响

单位变动成本、固定成本与利润的变动方向相反，当单位变动成本和固定成本提高时，会引起利润下降。而利润敏感系数是以绝对值的形式呈现的，因此在计算单位变动成本和固定成本对利润的影响时，应通过乘以−1的方式，将利润的变动方向反映在计算结果中。

2.在确定各因素调整幅度中的应用

当我们转换已知条件，已知利润的变动率或目标利润，可以借助利润敏感系数，预测为实现利润的变动率或目标利润，各因素需要调整的幅度。

【例 11-4】

沿用例 11-2 的资料。

要求：假定公司计划下期的目标利润增长 20%，为了实现目标利润的增长，分别计算单个因素需调整的幅度。

解：

$$单价的变动率\ p\% = \frac{利润变动率P\%}{单价敏感系数S_1} = \frac{20\%}{5} = 4\%$$

$$单位变动成本的变动率\ b\% = \frac{利润变动率P\%}{单位变动成本敏感系数S_2} \times (-1) = \frac{20\%}{3} \times (-1) \approx -6.67\%$$

$$销售量的变动率\ x\% = \frac{利润变动率P\%}{销售量敏感系数S_3} = \frac{20\%}{2} = 10\%$$

$$固定成本的变动率\ p\% = \frac{利润变动率P\%}{固定成本敏感系数S_4} \times (-1) = \frac{20\%}{1} \times (-1) = -20\%$$

需要注意的是，在计算单位变动成本和固定成本变动率时，由于利润变动方向与其变动方向相反，因此与例 11-3 的处理方式相同，应在计算时乘以-1。

3. 在预测各因素变动率极限中的应用

影响利润的各因素的变动率极限是指各因素分别使利润下降至盈亏临界状态的变动幅度。只要各因素的变动没有超出变动率极限，企业就不会亏损。分析各因素的变动率极限，有助于企业控制各因素的变动幅度，并通过各因素的变动幅度判断经营风险。处于盈利状态的企业，其利润下降至盈亏临界状态，也就是利润下降为零时，利润的变动率为-100%。可以采用以下公式进行计算：

$$某因素的变动率极限 = \frac{-100\%}{S_i} \times (-1)^m \qquad (11.2.6式)$$

其中，i=1，2，3，4；且当 i=1，3 时，m=0；i=2，4 时，m=1。S_i 表示各因素对应的利润敏感系数。在计算单位变动成本和固定成本的变动率极限时，其变动方向与利润的变动方向相反，因此要乘以-1。

【例 11-5】

沿用例 11-2 的资料。

要求：计算各因素的变动率极限。

$$解：单价的变动率极限 = \frac{-100\%}{5} \times (-1)^0 = -20\%$$

$$单位变动成本的变动率极限 = \frac{-100\%}{3} \times (-1)^1 \approx 33.33\%$$

$$销售量的变动率极限 = \frac{-100\%}{2} \times (-1)^0 = -50\%$$

$$固定成本的变动率极限 = \frac{-100\%}{1} \times (-1)^1 = 100\%$$

当各因素单独变动时，只要企业的单价下降不超过 20%，单位变动成本超支不超过

33.33%，销售量下降不超过50%，固定成本超支不超过100%，企业就不会亏损。

（五）经营杠杆系数与利润敏感系数之间的关系

在利润敏感系数的简化计算公式中，销售量的敏感系数是基期贡献边际与基期利润之比。而经营杠杆系数的简化计算公式也是基期贡献边际与基期利润之比，表示当其他因素不变时，销售量变动引起利润变动的倍数。由此可见，销售量的敏感系数与经营杠杆系数本质上是相同的，即S_3=DOL。

三、多因素条件下的利润敏感性分析

多因素条件下的利润敏感性分析放宽了敏感性分析的前提假定，不要求只有唯一因素发生变动。影响利润的因素仍然是单价、单位变动成本、销售量和固定成本。

（一）多因素条件下利润敏感性分析的计算公式

当放宽限制条件，分析两个以上因素同时变动对利润的影响，被称为多因素条件下的利润敏感性分析。企业在实际经营过程中，通常一个因素的变动会影响其他因素同时发生变动。比如，单价提高后，产品的销售量通常会下降。加大广告投入、增加固定成本后，产品的销量也可能提高。因此，多因素同时变动更符合企业经营的现实。当影响利润的多个因素同时变动时，我们可以根据下面公式计算多个因素同时变动对利润的影响程度：

$$P\%=(p\%\cdot x\%+p\%+x\%)\cdot S_1-(b\%\cdot x\%-b\%-x\%)\cdot S_2-a\%\cdot S_4 \qquad (11.2.7式)$$

其中，P%表示利润变动的百分比，p%、b%、x%、*a*%分别表示单价、单位变动成本、销售量和固定成本变动的百分比，S_1、S_2、S_4分别表示单价、单位变动成本和固定成本的利润敏感系数。

（二）多因素条件下利润敏感性分析的应用

【例11-6】

沿用例11-2的资料，假设四个因素同时发生变动：单价提高了10%，单位变动成本提高了5%，销售量下降了3%，固定成本下降了2%。

要求：计算利润的变动幅度。

解：

$$P\% = [10\% \times (-3\%) + 10\% - 3\%] \times 5 - [5\% \times (-3\%) - 5\% - (-3\%)] \times 3 - (-2\%) \times 1$$

$$=33.5\% - 6.45\% + 2\% = 29.05\%$$

各因素同时变动，会使利润提高29.05%。

自测题11-2　　　　计算业务题

第三节　长期投资决策中的不确定性分析

我们在第七章介绍的长期投资决策常用的方法同样也是建立在确定性分析条件的基础上的。比如在估算项目的净现值和内部收益率时，假定相关因素是确定且唯一的。现实的经营环境必然存在诸多不确定性，通过将敏感性分析引入长期投资决策，在进行项目的筛选和指标排序时，能够考虑相关因素的变化对指标的影响程度，关注敏感性高的因素；如果能够估算出指标不同变化的概率分布，或者将风险因素量化纳入决策模型中，也可以用概率分析法和风险因素调整法进行风险投资决策。

一、敏感性分析在长期投资决策中的应用

（一）长期投资决策敏感性分析的含义

长期投资决策敏感性分析是研究长期投资决策各方案中某种因素的变动对项目预期结果影响程度的一种定量分析方法。我们介绍过用于评价长期投资方案预期结果的常用指标，如净现值、内部收益率、静态投资回收期等。因此，在进行长期投资决策的敏感性分析时，通常考察相关因素的变动对上述项目评价指标变动的影响程度。

与利润敏感性分析相似，影响和制约评价指标的因素有很多，如项目计算期、初始投资、预计的残值率、销售收入、经营成本等。企业应根据行业和项目的特点识别和选择影响因素。同时，也应保证各影响因素相对独立，不互相影响。为了简化分析，我们主要讨论项目计算期、净现金流量及折现率对净现值和内部收益率的影响。

（二）长期投资敏感性分析的方法

长期投资项目评价指标的计算通常比较复杂，因此，在进行敏感性分析时，通常不计算影响因素的敏感系数，而是假定各因素分别以相同幅度变动，计算并比较评价指标变化幅度的大小，或者通过计算各因素的极限变动率，反映相关因素敏感性大小。

1.计算各因素变动对评价指标的影响程度

净现值受项目计算期、净现金流量和折现率的影响，内部收益率受项目计算期和净现金流量的影响。

【例 11-7】

假设某企业计划购置一条新的生产线，期末无残值。初始投资为500 000元，生产线预计使用10年，采用的折现率为10%。项目建设当年即可投入运营，每年产生等额的净现金流量100 000元。已知折现率为10%、年限为10的年金现值系数为6.14457。

要求：计算项目的净现值，以及项目计算期、净现金流量和折现率分别变动−10%、−10%和10%对净现值的影响。

解：首先计算项目的净现值。

项目的净现值 $NPV_0 = -500\ 000 + 100\ 000 \times 6.14457 = 114\ 457$（元）

假定其他条件不变，当项目计算期单独下降10%，即从10年变为9年时，查表得年金

现值系数为6.49506，此时的净现值为：

$NPV_1 = -500\,000 + 100\,000 \times 5.75902 = 75\,902$（元）

净现值的变动率为：$\dfrac{NPV_1 - NPV_0}{NPV_0} = \dfrac{75\,902 - 114\,457}{114\,457} \times 100\% \approx -33.69\%$

假定其他条件不变，当项目每年的净现金流量单独下降10%，即从100 000元降至90 000元时，此时的净现值为：

$NPV_2 = -500\,000 + 90\,000 \times 6.14457 = 53\,011.3$（元）

净现值的变动率为：$\dfrac{NPV_2 - NPV_0}{NPV_0} = \dfrac{53\,011.3 - 114\,457}{114\,457} \times 100\% \approx -53.68\%$

折现率与净现值的变动方向相反，折现率上升，净现值下降。假定其他条件不变，当项目的折现率单独提高10%，即从10%变为11%时，年金现值系数变为5.88923，此时的净现值为：

$NPV_3 = -500\,000 + 100\,000 \times 5.88923 = 88\,923$（元）

净现值的变动率为：$\dfrac{NPV_3 - NPV_0}{NPV_0} = \dfrac{88\,923 - 114\,457}{114\,457} \times 100\% \approx 22.31\%$

项目计算期、净现金流量和折现率分别变动-10%、-10%和10%，分别会使净现值下降33.69%、53.68%和22.31%，净现值的变动率均大于各因素的变动率。净现值变动后仍大于零，说明在不同因素分别向不利的方向变动10%后，方案仍具有财务可行性。且从各因素引起的净现值变动幅度来看，该项目的净现值对净现金流量的敏感性最高，对折现率的敏感性最低，对项目计算期的敏感性介于二者之间。

【例11-8】

沿用例11-7的数据，进行内部收益率的敏感性分析。

要求：计算项目计算期、净现金流量分别下降10%对内部收益率的影响。

解：首先计算项目的内部收益率。

内部收益率 $IRR_0 \approx 15.10\%$①

假定其他条件不变，当项目计算期单独下降10%，即从10年变为9年时，此时的内部收益率为：

$IRR_1 \approx 13.70\%$（计算过程略）

净现值的变动率为：$\dfrac{IRR_1 - IRR_0}{IRR_0} = \dfrac{13.70\% - 15.10\%}{15.10\%} \times 100\% \approx -9.27\%$

假定其他条件不变，当项目的净现金流量单独下降10%，即从100 000元降至90 000元时，此时的内部收益率为：

$IRR_2 \approx 12.41\%$（计算过程略）

净现值的变动率为：$\dfrac{IRR_1 - IRR_0}{IRR_0} = \dfrac{12.41\% - 15.10\%}{15.10\%} \times 100\% \approx -17.81\%$

当项目计算期、净现金流量单独变动-10%、-10%时，分别会使内部收益率下降9.27%和17.81%。内部收益率变动后仍大于折现率，说明在不同因素变化后，方案仍具有

① 可采用内插法，见第七章，计算过程略。本例题后同。

财务可行性。从各因素引起内部收益率下降的幅度来看，该项目的内部收益率对净现金流量的敏感性高于对项目计算期的敏感性。

2.计算各因素的变动率极限值

我们可以计算出各因素变动导致有关评价指标在财务可行性或者其他投资决策标准的临界点时的极限值，代表各因素变动的极限。如果预测各因素的变动超过变动率极限值，必然会导致相关指标变化至不符合投资决策评价标准的水平，便可得出投资方案不可行，或不值得投资的结论。下面，我们通过举例说明该方法的运用。

【例 11-9】

沿用例 11-7 的资料。

要求：计算当净现值下降至零时，项目计算期、净现金流量和折现率的变动率极限，以及当内部收益率降至与折现率相等时，项目计算期和净现金流量的变动率极限。

解：假定其他条件不变，当净现值为零时，n代表项目计算期的极限值，折现率为10%的年金现值系数为：

$$\text{年金现值系数}=\frac{\text{初始投资}}{\text{净现金流量}}=\frac{500\,000}{100\,000}=5=\frac{1-(1+10\%)^{-n}}{10\%}$$

根据上述等式，或者通过查阅年金现值系数表，可以估计出当n在7~8年之间时，年金现值系数为5。借助年限分别为7、8，折现率为10%的年金现值系数4.86842和5.33493，可采用内插法计算出n：

$$\frac{5-4.86842}{5.33493-4.86842}=\frac{n-7}{8-7}$$

$$n=7+\frac{5-4.86842}{5.33493-4.86842}\approx 7.28\text{（年）}$$

当其他因素不变时，7.28年为该项目计算期的极限值。此时，项目的净现值为零。也就是说，项目计算期超过7.28年，项目才具有财务可行性。

假定其他条件不变，当净现值为零时，项目计算期为10年，折现率为10%，净现金流量的极限值为：

$$\text{净现金流量的极限值}=\frac{\text{初始投资}}{\text{年金现值系数}}=\frac{500\,000}{6.14457}\approx 81\,372.66\text{(元)}$$

当其他因素不变时，每年的净现金流量至少为81 372.66元时，项目才具有财务可行性。

计算折现率的极限值同样也要先计算极限的年金现值系数。前面计算项目计算期的极限值时已经计算过，年金现值系数为5。得出计算折现率极限值i的等式：

$$5=\frac{1-(1+i)^{-10}}{i}$$

根据上述等式，通过查阅年金现值系数表，可以估计出当i在14%~16%之间时，年金现值系数为5。同样地，我们可以借助年限为10，折现率分别为14%、16%时的年金现值系数5.21612和4.83323，采用内插法计算出i的大小。

$$\frac{5.21612-5}{5.21612-4.83323}=\frac{i-14\%}{16\%-14\%}$$

$$i = 14\% + \frac{5.21612 - 5}{5.21612 - 4.83323} \times (16\% - 14\%) \approx 15.13\%$$

当其他因素不变时，只要折现率不超过15.13%，项目就具有财务可行性。

二、风险投资决策

（一）风险、风险决策及风险投资决策的含义

风险是指某个事件出现两种及两种以上的可能性。但与不确定性不同的是，风险代表事件的未来发展可能出现不同结果，且每种结果出现的概率是可以预知并量化的。在风险条件下进行的决策被称为风险决策。企业在面向未来的投资决策中采用了大量的估计和判断，且经济环境时刻在发生着变化，因此，投资项目必然伴随风险，企业在进行长期投资决策时，应将风险纳入决策模型。

风险投资决策是指在长期投资决策中考虑风险对各方案的可能影响，通过将风险因素纳入投资评价指标的计算等方式进行的长期投资决策。

【学思践悟】风险的二元属性

从哲学的角度，风险的概念有两种理解：一种是将风险视为一种客观存在，是一种科学概念。人们能够通过科学的方法对风险进行有效的描述、解释、预测、衡量和控制。另一种是将风险看作一种独立于物理存在的社会建构，具有文化属性。人们对风险的感知、判断和应对方式与人的经验积累、价值取向和道德信念密不可分。两种概念既对立又统一。考虑风险进行相关的预测、决策，能够既从科学观出发，遵从科学方法的严谨性和规范性，又从文化观出发，融入决策者的经验、立场和价值判断，是人的科学素养与人文素养的综合体现。

（二）风险调整法在风险投资决策中的应用

风险调整法是在风险投资决策中，将风险因素纳入决策模型，以此来判断风险对决策指标的影响，并进行风险决策的一种定量分析方法。在风险投资决策中，可以分别对折现率和净现金流量进行风险调整，考虑不同风险对决策评价指标的影响。

1.折现率风险调整法

折现率风险调整法是通过调整投资项目的折现率，将风险纳入投资决策模型的一种方法。当某投资项目预计会面临较高的投资风险时，可以通过调高项目的原有折现率体现项目的投资风险，并用调整后的折现率计算相关评价指标。调高折现率后，计算出的净现值指标会高于用原折现率计算的净现值。

我们在长期投资决策中对投资项目净现金流量进行折现时采用的折现率为无风险收益率，它反映的是项目未来产生的收益中由于货币的时间价值引起的价值增值的部分，可以通过折现的方式将这部分价值增值剔除。通过以下公式，我们可以对无风险收益率进行调整，得到包含风险因素的投资收益率：

投资收益率＝无风险收益率＋风险收益率　　（11.3.1式）

我们可以采用资本资产定价模型[①]计算出包含风险收益率的投资收益率，也可以用市场上相似项目包含风险的投资收益率作为参考，确定本企业投资项目的投资收益率。确定风险收益率的具体方法在此不再赘述。

下面，我们举例说明折现率风险调整法在投资决策中的应用。

【例11-10】

某企业现拟投资一项长期项目，该项目的无风险收益率为10%。通过测算，可知该项目的风险收益率为4%。该项目的初始投资为10万元。项目计算期为5年，从第一年年末开始每年产生的净现金流量均为3万元。

要求：分别用无风险收益率与经过风险因素调整后的投资收益率对项目的净现金流量折现，并分别计算净现值。

解：不同折现率下净现金流量及净现值的计算见表11-2。

表11-2　　不同折现率下的净现金流量及净现值　　单位：万元

期数和净现值 / 折现率	0	1	2	3	4	5	净现值
按10%折现的净现金流量	-10	2.73	2.48	2.25	2.05	1.86	1.37
按14%折现的净现金流量	-10	2.63	2.31	2.02	1.78	1.56	0.30

从表11-2的计算结果可以直观地看出，按风险调整后的折现率高于无风险收益率，会降低每年净现金流量的现值，且风险收益率越高，折现率越高，净现值越小，最后使净现值下降。在本例中，考虑风险因素的净现值为0.3万元，远低于按无风险折现率计算的净现值1.37万元。如果风险收益率高于4%，净现值极有可能低于0，投资项目将不再具备财务可行性。这是由于风险越高，投资主体要求的风险溢价补偿越高，在无风险条件下原本收益可观的项目也就变得不那么具有投资价值了。

折现率风险调整法有利于长期投资决策重复考虑风险对投资项目预期收益的影响，直观地将风险因素纳入投资决策的指标计算，但也存在不足：此方法假定项目每年面临的风险与货币的时间价值一样，会随时间累积而等比递增。但现实情况可能并非如此。项目投产后的实际风险情况可能会随项目的经营情况以及环境变化出现起伏，也有可能在初始运营的几年风险较高，后续进入稳定运营阶段风险下降。因此，折现率风险调整法有可能夸大远期的项目风险，导致计算出的项目评价指标偏低。

2.净现金流量风险调整法

净现金流量风险调整法是通过调整投资项目的净现金流量，将风险纳入投资决策模型的一种定量分析方法。根据调整净现金流量的不同方式，净现金流量风险调整法又可具体分为肯定当量法、期望值法和决策树法。我们着重讲解肯定当量法。

肯定当量法是先将项目各年净现金流量按一定的系数调整为无风险净现金流量，再用

① 资本资产定价模型（capital asset pricing model，CAPM），表示为$E(r_i)=r_f+\beta(r_m-r_f)$。该模型反映的是某项资产预期的收益率等于市场无风险收益率与该资产特定的风险溢价之和。

无风险收益率作为折现率，计算净现值等项目评价指标的一种定量分析方法。我们把用于将净现金流量折算为无风险净现金流量的系数称为肯定当量系数。通常，肯定当量系数与净现金流量产生的年份远近相关，距离当前时点的年份越远，肯定当量系数越小，距离当前时点的年份越近，肯定当量系数越大。肯定当量法能够避免折现率风险调整法可能出现的夸大项目风险、低估项目评价指标的问题。

肯定当量系数通常用α_i表示，取值范围为0~1，是指肯定的现金流量与期望现金流量的比值。α_i的理论计算公式如下：

$$\alpha_i=\frac{\text{肯定现金流量}}{\text{期望现金流量}} \tag{11.3.2式}$$

在实际中估计肯定现金流量较难，因此，肯定当量系数通常采用经验值代替。肯定当量系数的选取取决于项目预期的风险程度和投资决策者的风险偏好。如果项目风险较低，或决策者偏好风险，会选择较大的肯定当量系数；如果项目的风险较高，或者决策者厌恶风险，会选择较小的肯定当量系数。除了依据经验选取，企业也可以根据反映期望现金流量风险程度的标准离差率①确定肯定当量系数。标准离差率与肯定当量系数的经验对照关系见表11-3。

表11-3　**标准离差率与肯定当量系数的经验对照关系表**

标准离差率	肯定当量系数
0.01~0.07	1.00
0.08~0.15	0.90
0.16~0.23	0.80
0.24~0.32	0.70
0.33~0.42	0.60
0.43~0.54	0.50
0.55~0.70	0.40
……	……

根据确定的肯定当量系数调整净现金流量，并按无风险收益率进行折现就可以计算出风险调整后的投资评价指标了。下面，我们举例说明净现金流量风险调整法在投资决策中的应用。

【例11-11】

沿用例11-10的资料。

要求：利用肯定当量法调整各年的期望净现金流量，并计算风险调整后的净现值。

解：计算的相关数据见表11-4。

---

① 标准离差率是一个相对指标，反映的是投资项目期望的每单位收益所包含的风险大小，用标准离差与期望值之比来计算。

表 11-4　　肯定当量法调整的期望净现金流量　　单位：万元

项目＼期数	0	1	2	3	4	5	净现值
期望净现金流量	-10	3	3	3	3	3	—
肯定当量系数	1.0	0.95	0.95	0.90	0.90	0.85	—
调整后的净现金流量	-10	2.85	2.85	2.70	2.70	2.55	—
无风险折现率（10%）	1.000	0.909	0.826	0.751	0.683	0.621	—
净现金流量现值	-10	2.59	2.35	2.03	1.84	1.58	0.39

与折现率风险调整法的计算结果相似，将净现金流量用风险因素调整后，净现值下降，且趋近于零，表示项目虽仍具有财务可行性，但收益远小于用期望净现金流量计算的净现值。在肯定当量法中，净现值的大小与肯定当量系数的选取有关，而这一系数的选取受主观影响较大，即使依据表 11-3 中的对照关系选取，项目的标准离差率也是一种估算的结果，可能与实际存在偏差。

（三）风险投资决策的其他方法

除了上述的折现率风险调整法和肯定当量法，较常见的风险投资决策方法还包括期望值法和决策树法，这两种方法也是通过对净现金流量进行调整，将风险因素纳入其中，但适用的场景不同。这两种方法我们只做概念介绍。

期望值法是依据各年净现金流量发生的可能性及概率计算出每年的期望净现金流量，再以此计算项目期望净现值的方法。期望值法适用于各年净现金流量独立的项目风险投资决策。

决策树法是当项目运营过程中有追加投资或撤回投资的情况，需要进行多次投资决策时可以采用的风险决策方法。决策树法通过绘制决策树，来描述投资项目在未来可能出现的追加投资或撤回投资后产生的不同收益，通过计算并比较期望值来进行决策。

自测题 11-3

【学思践悟】科学决策的有效工具——决策矩阵

科学决策也称为理性决策，是指借助一定的科学理论，以科学的思维方式和决策工具、方法，按照科学的决策程序进行的符合客观实际的决策活动。科学决策工具的有效运用，有助于企业和个人在决策时厘清思考脉络，做出科学决策。本章中介绍了多种用于不确定条件的科学决策方法，比如概率分析法、敏感性分析法等。除此之外，还有一类较为常见的科学决策工具——决策矩阵。决策矩阵的主要作用是在面对纷繁复杂的决策条件时对信息进行有效的归纳和总结。在进行决策时，常常需考虑多个变量，不同的变量组合会导致不同的结果。决策矩阵可以通过对不同的变量进行分类、组合，通过矩阵形式得出多种组合方案，以及每种方案的可能结果。比如，在战略管理中常用的波士顿矩阵（BCG Matrix）和SWOT分析法，即是在为企业制定战略时，对决策矩阵的典型应用。

【本章小结】

不确定性是指在预测时无法确定事件发生的各种可能性的概率。在此条件下，管理会计进行的预测、决策分析常用的方法有盈亏平衡分析、敏感性分析和概率分析。每种方法基于不同的思路，适用于不同的场景和条件。

利润敏感性分析是对单一利润影响因素变动或多因素同时变动时利润随之变动幅度的一种定量分析方法，通过计算利润敏感系数来反映利润对不同影响因素的敏感性。长期投资决策的敏感性分析是指在评价长期投资项目的财务可行性时，研究各评价指标的影响因素变动对评价指标本身影响程度的一种定量分析方法。通过计算在同一变动幅度下评价指标的变动幅度，或计算极限变动率的方法，进行长期投资决策敏感性分析。

除了不确定性分析，在长期投资决策中也应考虑风险对各方案的影响。风险是指某个事件出现两种及两种以上的可能性。但与不确定性不同的是，风险代表事件的未来发展可能出现不同结果，且每种结果出现的概率是可以预知并量化的。在风险条件下进行的决策被称为风险决策。通过分别在折现率和净现金流量中纳入风险因素，即折现率风险调整法和净现金流量风险调整法，可以进行风险投资决策。

【复习思考】

1. 什么是不确定性分析？不确定性分析有哪些方法？

2. 什么是利润敏感性分析？影响利润的因素有哪些？如何计算单一因素的利润敏感系数？

3. 长期投资决策敏感性分析的含义是什么？可以采用哪些敏感性分析方法？长期投资决策的敏感性分析方法与利润敏感性分析方法有何不同？

4. 什么是风险？什么是风险投资决策？风险投资决策与不确定性条件下的投资决策有何区别？

5. 如何将风险纳入投资决策？什么是折现率风险调整法？什么是净现金流量风险调整法？

【主要参考文献】

1.吴大军，牛彦秀.管理会计［M］.6版.大连：东北财经大学出版社，2022.

2.温素彬.管理会计：理论·模型·案例［M］.3版.北京：机械工业出版社，2019.

3.莫温 M M，汉森 D R，海特洛 D L.管理会计［M］.王满，译.6版.北京：北京大学出版社，2017.

4.刘俊勇.管理会计［M］.北京：高等教育出版社，2020.

5. LANGFIELD - SMITH K， SMITH D， ANDON P， et al. Management accounting［M］. 8th ed .Sydney： McGraw-Hill Education Pty Ltd，2018.

6.CYERT R M， DEGROOT M H. Bayesian analysis and uncertainty in economic theory［M］.London: Chapman and Hall Limited，1987.

引导案例分析要点